基本面量化投资

⑱种经典策略

Quantamental Investing
18 Classic Strategies

张然　汪荣飞　编著

北京大学出版社
PEKING UNIVERSITY PRESS

图书在版编目（CIP）数据

基本面量化投资 18 种经典策略 / 张然, 汪荣飞编著. —北京：北京大学出版社, 2023.1
ISBN 978-7-301-32931-3

Ⅰ. ①基⋯　Ⅱ. ①张⋯　②汪⋯　Ⅲ. ①投资—经济策略　Ⅳ. ①F830.59

中国版本图书馆 CIP 数据核字（2022）第 042992 号

书　　　名	基本面量化投资 18 种经典策略 JIBENMIAN LIANGHUA TOUZI 18 ZHONG JINGDIAN CELÜE
著作责任者	张　然　汪荣飞　编著
策划编辑	李　娟
责任编辑	黄炜婷
标准书号	ISBN 978-7-301-32931-3
出版发行	北京大学出版社
地　　　址	北京市海淀区成府路 205 号　100871
网　　　址	http：//www.pup.cn
微信公众号	北京大学经管书苑（pupembook）
电子信箱	em@pup.cn
电　　　话	邮购部 010-62752015　发行部 010-62750672　编辑部 010-62752926
印 刷 者	天津中印联印务有限公司
经 销 者	新华书店
	720 毫米×1020 毫米　16 开本　26.25 印张　486 千字 2023 年 1 月第 1 版　2023 年 1 月第 1 次印刷
定　　　价	98.00 元

未经许可，不得以任何方式复制或抄袭本书之部分或全部内容。
版权所有，侵权必究
举报电话：010-62752024　电子信箱：fd@pup.pku.edu.cn
图书如有印装质量问题，请与出版部联系，电话：010-62756370

前　言

写作背景

随着大数据与金融科技的崛起,基本面量化投资在中国市场成为越来越重要的投资方式。自2015年起,我们围绕"基本面量化投资"领域在北京大学光华管理学院和中国人民大学商学院开设了一门"财务分析与量化投资"课程,目的在于让选修课程的同学们能从中理解基本面量化投资领域的实务和学术前沿。课程内容主要分为三大部分:个股估值、策略构建与风险控制。课程采用"融价值观、科研、实践于一体"的课程体系建设理念,表1列示了课程的基本框架。

表1　"财务分析与量化投资"课程框架

	主题	内容
1	个股估值	基本面量化投资:理论框架
2		数据驱动实现财务报表分析
3		剩余收益模型——一键计算公司价值
4		盈余特征与盈余质量
5	策略构建	华尔街股市经典投资策略
6		Alpha(阿尔法)研究:理论与方法
7		"神奇公式"与投资组合构建
8		投资实践:利用优矿进行Alpha研究
9		价值投资:理论与实践的完美结合
10	风险控制	混合策略:在量化投资系统中综合实现最佳选股策略
11		基本面量化投资及其在中国的实践

这是在国内开设的第一门将财务分析与量化投资相结合的课程。课程的开设得到了同学们的热情支持,每次上课连窗台上都坐满了学生。我们欣喜地看到,课程开设近八年来,选修过这门课程的很多同学受益于本课程内容和

蕴含的思想,毕业后活跃于国际和国内各大公募基金、私募基金和券商等知名投资机构,为中国资本市场的发展贡献着自己的力量。

开课伊始,基本面量化投资理念在中国刚刚兴起,同学们缺乏相关参考书籍,只能通过阅读英文学术文献形成系统性知识,而对该领域感兴趣的实务界人士更是缺乏相关专业书籍。我们意识到,如果能有一部合适的课程教材,不但教学效果将事半功倍,而且对于在中国资本市场上推广基本面量化投资理念大有裨益。

在这种情形下,经过三年多的努力,基于前期研究积累与课程开发经验,我们于2017年8月出版《基本面量化投资:运用财务分析和量化策略获取超额收益》(简称《基本面量化投资》),其上市不到一周即获亚马逊新品排行榜"投资理财类"第一名。2022年1月,《基本面量化投资》再版,增加公司关联信号、文本分析和大数据方法三个章节,更加全面地涵盖基本面量化的最新进展。作为国内首部基本面量化投资领域的引领性著作,《基本面量化投资》被多所高校指定为教学用书,推动了该领域在中国的发展。在投资界,华夏基金、嘉实基金、易方达基金等国内多家顶级投资机构团购《基本面量化投资》,书中介绍的投资策略和方法在中国公募基金量化投资部门得到广泛应用,并对其投资决策的科学化、智能化、数字化发挥了重要的推动作用。

《基本面量化投资》出版后,我们强烈意识到,由于基本面量化投资是研究与实务结合最紧密的领域,跟踪研究前沿、解读最新量化研究是基本面量化投资实务界与学术界都必须开展的工作。因此,自2017年8月起,**我们定期搜集国际与国内顶级期刊发表的与基本面量化投资相关的最新研究,主要包括新Alpha因子、因子优化、策略构建和风险控制等方面的内容**。这些文献都与股票投资实践直接关联,并且值得在A股市场实践。我们解读其中最核心的研究,每期结集成册。我们将这项工作称为"Finding Alpha"(寻找阿尔法),图1展示了大致流程。这些工作使我们得以紧跟学术前沿,同时我们将这些最新研究成果逐一梳理落地,并及时推送给国际及国内顶级公募和私募基金等投资机构。我们希望通过这些工作,增强机构投资者的投资理性,进而提升市场效率。

这一系列的工作促成了本书的诞生。"Finding Alpha"的工作让我们意识到,非常多颇具价值的研究还没有为国内投资者所了解。如果投资者能更了解这些研究,理解选股因子背后的逻辑,熟悉市场有限有效性的具体表现形式,这将对基本面量化投资实践大有助益。尤其在各类大数据和新算法层出不穷、技术壁垒越来越低的时代背景下,思想的力量将更加凸显。因此,自2017年出版《基本面量化投资》后,我们一直为出版本书而努力。

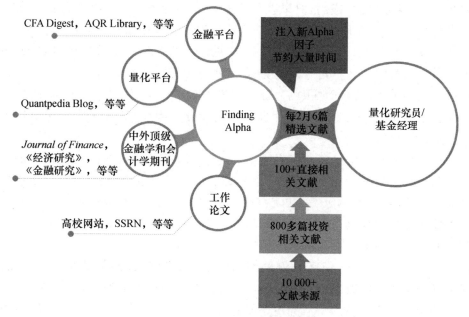

图 1 "Finding Alpha"流程

后续,我们将围绕**基本面量化投资**和 Finding Alpha 开发一系列相关课程,以音频和视频的形式呈现给大家,使读者获得更加立体的学习体验(关注公众号"**然然老师的 Quantmental**",后续课程将在公众号上逐步发布)。这样,大家就可以充分利用碎片时间学习基本面量化投资了(获得比上海地铁里那位捧读《基本面量化投资》的阿姨更好的学习体验)。

内容框架:基本面量化投资的范畴

前段时间,有位量化投资践行者和我们交流时发出疑问:什么是基本面量化投资? 如何定义基本面量化投资?

有人认为,研究基本面因子(主要来自财务报告),才是基本面量化投资。我们不认同这样狭义的说法,我们对基本面量化投资的理解更加广义:**基本面价值是股价的"锚",而投资者情绪是导致价格偏离价值之"锚"的主要原因。**

因此，凡是能够预测"锚"自身以及价格对"锚"的偏离——基本面价值以及投资者情绪的因子、策略及相关方法——都应属于基本面量化投资的研究范畴。例如，Lee et al. (2019) 探讨公司间科技关联对未来股票收益的预测效果，其中的科技关联因子并不是来自财务报告，而是来自上市公司专利获批信息，但科技关联因子可以很好地预测目标公司未来超额收益、公司未来基本面信息，并能够预测目标公司未来专利获批和引用情况。因此，科技关联因子是典型的基本面量化因子。

基于基本面量化投资的广义理解，本书的每章涵盖基本面量化投资的一个主题。对于研究者而言，每个主题都是学术研究中的一个子领域；对于投资者而言，每个主题都对应一类可以深挖的选股因子。每章具体分为两个部分：**前半部分是文献导读**，剖析精心挑选的三篇国外学术研究。这些研究中既有经典的也有前沿的，或是发现了新的因子，或是阐述了因子的核心逻辑，或是改进了因子构建方法，但无一例外都对该领域的研究起到了重要推动作用。**后半部分是中国实践**，着重介绍了与章节前半部分研究对应的国内研究，以及国内关于本章节主题的特有研究。这些研究均来自国内外顶级学术期刊，**对于理解因子在中国 A 股市场的实践具有很好的参考价值**。

在每章的结构安排上，我们精心设计，尽量做到理论和实践相结合。每章前半部分的文献导读分为**概述**、**应用指南**、**投资笔记**。其中，**概述**简要介绍文章的背景和主要结论；**应用指南**着重介绍文章核心的选股逻辑、方法和结果；**投资笔记**采用罗列要点的方式，精炼总结选股因子的投资逻辑、核心指标、策略及表现、构建因子中的细节提示。每章后半部分的中国实践分为**中国相关研究**、**"中国特色"研究**、**总结与展望**。其中，**中国相关研究**对国内相关研究进行分类梳理，**"中国特色"研究**着重介绍利用中国特有的规制背景和数据的研究，**总结与展望**针对当前的研究现状进行总结和展望。同时，我们还将正文提及的文献列示于章后，方便读者查阅。

我们审慎选取了 18 个主题。**前 7 个主题围绕公司的基本面分析展开**。**第 1 章公司价值**，介绍价值因子成因、内在价值的衡量方法，剖析构建价值因子将面临的"魔鬼细节"。**第 2 章盈利能力**，介绍盈利能力因子的成因以及改进传统盈利能力指标的两个思路。**第 3 章经营效率**，介绍财务比率分析的逻辑，从杜邦分析法和会计计量方法角度深入分析经营效率因子。**第 4 章盈余质量**，介绍盈余质量因子的成因，分析两个盈余质量指标和识别盈余操纵模型的预测效果。**第 5 章投资和融资**，分别介绍投资因子和融资因子的成因以及将二者统一的资产增长指标。**第 6 章无形资产**，介绍无形资产因子的成因，从企业创新的投入端和产出端构建相应的因子。**第 7 章财务安全**，介绍度量公司财务风险的指标，评判这些指标的预测效果。

随后的 **6 个主题详细介绍如何利用市场信号构造投资策略。第 8 章证券分析师**，从分析师关注度、分析师预测和分析师推荐这三个角度探讨分析师的价值发现作用。**第 9 章机构投资者**，探讨主动型共同基金管理是否足够"聪明"，介绍两种利用基金经理行为而构造的投资策略。**第 10 章内部人交易**，探讨内部人交易和内部人静默是否具有信息含量，识别内部人的交易动机。**第 11 章卖空交易**，探讨如何根据卖空交易构建投资策略，分析一种可能导致投资策略不成功的因素。**第 12 章价格动量**，介绍动量信号的预测效果，提供改善动量信号预测效果的两种方法。**第 13 章市场情绪**，探讨投资者情绪信号对个股和整体市场的预测效果，分析管理层情绪的信息含量。

接下来的 **3 个主题介绍量化投资研究的新领域。第 14 章公司间关联**，从经济关联、业务复杂程度和科技关联三个角度考察公司关联的预测作用。**第 15 章文本分析**，介绍如何使用机器学习方法对管理层讨论、年报语调以及社交媒体信息进行文本分析，从而构建相应的投资策略。**第 16 章大数据**，介绍如何使用大数据（比如大众盈余预测、客户对产品评价意见、员工对雇主评价信息）构建投资策略。

最后的 **2 个主题总结和反思基本面量化投资。第 17 章多重信号**，回顾价值投资策略和股票质量因子，阐释五因子资产定价模型。**第 18 章对基本面量化投资研究的思考**，探讨市场有效性假设是否成立，从多个角度评估目前所发现的因子预测作用的有效性。

由于受内容安排和篇幅所限，对于各类选股因子的基础性介绍，本书不再赘述，感兴趣的读者可以参阅《基本面量化投资》。另外，我们极力推荐基本面量化投资践行者——斯坦福大学 Charles M. C. Lee 教授和麻省理工学院 Eric So 教授所著的《阿尔法经济学：赢取资本超额收益的法则》，该著作充满了基本面量化投资的智慧和思想。同时，读者关注"然然老师的 Quantmental"后，在对话框输入"文献"，可以获取本书文献全文链接，以及后续的文献定期更新。

读者对象

如前所述，本书的读者对象主要是选修"财务分析与量化投资""基本面量化投资"和相关课程或者对证券投资研究感兴趣的本科生和研究生。本书详尽介绍最前沿学术文献的投资思想、逻辑和方法，旨在让中国商学院的学生也能接受科学的投资理念,领悟到学术研究对指导投资实践的巨大价值,并采用正确的方法构建投资策略,提高市场效率。

本书可以作为高校教师开展量化投资相关课程的辅助教材。本书较为系统、全面地介绍了各种量化投资策略,所选文章均来自全球顶级期刊,所引述的内容紧跟研究前沿并具有权威性。

从事股票投资和量化投资的业界人士可以把本书作为重要参考。本书选编的国内外经典文献,对于业界人士理解资本市场的有效性、理解基本面量化的学术发展脉络、认识超额收益背后的理论逻辑、实际构建量化投资策略均具有切实的参考价值。

对于已经购买《基本面量化投资》的读者,本书可以作为很好的补充。从学术研究的角度看,本书对经典文献的解析更为深入,还较为全面地介绍了中国相关研究的进展;从投资实践的角度看,本书的"应用指南"和"投资笔记"等内容,可以作为构建选股因子、完善选股模型的直接参考。

为了与读者及时、有效地沟通,我们建立了微信公众号"然然老师的Quantmental"。公众号将逐步"同步课程内容,发布最新策略,解读专业知识",欢迎读者关注。也希望读者能将阅读本书的收获、问题和疑惑通过公众号与我们交流沟通。

致谢

首先,我们感谢参与本书资料整理、文稿编纂和审阅校订的人员,包括北京大学光华管理学院的同学(程杰、段丙蕾、冯琰琰、李荣、林婧颖、刘峻豪、宋禄霖、王丹烨、杨霄),中国人民大学商学院的同学(党素婷、邓英雯、郝恩琪、靳雯玥、琚聪怡、李艾珉、李安琪、李润泽、李烁、李子慧、梁田、刘金洋、刘心怡、刘雨柔、平帆、王誉璇、谢梦园、徐蕾、杨东赫、姚曼琳、赵铭、赵巍)以及中南大学的李昱莹同学。其次,在本书的编写过程中,许多选修过"财务分析与量化投资"课程的同学参与了资料整理、文稿撰写和审阅校订等工作。在此,我们同时感谢近年来所有选修了北京大学光华管理学院和中国人民大学商学院"财务分析与量化投资"和"基本面量化投资"课程的同学,他们的学习热情和意见建议促使了本书的诞生。最后,感谢北京大学出版社李娟和黄炜婷两位编辑认真细致的工作。

张　然　汪荣飞

2022年10月9日

基本面量化因子概览

主题	因子	释义	构建方法	交易策略	经典文献
公司价值	反向投资	账面市值比（B/M）、现金流股价比（C/P）、净盈余股价比（E/P）、过去5年销售收入增长率（GS）	B/M＝上年年末账面价值/上年年末市场价值 C/P＝上年年末每股现金流/上年年末每股股价 E/P＝上年年末每股净盈余/上年年末每股股价 GS＝过去5年销售收入增长率的加权平均值	根据预期增长指标（B/M, C/P, E/P）和历史增长指标（GS）识别价值股与明星股，买入价值股，卖空明星股	Josef Lakonishok, Andrei Shleifer, Robert Vishny (1994)
	内在价值股价比	基于分析师盈余预测偏差（PErr）调整的公司内在价值与同期股票价格之比（V/P）	V/P＝内在价值（账面价值与剩余收益的现值之和）/股票价格 PErr＝分析师对净资产收益率的预测值－实际值	按照PErr和V/P将所有股票分为25组，买入低PErr、高V/P公司的股票，卖空高PErr、低V/P公司的股票，持有36个月	Richard Frankel, Charles Lee (1998)
	真实账面市值比	使用更即时的股票价格改进账面市值比（B/P）的计算方法	上年年报披露的账面价值/每月月底最新的股票价格	基于真实B/P指标分组，买入B/P最高组的投资组合，卖空B/P最低组的投资组合，每月调仓	Clifford Asness, Andrea Frazzini (2013)

1

(续表)

主题	因子	释义	构建方法	交易策略	经典文献
盈利能力	标准未预期盈余(SUE)	本季度的未预期盈余与随期后三个季度的未预期盈余正相关,而与第四个季度的未预期盈余负相关	未预期盈余/未预期盈余的标准差	按当季度SUE将公司等分为10组,在未来前三个季度买入最高组,卖空最低组,在未来第四季度买入最低组,卖空最高组。每次季度盈余公告发布前两天买入,持有3天。干盈余公告发布日平仓	Victor Bernard, Jacob Thomas (1990)
	毛利率	毛利润与总资产的比值	(营业收入-营业成本)/总资产	选取500个市值最大的公司,按照毛利率的账面市值比从低到高对公司评分,买入评分最高组,卖空评分最低组,持有1年后调仓	Robert Novy-Marx (2013)
	基于现金的营业利润率	剔除应计项后的营业利润与总资产的比值	营业利润率-应计项/总资产	买入基于现金的营业利润率最高组,卖空基于现金的营业利润率最低组,持有1年后调仓	Ray Ball, Joseph Gerakos, Juhani Linnainmaa, Valeri Nikolaev (2016)
经营效率	财务比率	利用财务杠杆率、资产周转率、销售利润率等指标对股票进行估值	计算财务杠杆率、资产周转率、销售利润率等财务比率	未回测	Doron Nissim, Stephen Penman (2001)
	资产周转率变化量	企业对资产的使用和管理效率的变化	本期资产周转率-上期资产周转率	买入资产周转率变化量最高组,卖空资产周转率变化量最低组,持有1年后调仓	Mark Soliman (2008)
	资产周转率预测偏差	当资产平均年限变化时,市场对资产周转率的预测会产生偏差,需要调整	资产平均年限=截止到当期的资产累计折旧/当期折旧费	考虑资产平均年限变化的影响	Asher Curtis, Melissa F. Lewis-Western, Sara Toynbee (2015)

(续表)

主题	因子	释义	构建方法	交易策略	经典文献
盈余质量	应计项	不直接形成当期现金的流入或流出	(流动资产－货币资金)－(流动负债－计入流动负债的长期负债－应交所得税)－折旧及摊销	每年4月底，买入应计项最低组股票，卖空应计项最高组股票	Richard Sloan (1996)
	净经营性资产	未来各期营业利润之和扣除未来各期自由现金流之和	(当期经营性资产－当期经营性负债)/期初总资产	买入净经营性资产最低组股票，卖空净经营性资产最高组股票	David Hirshleifer, Kewei Hou, Siew Hong Teoh, Yinglei Zhang (2004)
	M-Score	根据财务信息构建识别舞弊风险的模型	M-Score 模型参见正文	买入 M-Score 最低组，卖空 M-Score 最高组，持有1年后调仓	Messod Beneish, Charles Lee, Craig Nichols (2013)
	异常资本支出	管理层可能为了构建商业帝国而盲目增加资本支出	正常资本支出率 平均资本支出率 －1	买入低异常资本支出公司组，卖空高异常资本支出公司组	Sheridan Titman, John Wei, Feixue Xie (2004)
	净外部融资活动	公司股权融资或债务融资活动的净现金流量	公司从普通股和优先股销售与回购中获得的净现金加上支付的现金股利＋从债券的发行和兑付中获得的净现金流量	买入净外部融资活动最低组股票，卖空净外部融资活动最高组股票，持有1年后调仓	Mark Bradshaw, Scott Richardson, Richard Sloan (2006)
投资和融资	总资产增长率	投资角度和融资角度的公司总资产年增长率	投资角度： 总资产增长率＝现金增长／上年总资产＋流动资产增长／上年总资产＋非现金固定资产增长／上年总资产＋其他资产增长／上年总资产 融资角度： 总资产增长率＝经营性负债增长／上年总资产＋留存收益增长／上年总资产＋股权融资增长／上年总资产＋债务融资增长／上年总资产	买入总资产增长率最低组公司股票，卖空总资产增长率最高组公司股票，持有1年，每年6月调仓	Michael Cooper, Huseyin Gulen, Michael Schill (2008)

(续表)

主题	因子	释义	构建方法	交易策略	经典文献
无形资产	研发密集度	公司利用一定比例的收入进行研发	(1) 研发费用/销售收入 (2) 研发费用/公司市场价值	买入研发密集度最高组,卖空研发密集度最低组,持有1年后调仓	Louis Chan, Josef Lakonishok, Theodore Sougiannis (2001)
无形资产	好的研发投资	研发投入高且研发转化能力高	将销售收入增长率对滞后的研发支出滚动回归,计算滞后1年度的平均值,得到研发转化能力	买入"好的研发投资"公司,卖空"坏的研发投资"公司,持有1年后调仓	Lauren Cohen, Karl Diether, Christopher Malloy (2013)
无形资产	创新效率	单位创新投入带来的创新产出	(1) 专利授权次数/研发资本 (2) 专利被引用次数/研发费用	买入高创新效率组,卖空低创新效率组,持有1年后调仓	David Hirshleifer, Po-Hsuan Hsu, Dongmei Li (2013)
财务安全	特质波动率	从股票总体波动率中剔除系统性风险后,反映股票自身特质的波动率	基于月内日频数据回归得到的Fama-French三因子模型残差的标准差	买入低特质波动率组合,卖空高特质波动率组合	Andrew Ang, Robert J. Hodrick, Yuhang Xing, Xiaoyan Zhang (2006)
财务安全	财务困境风险	被投资企业的财务困境发生概率	综合衡量破产概率指标,失败概率指标,企业层面的特征变量	买入财务困境发生概率最低10%分位数股票,卖空财务困境发生概率最高10%分位数股票	John Campbell, Jens Hilscher, Jan Szilagyi (2008)
财务安全	Beta	衡量个股或股票基金相对于整个股市的价格波动情况	股票波动率/市场波动率×相关系数	买入低风险资产,杠杆化为1;卖空高风险资产,去杠杆化为Beta=1	Andrea Frazzini, Lasse Heje Pedersen (2014)

（续表）

主题	因子	释义	构建方法	交易策略	经典文献
证券分析师	分析师盈余预测修正	分析师改变先前对盈余的判断	新预测值与分析师初始预测值之间的排序	特别是在低创修正和高创新型修正中,买入好消息股票,卖空坏消息股票	Cristi Gleason, Charles Lee (2003)
	分析师一致推荐评级变动	分析师改变股票评级向市场发出的信号	两个季度之间分析师一致推荐评级之差	买入分析师一致推荐评级变动排前20%的股票,卖空分析师一致推荐评级变动排后20%的股票,按季度调仓	Narasimhan Jegadeesh, Joonghyuk Kim, Susan Krische, Charles Lee (2004)
	异常分析师跟踪	分析师跟踪未预期地增加或减少	分析师盈余预测报告数量的对数与公司规模、换手率和经计收益回归得到的残差	买入异常分析师跟踪最高组的股票,卖空异常分析师跟踪最低组的股票	Charles Lee, Eric So (2017)
机构投资者	主动型共同基金持股	跟随主动型共同基金经理进行交易	季度末所有共同基金持有某只股票的总股数与该季这只股票总股数的比值	买入净交易量为正的股票,按基金的买入数量确定买入量,按基金的卖出数量确定卖空量等,每季度调仓	Hsiu-Lang Chen, Narasimhan Jegadeesh, Russ Wermers (2000)
	资金流向引发的交易	资金的流入或流出给共同基金带来多少交易量	所有基金的流入资金占总资产的比例与上期基金持有股数和回归估计比例乘积的累积求和,再除以上期所有股票持股数之和(流出同理)	买入"资金流向引发交易"排前10%的股票,卖空"资金流向引发交易"排后10%的股票,每季度调仓	Dong Lou (2012)
	基金所有权关联程度	主动型共同基金持有而存在关联的股票	每季度末,共同基金持有的两只股票的总市值与两只股票自身市值的比值	买入低自身收益、低关联股票组合收益,卖空高自身收益、高关联股票组合,每月调仓	Miguel Antón, Christopher Polk (2014)

(续表)

主题	因子	释义	构建方法	交易策略	经典文献
内部人交易	内部人净买入比例	内部人买卖本公司股票金额的相对数	过去6个月内部人净买入量/总交易量	在年买入比例处于过去滚动5年窗口期前20%时进入市场,买入内部人净买入比例排前10%的股票,卖空内部人净买入比例排后10%的股票	Josef Lakonishok, Inmoo Lee (2001)
	投机性内部人交易	交易时点变化不定的内部人交易	每月末,当月发生交易的内部人在过去三年至少发生过一笔内部人交易,并且没有交易发生在相同的月份	买入投机性内部人买入的股票,卖空投机性内部人卖出的股票,构建投资组合市值加权的投资组合,持有1个月后调仓	Lauren Cohen, Christopher Malloy, Lukasz Pomorski (2012)
	内部人突然静默	先前持续交易的内部人突然停止交易	一个内部人在当月没有交易,但在一年前和两年前的同一月份均有交易	每月底,买入内部人卖出静默组,卖空内部人买入静默组,持有1个月后调仓	Claire Yurong Hong, Frank Weikai Li (2019)
卖空交易	基本面比率	基本面(现金流量、盈利、股票账面价值)与股票市场价值的比值	主要指标包括现金流量市值比、盈利市值比、账面市值比、股权面市值比	跟随卖空者,从中模仿学习	Patricia Dechow, Amy Hutton, Lisa Meulbroek, Richard Sloan (2001)
	卖空比例	高(低)卖空比例股票指卖空比例分别高于99%、95%、90%(低于1%、5%、10%)的股票	卖空股票股数/所有流通股数	买入低卖空比例股票,卖空高卖空比例股票	Ekkehart Boehmer, Zsuzsa Huszar, Bradford Jordan (2010)
	卖空供给限制	实施卖空操作所需借入股票在供给端存在限制	根据日借贷成本评分指标,将股票划分为容易借入、供给限制小的普通股票和较难借入、供给限制大的特殊股票	买入卖空比例最低组中的普通股票,卖空卖空比例最高组中的特殊股票	Messod Beneish, Charles Lee, Cahoon Nichols (2015)

(续表)

主题	因子	释义	构建方法	交易策略	经典文献
价格动量	中期动量	买入赢家组合、卖空输家组合的动量策略	按过去 J 个月内各只股票的收益率排序选股并计算持有 K 个月的股票收益率	按过去 J 个月的收益率从低到高排列,买入收益率最高前 10% 的股票,卖空收益率最低后 10% 的股票,持有 3—12 个月	Narasimhan Jegadeesh, Sheridan Titman (1993)
	结合价格动量与交易量的动量策略	以投资组合形成期间平均日换手率率度量交易量	基于过去 6 个月的收益率将所有股票分为 10 组,输家组合记为 R10,赢家组合所有股票按交易量由低到高记为 V1, V2, V3	简单动量策略:买入赢家组合 (R10)、卖空输家组合 (R1);早期动量策略:买入低交易量赢家组合 (R10V1)、卖空高交易量输家组合 (R1V3);晚期动量策略:买入高交易量赢家组合 (R10V3)、卖空低交易量输家组合 (R1V1)	Charles Lee, Bhaskaran Swaminathan (2000)
	风险管理后的动量策略	基于前 6 个月的组合波动率估计风险,并根据估计的动量风险按比例调整头寸	将长短期动量投资组合、市场因子组合、规模因子组合和价值因子组合的估计值做一阶自回归	用动量策略的估计衡量动量策略的风险敞口,在一段时间内保持风险不变,构建新的动量投资策略	Pedro Barroso, Pedro Santa-Clara (2015)

(续表)

主题	因子	释义	构建方法	交易策略	经典文献
市场情绪	投资者情绪指标	基于6个潜在投资者情绪因子,采用主成分分析法提取第一主成分构造投资者情绪综合指数	基于6个情绪因子(封闭式基金折价率,纽交所股票成交量,IPO数量,IPO首日平均收益率,新股发行份额,股利溢价)形成投资者情绪综合指数	基于投资者情绪综合指数,选择受投资者情绪影响较大的股票进行买卖操作,在市场情绪低落(高涨)时买入(卖空)对应的股票	Malcolm Baker, Jeffrey Wurgler (2006)
	一致投资者情绪指数	选取6个投资者情绪变量,使用偏最小二乘回归构建一致投资者情绪指数	基于6个情绪变量,构造更有效的可用于预测股票市场整体表现的投资者情绪指数	利用一致投资者情绪指数预测股票市场收益,运用经典的均值方差分析法,在大盘指数和无风险资产之间进行资产配置,每月调仓	Dashan Huang, Fuwei Jiang, Jun Tu, Guofu Zhou (2015)
	管理层情绪指数	根据公司财务报表和电话会议中汇总的文本语调构建管理层情绪指数	以电话会议记录(10-K和10-Q报告)中出现的积极词语与消极词语的数量之差除以总词汇数作为情绪因子,财务报告情绪因子,两个因子取均值即为管理层情绪因子	买入管理层情绪指数低的股票,卖空管理层情绪指数高的股票	Fuwei Jiang, Joshua Lee, Xiumin Martin, Guofu Zhou (2019)

(续表)

主题	因子	释义	构建方法	交易策略	经典文献
公司间关联	客户动量	通过客户公司所披露消息带来的股价变化预测供应商公司的股价并获取超额收益	以样本公司的客户公司上月股票收益率对应供应商公司升序排列并构造投资策略	买入客户公司股票收益率最高组,卖空客户公司股票收益率最低组,每月调仓	Lauren Cohen, Andrea Frazzini (2008)
	虚拟多元化企业	在多元化企业各分部对应的行业中找出所有专业化的企业,根据各分部在总销售额中的占比加权,构建"虚拟多元化企业"	多元化企业的股价调整存在时滞,基于专业化企业构建"虚拟多元化企业",根据预测对多元化企业股票收益率构造投资策略,形成套利组合	买入"虚拟多元化企业"股票收益率最高10%的股票,卖空"虚拟多元化企业"股票收益率最低10%的股票,每月调仓	Lauren Cohen, Dong Lou (2012)
	科技关联度	两家公司专利布局的相似程度	为每个目标企业寻找科技关联企业,并计算两两之间的科技关联度,利用科技关联度对关联公司的历史收益率加权,计算科技关联收益率	买入科技关联收益率排前10%的股票,卖空科技关联收益率排后10%的股票	Charles Lee, Stephen Teng Sun, Rongfei Wang, Ran Zhang (2019)
	前瞻性阐述的语调应计项	过去四个季度中按账面价值计算的应计项总和	应计项 = (净利润 − 经营性现金流量) / 总资产	在管理层没有正确地警告投资者的公司中,买入应计项最低10%的公司,卖空应计项最高10%的公司	Feng Li (2010)
文本分析	负面语调	以开发的消极词语字典判定年报的文本特征	利用消极词语字典计算出消极词语出现的频率	在年报发布后,卖空语调较为负面的股票,买入语调较为正面的股票	Tim Loughran, Bill McDonald (2011)
	推文综合观点	推文个人用户对每家公司的观点	使用滚动窗口期的推文数据,运用文本分析方法(包括朴素贝叶斯算法和字典法)构造推文个人用户对公司的态度	在季度盈余公告发布前,买入观点负面程度排前25%的股票,卖空观点正面程度排前25%的股票,持有3天后调仓	Eli Bartov, Lucile Faurel, Partha Mohanram (2018)

9

(续表)

主题	因子	释义	构建方法	交易策略	经典文献
大数据	大众预测偏差	实际盈余和一致预测值的差值	绝对预测误差与全样本绝对误差均值之差,再除以全样本绝对误差均值	在大众预测修正日,买入大众一致预测向上修正公司的股票,卖空大众一致预测向下修正公司的股票,持有2天后平仓	Russell Jame、Rick Johnston、Stanimir Markov、Michaelc Wolfe (2016)
大数据	异常客户评分	亚马逊网站上,相较于之前12个月客户的一致评价,当月客户对产品平均评分的变化	当月平均客户评分-前12个月的平均客户评分	月底买入异常客户评分最高的股票,卖空异常客户评分最低的股票,持有1个月后平仓	Jiekun Huang (2018)
大数据	雇主评分变动	Glassdoor网站上员工对雇主评价的变化	本季度的平均雇主评分-上季度的平均雇主评分	在每个季度的"雇主评分变动"发布时,买入"雇主评分变动"最高20%的股票,卖空"雇主评分变动"最低20%的股票,持有1个季度后平仓	Clifton Green、Ruoyan Huang、Quan Wen、Dexin Zhou (2019)
多重信号	F-Score	公司盈利能力、财务杠杆、运营效率三方面财务指标的综合评分	对资产收益率、经营性现金流量、资产收益率一阶差分、经营性现金流量与同期盈利的关系、流动比率、长期负债发行量、毛利率、资产周转率根据标准取0或1,将9个变量加和;分数8或9的为高F-Score公司,分数0或1的为低F-Score公司	买入高F-Score的高账面市值比公司组合,卖空低F-Score的高账面市值比公司组合	Joseph Piotroski (2000)

(续表)

主题	因子	释义	构建方法	交易策略	经典文献
	Fama-French 五因子	市场因子(SMB)、价值因子(HML)、盈利因子(RMW)、投资因子(CMA)	市场因子＝市场收益率－无风险利率 SMB＝小规模股票投资组合收益率－大规模股票投资组合收益率 HML＝高账面市值比公司投资组合收益率－低账面市值比公司投资组合收益率 RMW＝高盈利公司投资组合收益率－低盈利公司投资组合收益率 CMA＝低投资公司投资组合收益率－高投资公司投资组合收益率	在市场因子的基础上，构建投资组合对规模因子、价值因子、盈利因子和投资因子产生的风险暴露，可以获取相应的风险溢价	Eugene Fama, Kenneth French(2015)
多重信号	股票质量	盈利性指标、成长性指标和安全性指标的加总	盈利性指标包括毛利／总资产(GPOA)、净资产收益率(ROE)、总资产收益率(ROA)、现金流量／总资产(CFOA)、毛利率(GMAR)、盈利现金流比(ACC)，成长性指标包括 ACC 外其他五个盈利指标的 5 年增长率，安全性指标包括贝塔风险(Beta)、O 值与 Z 值、资产负债率(LEV)、破产风险(O值与Z值)、净资产收益率波动性(EVOL)	构造 QMJ 投资组合，先按规模排序，再按股票质量排序，买入小规模—高质量组、大规模—高质量组，同时卖空小规模—低质量组、大规模—低质量组	Clifford Asness, Andrea Frazzini, Lasse Heje Pedersen(2019)

(续表)

主题	内容概要	经典文献
对基本面量化投资研究的思考	市场中各类异象引发对市场有效假说的挑战,本研究从两方面进行驳斥:第一,市场对信息过度反应的发生频率与信息反应不足的发生频率大致相同,这与有效市场假说相同;第二,事后超额收益对信息反转现象也相同,这与有效市场假说(主张异象为偶然结果)的推论一致,事前超额收益与事后超额收益(主张异象为偶然结果)的推论也一致。长期超额收益会随着模型的合理调整而消失,这与有效市场假说的推论也一致	Eugene Fama(1998)
	资产定价研究通常使用的统计显著性标准(如 t 值大于 2)可能是错误的。考虑到数量众多的因子以及不可避免的数据挖掘,许多研究发现显著的因子可能只是偶然地呈现显著性,因此当今的数据挖掘应当比 20 世纪的数据挖掘执行更严格的标准,如新因子的 t 值应该超过 3.0	Campbell Harvey, Yan Liu, Heqing Zhu(2016)
	由于数据处理偏误和文章正式发表后会纠正错误后所有文献中样本期间的投资组合收益率。相比于原有文献中样本期间的投资组合收益率,样本期末本期刊上发表的因子研究并应用于策略构建时,投资者在关注学术本期刊上发表的因子研究并应用于策略构建时,应关注这一机制的存在与影响	David McLean, Jeffrey Pontiff(2016)

目录

第 1 章　公司价值　| 1
    1.1　反向投资策略、外推和风险　| 1
    1.2　公司内在价值、市场预期和股票收益　| 8
    1.3　价值因子中的细节　| 14
    1.4　基于公司价值的投资策略：中国实践部分　| 19

第 2 章　盈利能力　| 26
    2.1　当期盈余与未来盈余　| 26
    2.2　使用盈利能力预测未来收益　| 32
    2.3　使用应计项、现金流和营业利润率预测股票收益　| 38
    2.4　基于盈利能力的投资策略：中国实践部分　| 45

第 3 章　经营效率　| 50
    3.1　比率分析和权益估值：从研究到实践　| 50
    3.2　市场参与者对杜邦分析的运用　| 54
    3.3　历史成本法和市场参与者对杜邦分析的运用　| 59
    3.4　基于经营效率的投资策略：中国实践部分　| 68

第 4 章　盈余质量　| 74
    4.1　股价充分反映了应计项和现金流关于未来盈余的信息吗　| 74
    4.2　投资者会高估资产负债表膨胀的公司吗　| 78
    4.3　盈余操纵和预期收益　| 83
    4.4　基于资产负债表信息的投资策略：中国实践部分　| 87

第 5 章　投资和融资 | 92

5.1　资本投资与股票收益 | 92
5.2　公司融资活动、分析师预测和股票收益的关系 | 98
5.3　资产增长和股票横截面收益 | 103
5.4　基于投资和融资活动的投资策略：中国实践部分 | 108

第 6 章　无形资产 | 115

6.1　研发支出的市场估值 | 115
6.2　被错估的创新 | 120
6.3　创新效率与股票收益 | 125
6.4　基于研发和创新的投资策略：中国实践部分 | 129

第 7 章　财务安全 | 136

7.1　波动性与横截面预期收益 | 136
7.2　寻找财务困境风险 | 140
7.3　构建反向 Beta 套利策略 | 146
7.4　基于财务安全的投资策略：中国实践部分 | 151

第 8 章　证券分析师 | 156

8.1　分析师预测修正与市场价格发现 | 156
8.2　对分析师的分析：什么时候推荐会增加价值 | 163
8.3　异常分析师跟踪与股票超额收益 | 172
8.4　证券分析师对股票收益的影响：中国实践部分 | 179

第 9 章　机构投资者 | 185

9.1　主动型共同基金管理的价值：基金经理持股和交易的检验 | 185
9.2　用资金流向解释收益的可预测性 | 190
9.3　关联股票 | 195
9.4　基于机构投资者的投资策略：中国实践部分 | 200

第 10 章　内部人交易 | 206

10.1　内部人交易是否有信息含量 | 206
10.2　解码内部人交易信息 | 212

10.3 如果内部人突然静默 | 217

10.4 基于内部人交易的投资策略:中国实践部分 | 221

第 11 章 卖空交易 | 227

11.1 卖空者、基本面分析和股票收益 | 227

11.2 卖空比例信息具有投资价值 | 232

11.3 卖空供给限制:卖空者和股票收益 | 236

11.4 卖空策略与卖空制度:中国实践部分 | 241

第 12 章 价格动量 | 247

12.1 动量策略的收益:对股票市场有效性的反映 | 247

12.2 价格动量与交易量 | 252

12.3 动量策略的崩盘时刻:动量策略的优化 | 259

12.4 动量投资策略:中国实践部分 | 263

第 13 章 市场情绪 | 269

13.1 投资者情绪与股票收益的横截面效应 | 269

13.2 投资者情绪对股票市场整体收益的预测 | 275

13.3 管理层情绪与股票收益 | 279

13.4 基于市场情绪的投资策略:中国实践部分 | 283

第 14 章 公司间关联 | 289

14.1 经济关联与可预测收益 | 289

14.2 多元化企业 | 294

14.3 科技关联度:提升预期收益的新工具 | 300

14.4 基于公司间关联的投资策略:中国实践部分 | 304

第 15 章 文本分析 | 311

15.1 公司定期报告中前瞻性阐述的信息含量:贝叶斯机器学习方法 | 311

15.2 何时"负债"并非消极词语:文本分析、词典和公司年报 | 316

15.3 推特是否有助于预测公司盈余和股票收益 | 321

15.4 基于文本分析的投资策略:中国实践部分 | 325

第16章 大数据 | 330
- 16.1 大众盈余预测信息有价值吗 | 330
- 16.2 客户评价意见有投资价值吗 | 337
- 16.3 员工对雇主的评价有信息价值吗 | 343
- 16.4 基于大众意见的投资策略:中国实践部分 | 349

第17章 多重信号 | 355
- 17.1 价值投资:利用历史财务报表信息区分赢家和输家 | 355
- 17.2 五因子资产定价模型 | 359
- 17.3 做多高质量股票和做空低质量股票 | 364
- 17.4 基于多重信号的投资策略:中国实践部分 | 373

第18章 对基本面量化投资研究的思考 | 379
- 18.1 市场效率、长期收益和行为金融 | 379
- 18.2 ……和横截面预期收益 | 383
- 18.3 学术研究是否会损害因子对股票超额收益的预测能力 | 388

第1章
公司价值

1.1 反向投资策略、外推和风险

标题：Contrarian Investment, Extrapolation, and Risk
作者：Josef Lakonishok，Andrei Shleifer，Robert Vishny
来源：The Journal of Finance，1994，Vol.49，No.5

反向投资是价值投资产生高于市场收益率的原因

1.1.1 概述

价值投资策略提倡买进那些相对于盈余、账面价值、股利等基本面价值而言价格较低的股票。以往的实证研究虽然证实了价值投资策略能产生高于市场的收益率，但对于价值投资策略产生高收益率的原因并没有得出一致的结论。目前，学者们提出两种观点，分别是采取反向操作策略的"反向投资假说"和源于收益与风险匹配的"风险假说"。本文主要基于上述两种观点，进一步探究价值投资策略产生较高市场收益率的原因。本文首先检验了"反向投资假说"，实证结果表明这种观点能很好地解释价值投资策略为何会产生较高收益率；然后检验了"风险假说"，实证结果表明这种观点并不能解释价值投资策略为何会产生高收益率。由此，本文认为价值投资策略之所以能带来较高的收益率，是因为价值投资利用了普通投资者的错误决策，而不是因为承受了更高的基本面风险。

1.1.2 应用指南

"反向投资假说"认为,价值投资策略是针对"幼稚"投资者(也称"噪声"投资者)的投资行为进行反向投资而获取超额收益的策略。"幼稚"投资者错误地认为股价涨幅具有持续性,因此过多地投资于过去表现较好的股票而很少投资于过去表现较差的股票,使得前者的价值被高估而后者的价值被低估。价值投资策略就是针对"幼稚"投资者的反向投资,即更多地投资于被"幼稚"投资者低估的股票而更少地投资于被"幼稚"投资者高估的股票,从而获得超过市场的收益。"风险假说"则认为,价值投资策略选择的股票实际承受了更高的基本面风险,因此高收益是对额外风险的合理补偿。针对这两种解释,本文给出了"明星股"(glamor stock)和"价值股"(value stock)的划分方法。被高估的明星股是指过去表现良好、预计将继续表现良好的股票,而被低估的价值股是指过去表现不佳、预计将继续表现不佳的股票。在此基础上,本文分别检验两种假说的合理性。本文关心的问题是:价值投资策略的超额收益是否来自"幼稚"投资者对于股票收益率持续增长的错误推断?价值股是否承受比明星股更高的基本面风险?是什么导致价值股相对于明星股具有更高的长期超额收益?

定义相关划分指标

本文首先定义了上年年末账面市值比(B/M)、上年年末现金流股价比(C/P)、上年年末净盈余股价比(E/P)、过去5年销售收入增长率(GS)等指标。其中,B/M是公司上年年末账面价值与上年年末市场价值的比值;C/P是公司上年年末每股现金流与上年年末每股股价的比值;E/P是公司上年年末每股净盈余与上年年末每股价格的比值;GS是过去5年内公司销售增长率的加权平均值。

检验反向投资假说

本文首先检验了简单价值投资策略的选股效果。具体而言,根据账面市值比(B/M)将股票分为明星股和价值股,计算投资组合形成后5年内各年的收益率、5年内的平均年收益率、5年累计收益率和经规模调整5年内的平均年收益率。结果发现,较低账面市值比股票(即明星股)的平均年收益率为9.3%,较高账面市值比股票(即价值股)的平均年收益率为19.8%,二者平均年收益率差异为10.5%;价值股的累计收益率超过明星股的累计收益率

90%；明星股经规模调整平均年收益率为－4.3%，而价值股为3.5%，二者差异虽然相对较小，但仍然高达7.8%，表明价值股收益率高于明星股收益率。此外，本文还分别利用现金流股价比（C/P）、净盈余股价比（E/P）、过去5年销售收入增长率（GS）将股票划分为价值股和明星股，并分别计算价值股投资组合和明星股投资组合的表现。实证结果依然表明，价值股的表现优于明星股的表现。

在此基础上，为了检验"反向投资假说"，研究者采用历史收益率和未来预期收益率双重指标将股票分成价值股与明星股。为了充分利用典型"幼稚"投资者的决策错误，反向投资者应当买入低历史收益率和低预期收益率的股票，并卖空高历史收益率和高预期收益率的股票。因此，研究者采用现金流股价比（C/P）、净盈余股价比（E/P）、销售收入增长率（GS）、账面市值比（B/M）四个指标构成双重分组标准：按C/P与GS、B/M与GS、E/P与GS、E/P与B/M、B/M与C/P五个双重指标组将股票划分为价值股和明星股。结果显示，这样划分出来的价值股组合的平均年化收益率比明星股组合高10%～11%；在各双重指标构建的投资组合中，"低现金流股价比（C/P）＋低销售收入增长率（GS）"组的表现最好，并且所有双重指标产生的投资组合收益率均高于单一指标产生的投资组合收益率。

为了进一步验证策略的有效性，研究者对股票收益率进行回归分析，检验各分组指标对收益率是否有显著的预测能力。表1.1展示的是各股票的原始收益率与确定的股票特征之间的回归结果。以样本期间每家公司从4月底开始的1年持有期股票收益率作为被解释变量进行横截面回归，样本期间为1968—1989年。解释变量包括：

（1）GS，过去5年公司销售收入增长率的加权平均值。

（2）B/M，公司上年年末账面价值与上年年末市场价值之比。

（3）SIZE，4月底股票市值的自然对数（以百万美元计）。

（4）E/P＋，若E/P为正，则E/P＋为上年每股净盈余与4月底每股价格的比值；若E/P为负，则E/P＋为0。

（5）DE/P，若E/P为负，则DE/P为1；若E/P为正，则DE/P为0。

（6）C/P＋，若C/P为正，则C/P＋为上年年末的每股现金流与4月底公司每股股价的比率；若C/P为负，则C/P＋为0。

（7）DC/P，若C/P为负，则DC/P为1；若C/P为正，则DC/P为0。

表1.1报告的系数为22年样本期间每年回归（1）—（9）的均值，报告的t统计量考虑了时间序列回归的自相关性问题。表1.1表明，账面市值比

(B/M)、现金流股价比(C/P)、净盈余股价比(E/P)和销售收入增长率(GS)指标对股票收益率的预测效果均显著,但如果将账面市值比(B/M)、现金流股价比(C/P)和销售收入增长率(GS)三个指标同时作为变量纳入回归,账面市值比(B/M)就不再具有显著的预测能力。这一结果说明分组指标之间并不独立,且历史收益率与预期收益率相结合能够替代账面市值比(B/M)对股票收益率的预测作用,并更好地预测股票收益率。

表1.1 股票收益与公司特征的回归结果

		Int	GS	B/M	SIZE	E/P+	DE/P	C/P+	DC/P
(1)	均值	0.180	−0.061						
	t-statistic	3.251	−2.200						
(2)	均值	0.108		0.039					
	t-statistic	2.167		2.132					
(3)	均值	0.185			−0.009				
	t-statistic	2.140			−1.095				
(4)	均值	0.110				0.526			
	t-statistic	2.029				2.541			
(5)	均值	0.099						0.356	
	t-statistic	1.873						4.240	
(6)	均值	0.129	−0.058	0.006				0.301	−0.029
	t-statistic	2.584	−2.832	0.330				3.697	−1.222
(7)	均值	0.143		0.009	−0.009			0.280	−0.032
	t-statistic	1.562		0.565	−1.148			4.223	−1.625
(8)	均值	0.169	−0.044	0.000	−0.009			0.296	−0.036
	t-statistic	1.947	−2.125	0.005	−1.062			4.553	−1.625
(9)	均值	0.172	−0.051	0.016	−0.009	0.394	−0.032		
	t-statistic	1.961	−2.527	1.036	−1.065	2.008	−1.940		

检验风险假说

如果风险假说成立,即价值股比明星股承受了更高的基本面风险,那么在市场下行时,价值股的收益应低于明星股。为此,研究者以股市表现为指标,将经济划分为萧条到繁荣4个区间,检验价值股组合表现较差的时期是否对应经济萧条时期。表1.2 Panel A说明,在不同市场条件下,价值股组合(Value)的收益均持续优于明星股组合(Glamour),而且这种优势在市场下行时更加显著。以C/P和GS分类为例,在市场表现最差的25个月里(W25),价值股组合平均收益率为 −8.6%,而明星股组合的平均收益率为 −10.3%。同

表 1.2 股票市场的投资组合收益

Panel A

C/P	Glamour					Value			Index	Value−Glamour (1,3−3,1)	t-Statistic
GS	1	2	3	2	1	3	2	1			
W25	−0.114	−0.103	−0.103	−0.090	−0.091	−0.100	−0.080	−0.086	−0.105	0.102	0.018	3.040
N88	−0.023	−0.025	−0.029	−0.016	−0.020	−0.025	−0.016	−0.015	−0.022	−0.023	0.014	4.511
P122	0.039	0.039	0.038	0.040	0.038	0.039	0.038	0.040	0.038	0.037	0.002	0.759
B25	0.131	0.111	0.110	0.110	0.104	0.115	0.113	0.124	0.124	0.121	0.014	1.021

Panel B

B/M	Glamour				5	6	7	8	Value		Index	Value−Glamour (9,10−1,2)	t-Statistic
	1	2	3	4					9	10			
W25	−0.112	−0.110	−0.104	−0.100	−0.097	−0.091	−0.093	−0.092	−0.098	−0.102	−0.102	0.011	1.802
N88	−0.029	−0.028	−0.026	−0.025	−0.023	−0.020	−0.021	−0.020	−0.018	−0.022	−0.023	0.008	2.988
P122	0.038	0.040	0.039	0.037	0.036	0.037	0.038	0.037	0.038	0.039	0.037	−0.001	−0.168
B25	0.114	0.114	0.119	0.113	0.112	0.113	0.117	0.126	0.133	0.148	0.121	0.026	1.729

样,在市场表现不佳的 88 个月里(N88),即指数轻微下跌,价值股组合的平均收益率为 -1.5%,而明星股组合和指数(Index)的平均收益率分别为 -2.9% 和 -2.3%。进一步地,研究者根据实际国民生产总值增长率划分经济发展阶段,同样发现在大部分情况下,价值股组合的收益率要高于明星股组合。因此,研究结果表明价值股并未承受更高的基本面风险。

表 1.2 展示了不同市场条件下价值股组合和明星股组合的收益情况。首先,根据等权指数,将样本中的所有月份分为 25 个最差股票收益月(W25)、除 25 个最差股票收益月以外的 88 个收益为负月(N88)、除 25 个最佳股票收益月以外的 122 个收益为正月(P122)和 25 个最佳股票收益月(B25)。然后,在 1968 年至 1989 年的每年 4 月,根据 C/P 和 GS 的 30% 分位数和 70% 分位数将所有股票分成 9 组(3×3),分组时 C/P 和 GS 相互独立。Panel A 显示了每个投资组合在 W25、N88、P122 和 B25 期间的月度平均收益率。

此外,本文还检验了价值股组合与明星股组合在 Beta 值和收益率标准差上的差异。尽管 Beta 值的对比结果显示,价值股组合的 Beta 值比明星股组合的 Beta 值高 0.1,但这主要是价值股组合在市场上行时期的 Beta 值较高所致,而且 Beta 值的差异无法完全解释组合间收益率的差距。收益率标准差的对比同样表明,经规模调整后的组合标准差基本相同,这无法解释组合收益率的差距。因此,价值股组合并未承受更高的基本面风险。

1.1.3 投资笔记

投资逻辑

"幼稚"投资者错误地认为股票增长具有长期趋势性,并依据公司过去的增长率推断其未来的增长率。而事实上,过去表现较好的明星股的实际收入增长率、现金流增长率显著低于历史和预期,过去表现较差的价值股的实际收入增长率、现金流增长率高于历史和预期,这表明市场实际高估明星股而低估价值股。因此,利用历史增长率和预期增长率双重指标选出价值股与明星股,买入价值股并卖空明星股,投资者能获得较高的超额收益。

核心指标

1. 预期增长指标

(1) B/M,公司上年年末账面价值与上年年末公司市场价值之比。

(2) C/P,上年年末每股现金流与上年年末每股股价之比。

(3) E/P,上年年末每股净盈余与上年年末每股股价之比。

2. 历史增长指标

GS 为过去 5 年销售收入增长率的加权平均值。具体而言,首先算出过去 5 年的年销售收入增长率,然后将年销售收入增长率按年份顺序排列,并分别设置 1/15、2/15、3/15、4/15、5/15 的权重(即上年增长率对应的权重为 5/15,上上年增长率对应的权重为 4/15,以此类推),将每年的年销售收入增长率分别乘以相应的权重后相加即可求得公司过去 5 年销售增长率的加权平均值。

策略及表现

期间:1968—1989 年

市场:美国股票市场

策略:每年 4 月末,将所有股票按照 4 月末 C/P 和 GS 从小到大排序,每个指标按 30% 分位数和 70% 分位数进行划分,共形成 9 个组合。买入 C/P 指标位于后 30%、GS 指标位于前 30% 的价值股,卖空 C/P 指标位于前 30%、GS 指标位于后 30% 的明星股,并持有 5 年。同理,可以将上述 C/P 指标替换为 B/M 或 E/P 指标,以及将 C/P、B/M 和 E/P 指标两两组合,此时双指标皆最小的一组为明星股,双指标皆最高的一组为价值股。其中,价值股组合在 18 个 5 年样本期内的平均年化收益率为 22.1%,平均累计收益率为 171.1%,经规模调整后的平均年化收益率为 5.4%;明星股组合在 18 个 5 年样本期内的平均年化收益率为 11.4%,平均累计收益率为 71.2%,经规模调整后的平均年化收益率为 -3.3%。套利组合在 22 个 5 年样本期内的平均累计收益率为 107.3%($t=5.94$),其中 3 年持有期的平均累计收益率为 46.4%($t=4.52$),1 年持有期的平均累计收益率为 10.2%($t=3.75$)。

细节提示

(1) 投资策略构建的投资组合换手率较低,收益率较稳定。

(2) 投资策略在不同市场条件下均有效,基本面风险较小。

(3) 投资策略对全样本和大公司样本均有效,适用性较高。

(4) 目标组合持有期较长,若短期持有,则获利的可能性较小。

(5) 投资策略中的因子独立性较差,账面市值比与现金流股价比和净收益股价比的相关度较高。

1.2 公司内在价值、市场预期和股票收益

标题：Accounting Valuation, Market Expectation, and Cross-sectional Stock Returns
作者：Richard Frankel, Charles Lee
来源：Journal of Accounting and Economics, 1998, Vol.25, No.3

内在价值股价比(V/P)是预测股票长期收益率的优秀指标

1.2.1 概述

本文研究了基于 I/B/E/S 分析师盈余预测的公司估值模型在预测横截面股票收益方面的有效性。本文利用分析师一致盈余预测和剩余收益模型计算股票的内在价值(V)，发现基于分析师一致盈余预测估计的公司内在价值与同期的公司股票价格高度相关。本文指出，每股内在价值与每股股价的比率(内在价值股价比，V/P)是预测股票长期收益率的优秀指标；并且进一步指出，公司的 V/P 越高，其股票的长期收益率也越高，而且 V/P 的这种预测效果不能用 Beta 值、市值总额及账面市值比(B/P)解释。同时，本文基于公司特性，发现分析师一致盈余预测的误差是可以估计的；并且在调整盈余预测偏差后，V/P 对于股票收益的预测能力得到进一步提高。

1.2.2 应用指南

价值投资一直是备受推崇的投资理念，其核心在于对公司内在价值的估计。根据 Edwards-Bell-Ohlson(EBO)所运用的剩余收益折现估值方法，公司内在价值可以拆分为当前账面价值和未来剩余收益的现值两部分。虽然以前的研究用 B/P 预测公司未来的业绩表现(B/P 越低，未来净资产收益率越高)，但 B/P 指标仅考虑了公司账面价值信息，并未包含公司未来盈余信息，而在价格形成时公司未来盈余信息可能更为重要。为此，本文利用分析师一致盈余预测估计企业的内在价值(几乎包含全部可利用的信息)，并检验基于此计算的 V/P 在预测股票收益方面的有效性。同时，由于分析师一致盈余预测存在误差，本文进一步考虑修正分析师一致盈余预测偏差后的 V/P 在预测股票收益方面的有效性是否有所提高。

B/P策略与V/P策略

先按照市值、B/P(每股账面净资产/每股股价)、V/P(每股内在价值/每股股价)分别将样本公司等分成五组,再计算各组公司的平均市值、B/P、V/P、Beta值以及各组12个月、24个月、36个月的累计投资收益。由图1.1可知:

(1) B/P效应(市净率异象)是存在的,即低B/P组公司在12个月及更长期限内的平均收益率显著低于高B/P组公司;

(2) 短期(12个月)内,高V/P组公司与低V/P组公司之间的收益率差异并不显著,但当持有期延长到24~36个月,高V/P组公司的收益率开始显著高于低V/P组公司;

(3) V/P策略远远优于B/P策略。

图1.1中描绘的是每种投资策略在7月初买入所选指标值(即B/P、V/P)最大一组公司的股票、卖空所选指标值最小一组公司的股票,并将投资组合持有至指定月份的累计买入—持有收益率。B/P指标中的账面价值B和股价P分别是上年年末的每股账面价值和本年6月底的股价。V/P指标中的V是根据本年5月的分析师一致盈余预测计算出的公司内在价值。每年6月底根据B/P和V/P将样本公司从大到小等分成五组并形成相应的投资组合,样本期间是1979—1991年。

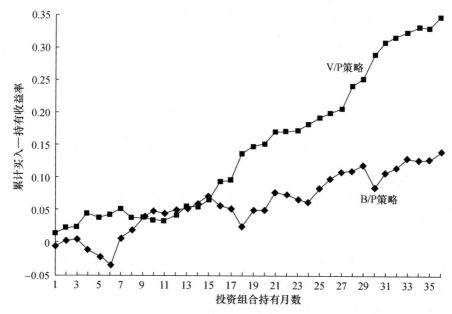

图1.1 运用B/P和V/P策略买入—持有的投资组合累计收益率

V/P预测能力动因

本文进一步考察V/P预测能力与B/P和公司市值的相关性,分析在分别控制公司规模和B/P的情形下,基于V/P构建的投资组合的未来表现。研究表明,当控制公司市值或B/P时,不同V/P组之间的收益率存在显著差异;当控制V/P时,不同公司市值或B/P组之间的收益率不存在显著差异。这表明,V/P对股票收益率的预测能力不能由B/P或者公司市值所解释。

分析师盈余预测偏差与投资组合

公司股票内在价值的可靠性依赖于分析师对未来盈余预测的可靠性,如果分析师盈余预测是有偏的,那么可以通过修正分析师盈余预测偏差来提高V/P对股票收益率的预测能力。分析师盈余预测偏差(PErr)是指分析师对净资产收益率的估计值与实际值的偏差。本文采用销售增长率(SG)、预期盈利增长率(Ltg)、分析师乐观程度(OP)和B/P估计分析师盈余预测偏差。其中,SG是公司过去五年销售收入增长率,OP衡量的是分析师盈余预测的净资产价值与基于历史数据得到的净资产价值的偏离程度。已有研究表明,分析师倾向于对过去高销售增长率(SG)、高P/B值的公司过度乐观而常常高估其价值,以至于未来收益率较低。此外,过于乐观的分析师盈余预测偏差还体现在高预期盈利增长率(Ltg)和较高的分析师乐观程度(OP)上。本文结合上述变量,衡量估计分析师盈余预测偏差(PErr)。

基于此,本文构建了一个经过分析师盈余预测偏差(PErr)调整的投资组合策略,并比较上述不同策略的长期表现。首先,本文利用SG、Ltg、OP、B/P估计未来PErr,构建四种投资组合策略,并比较不同投资组合策略的累计买入—持有收益率。如图1.2所示,B/P策略和V/P策略是买入高指标值公司的股票,卖空低指标值公司的股票;PErr策略是买入低PErr组公司股票,卖空高PErr组公司股票;PErr和V/P组合策略是买入低PErr和高V/P的股票,卖空高PErr和低V/P的股票。结果显示,短期内,四种投资组合策略的表现均不尽如人意,但是在3年以上持有期内,PErr策略、V/P策略、PErr和V/P组合策略的表现均优于B/P策略。组合策略的长期表现惊人,在3年持有期内产生的累计收益率为45.5%,说明分析师盈余预测偏差(PErr)对内在价值与股票价格之比(V/P)的预测具有补充作用。

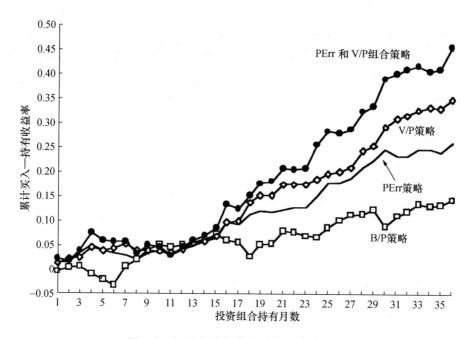

图 1.2　不同投资组合策略的累计收益率

图 1.2 展示的是四种投资组合策略的累计收益率。账面价值 B 和股票价格 P 分别为上年的每股账面价值和当年 6 月底的股票价格。PErr 是截至第 t 年 6 月 30 日的分析师对第 $t+2$ 年净资产收益率的一致预测偏差,V 是基于分析师一致盈余预测估计的股票内在价值。每年 6 月底,根据 B/P、PErr 和 V/P 将公司等分为五组并形成投资组合。对于 B/P 和 V/P 的策略,图 1.2 描述了在 7 月初买入指标值最大一组的公司股票和卖空指标值最小一组的公司股票并持有至指定月份的累计买入—持有收益率。PErr 策略是卖空指标值最大一组的公司股票,买入指标值最小一组的公司股票。对于 PErr 和 V/P 组合策略,买入 V/P 排前 1/5 和 PErr 排后 1/5 的股票,卖空 V/P 排后 1/5 和 PErr 排前 1/5 的股票。

1.2.3　投资笔记

投资逻辑

从长期来看,V/P 能预测股票收益率,买入高 V/P 公司股票并卖空低

V/P 公司股票可以获取超额收益。同时,由于 V/P 的计算是基于分析师一致盈余预测,而过度乐观常常使分析师高估高销售增长率、高 B/P 值的公司。因此,基于 PErr 调整的 V/P 所构建的投资组合策略的长期表现会更好,即买入高 V/P 且低 PErr 公司股票并卖空低 V/P 且高 PErr 公司股票,可以获得更高的超额收益。

核心指标

1. 内在价值

$$V_t = B_t + \sum_{i=1}^{\infty} \frac{E_t[\mathrm{NI}_{t+i} - (r_e B_{t+i-1})]}{(1+r_e)^i}$$
$$= B_t + \sum_{i=1}^{\infty} \frac{E_t[(\mathrm{ROE}_{t+i} - r_e) B_{t+i-1}]}{(1+r_e)^i} \quad (1)$$

公司内在价值(V_t)是账面价值与未来剩余收益现值之和。在式(1)中,B_{t+i}表示第$t+i$期公司账面价值,NI_{t+i}表示第$t+i$期公司净利润,r_e表示权益资本成本,ROE_{t+i}表示第$t+i$期净资产收益率。为简化计算,本文采用以下三种简化模型进行计算:

$$\widehat{V}_t^1 = B_t + \frac{\mathrm{FROE}_t - r_e}{1 + r_e} B_t + \frac{\mathrm{FROE}_t - r_e}{(1+r_e) r_e} B_t \quad (2)$$

$$\widehat{V}_t^2 = B_t + \frac{\mathrm{FROE}_t - r_e}{1 + r_e} B_t + \frac{\mathrm{FROE}_{t+1} - r_e}{(1+r_e) r_e} B_{t+1} \quad (3)$$

$$\widehat{V}_t^3 = B_t + \frac{\mathrm{FROE}_t - r_e}{1 + r_e} B_t + \frac{\mathrm{FROE}_{t+1} - r_e}{(1+r_e)^2} B_{t+1} + \frac{\mathrm{FROE}_{t+2} - r_e}{(1+r_e)^2 r_e} B_{t+2} \quad (4)$$

其中,B_t为当期每股账面价值,r_e为公司权益资本成本,FROE_t为 I/B/E/S 中分析师一致预测下的当期净资产收益率。具体的计算式为:

$$\mathrm{FROE}_t = \mathrm{FY1} / [(B_{t-1} + B_{t-2})/2]$$
$$B_t = B_{t-1}[1 + \mathrm{FROE}_t(1-k)]$$

同理,对滞后一期的预测为:

$$\mathrm{FROE}_{t+1} = \mathrm{FY2} / [(B_t + B_{t-1})/2]$$
$$B_{t+1} = B_t[1 + \mathrm{FROE}_{t+1}(1-k)]$$

对滞后二期的预测为:

$$\mathrm{FROE}_{t+2} = \mathrm{FY2}(1+\mathrm{Ltg}) / [(B_t + B_{t+1})/2]$$
$$B_{t+2} = B_{t+1}[1 + \mathrm{FROE}_{t+2}(1-k)]$$

其中,k为股利支付率,FY1、FY2 表示分析师对未来每股盈余的预测,Ltg

表示长期盈利增长率。若 Ltg 不可得,则使用 $FROE_{t+1}$ 替代 $FROE_{t+2}$。本文还提出一种更为简单的做法,就是用上期 ROE 代理 $FROE_t$、$FROE_{t+1}$、$FROE_{t+2}$。

2. 分析师盈余预测偏差

分析师盈余预测偏差 $PErr_{it}$(针对 ROE_{t+2})的计算式为:

$$PErr_{it} = \hat{\alpha} + \hat{\beta}_1 RK(SG_{it-1}) + \hat{\beta}_2 RK(BP_{it-1}) + \hat{\beta}_3 RK(OP_{it-1}) + \hat{\beta}_4 RK(Ltg_{it-1}) \quad (5)$$

其中,SG_{it-1} 表示第 $t-6$ 至第 $t-1$ 期的公司 5 年营业收入增长率;BP_{it-1} 表示公司第 $t-1$ 年年末的账面市值比(股价为第 t 年 6 月的股票价格);OP_{it-1} 表示分析师乐观程度,$OP = (V_f - V_h)/|V_h|$,其中 V_f 表示根据分析师盈余预测计算的内在价值,V_h 表示用历史 ROE 代理未来盈余计算得到的内在价值;Ltg_{it-1} 表示第 $t-1$ 期分析师预测的长期盈利增长率;$RK(\cdot)$ 为百分位排序函数,表示按变量对公司进行排序,以公司在序列中的百分位顺序替代变量。式(5)中的 $\hat{\alpha}$ 和 $\hat{\beta}$ 是将 $PErr_{it-1}$ 横截面回归到 $RK(SG_{it-4})$、$RK(BP_{it-4})$、$RK(OP_{it-4})$、$RK(Ltg_{it-4})$ 获得的,其中 $PErr_{it-1}$ 表示分析师预测的第 $t-1$ 期 ROE 减去真实的第 $t-1$ 期 ROE。

策略及表现

期间:1979—1991 年

市场:纽约证券交易所、美国证券交易所、纳斯达克上市的非金融类公司

策略:按照 PErr 和 V/P 两个指标将所有股票分为 25 个组,买入 PErr 位于最小一组同时 V/P 位于最大一组的股票,卖空 PErr 位于最大一组同时 V/P 位于最小一组的股票,持有 36 个月。在 3 年的持有期内,PErr 和 V/P 组合策略可以产生的累计收益率为 45.5%。

细节提示

(1) V/P 策略简单且易于操作,尤其是对于长期持有股票的投资者来说,V/P 策略的收益率远远高于 B/P 策略。

(2) 基于分析师盈余预测估计的股票内在价值(V)和股票价格(P)构建的投资组合策略结合了估值和质量两个维度,这比仅从单一维度构建的投资组合能获得更高的收益。

1.3 价值因子中的细节

标题：The Devil in HML's Details
研究者：Clifford Asness，Andrea Frazzini
来源：*The Journal of Portfolio Management*，2013，Vol.39，No.4

即时 B/P 指标构建的投资组合具有更高的超额收益

1.3.1 概述

本文挑战了因子定价和行为金融领域度量"价值"的标准方法。依据 Fama and French(1993)的定义，每年6月底(大多数美国上市公司年报披露时间截止下年6月底)，依据披露的上年年报数据和上年年末股价计算账面市值比(每股账面价值/每股股价，即 $B/P_{annual,lagged}$)，并据此构造价值因子($HML_{annual,lagged}$)。然而，这导致价值因子($HML_{annual,lagged}$)信息产生滞后性，且滞后时间最长可达18个月。比如2020年6月底，基于2019年年报和2019年12月末股价构造价值因子，到了2021年6月底，公司如果尚未公布2020年年报，那么此时根据2019年年报数据计算的价值因子的信息时效已滞后18个月，而在等待年报披露期间，公司股价可能发生巨大变化，使得标准价值因子($HML_{annual,lagged}$)存在巨大的信息损失。因此，在标准 $B/P_{annual,lagged}$ 的基础上，本文提出两种改进方法：方法一，每年6月底，用上年年报数据和本年6月末股价计算 $B/P_{annual,current}$，并据此构建 $HML_{annual,current}$，每年重复上述操作；方法二，每年6月底，用上年年报数据和本年6月末股价计算 $B/P_{monthly,current}$，并据此构建 $HML_{monthly,current}$，每月底根据最新股价重新计算 $B/P_{monthly,current}$ 并更新 $HML_{monthly,current}$，下年6月底再根据最新的年报数据和股价重新计算 $B/P_{monthly,current}$ 和 $HML_{monthly,current}$。相关研究发现，基于更即时的股票价格数据计算的 $B/P_{monthly,current}$ 能够更好地预测真实的、不可观测的当期 B/P。而在控制市场因子(MKT)、市值因子(SMB)、短期反转因子(STR)及动量因子(UMD)之后，基于每月更新的股票价格数据计算的 $B/P_{monthly,current}$ 而构建的投资组合每年能够获得305～378个基点的 Alpha 收益且在统计上显著。

1.3.2 应用指南

截止每年6月底，绝大多数上市公司已披露上年财务报告，此时可使用年报中披露的数据构建 B/P 指标,依据 Fama and French(1993)标准方法构建的价值因子使用的是滞后期数据,而且滞后期最长可达 18 个月,这导致在股票价格大幅波动时期,标准 B/P 未及时更新,从而影响 HML 的有效性。为此,本文采用三种方法计算 B/P 指标,分别是 Fama and French(1993)下的标准 $B/P_{annual,lagged}$ 指标以及分别使用每年更新的股票价格和每月更新的股票价格计算的 $B/P_{annual,current}$ 和 $B/P_{monthly,current}$,并基于此构建不同的价值因子。但是,哪种计算方法下的 B/P 才是最接近不可观测的真实 B/P?基于哪种方法计算的 B/P 指标构建的价值投资组合能获得更高的超额收益?以下将逐一解答。

计算 B/P 的方法

本文在 Fama and French(1993)标准 B/P 的基础上进行了一些改进,并构造了两个新的 B/P 计算方法。改进方法一:分子仍使用上年年报披露的账面价值,分母使用最新 6 月末的股票市场价格数据,调仓方法与标准 B/P 一致,即每年 6 月底调仓。改进方法二:分子和分母与改进方法一保持一致,但是每月进行调仓,以充分考虑最新的股票价格信息,提高 B/P 的即时性。

度量 B/P 真实值的最好方法

为了探究上述三种计量方法中的哪种能更好地捕捉真实的、不可观测的 B/P,本文用不可观测的真实 B/P(即当期 B/P)对使用不同方法计算出的滞后期 B/P 进行 Fama-MacBeth 回归(Fama and MacBeth,1973)。结果发现,当期 B/P 的线性预测更接近于按每月更新数据方法所计算的 $B/P_{monthly,current}$,这表明采用即时更新数据计算的 $B/P_{monthly,current}$ 要优于采用滞后期数据计算的标准 $B/P_{annual,lagged}$。

B/P 指标与价值投资组合收益

为了检验基于改进的 B/P 指标能否构建更好的价值投资组合,本文采用时间序列回归方法,检验了在市场因子(MKT)、市值因子(SMB)、短期反转因子(STR)及动量因子(UMD)都被控制的情况下,基于三种不同 B/P 指标所构建的价值因子(HML)投资组合是否仍获得超额收益。表 1.3 表明,无论是在美国样本、国际样本(除美国外其他观测国家样本)还是在全球样本(包含美国样本和全球样本)中,在控制市场因子、市值因子、短期反转因子、动量因子以及各自的竞争性价值因子后,基于每月更新的 $B/P_{monthly,current}$ 指标构建的

表 1.3 时间序列回归结果

	U.S.				International				Global			
	(1)	(2)	(3)	(4)	(5)	(6)	(7)	(8)	(9)	(10)	(11)	(12)
Refreshing frequency	Annual	Annual	Annual	Monthly	Annual	Annual	Annual	Monthly	Annual	Annual	Annual	Monthly
Method to lag price	Lagged	Current	Lagged	Current	Lagged	Current	Lagged	Current	Lagged	Current	Lagged	Current
Alpha	−0.58 (−1.35)	1.43 (3.42)	−1.61 (−2.92)	3.05 (5.92)	1.05 (1.52)	0.56 (0.71)	−1.24 (−1.59)	3.78 (4.58)	−0.43 (−1.07)	1.51 (3.69)	−1.72 (−3.48)	3.36 (7.14)
MKT	0.01 (0.93)	−0.03 (−3.38)	−0.02 (−2.09)	−0.01 (−0.82)	−0.02 (−1.38)	0.00 (−0.30)	−0.03 (−2.36)	0.01 (0.63)	0.00 (0.26)	−0.03 (−3.20)	−0.02 (−1.87)	−0.01 (−1.53)
SMB	−0.04 (−3.32)	0.02 (1.78)	−0.04 (−2.50)	0.01 (0.46)	−0.02 (−0.67)	0.03 (1.22)	−0.01 (−0.33)	0.03 (0.91)	−0.03 (−2.48)	0.02 (1.77)	−0.02 (−1.28)	0.00 (0.31)
STR	−0.01 (−1.13)	0.02 (1.85)	−0.07 (−4.19)	0.08 (5.58)	−0.02 (−0.88)	0.01 (0.61)	−0.07 (−3.22)	0.07 (3.28)	−0.02 (−1.25)	0.03 (1.92)	−0.08 (−5.13)	0.10 (6.52)
UMD	0.17 (17.24)	−0.19 (−21.46)	0.38 (26.12)	−0.43 (−39.28)	0.14 (8.68)	−0.18 (−10.68)	0.35 (17.33)	−0.45 (−25.38)	0.17 (16.42)	−0.20 (−20.37)	0.37 (25.99)	−0.42 (−38.00)
$HMI_{annual,lagged}$	0.95 (70.41)	0.92 (70.41)		0.85 (53.14)		1.02 (35.17)		0.95 (31.50)		0.94 (65.58)		0.87 (52.83)
$HMI_{annual,current}$			0.94 (53.14)		0.78 (35.17)		0.80 (31.50)		0.91 (65.58)			
$HMI_{monthly,current}$											0.91 (52.83)	
R^2	0.89	0.90	0.82	0.89	0.80	0.81	0.76	0.85	0.87	0.89	0.82	0.89

HML$_{monthly,current}$所产生的 Alpha 收益分别为 3.05%、3.78%和 3.36%且在统计意义上显著。基于 B/P$_{annual,current}$指标构建的 HML$_{annual,current}$所产生的 Alpha 值分别为 1.43%、0.56%和 1.51%,不仅小于基于 B/P$_{monthly,current}$指标所产生的 Alpha 值,而且显著性水平也更低。基于标准 B/P$_{annual,lagged}$指标构建的 HML$_{annual,lagged}$并不能产生统计意义上显著的 Alpha 值。这表明在控制其他因子的情况下,改进方法二的 B/P 指标可以使投资组合获得更高的超额收益,故 B/P$_{monthly,current}$指标优于标准 B/P$_{annual,lagged}$指标和 B/P$_{annual,current}$指标。本文认为,在计算 B/P 指标时没有采用最新的股票价格数据,不仅会导致计算结果不能很好地捕捉真实的、不可观测的 B/P,还不能充分和有效地将动量因子(UMD)纳入投资组合。

表 1.3 展示的是投资组合收益和其他因子载荷的时间序列回归结果。被解释变量是价值投资组合的月超额收益。其中,Annual Lagged 表示基于标准 B/P$_{annual,lagged}$指标构建的投资组合,Annual Current 表示基于 B/P$_{annual,current}$指标构建的投资组合,Monthly Current 表示基于 B/P$_{monthly,current}$构建的投资组合。回归包含了所有可获得的美国(U.S.)及各国股票样本,样本期间为 1950—2011 年。国际(International)与全球(Global)投资组合是以上年各国股票市值为权重将各国投资组合加权得到的。Alpha 为月超额收益回归中的截距项且经过年化处理,MKT、SMB、STR、UMD 分别表示市场因子、市值因子、短期反转因子、动量因子,HML$_{annual,lagged}$表示基于标准 B/P$_{annual,lagged}$构建的价值因子,HML$_{annual,current}$表示基于 B/P$_{annual,current}$构建的价值因子,HML$_{monthly,current}$表示基于 B/P$_{monthly,current}$构建的价值因子;小括号内数值为 t 统计量,在 5%水平上显著的系数以粗体标注。

1.3.3 投资笔记

投资逻辑

本文认为计算 B/P 指标时还应重点关注股价 P 的即时性问题。本文对 B/P 指标的时效性进行了研究,考察了真实的、不可观测的 B/P 指标的最优代理变量,以及基于即时价格下 B/P 指标构建的价值投资组合是否具有更高的超额收益。

核心指标

本文采用三种方法计算 B/P,分别是 Fama and French(1993)的标准方法和两种基于标准方法而改进的方法。

1. 标准方法

每年6月30日计算一次B/P：B/P等于上年年末每股账面价值除以上年年末股票价格。由于B/P指标每年更新一次，因此该方法计算的B/P以及在此基础上构建投资组合所使用的账面价值和市场价格数据不是即时数据，而是滞后当期6～18个月的数据。

2. 改进方法一

每年6月30日计算一次$B/P_{annual, current}$：B/P等于每股账面价值除以当前价格（当年6月30日的股票价格）。该方法基本沿袭上述标准方法的计算方式，而改进之处在于股票价格使用的是截止6月30日新建投资组合的最新可用价格。然而，应当注意的是，这里"当前价格"只指投资组合形成时的价格，而不包括账面价值，改进方法一计算的B/P还是滞后的。

3. 改进方法二

每月计算一次$B/P_{monthly, current}$：B/P等于每股账面价值除以当前价格（即每月重新计算时点的最新股票价格）。改进方法二相对于改进方法一的不同之处在于：每月会使用即时的价格更新B/P，而不是B/P在一年内保持不变，因此对于B/P的滞后性有一定的改进。

上述三种B/P计算方法的差异在于构建投资组合时采用什么时点的股价信息。具体而言，在构建投资组合时是否纳入最新的股票价格。

策略及表现

期间：1983年1月—2011年3月（回测期间）

市场：美国普通股数据和全球所有普通股数据

策略：使用B/P构建不同的价值投资策略。具体而言，基于市值和B/P构建六个市值加权投资组合。也就是说，在第t年6月底，根据市值大小将股票分成两组投资组合：对于美国样本，将纽交所上市公司市值的中位数作为标准将股票分为高低两组；对于国际样本，使用该国上市公司市值的80%分位数作为标准将股票分为高低两组；在高市值和低市值组中再按B/P分为"价值组""中性组"和"成长组"，构建出"高市值价值组""高市值中性组""高市值成长组""低市值价值组""低市值中性组""低市值成长组"六个投资组合。所有的投资组合均按市值加权，每月根据市值重新加权，对投资组合进行调仓。对于换仓，年度策略是每年根据重新计算的B/P换仓一次（即上文所述的标准方法和改进方法一），月度策略是每月根据重新计算的B/P换仓一次（即上文所述的改进方法二)。结果显示,基于更即时的价格数据计算的 $B/P_{monthly,current}$ 指标能够更好地预测年末真实的、不可观测的 B/P。在控制市场因子(MKT)、市值因子(SMB)、短期反转因子(STR)等后,基于每月即时股票价格数据更新的 $B/P_{monthly,current}$ 指标所构建的投资组合每年能获得305~378个基点的 Alpha 值,且在统计上显著。

细节提示

(1) Fama and French(1993)的标准价值因子(HML)策略是每年 6 月换仓一次,而 B/P 指标值采用的是上年年末时点的股票价格,因此到下次换仓时,采用的已是 18 个月前的股价数据。

(2) 如果我们的目标是代替不可观测的真实 B/P,那么使用非滞后期价格的方法将更优。

(3) Fama and French(1993)提出的 B/P 计算方法是一个合理的、保守的选择,但不是最优的。

1.4 基于公司价值的投资策略:中国实践部分

本章以基于公司价值的投资策略为主线,主要探讨了账面市值比(B/M)、公司内在价值股价比(V/P)与股票收益率的关系,并进一步验证了价值投资策略的收益率高于市场收益率是源于反向投资假说而非风险假说。然而,上述研究大多基于美国市场数据展开,而中国投资者更关心的是:中国股票市场是否也存在上述现象?进一步地,基于上述理论构建的投资策略,在中国股票市场是否同样能获得超额收益?下面我们将梳理基于中国股票市场的研究。

1.4.1 中国相关研究

价值投资效应的成因

国内学者对于价值投资策略能获得超额收益的成因的研究并没有得出一致结论。有的学者认为,由于我国股票市场主要以投资理念不成熟的中小投资者为主体,因此价值投资策略的收益率高于市场收益率更多地源于中小投资者的错误定价。这主要是由与公司基本面无关的心理预期因素引起的,而非公司基本面所致。比如,王磊和刘亚清(2011)为进一步探明中国股票市场上账面市值比效应是源于公司基本面还是与公司基本面无关的心理预期因素,将账面市值比分解为反映公司基本面的账面收益和反映投资者预期的无形收益。研究者以1994—2008年沪深A股上市公司为样本,运用Fama-MacBeth回归分析方法检验了股票收益长期反转的动因。结果发现,股票收益仅与反映投资者预期的无形收益存在显著的负相关关系,与反映公司基本面的账面收益没有关系。进一步的验证表明,上述结果并不是"特殊期间"效应,由此表明中国股票市场中账面市值比效应的存在是源于投资者对企业发展前景的主观预期引起的市场过度反应,而非对公司基本面的过度反应。

然而,有的学者认为中国股票市场中账面市值比效应更多体现的是风险补偿。比如,吴世农和许年行(2004)以1995—2002年沪深A股上市公司为样本,对比检验资本资产定价模型、三因子模型以及特征模型,发现中国股票市场显著存在的账面市值比效应代表的是一种风险因素,而不是行为金融学理论所指的特征因素。由此,研究者指出我国股票市场的横截面收益率变化的决定因素在于风险,而导致上述结果的原因与我国股票市场长期存在的同涨同跌现象相关。

内在价值股价比与股票收益

关于内在价值股价比与股票收益的关系,现有研究多侧重于分析和评估内在价值。张然等(2017)将分析师盈余预测、投资评级、盈余预测修正和投资评级修正纳入统一的框架,发现我国A股市场的分析师盈余预测修正最具信息含量,而且基于盈余预测修正和投资评级修正构建的套利组合能分别获得月均1.34%和0.92%的经三因子模型调整的超额收益,并指出分析师盈余预测的价值源于其对基本面的分析能力,间接地为基本面分析与股票收益的关系提供了经验证据支持。张宗新和朱伟骅(2010)着眼于中国股票市场中的通胀幻觉效应对股票内在价值的影响。研究者发现:通货膨胀率会扭曲股票的内在价值,投资者采用名义利率对实际现金流进行折现,导致资产价值被低估;同时,通货膨胀预期会导致股利偏差和投资者行为预期偏差的"双重偏差"现象,从而对资产定价产生影响,引发市场的过度投机以及资产价格的非理性膨胀。

账面市值比与股票收益

账面市值比能够预测股票收益,即账面市值比越高,股票未来收益率越高。朱宝宪和何治国(2002)以沪深两市1995—1997年286家企业为样本,检验和比较了我国股票市场上 Beta 值和账面市值比对股票周收益率的预测作用。研究结果表明,我国股票市场上 Beta 值和账面市值比对股票收益率的预测作用均存在,进一步发现账面市值比对股票收益率预测能力的显著性高于 Beta 值对股票收益率预测能力的显著性,即账面市值比对股票收益率的解释能力更强。孔宁宁等(2010)以低账面市值比的成长型股票为研究对象,综合运用基于盈利能力确定的传统基础财务指标、基于外推效应确定的指标和基于未来成长性确定的指标构造了综合财务指标 G 指数。研究者构建了不同的 G 指数组合,考察了基础财务指标对股票未来收益率的预测作用,发现成长型股票与价值型股票均具有投资价值;虽然成长型股票整体收益率偏低,但通过构建适当的 G 指数投资组合可获取超额收益。

1.4.2 "中国特色"研究

价值投资效应的成因

关于中国股票市场价值投资效应的成因,现有研究尚未得出一致结论。有的学者认为价值投资效应源于错误定价。尹力博和廖辉毅(2019)在检验品质溢价与股票收益率关系的基础上,进一步探讨品质溢价的成因。研究者首先运用 Fama-MacBeth 回归考察品质溢价与风险补偿假说的关系,发现股票收益率与品质因子载荷虽一直保持正相关关系,但在任何常见的显著性水平上均不显著,这表明品质溢价并非来自风险补偿。接着,研究者通过分析对冲策略(即做多高品质股票和做空低品质股票)在不同持有区间的收益反转,检验品质溢价与错误定价假说的关系,结果发现无论是在 1—6 月的短期和 7—12 月的长期,还是在 1—12 月的短期和 13—36 月的长期或 37—60 月的长期,对冲组合的因子调整收益率并未出现反转,仍然显著为正。这表明品质溢价源于投资者反应不足引起的错误定价,而且由于我国股票市场的做空限制,投资者反应不足与正向反馈交易、博彩偏好及套利限制密切相关。然而,有的学者认为价值投资效应源于风险补偿。刘博和皮天雷(2007)以 1994—2005 年沪深 A 股上市公司的月度股票收益率为研究样本,分别检验惯性策略和反转策略在我国股票市场上的表现及成因。结果发现,由于新兴市场国家的体制性缺陷以及新兴股市的信息制度缺陷等,我国 A 股市场只存在显著的反转效应,并且多种反转策略中的赢家组合和输家组合的均值呈现高度一致的反转效应。这说明投资者过度反应现象是我国股票市场的重要特征之一。虽然零成本动量组合收益率对资本资产定价模型和 Fama-French 三因子模型的回归结果均支持风险补偿假说,但是在我国股票市场上,三因子模型并不能很好地解释零成本动量组合收益。

内在价值股价比与股票收益

基于中国股票市场特征改进估值模型是中国股票市场研究的特色之一。王化成等(2012)指出,传统的盈余价格比只考虑了企业的盈利水平,没有将盈余质量、现金流及企业成长速度等决定企业内在价值的指标包含在内,无法全面评估企业内在价值。为此,在考虑上述因素的基础上,研究者构造了会计投资价值指数——修正的盈余价格比,并进一步构建了基于会计投资价值指数的投资组合以验证其有效性。结果显示,长期持有基于会计投资价值指数的投资组合能获得超额收益,修正的盈余价格比显著优于传统的盈余价格比,而且基于会计投资价值指数的投资组合获得的超额收益并不能为规模效应所解释。Chan et al.(2008)则从信息不对称的角度,采用包括价格影响系数、买卖价差的逆向选择成分和知情交易概率等多种方式测度股票市场的信息不对称程度,探讨其对我国 A 股和 B 股市场股票价格的影响。研究发现,所构建的信息不对称程度对我国 B 股折价率具有优秀的解释能力,并指出"知情"(即掌握内幕信息)的国内投资者主要通过信息效应及风险承受能力效应对股票价格产生影响。

账面市值比与股票收益

相比于美国等成熟资本市场,我国资本市场长期存在乐观情绪、赌博心理、博彩偏好等非理性投资行为;同时,我国具有特殊的行政体制和政治制度,我国资本市场的非理性投资、股价高波动特征及政策效应更突出。因此,考虑市场异象的研究更符合我国资本市场的特征。

1. 考虑投机性强的特点

尹力博和廖辉毅(2019)在价值投资核心理念的基础上,结合我国 A 股市场投机性强的特征,构建了由盈利性、成长性、安全性及分红能力组成的品质因子,并考察品质因子对股票收益率的预测来探究价值投资的可行性。研究发现,无论是单变量分析还是分别采用市值、账面市值比、盈利能力与品质因子两两组合分析,品质因子与未经调整的股票收益率、经 Fama-French 三因子及五因子模型调整的股票收益率均显著正相关。此外,在分别控制上述分组变量的 Fama-MacBeth 回归分析中,品质因子对股票横截面收益率仍具有显著的正向预测能力,并且在控制市值的回归中,品质因子对股票收益率的正向预测能力更强。

2. 考虑股市波动风险

陈逢文等(2018)以我国股票市场的价格跳跃行为为切入点,构造了衡量股票非正常收益的跳跃风险因子。研究者使用中证全指成分股数据,对比分析 Fama-French 三因子模型和引入跳跃风险因子的四因子模型,检验跳跃风险因子对收益和风险的预测作用。结果显示,无论是在滚动回归还是在整体回归中,Fama-French 三因子和 Fama-French 四因子模型中的市值因子(SMB)和价值因子(HML)的系数基本一致,但共同风险值在 Fama-French 四因子模型中更大且更接近组合整体的主动风险。这表明,为剔除非正常收益而引入跳跃风险因子的 Fama-French 四因子模型具有更优的定价效率、风险预测能力及收益解释能力。

3. 考虑特殊的行政体制和政治制度

Liu et al.(2019)认为,我国 IPO(首次公开募股)审核存在全面、严格等政策因素,我国股票市场还存在特有的壳价值问题,而且市值最小的公司(30%分位数以下公司)受到的壳价值污染最严重。研究者认为,为了更好地研究我国 A 股的定价机制,在评价因子模型的股票池中必须排除市值最小的公司。此外,通过 Fama-MacBeth 回归分析,研究者还发现衡量我国股票市场价值因子效果最好的指标是市盈率的倒数(即投资收益率),而非基于账面市值比构建的经典的 Fama-French 价值因子。基于此,研究者构建了中国版的三因子模型,并与 Fama-French 三因子模型进行对比,发现中国版三因子模型能很好地解释我国股票市场中绝大部分的横截面收益率异象,但仍无法解释收益率反转和高换手率异象。为此,研究者进一步加入换手率因子以反映投资者情绪因素,形成中国版四因子模型,发现该模型能解释我国股票市场的全部异象。这说明,在我国股票市场上,考虑公司盈利能力及投资者行为因素是十分必要的。

1.4.3 总结与展望

已有研究表明,运用价值投资策略预测股票未来收益率在一定程度上是有效的。由于我国资本市场具有投机性强及股价波动性大等特征,能真正运用价值投资策略的情况并不多,学术界关于我国资本市场价值投资策略如何产生超额收益率仍存在争议,而且美国等成熟资本市场的价值投资策略和相关估值模型能否直接适用于我国资本市场也有待检验,但价值投资理念的优势以及基于价值投资策略获得超额收益率的事实是不容置疑的。为此,在未

来的学术研究和投资实践中,我们提出以下展望:

一方面,价值投资理念越来越受到学术界和实务界的追捧,成为主流的投资理念之一。在未来的学术研究和投资实践中,学者和投资者应积极学习主流的分析技术和分析方法以提升自身素质与实力。比如,随着基本面量化投资理念与技术的发展,投资者的投资方法和数据分析思维将受到深刻的影响。此时,我们不应局限于单纯的技术分析与简单的市场数据,而应综合市场、企业财务指标及其他各类数据,运用大数据处理技术,全面评估企业内在价值,挖掘投资机会和扩大投资空间。

另一方面,人工智能、机器学习技术的发展与应用,不仅大大提升了经济学科和管理学科中预测类研究的效果,更提高了价值投资以及基本面量化投资中的股票收益预测模型的分析效率,也为我们不断结合新特征、新异象来改进和完善现有模型(如资本资产定价模型、Fama-French 三因子模型)提供了有力的工具。在未来,我们可以积极尝试运用新技术来快捷地识别因子、构建投资组合,进而更有效率地开展学术研究和投资实践。

参考文献

[1] 蔡春,谭洪涛,唐国琼. 2006. 会计盈余的规模、账面/市值因素实证研究:来自中国上市公司的经验数据[J]. 中国会计评论,1:85—104.

[2] 陈逢文,金启航,胡宗斌. 2018. 中国股市价格跳跃行为的验证及应用[J]. 财贸经济,39(9):74—88.

[3] 冯永昌,王骁,陈嵘. 2008. 中国股市基本面市值加权投资组合研究[J]. 数理统计与管理,5:911—917.

[4] 孔宁宁,张新民,李寅迎. 2010. 成长型公司财务报表分析与股票未来收益——来自中国上市公司的经验证据[J]. 会计研究,6:37—43.

[5] 刘博,皮天雷. 2007. 惯性策略和反转策略:来自中国沪深 A 股市场的新证据[J]. 金融研究,8:154—166.

[6] 王化成,卿小权,张伟华. 2012. 会计投资价值指数与股票收益——来自 A 股市场的经验证据[J]. 中国软科学,6:102—112.

[7] 王磊,刘亚清. 2011. 中国股市账面市值比效应成因分析:基于行为金融视角[J]. 管理评论,23(10):43—48.

[8] 吴世农,许年行. 2004. 资产的理性定价模型和非理性定价模型的比较研究——基于中国股市的实证分析[J]. 经济研究,6:105—116.

[9] 尹力博,廖辉毅. 2019. 中国 A 股市场存在品质溢价吗[J]. 金融研究,10:

170—187.

[10] 张然,汪荣飞,王胜华. 2017. 分析师修正信息、基本面分析与未来股票收益[J]. 金融研究,7:156—174.

[11] 张宗新,朱伟骅. 2010. 通胀幻觉、预期偏差和股市估值[J]. 金融研究,5:116—132.

[12] 朱宝宪,何治国. 2002. β值和长面/市值比与股票收益关系的实证研究[J]. 金融研究,4:71—79.

[13] Asness, C., A. Frazzini. 2013. The devil in HML's details[J]. The Journal of Portfolio Management, 39(4):49—68.

[14] Chan, K., A. J. Menkveld, Z. Yang. 2008. Information asymmetry and asset prices: evidence from the China foreign share discount [J]. The Journal of Finance, 63(1):159—196.

[15] Fama, E. F., J. D. MacBeth, 1973. Risk, return, and equilibrium: empirical tests [J]. Journal of Political Economy, 81(3):607—636.

[16] Fama, E. F., K. R. French, 1992. The cross-section of expected stock returns [J]. The Journal of Finance, 47(2):427—465.

[17] Frankel, R., C. Lee. 1998. Accounting valuation, market expectation, and cross-sectional stock returns[J]. Journal of Accounting and Economics, 25(3):283—319.

[18] Lakonishok, J., A. Shleifer, R. W. Vishny. 1994. Contrarian investment, extrapolation, and risk[J]. The Journal of Finance, 49(5):1541—1578.

[19] Liu, J., R. F. Stambaugh, Y. Yuan. 2019. Size and value in China[J]. Journal of Financial Economics, 134(1):48—69.

第 2 章
盈利能力

2.1 当期盈余与未来盈余

标题：Evidence that Stock Prices do not Fully Reflect the Implications of Current Earnings for Future Earnings
作者：Victor Bernard, Jacob Thomas
来源：Journal of Accounting and Economics，1990，Vol.13，No.4

投资者可以利用市场对盈余信息的滞后反应获取超额收益

2.1.1 概述

有效市场假说认为，有效的市场会迅速对新信息做出反应。例如，当公司发布盈余公告（earnings announcement）[1]时，市场会在短时间内修正对该公司价值的预期，并将这种修正反映在股价上。由于股价能够及时和充分地吸收新信息，投资者将难以利用新信息进行套利。但是，假如市场并非完全有效又会怎样呢？如果投资者并不能立刻、充分地理解公司财务报表中的盈余信息，他们就不会立刻做出反应，股价变动也会随之延迟。

本文利用美国股市 13 年的数据进行研究，发现股价并不能在每次盈余公告发布后立刻做出完全的反应。由于美股上市公司的季度未预期盈余[2]之间

---

[1] 可视同我国财务报表中的利润表信息。
[2] 未预期盈余指本季度盈余与上年同期盈余的差值。

存在自相关性[①]，而投资者对季度盈余的估计是根据季度随机游走模型[②]得到的，以至于股票被错误定价。因此，投资者可以通过分析本期盈余公告是利好还是利空来构建投资组合：在随后三个季度盈余公告发布的前两天，买入本期盈余高于预期（利好）的公司股票，卖空本期盈余低于预期（利空）的公司股票，持有3天后平仓，并在第四季度进行反向操作。投资者可以通过以上操作获得显著的超额收益。

2.1.2 应用指南

自有效市场假说问世以来，对这一假说的质疑连绵不绝。20世纪八九十年代的研究表明，当第 t 季度盈余公告表明公司有正向（负向）的未预期盈余时，公司股票价格会在该公司第 $t+1$ 季度盈余公告发布的前后几天发生正向（负向）移动。这一现象被称为"盈余公告后（价格）漂移"（post-earnings-announcement drift）。盈余公告后（价格）漂移现象的存在让人难以坚持有效市场假说。毕竟，如果市场是有效的，那么股价应当只会对当期的新信息做出反应，与过去已经披露的公开信息无关。尽管相关研究都声称盈余公告后（价格）漂移现象是实验设计的缺陷所致，但是这种发现的广泛性使人们相信这并不是股市偶然出现的偏差，而是普遍存在的规律。那么，是什么导致股票价格、超额收益与盈余公告间的关系？面对这种关系，投资者又可以做什么？这是本文所要解决的问题。

超额收益与盈余公告

在回答上述问题之前，我们先来了解一下股票价格、超额收益与盈余公告的关系。在盈余公告发布后，股票价格会对该信息做出反应。如果本季度的盈余超过上季度的盈余（好消息），股价就会随之上涨；反之，则会下降。当股价上涨时，该公司的股票收益也就随之提高。投资者如果能够预测到这一事件，并在公告发布前买入该公司股票，就会获得显著的超额收益。

但是，除非是公司内部人员，一般投资者难以知晓当期盈余公告是好还是坏，更不用说利用这一消息进行交易。然而研究发现，当公司发布利好的盈余公告后，市场不会对盈余公告做出充分反应，而是经过一段时间的调整后才将信息融入股价，也就是盈余公告后（价格）漂移。当下一期盈余公告

[①] 自相关性指后四个季度的未预期盈余与本季度的未预期盈余相关。
[②] 在季度随机游走模型中，本季度预期盈余为上年同期盈余。

发布时,公司股价会对上一期的盈余信息做出修正,公司的超额收益也就高于预期了。

对此,本文给出的解释是:投资者对盈余的预期依赖季度随机游走模型,即人们预期的本季度盈余为上年同季度的盈余。但事实上,季度间的未预期盈余存在自相关性,即本期的未预期盈余变动与上期的盈余变动正相关。由于投资者的预期盈余为上年同期盈余,不包含与上期盈余变动相关的部分,当本期盈余公告发布时,这部分盈余作为一种"惊喜"呈现在投资者面前,以至于股价的波动更大。这一发现使得我们只需通过本期盈余公告和过往盈余的时间序列数据,就能预测未来盈余公告发布时的部分市场反应。

未预期盈余间的自相关性

让我们来看看以下这个例子。某公司于第 0 年公布的季度盈余分别为 10 美元、10 美元、10 美元和 20 美元。第 1 年第一季度的实际盈余 11 美元,比上年同期增加 1 美元。根据季度随机游走假设,投资者未来四个季度(第 1 年第二季度至第四季度及第 2 年第一季度)的预期盈余分别为 10 美元、10 美元、20 美元和 11 美元。但是,由于各季度未预期盈余之间存在自相关性,我们将之后四个季度的预期盈余调整为 10.34 美元(10+1×0.34)、10.19 美元(10+1×0.19)、20.06 美元(20+1×0.06)和 10.76 美元[11+1×(−0.24)]。其中,前三个季度的未预期盈余为正,第四个季度的未预期盈余为负,这是根据历史数据统计得到的。如表 2.1 所示,第 t 季度的盈余正向变动与随后三个季度的盈余变动正相关(0.34 美元、0.19 美元、0.06 美元),而与第 $t+4$ 季度的盈余变动负相关(−0.24 美元)。这种相关性在股票市场上表现为,在利好盈余公告发布后,前三个季度的超额收益率为正且逐渐降低,而第四个季度的超额收益率为负。

表 2.1　公司季度盈余自相关系数分布

滞后期	$t+1$	$t+2$	$t+3$	$t+4$	$t+5$	$t+6$	$t+7$	$t+8$
均值	**0.34**	**0.19**	**0.06**	**−0.24**	**−0.08**	**−0.07**	**−0.07**	**−0.06**
25%分位数	0.14	0.05	−0.10	−0.46	−0.26	−0.24	−0.24	−0.25
中位数	0.36	0.18	0.06	−0.29	−0.09	−0.08	−0.06	−0.06
75%分位数	0.57	0.35	0.21	−0.07	0.08	0.08	0.09	0.11

利用未预期盈余获取超额收益

如果未预期盈余的自相关性确实存在,那么我们应当如何利用这一效应获取超额收益呢?对此,两位研究者通过标准未预期盈余(standardized unexpected earnings,SUE)指标来构建投资组合。标准未预期盈余的计算方法为:分子为未预期盈余(实际盈余减去按季度随机游走模型计算得到的期望盈余),分母为未预期盈余的标准差。标准未预期盈余越高,公司未来收益可能越高,因此对公司而言高 SUE 是利好的消息。

本文构建投资组合的方法如下:将市场上所有公司按照第 t 季度的 SUE 值从大到小分为 10 组,在第 $t+1$ 季度到第 $t+3$ 季度盈余公告发布前两天,等权重地买入极端利好(SUE=10)公司的股票和卖空极端利空(SUE=1)公司的股票,持有该投资组合三天后在盈余公告发布日当天平仓;在第 $t+4$ 季度盈余公告发布前两天进行反向操作,卖空极端利好(SUE=10)公司的股票并买入极端利空(SUE=1)公司的股票,同样在盈余公告发布日当天平仓。表 2.2 显示,如果在盈余公告发布前后 3 天的窗口期内进行如上操作,我们在四个季度内获得的平均累计超额收益率为 2.72%。

表 2.2 展示了未来盈余公告的市场反应。其中,Portfolio held(based on SUE decile of quarter t)表示持有投资组合(基于 SUE 分组),Holding period (relative to announcement for quarter $t+k$)表示持有区间各期收益(相对于公告发布后 k 季度),10(good news)表示 10(利好),1(bad news)表示 1(利空),Long in 10/short in 1 表示买入利好组/卖空利空组。

2.1.3 投资笔记

投资逻辑

季度间的未预期盈余存在自相关性,但投资者未能正确认识,以至于股票被错误定价。本季度的未预期盈余与随后三个季度的未预期盈余正相关,而与第四个季度的未预期盈余负相关。投资者可以利用公开且可获得的财务报表盈余信息,识别本季度盈余变动方向,在随后四个季度构建多头(前三个季度买入利好公司股票,第四个季度买入利空公司股票)与空头(前三个季度卖空利空公司股票,第四个季度卖空利好公司股票)组合,从而获取超额收益。

表 2.2 未来盈余公告的市场反应

Portfolio held (based on SUE decile of quarter t)	Holding period (relative to announcement for quarter $t+k$)	$t+1$	$t+2$	$t+3$	$t+4$	$t+5$	$t+6$	$t+7$	$t+8$
10 (good news)	3 天 [−2,0]	0.76 (13.21)	0.44 (8.05)	0.13 (2.21)	−0.22 (−4.11)	−0.05 (−0.85)	−0.04 (−0.76)	0.01 (0.21)	−0.04 (−0.66)
1 (bad news)	3 天 [−2,0]	−0.56 (−8.04)	−0.26 (−4.16)	0.09 (0.13)	0.43 (6.82)	0.26 (4.10)	0.19 (2.99)	0.16 (2.43)	0.34 (5.22)
Long in 10/short in 1	3 天 [−2,0]	1.32 (14.63)	0.70 (8.46)	0.04 (0.45)	−0.66 (−7.86)	−0.31 (−3.68)	−0.23 (−2.73)	−0.15 (−1.70)	−0.38 (−4.44)
Long in 10/short in 1 (3 个季度后反向操作)	3 天 超常收益合计	1.32	2.02	2.06	2.72	3.02	3.25	3.40	3.78

核心指标

采用季度随机游走趋势模型度量盈余预期：
$$E^M(Q_t) = Q_{t-4} + \delta \tag{1}$$

其中，$E^M(Q_t)$ 表示本季度预期盈余；Q_{t-4} 表示上年同季度实际盈余；δ 表示盈余趋势，等价于过去 36 个季度实际季度盈余变动的均值。

未预期盈余（UE）为：
$$UE_t = Q_t - E^M(Q_t) \tag{2}$$

其中，UE_t 表示本季度未预期盈余；Q_t 表示本季度实际盈余；$E^M(Q_t)$ 表示用式（1）计算得到的本季度预期盈余。

标准未预期盈余（SUE）为：
$$SUE_t = \frac{UE_t}{\sigma_t} \tag{3}$$

其中，SUE_t 表示本季度标准未预期盈余；UE_t 表示用式（2）计算得到的未预期盈余；σ_t 表示过去 36 个季度的未预期盈余标准差。若 SUE_t 的绝对值超过 5，则将 SUE_t 缩尾为 5 或 -5。

策略及表现

期间：1974—1986 年

市场：美国股票市场

组合策略：利用本季度和前 36 个季度的盈余数据，计算本季度的标准未预期盈余，按照指标值从大到小将公司等分为 10 组。之后三个季度等权重买入前 10%、卖空后 10% 的股票，第四个季度开始买入后 10%、卖空前 10% 的股票。每次季度盈余公告发布前两天买入，持有三天，在盈余公告发布日当天平仓。如果每季度操作一次，那么每个季度持有三天的平均超额收益率分别为 1.32%、0.7%、0.04% 和 0.66%，平均累计超额收益率为 2.72%。

细节提示

（1）标准未预期盈余的计算依赖于当期实际盈余与前 36 个季度的历史盈余数据。

（2）短期投资策略交易期间为 3 天窗口期。

（3）短期投资策略不要求每季度按 SUE 值对公司重新排序。

（4）由于第四个季度的预期超额收益率为负，因此应当卖空利好公司股票、买入利空公司股票，这与前三个季度的操作相反。

2.2 使用盈利能力预测未来收益

标题:The Other Side of Value: The Gross Profitability Premium
作者:Robert Novy-Marx
来源:Journal of Financial Economics,2013,Vol.108,No.1

毛利率高的企业,预期收益也高

2.2.1 概述

相比起盈余和现金流量,毛利率(gross profitability)并不为投资者所看重。我们知道,盈余是指一个公司的收入扣除所有成本和税费后的净利润,衡量公司本期获得的收益;现金流量更是维持公司存续的关键,公司运营每时每刻都离不开现金。这两个指标越高,意味着公司的经营状况越好,能够带来更多的收益。因此,投资者十分看重这两个指标。那么,毛利率能告诉我们什么呢?虽然毛利率只是将毛利润与总资产相比较而得到的简单指标,但其中也包含有关公司价值的信息。那么,它又如何指导我们投资呢?

Novy-Marx的研究告诉我们,以毛利与资产之比计量的毛利率指标虽然简单,却是衡量企业真实盈利能力最干净的会计指标。在其他条件相同的情况下,相较于不盈利公司,盈利公司的估值尽管偏高(账面市值比B/M低),但能产生更高的收益。根据股利贴现模型,更高的收益将带来更高的预期回报率。回测结果证明,以毛利率为代表的盈利能力指标在预测超额收益上具有和账面市值比指标相似的能力。基于盈利能力的投资策略是成长型投资策略,且能够为价值投资策略提供很好的保护。将成长型投资策略(本文指毛利率投资策略)与价值投资策略结合使用,投资者承受的风险敞口基本持平,但收益将显著增加。

2.2.2 应用指南

Fama and French (2006,2008)的研究表明,盈余能够很好地预测股票收益,而基于毛利率指标构建的投资组合的收益性最差。这一研究结论曾阻碍诸多研究者探索毛利率,但本文认为,以毛利率指标(度量公司盈利能力)为基础构建的成长型投资策略,能够很好地与价值投资策略形成互补。因此,毛利率指标在预测股票收益率方面可能会起作用。

毛利率有用吗

为了检验毛利率能否预测股票收益率,本文用 Fama and MacBeth(1973)模型进行回归。由于盈余和自由现金流量是分析师与经济学家比较看重的指标,除以毛利率为解释变量外,本文也将标准化后(各变量值除以净资产)的盈余和自由现金流量作为对比变量,检验结果如表 2.3 所示。

表 2.3 不同盈利能力指标与股票收益率的 Fama-Macbeth 回归

变量	Slope coefficients ($\times 10^2$) and [test-statistics] from regressions of the form $r_{rj}=\beta X_{rj}+\varepsilon_{rj}$						
	(1)	(2)	(3)	(4)	(5)	(6)	(7)
Gross profitability	0.75			0.69	0.62		0.61
	(5.49)			(5.22)	(4.63)		(4.59)
Earnings		0.22		0.08		−0.02	−0.07
		(0.84)		(0.31)		(−0.06)	(−0.27)
Free cash flow			0.27		0.20	0.39	0.33
			(2.28)		(1.64)	(3.17)	(2.67)
log(B/M)	0.35	0.30	0.26	0.34	0.30	0.27	0.31
	(5.98)	(4.97)	(4.59)	(5.54)	(5.17)	(4.48)	(5.05)
log(ME)	−0.09	−0.12	−0.13	−0.11	−0.11	−0.13	−0.11
	(−2.29)	(−3.24)	(−3.20)	(−2.78)	(−2.80)	(−3.34)	(−2.92)
$r_{1,0}$	−5.57	−5.49	−5.52	−5.64	−5.66	−5.56	−5.70
	(−13.80)	(−13.70)	(−13.70)	(−14.10)	(−14.10)	(−13.90)	(−14.30)
$r_{12,2}$	0.76	0.78	0.78	0.74	0.74	0.76	0.73
	(3.87)	(4.02)	(4.02)	(3.80)	(3.80)	(3.93)	(3.74)

注:Gross profitability 表示毛利率,Earnings 表示盈余,Free cash flow 表示自由现金流量,log(B/M)表示账面市值比的对数,log(ME)表示市值的对数,$r_{1,0}$表示上月股票收益率,$r_{12,0}$表示滚动年股票收益率(包括上月股票收益率)。

回归结果表明,毛利率具有与账面市值比(B/M)相似的预测能力(t值分别为 5.49 和 5.98)。盈余或者自由现金流量的预测能力明显弱于毛利率的预测能力。即使将这三个指标一起回归,毛利率的预测能力依旧很强(t值为 4.59)。这一结果说明毛利率是衡量公司盈利能力的最佳代理变量。

之所以有这样的结果,本文给出如下解释:盈余是收入扣除成本和税费后的净利润,在一般性管理费用被扣除的同时,许多费用化的投资(比如研发支出、广告支出及人力资本投入等)也一并被扣除。这些能够给企业带来长远利益的支出项目降低了本期净利润,同时也没有体现在账面上,因此用盈余指标估计的股票价格存在误差。扣除项目越多,盈利能力度量指标受干扰的程度越大,与企业真实盈利能力的关系也就越弱。在利润表盈余项目最前端的毛利率,因为扣除项最少,反而是更"干净"的度量指标。

毛利率投资策略

既然毛利率能够很好地代表企业的盈利能力、预测股票收益率,那么我们如何利用这一指标构建投资策略呢?本文以毛利率为分类标准,从低到高将上市公司分为5组以构建投资组合。每组的月超额收益率按市值加权计算,Alpha值利用Fama-French三因子模型得到,结果如表2.4所示。

表2.4 按毛利率分组形成投资组合的超额收益

投资组合	r^e	Alpha和三因子模型				投资组合特征			
		α	MKT	SMB	HML	GP/A	B/M	ME	n
Panel A:按毛利率构建投资组合									
Low	0.31	−0.18	0.94	0.04	0.15	0.10	1.10	748	771
	(1.65)	(−2.54)	(57.7)	(1.57)	(5.87)				
2	0.41	−0.11	1.03	−0.07	0.20	0.20	0.98	1 100	598
	(2.08)	(−1.65)	(67.50)	(−3.13)	(8.51)				
3	0.52	0.02	1.02	−0.00	0.12	0.30	1.00	1 114	670
	(2.60)	(0.27)	(69.90)	(−0.21)	(5.42)				
4	0.41	0.05	1.01	0.04	−0.24	0.42	0.53	1 114	779
	(1.94)	(0.83)	(70.60)	(1.90)	(−11.20)				
High	0.62	0.34	0.92	−0.04	−0.29	0.68	0.33	1 096	938
	(3.12)	(5.01)	(58.30)	(−2.03)	(−12.30)				
High−low	0.31	0.52	−0.03	−0.08	−0.44				
	(2.49)	(4.49)	(−0.99)	(−2.15)	(−10.80)				
Panel B:按账面市值比构建投资组合									
Low	0.39	0.13	0.98	−0.09	−0.39	0.43	0.25	1 914	965
	(1.88)	(2.90)	(90.10)	(−5.62)	(−23.90)				
2	0.45	−0.02	0.99	0.05	0.04	0.31	0.54	1 145	696
	(2.33)	(−0.29)	(78.10)	(2.61)	(2.23)				
3	0.56	0.03	0.96	0.04	0.22	0.26	0.79	849	640
	(2.99)	(0.53)	(63.50)	(2.09)	(9.71)				
4	0.67	−0.00	0.96	0.10	0.53	0.21	1.12	641	655
	(3.58)	(−0.03)	(74.80)	(5.66)	(27.10)				
High	0.80	0.07	1.01	0.25	0.51	0.21	5.47	367	703
	(3.88)	(1.04)	(60.70)	(10.70)	(20.50)				
High−low	0.41	−0.06	0.03	0.34	0.90				
	(2.95)	(−0.71)	(1.44)	(12.00)	(30.00)				

注:r^e 表示超额收益率;α 表示 Alpha,MKT 表示市场因子,SMB 表示规模因子,HML 表示价值因子,GP/A 表示毛利率,B/M 表示账面市值比,ME 表示公司规模,n 表示观测值数量。

随着毛利率的提高,投资组合的超额收益率也随之增大,最高组与最低组的超额收益率差额为 0.31%(r_1)。因此,仅使用毛利率作为策略指标,投资者也能获得显著的超额收益。此外,三因子模型中的 HML 因子系数随着毛利率的提高而由正转负,表明高毛利率的公司具有较低的账面市值比(高估值),符合成长型公司的特征,能够带来高于市场的回报率。因此,毛利率投资策略作为成长型投资策略的一种,可以为价值投资策略提供良好对冲。

搭配使用价值投资策略

表 2.4 还展示了以账面市值比为分类标准构建的投资组合的超额收益。其中,账面市值比最高组的超额收益率比最低组的超额收益率高 0.41%(r_2)。在未展示的检验中,本文对单独以毛利率和账面市值比为基础构建的投资策略的相关性进行检验,发现两种投资策略的相关性为 －0.57。当分别使用毛利率投资策略和价值投资策略时,月超额收益率标准差[①]为 2.94% 与 3.27%;而同时使用这两种投资策略,月超额收益率标准差为 2.89%。这意味着如果投资者同时采用成长型投资策略与价值投资策略,将获得 0.72% (r_1+r_2)的月超额收益,也不会面临额外的风险。

对于这一点,本文以毛利率和账面市值比两个指标构建了双重分类投资组合。根据两个指标值,公司分别被分为 5 组,一共产生 25 个投资组合和 25 个超额收益率。此外,本文还计算了控制毛利率因子(价值因子)下的超额收益率和 Alpha 值。如表 2.5 所示,当我们控制价值因子时,毛利率投资策略的平均超额收益率为 0.54%[②],超过直接使用毛利率投资策略的超额收益率(0.31%);当控制毛利率因子时,价值投资策略的平均超额收益率为 0.68%[③],超过直接使用价值投资策略的超额收益率(0.41%)。

如果投资者能够买入盈利能力好但价格被低估的股票,卖出盈利能力差但价格被高估的股票,超额收益将更为可观。对此,本文给出一种简便易行的投资组合构建方法:选择 500 家规模最大、流动性最好的公司,按毛利率和账面市值比对这 500 家公司从低到高打分(1~500 分),在一年内等权重买入综合评分最高的 150 家公司,等权重卖空综合评分最低的 150 家公司,最终将获得 0.62%的月超额收益,详细结果如表 2.6 所示。该投资策略的好处在于不需要投资者频繁调仓,而且面临的风险与单一使用毛利率投资策略或价值投资策略相近。

[①] 投资组合风险度量指标。
[②] (0.64%＋0.70%＋0.49%＋0.43%＋0.44%)/5,详见表 2.5 毛利率投资策略超额收益率列。
[③] (0.73%＋0.64%＋0.69%＋0.83%＋0.52%)/5,详见表 2.5 价值投资策略超额收益率列。

表 2.5 双重分类投资组合超额收益

账面市值比分组	毛利率分组					毛利率投资策略				
	Low	2	3	4	High	r^e	α	β_{mkt}	β_{smb}	β_{hml}
Low	−0.08	0.19	0.27	0.26	0.56	0.64 (3.52)	0.83 (4.76)	−0.24 (−6.03)	−0.27 (−4.81)	−0.01 (−0.18)
2	0.19	0.30	0.40	0.70	0.90	0.70 (4.13)	0.69 (4.00)	−0.12 (−3.05)	0.26 (4.61)	0.01 (0.09)
3	0.38	0.39	0.74	0.69	0.87	0.49 (2.80)	0.27 (1.64)	0.09 (2.30)	0.53 (9.89)	0.10 (1.77)
4	0.50	0.60	0.94	1.04	0.93	0.43 (2.47)	0.28 (2.06)	0.07 (−0.94)	0.65 (9.40)	−0.14 (−1.27)
High	0.65	0.83	0.96	1.09	1.08	0.44 (2.38)	0.34 (1.79)	−0.04 (1.83)	0.51 (12.60)	−0.08 (−2.52)

价值投资策略

	Low	2	3	4	High
r^e	0.73 (3.52)	0.64 (3.42)	0.69 (3.76)	0.83 (4.74)	0.52 (2.81)
α	0.45 (2.76)	0.27 (1.65)	0.39 (2.26)	0.38 (2.80)	−0.03 (−0.20)
β_{mkt}	−0.18 (−4.77)	−0.06 (−1.44)	−0.03 (−0.86)	−0.06 (−1.95)	0.02 (0.72)
β_{smb}	−0.04 (−0.75)	0.27 (5.00)	0.32 (5.57)	0.74 (16.60)	0.75 (16.20)
β_{hml}	0.91 (15.70)	0.81 (14.10)	0.58 (9.52)	0.69 (14.20)	0.85 (17.00)

注：r^e 表示超额收益率，α 表示 Alpha，β_{mkt} 表示市场因子，β_{smb} 表示规模因子，β_{hml} 表示价值因子。

表 2.6 基于毛利率和账面市值比评分的投资组合超额收益

投资组合	r^e	Alpha 和三因子模型			
		α	MKT	SMB	HML
Low	0.19	−0.20	1.12	0.01	−0.27
	(0.79)	(−2.25)	(53.20)	(0.25)	(−8.51)
2	0.59	0.10	1.01	0.02	0.09
	(3.00)	(1.95)	(87.30)	(1.32)	(5.05)
High	0.81	0.17	1.08	0.15	0.29
	(3.81)	(2.80)	(77.00)	(7.62)	(13.80)
High−low	0.62	0.37	−0.04	0.14	0.56
	(5.11)	(3.67)	(−1.73)	(4.30)	(15.80)

注：r^e 表示超额收益率，α 表示 Alpha，MKT 表示市场因子，SMB 表示规模因子，HML 表示价值因子。

2.2.3 投资笔记

投资逻辑

股票市场能够反映公司的盈利能力：盈利能力强的公司的市场表现要好于盈利能力弱的公司的市场表现，而毛利率是衡量企业真实盈利能力最干净的会计指标。另外，价值投资策略与毛利率投资策略具有负相关关系，同时使用两种投资策略可以降低投资风险、增加投资收益。因此，投资者在使用毛利率投资策略时，可以结合使用价值投资策略以提升超额收益。

核心指标

毛利率：

$$\frac{\text{GP}}{\text{TA}} = \frac{\text{REVT} - \text{COGS}}{\text{TA}}$$

其中，GP 表示毛利，REVT 表示营业收入，COGS 表示营业成本，TA 表示总资产。

策略及表现

期间：1963—2010 年

市场：美国股票市场（不包括金融类上市公司）

组合策略：

(1) 只采用毛利率投资策略。每年 6 月末，将样本公司股票按毛利率从低到高分成 5 组,按市值加权买入排后 20% 的股票、卖空排前 20% 的股票,持有 1 年后调仓,月平均超额收益率为 0.31%(年化超额收益率为 3.72%)。

(2) 同时采用价值投资策略和毛利率投资策略。选取 500 个市值最大的公司,按毛利率和账面市值比从低到高对公司进行打分,然后等权重买入得分最高的 150 家公司股票、卖空得分最低的 150 家公司股票,持有 1 年后调仓,月平均超额收益率为 0.62%(年化超额收益率为 7.44%)。

细节提示

(1) 毛利率指标的分母为总资产而非营业收入,这与传统的毛利率定义不同。

(2) 在使用毛利率投资策略时,由于月超额收益率较低,不建议频繁调仓。

2.3 使用应计项、现金流和营业利润率预测股票收益

标题:	Accruals, Cash Flows, and Operating Profitability in the Cross Section of Stock Returns
作者:	Ray Ball, Joseph Gerakos, Juhani Linnainmaa, Valeri Nikolaev
来源:	Journal of Financial Economics,2016,Vol.121,No.1

现金流量会告诉你怎样投资

2.3.1 概述

应计项(accruals)是指收益的非现金部分,比如应收/应付项目、坏账准备、存货跌价准备等。会计度量的应计项基本不受现金收支的时间影响,包含应计项的财务报表也被认为能更好地衡量公司业绩。但有研究发现,预期收益随着应计项的增加而减少。换言之,用应计项预测公司未来业绩,不仅不能为投资者带来超额收益,反而会造成损失。如果应计项失去作用,不能代表未来业绩,那么哪种盈利能力指标可以呢?

本文另辟蹊径,发现基于现金的营业利润率(cash-based operating profitability)优于包含应计项的利润率指标。基于现金的营业利润率是指剔除应计

项后的营业利润与总资产的比值。相比于同时使用应计因子和包含应计项的盈利因子,投资者可以通过添加基于现金的营业利润率因子来提高投资策略的夏普比率(Sharpe ratio)。在传统的三因子模型中添加基于现金的营业利润率因子,然后按预测结果对公司进行分类,得到不同的投资组合。买入业绩表现最好的投资组合并卖空业绩表现最差的投资组合,投资者将获得显著的超额收益。

2.3.2 应用指南

Sloan(1996)发现股票收益率与应计利润之间存在显著的负相关关系,这一现象被称为"应计异象"(accrual anomaly)。然而,近年来的研究模型(比如三因子模型、五因子模型、q 因子模型等)均未能解释这一现象为何存在。如果能了解这一现象的成因,投资者就能据此对股票未来收益进行更有效、更精确的估计。本文从应计利润的对立面——经营性现金流量这一角度,对应计异象做出解释。

应计异象成因

Sloan(1996)认为出现应计异象的原因是投资者不理解应计项的持续性比经营性现金流量的持续性低,市场会高估应计项的持续性而忽视现金流量的持续性。换句话说,投资者认为应计项与现金流量在未来将带来同样的盈余,两者没有差别。但是,Sloan 认为应计项与现金流量的持续性是不一样的。当应计项出现减值或无法收回时,投资者必然受到负面影响,这也就解释了为什么未来超额收益率与应计利润存在负相关关系。

对应计异象的这种解释还隐含这样一种观点:即使考虑了现金流量的预测能力,应计项也应当具有对股票未来收益的预测能力。但是,本文发现,在控制基于现金的营业利润率后,应计项对股票未来收益没有任何解释力。对此,本文认为,高应计项公司的盈利能力差,这导致其未来的股票收益低于低应计项公司的股票收益。但是,在将应计项纳入不包含盈利能力指标的资本资产定价模型时,本应由现金流盈利能力解释的未来收益被错误地看作与应计项有关。实际上,应计项在预测股票未来收益方面没有任何助益,反而是基于现金的营业利润率对预测股票未来收益更有帮助。

谁更重要？应计项还是盈利能力指标

为了检验究竟是哪个指标在起作用，研究者采用 Fama and MacBeth(1973)模型，将股票月度收益率对营业利润率、基于现金的营业利润率和应计项分别进行回归，检验结果如表 2.7 所示。Fama and MacBeth(1973)模型中的系数估计可以视作在不同交易策略下买入或卖空股票所获得的月度收益率，括号内的 t 值具有与夏普比率[①]相似的解释力。在对大中盘股(表 2.7 Panel A)的测试中，基于现金的营业利润率(见第(5)列)下的年化夏普比率相比包含应计项的营业利润率(见第(2)列)下的年化夏普比率增加近 40%[(9.69—7.04)/7.04]；当基于现金的营业利润率和应计项(见第(6)列)都在回归方程中时，前者保持显著(t 值为 7.40)，后者不再显著(t 值为 0.34)。对小盘股(Panel B)的回归结果类似。这说明基于现金的营业利润率是比包含应计项的营业利润率更好的预测指标，同时应计项的预测能力来自基于现金的营业利润率。

表 2.7　不同盈利能力指标与股票月度收益率的 Fama-MacBeth 回归

解释变量	(1)	(2)	(3)	(4)	(5)	(6)	(7)
Panel A：大中盘股							
Operating profitability	2.99	2.55		2.55			0.80
	(8.96)	(7.04)		(7.09)			(1.56)
Accruals			−1.41	−1.58		0.15	
			(−3.90)	(−4.45)		(0.34)	
Cash-based operating profitability					2.60	2.54	1.91
					(9.69)	(7.40)	(5.27)
log(BE/ME)	0.42	0.36	0.21	0.33	0.33	0.32	0.33
	(5.80)	(5.08)	(3.28)	(4.66)	(4.76)	(4.53)	(4.73)
log(ME)	−0.08	−0.09	−0.09	−0.10	−0.10	−0.10	−0.10
	(−2.07)	(−2.35)	(−2.24)	(−2.66)	(−2.59)	(−2.69)	(−2.59)
$r_{1,1}$	−3.03	−3.23	−3.34	−3.30	−3.27	−3.32	−3.28
	(−6.97)	(−7.49)	(−7.76)	(−7.72)	(−7.58)	(−7.78)	(−7.66)
$r_{12,2}$	1.03	0.95	0.86	0.91	0.92	0.91	0.92
	(5.69)	(5.30)	(4.81)	(5.12)	(5.11)	(5.08)	(5.15)
Adjusted R^2	5.6%	5.5%	5.2%	5.7%	5.4%	5.6%	5.6%

---

① $t=\dfrac{\overline{X}-\mu}{s_x/\sqrt{n-1}}$，夏普比率 $=\dfrac{E(R_p)-R_f}{\sigma_p}$。其中，$\overline{X}$ 为样本均值，μ 为总体均值，$s_x/\sqrt{n-1}$ 为样本标准差。Fama-MacBeth 斜率统计量 t 值与夏普比率成比例变动。

(续表)

解释变量	(1)	(2)	(3)	(4)	(5)	(6)	(7)
Panel B：小盘股							
Operating profitability	2.14	2.09		2.30			0.20
	(6.25)	(5.29)		(5.85)			(0.40)
Accruals			−1.97	−2.49		−0.75	
			(−6.30)	(−8.26)		(−1.74)	
Cash-based operating profitability					2.48	2.27	2.21
					(9.62)	(6.67)	(7.27)
log(BE/ME)	−0.46	−0.41	−0.41	−0.39	−0.40	−0.39	−0.39
	(7.37)	(6.25)	(6.33)	(5.89)	(6.33)	(6.06)	(5.87)
log(ME)	−0.26	−0.26	−0.19	−0.25	−0.25	−0.24	−0.25
	(−4.24)	(−4.17)	(−2.92)	(−4.00)	(−3.92)	(−3.91)	(−4.09)
$r_{1,1}$	−5.67	−6.12	−6.02	−6.17	−6.11	−6.16	−6.18
	(−13.10)	(−13.68)	(−13.37)	(−13.83)	(−13.66)	(−13.82)	(−13.84)
$r_{12,2}$	1.02	0.90	0.91	0.85	0.88	0.85	0.86
	(5.60)	(5.02)	(4.98)	(4.74)	(4.89)	(4.75)	(4.79)
Adjusted R^2	3.1%	3.1%	2.9%	3.2%	3.0%	3.2%	3.2%

注：Operating profitability 表示包含应计项的营业利润率，Accruals 表示应计项，Cash-based operating profitability 表示基于现金的营业利润率，log(BE/ME) 表示账面市值比的对数，log(ME) 表示股票市场价值的对数，$r_{1,1}$ 表示上月股票收益率，$r_{12,2}$ 表示滚动年股票收益率(包括上月股票收益率)。

利用基于现金的营业利润率构建投资组合

尽管在大样本的回归测试中，本文证实了基于现金的营业利润率是对股票收益率更好的预测指标，但是如何运用这一指标进行投资决策及其会带来怎样的收益仍然是未知的。对此，本文使用 1963—2014 年的美股数据，分别依据营业利润率、应计项(这里为应计利润率)和基于现金的营业利润率将样本公司从低到高进行排序，以十分位数为断点将公司分为 10 组，计算各组投资组合的市值加权超额收益率。此外，本文还计算了资本资产定价模型和三因子模型的 Alpha 值，并按照市值规模进一步分组计算超额收益率(以每年 6 月底纽交所市值中位数为分界点)，具体数据如表 2.8 所示。

表 2.8　不同投资组合的月度超额收益率和 Alpha 值

Panel A：所有股票

	Operating profitability			Accruals			Cash-based operating profitability		
	Excess return	α CAPM	FF3	Excess return	α CAPM	FF3	Excess return	α CAPM	FF3
	月超额收益率和 Alpha 值								
1 (low)	0.29	−0.35	−0.45	0.68	0.11	0.19	0.16	−0.50	−0.55
2	0.42	−0.09	−0.21	0.61	0.12	0.13	0.36	−0.19	−0.30
3	0.52	0.04	−0.13	0.53	0.06	0.10	0.46	−0.02	−0.11
4	0.49	0.03	−0.10	0.55	0.07	0.06	0.52	0.02	−0.09
5	0.51	0.03	−0.01	0.61	0.15	0.12	0.59	0.11	0.02
6	0.58	0.11	0.05	0.57	0.11	0.11	0.44	−0.02	−0.08
7	0.54	0.05	−0.02	0.58	0.11	0.15	0.61	0.14	0.09
8	0.67	0.16	0.16	0.45	−0.05	−0.03	0.61	0.12	0.12
9	0.53	0.04	0.08	0.46	−0.11	−0.02	0.62	0.11	0.17
10 (high)	0.58	0.07	0.29	0.32	−0.32	−0.20	0.64	0.14	0.35
10-1	0.29	0.42	0.74	−0.36	−0.43	−0.39	0.48	0.65	0.90
	t 值								
1 (low)	1.13	−2.89	−4.33	3.00	1.04	1.81	0.63	−4.59	−6.67
2	2.13	−1.07	2.79	3.25	1.64	1.71	1.71	−2.30	−3.82
3	2.75	0.49	−1.71	2.91	0.80	1.31	2.52	−0.21	−1.61
4	2.74	0.41	−1.40	3.04	1.11	0.87	2.75	0.34	−1.34
5	2.79	0.47	−0.20	3.51	2.41	1.89	3.19	1.49	0.24
6	3.22	1.56	0.71	3.28	1.79	1.82	2.51	−0.34	−1.33
7	2.89	0.68	−0.23	3.25	1.68	2.35	3.44	2.26	1.49
8	3.53	2.67	2.70	2.36	−0.78	−0.47	3.30	1.84	1.92
9	2.91	0.70	1.35	2.16	−1.44	−0.22	3.31	2.03	3.04
10 (high)	2.98	0.95	4.80	1.30	−3.10	−2.47	3.37	1.95	5.98
10-1	1.84	2.81	5.98	−2.55	−3.15	−2.98	3.17	4.74	8.48

Panel B：小规模股票和大规模股票

Size	Portfolio	Operating profitability			Accruals			Cash-based operating profitability		
		Excess return	α CAPM	FF3	Excess return	α CAPM	FF3	Excess return	α CAPM	FF3
		月超额收益率和 Alpha 值								
Small	1	0.26	−0.46	−0.63	0.87	0.19	0.00	0.26	−0.47	−0.60
	10	1.04	0.41	0.34	0.46	−0.24	−0.38	1.13	0.51	0.41
	10-1	0.78	0.87	0.97	−0.41	−0.43	−0.38	0.87	0.98	1.01
Big	1	0.37	−0.18	−0.24	0.59	0.04	0.14	0.22	−0.38	−0.37
	10	0.55	0.06	0.30	0.34	−0.26	−0.09	0.65	0.16	0.37
	10-1	0.18	0.24	0.54	−0.25	−0.30	−0.23	0.43	0.54	0.74

(续表)

Size	Portfolio	Operating profitability			Accruals			Cash-based operating profitability		
		Excess return	α		Excess return	α		Excess return	α	
			CAPM	FF3		CAPM	FF3		CAPM	FF3
					t 值					
Small	1	0.82	−2.47	−5.89	3.03	1.19	0.01	0.84	−2.79	−7.01
	10	3.99	3.00	5.27	1.58	−1.60	−5.26	4.37	3.70	6.44
	10-1	5.72	6.53	7.50	−3.98	−4.09	−3.54	7.48	8.86	9.27
Big	1	1.73	−1.79	−2.42	2.72	0.43	1.43	0.94	−4.30	−4.21
	10	2.83	0.67	4.26	1.48	−2.74	−1.03	3.41	1.98	5.39
	10-1	1.21	1.63	4.19	−1.82	−2.26	−1.73	3.31	4.34	6.31

注：Operating profitability 表示营业利润率投资组合，Accruals 表示应计项投资组合，Cash-based operating profitability 表示基于现金的营业利润率投资组合，Excess return 表示超额收益率，α 表示 Alpha 值，CAPM 表示资本资产定价模型，FF3 表示三因子模型，Size 表示公司规模，Small 表示小规模股票，Big 表示大规模股票。

当不区分公司规模时，营业利润率最高组的月超额收益率为 0.58%，最低组为 0.29%，两者相差 0.29%。应计利润率最高组对应的月超额收益率为 0.32%，最低组为 0.68%，两者相差 −0.36%。基于现金的营业利润率最高组的月超额收益率为 0.64%，最低组为 0.16%，两者相差 0.48%。超额收益数据详见表 2.8 Panel A。由此可见，哪怕只是进行了简单的计算和区分，基于现金的营业利润率也能带来更高的超额收益。

在区分公司规模后，超额收益将更为可观。对于大规模股票而言，基于现金的营业利润率最高组与最低组间的超额收益率差额(0.43%)要远高于营业利润率或应计利润率的超额收益率差额(0.18% 或 −0.25%)。而对于小规模股票而言，基于现金的营业利润率最高组对应的超额收益率为 1.13%，最低组为 0.26%，两者相差 0.87%。这比基于应计利润率的投资组合(10-1)的收益率(−0.41%)的绝对值还要高出 112%。在控制资本资产定价模型与三因子模型的风险因子后，超额收益也将得到显著提升。超额收益数据详见表 2.8 Panel B。

2.3.3 投资笔记

投资逻辑

公司应计项越多，盈利能力越差，股票预期收益也就越低。尽管应计项与股票收益存在显著的负相关关系，但基于现金的营业利润率完全可以替代应计项预测股票收益率,并且预测效果更好。投资者可以考虑基于现金的营业利润率,并选择这一指标表现更好的公司进行投资。

核心指标

(1) 基于现金的营业利润率(cash-based operating profitability,CBOP)的计算公式为:

$$CBOP = OP + \frac{-\Delta RECT - \Delta INVT - \Delta XPP + \Delta(DRC + DRLT) + \Delta AP + \Delta XACC}{TA}$$

其中,OP 表示营业利润率,RECT 表示应收账款,INVT 表示存货,XPP 表示预付费用,(DRC+DRLT)表示递延收入,AP 表示应付账款,XACC 表示应付费用,TA 表示总资产。

(2) 营业利润率(operating profitability,OP)的计算公式为:

$$OP = \frac{REVT - COGS - (XSGA - XRD)}{TA}$$

其中,REVT 表示营业收入,COGS 表示营业成本,(XSGA－XRD)表示扣除研发支出后的期间费用,TA 表示总资产。

(3) 应计项(Accruals)的计算公式为:

$$Accruals = \frac{\Delta ACT - \Delta CH - (\Delta LCT - \Delta DLC - \Delta TXP) - DP}{TA}$$

其中,ACT 表示流动资产,CH 表示货币资金,LCT 表示流动负债,DLC 表示流动负债中的借款,TXP 表示应交所得税,DP 表示折旧,TA 表示总资产。

策略及表现

期间:1963—2014 年

市场:美国股票市场

组合策略:依据基于现金的营业利润率指标对样本公司从低到高排序,以十分位数为断点将公司分成 10 组,计算各组按市值加权投资组合的超额收益率;买入 CBOP 最高组投资组合并卖空 CBOP 最低组投资组合,持有 1 年的月超额收益率为 0.47%(年化超额收益率为 5.64%)。

细节提示

(1) 可采用间接法计算基于现金的营业利润率和应计项。

(2) 在计算指标的过程中,部分会计科目与中国会计准则的规定不一致,应谨慎套用公式。

(3) 未区分不同性质的营业利润率对股票收益率的预测能力，有分部财务报告可采用分部财务数据计算指标值。

2.4 基于盈利能力的投资策略：中国实践部分

本章以盈利能力指标为着眼点，分别按照标准未预期盈余、毛利率和基于现金的营业利润率提出投资组合构建方法，探究各指标与未来股票收益率的关系。上述研究表明，这三类指标能够为美国投资者带来显著的超额收益。但是对于中国资本市场而言，此类投资策略是否有效仍是亟待解决的问题。本节将结合有关中国股票市场的研究和文献加以解答。

2.4.1 中国相关研究

盈余信息与股票收益

Malkiel and Fama(1970)提出的有效市场假说否定了在市场中套利的可能性，然而Bernard and Thomas(1990)发现的盈余公告后价格漂移现象质疑了该假说。在当时的市场条件下，股票价格不会立刻反映本期盈余公告，而是在之后的盈余公告发布期间进行修正。投资者对盈余公告的滞后反应使得我们可以利用未预期盈余信息构建投资策略，从中获得超额收益。

张然和汪荣飞(2017)利用2004—2015年沪深A股非金融业上市公司的数据，考察A股投资者如何利用财务报告中的盈余信息。研究结果表明，中国股票市场上同样存在盈余公告后价格漂移现象，并且这一现象多发于季度报告发布后。当公司发布季度财务报告后，投资者对季度盈余信息反应不足，从而产生季度盈余公告后价格漂移现象。但是与美国股票市场不同的是，中国投资者会对年度盈余信息产生过度反应，以至于年度报告发布后市场上出现股价反转现象。进一步的分析显示，业绩预告制度是造成投资者对年度盈余信息反应过度的重要原因。

毛利率与股票收益

盈余和现金流量是衡量公司盈利能力的有效指标，盈余和现金流量越多的公司，经营效益越好，因此这两个指标为投资者所看重。毛利率是衡量企业真实盈利能力最干净的会计指标。Novy-Marx(2013)的研究表明，毛利率指标虽然简单，但是它对股票收益率的预测能力与账面市值比相近。此外，由于毛利率投资策略是基于盈余概念的成长型投资策略，因此与价值投资策略结合使用能够更好地帮助投资者取得超额收益。

Jiang et al.(2018)针对中国股票市场的检验结果与 Novy-Marx(2013)一致。他们采用 2001—2014 年沪深 A 股非金融业上市公司的数据，按毛利率将中国上市公司分组并构建市值加权(value-weighted)投资组合，然后买入毛利率最高组、卖空毛利率最低组，能够获得 12% 左右的年化投资收益；如果考虑 Fama-French 三因子模型，将获得 23% 左右的年化投资收益。此外，与 Novy-Marx(2013)的研究结论相同的是，基于毛利率的成长型投资策略与基于账面市值比的价值投资策略能够进行风险对冲。因此，在中国股票市场上，投资者同样可以组合使用成长型投资策略和价值投资策略，并从中获取更高的收益。

盈利能力指标与股票收益

在 Fama and French(2015)提出五因子模型后，盈利能力逐渐成为投资者选股时考虑的重要因子。在计算盈利能力指标时，通常的做法是根据利润表数据计算得到毛利率或者营业利润率。然而，Ball et al.(2016)认为这样的盈利能力指标包含应计项，而应计项的存在会降低盈利能力指标的预测能力，由此提出基于现金的营业利润率。在分别采用应计项、营业利润率和基于现金的营业利润率三种指标构建的投资组合中，基于现金的营业利润率的投资收益率显著高于其他组合，因此基于现金的营业利润率是更好的盈利能力指标。

李志冰等(2017)检验 Fama-French 五因子模型是否适用于中国股票市场，回测结果肯定了五因子模型的有效性。但是，由于其中的盈利因子是根据营业利润除以股东权益得到的，未经过应计项调整，因此难以判断中国股票市场上营业利润率指标与基于现金的营业利润率指标孰优孰劣。未来学者和投资者可在此方面做进一步的研究。

2.4.2 "中国特色"研究

盈余信息与股票收益

自盈余公告后价格漂移现象(PEAD)被发现以来，学术界一直探讨 PEAD 背后的成因。一部分学者从行为金融学的角度进行解释，认为投资者存在认知偏差，不能准确认知季度未预期盈余信息间的自相关结构，或者认为投资者注意力有限，无法迅速对盈余信息做出反应。陈文博和陈浪南(2021)从非对称 V 字形处置效应探究投资者对盈余公告所做出的反应。处置效应是指投资者倾向于卖出盈利的资产而继续持有亏损的资产。还有学者发现,在股票"未实现"亏损和"未实现"盈利的绝对值增幅相同时,"未实现"亏损所引起的出售倾向增幅要小于"未实现"盈利所引起的出售倾向增幅。因此,若 A 股市场存在显著的非对称 V 字形处置效应则盈余公告宣告后,面对正向未预期盈余,投资者因处于卖出倾向较强而对信息反应不足;面对负向未预期盈余,投资者因处于卖出倾向较强而对信息及时反应。

陈文博和陈浪南(2021)以 2003—2018 年 A 股上市公司的季度数据为样本,并构造非对称 V 字形出售意愿(VNSP)和标准化未预期盈余(SUE)。每个季度末,他们根据 VNSP 和 SUE 将样本公司分成 25 组(5×5),观察每组的买入—持有超额收益率 BHAR[−2,2](以季度盈余公告日为中心)并发现:当 SUE 位于最低一组时,BHAR[−2,2]均显著为负,且随着投资者出售意愿的增强,BHAR[−2,2]的绝对值变大,即非对称 V 字形处置效应加速投资者对负向未预期盈余信息的反应;当 SUE 位于最高一组时,BHAR[−2,2]均显著为正,且随着投资者出售意愿的增强,BHAR[−2,2]的绝对值变小,即非对称 V 字形处置效应使得投资者对正向未预期盈余信息反应不足。

综合盈利能力指标与股票收益

在资产定价领域,公司盈利能力与股票收益的关系受到广泛的关注,无论是在基于 Q 理论的四因子模型还是在 Fama-French 五因子模型中,盈利能力都是解释股票收益的重要因子之一。与此同时,随着有关资产定价因子研究的不断深入,上百个预测股票收益的因子被发现,但其中不少因子在受到市场广泛关注后,其预测能力逐渐消失。目前,用来度量盈利能力的因子至少有十几种。那么,从这十几种因子中提取有效信息,构造反映上市公司综合盈利能力的指标,已成为盈利因子研究的前沿与热点。

谢谦等(2019)以 2000—2017 年 A 股上市公司为样本,探究上市公司综合盈利能力指标与股票收益的关系。他们用最小二乘法和组合预测法从 12 个衡量公司盈利能力的指标中提取信息构造综合盈利能力指标,然后据此构建多空对冲策略。实证结果显示,基于最小二乘法的对冲策略可以给投资者带来 15% 的年化收益(夏普比率为 0.75),而基于组合预测法的对冲策略也能给投资者带来 13% 的年化收益(夏普比率为 0.6)。在控制其他公司特征变量后,综合盈利能力对股票收益的解释能力依然稳健。

应计项与股票收益

中国关于应计项与股票收益关系的研究不少。宋云玲和李志文(2009)指出,我国应计盈余存在高估的现象,买入应计盈余最低组、卖空应计盈余最高组的投资组合在未来1年可获得显著的超额收益。饶育蕾等(2012)的研究结果显示,高度关注上市公司盈余信息的投资者能够对盈余组成部分做出充分反应,因而能够对组成部分中的应计项给出合理定价;而不太关注盈余信息的投资者则可能对应计项给出过高的定价,从而获得较低的投资收益。鹿坪和姚海鑫(2016)发现,在市场情绪高涨的情境下,应计项被错误定价的程度更高;而在市场情绪低迷的情境下,应计项被错误定价的程度更低。上述研究有助于投资者恰当评估应计项,从中获取超额收益。

2.4.3 总结与展望

在本章中,我们对盈余指标和股票超额收益之间的关系进行了回顾,提出了相应的投资策略。首先,中国市场现在依然存在季度盈余公告后价格漂移现象,投资者可以利用股票市场对季度盈余公告的滞后反应获得短期超额投资收益;其次,根据毛利率构建投资策略在中国是可行的,投资者可以同时使用基于毛利率的成长型投资策略和基于账面市值比的价值投资策略对冲风险,并获得超额收益;最后,由于应计项会受到干扰,投资者可以进一步优化盈利能力指标,例如利用基于现金的营业利润率构建投资组合。

计算盈利能力指标所需的数据易获得,这为投资者运用此项技术进行投资分析、形成投资组合提供了极大便利。但是,由于中国会计准则的不断变化和核心指标构成部分的复杂性,我们提请投资者注意及时调整关键指标,并按所选指标,使用中国股票市场历史数据进行回测以验证其有效性。随着大数据挖掘和深度学习技术的发展,投资者不妨关注此类技术,并将其应用于盈利能力分析,由此获得更全面、更精确的盈利能力指标。

参考文献

[1] 陈文博,陈浪南. 2021. 股市投资者对盈余公告的反应——基于非对称V字形处置效应的视角[J]. 管理工程学报, 35(3): 141—157.

[2] 李志冰,杨光艺,冯永昌,等. 2017. Fama-French五因子模型在中国股票市场的实证检验[J]. 金融研究, 6: 191—206.

[3] 鹿坪,姚海鑫. 2016. 机构持股、投资者情绪与应计异象[J]. 管理评论, 28(11): 3—15.

[4] 饶育蕾,王建新,丁燕. 2012. 基于投资者有限注意的"应计异象"研究——来自中国A股市场的经验证据[J]. 会计研究, 5: 59—66+94.

[5] 宋云玲,李志文. 2009. A股公司的应计异象[J]. 管理世界, 8: 17—24+187.

[6] 谢谦,唐国豪,罗倩琳. 2019. 上市公司综合盈利水平与股票收益[J]. 金融研究, 3: 189—206.

[7] 张然,汪荣飞. 2017. 投资者如何利用财务报表盈余信息：现状、问题与启示[J]. 会计研究, 8: 41—47+94.

[8] Ball, R., J. Gerakos, J. T. Linnainmaa, V. Nikolaev. 2016. Accruals, cash flows, and operating profitability in the cross section of stock returns[J]. Journal of Financial Economics, 121(1): 28—45.

[9] Bernard, V. L., J. K. Thomas. 1990. Evidence that stock prices do not fully reflect the implications of current earnings for future earnings[J]. Journal of Accounting and Economics, 13(4): 305—340.

[10] Fama, E. F., J. D. MacBeth. 1973. Risk return and equilibrium empirical test[J]. Journal of Political Economy, 81(3): 607—636.

[11] Fama, E. F., K. R. French, 2006. Profitability, investment and average returns[J]. Journal of Financial Economics, 82(3): 491—518.

[12] Fama, E. F., K. R. French, 2008. Dissecting anomalies[J]. The Journal of Finance, 63(4): 1653—1678.

[13] Fama, E. F., K. R. French. 2015. A five-factor asset pricing model[J]. Journal of Financial Economics, 116(1): 1—22.

[14] Jiang, F., X. Qi, G. Tang. 2018. Q-theory, mispricing, and profitability premium: evidence from China[J]. Journal of Banking & Finance, 87(3): 135—149.

[15] Malkiel, B. G., E. F. Fama. 1970. Efficient capital markets: a review of theory and empirical work[J]. The Journal of Finance, 25(2): 383—417.

[16] Novy-Marx, R. 2013, The other side of value: the gross profitability premium[J]. Journal of Financial Economics, 108(1): 1—28.

[17] Sloan, R. G. 1996. Do stock prices fully reflect information in accruals and cash flows about future earnings[J]. The Accounting review, 71(3): 289—315.

第3章
经营效率

3.1 比率分析和权益估值:从研究到实践

标题:*Ratio Analysis and Equity Valuation: From Research to Practice*
作者:Doron Nissim, Stephen Penman
来源:*Review of Accounting Studies*, 2001, Vol.6, No.1

财务比率分析可用于权益估值

3.1.1 概述

"未来盈利能力"是股价的决定性因素之一。在过去的一段时间,财务报表是对股票估值进行基本面分析的基础,但是这种方法存在明显的缺陷:财务报表数据与预期收益之间的关联性可能较为短暂,财务比率与预期收益之间的关联属性尚不明确,基本面分析体系框架不够完善。鉴于这些缺点,投资者不再完全依赖于通过财务比率分析获得超额收益。但是,投资者仍然好奇以下问题:财务报表分析法是否还能帮助投资者获得超额收益呢?哪些财务比率依然具有较好的预测能力呢?能否建立较为完整的财务报表分析框架以获得超额收益呢?

Nissim和Penman利用1963—1999年的美国股市数据,采用剩余收益估值模型分析公司价值与财务比率之间的关系,提出基于财务比率分析预测收益的方法。具体而言,先将剩余收益表示为净资产收益率(ROCE)与股票账面价值(CSE)的函数,然后进一步分析影响ROCE与CSE的指标,并利用这些指标对股票进行估值。为了方便外部投资者评价某个财务指标的高低,还归纳了1963—1999年美国上市公司财务比率的统计特征(均值、中位数等),为投资者建立了完善、可复制的股票估值所需财务比率值的参考体系。

3.1.2 应用指南

什么是财务比率分析呢？财务比率分析是指将本公司的财务比率和标杆公司的财务比率进行比较,判断公司业绩究竟属于"正常"还是"异常"的分析方法。财务比率分析曾经是金融分析的主流方法,但目前其应用范围逐渐受到限制。如何才能利用财务信息预测企业的未来盈余,从而预测企业未来的股票收益呢？本文通过分析各种财务比率及其之间的相关关系,发现了可帮助投资者获得收益的财务比率因子。

股票收益驱动因子

本文的财务比率分析是以剩余收益估值模型为框架进行阐述的。在识别股票收益的预测指标前,我们先来了解一下什么是剩余收益估值模型。所谓剩余收益是指公司的净利润与股东期望盈余之差。剩余收益的基本观点是：企业只有赚取了超过股东预期收益的净利润,才获得了真正的剩余收益；若企业只获得相当于股东期望盈余的净利润,则仅仅是实现了正常收益。在使用财务比率预测企业价值时,基于会计信息构建的剩余收益估值模型有很大的便利性。

从本质上说,剩余收益估值模型构建了公司股票价值与财务比率之间的关系。剩余收益(RE)可以表示为净资产收益率(ROCE)与股票账面价值(CSE)的乘积。如果进一步分解普通股收益率和普通股账面价值,那么剩余收益可以通过销售利润率(Sales PM)、资产周转率(ATO)、净经营性资产(NOA)、财务杠杆率(FLEV)、经营性负债杠杆率(OLLEV)、净借款成本(NBC)和少数股东权益(MSR)这七个子驱动因素的组合进行计算。以上七个子驱动因素,便是本文用于对股票收益进行估值的具体财务比率。

均值回归与预测能力

在利用剩余收益估值模型确定与股票收益相关的具体比率之后,本文使用美国1963—1999年纽交所(NYSE)和美交所(AMEX)的上市公司股票样本进行横截面分析与时间序列分析,为基于财务比率的预测提供典型性参考指标。首先,横截面分析旨在给出各驱动因素的标杆值,例如1963—1999年纽交所和美交所上市公司资产收益率(ROA)的中位数为 6.8%,净经营性资产收益率(RNOA)的中位数为 10.0%,外部投资者可以以这些数值作为标杆,对企业财务比率进行合理的分析。其次,时间序列分析展示了上述与股票收益预测相关的财务比率在样本期间是如何随时间变化的。最后,本文利用均值回归方法,分析了第 t 期财务比率与第 $t+1$ 期至第 $t+5$ 期对应比率的相关关系。两者的相关性越强,表示该财务比率回归均值的速度越慢,其对股价预测能力的持续性越强。

表 3.1 展示了预测股票收益的各项财务指标的预测能力持续性的强弱。从时间序列测试结果可以看出,不同财务比率回归均值 5 年内的变化程度具有差异。其中,基期的资产周转率(ATO_0)与未来期间的资产周转率(ATO_t)相关性最强,均值变化程度最低,即资产周转率对股票收益预测能力的持续性最强;财务杠杆率(FLEV)与核心销售利润率(Core Sales PM)在预测能力方面同样具有较好的持续性。

表 3.1 财务比率的时间序列测试

Year t Relative to Base Year		1	2	3	4	5
RE	$corr_t$	0.551	0.372	0.257	0.200	0.176
	var_t/var_0	0.441	0.241	0.165	0.188	0.209
REOI	$corr_t$	0.653	0.496	0.397	0.349	0.327
	var_t/var_0	0.705	0.549	0.501	0.473	0.568
FLEV	$corr_t$	0.937	0.846	0.781	0.735	0.700
	var_t/var_0	0.900	0.772	0.674	0.583	0.526
ROCE	$corr_t$	0.618	0.425	0.311	0.253	0.230
	var_t/var_0	0.372	0.183	0.100	0.080	0.067
RNOA	$corr_t$	0.665	0.485	0.377	0.320	0.298
	var_t/var_0	0.534	0.318	0.204	0.155	0.127
Growth in CSE	$corr_t$	0.659	0.307	0.190	0.129	0.105
	var_t/var_0	0.408	0.088	0.038	0.024	0.020
Growth in NOA	$corr_t$	0.584	0.165	0.074	0.051	0.051
	var_t/var_0	0.318	0.025	0.011	0.008	0.006
Core Sales PM	$corr_t$	0.828	0.725	0.664	0.628	0.605
	var_t/var_0	0.808	0.691	0.617	0.555	0.534
Other Core Items/NOA	$corr_t$	0.663	0.533	0.451	0.406	0.367
	var_t/var_0	0.645	0.422	0.311	0.243	0.195
Unusual Items/NOA	$corr_t$	0.376	0.284	0.223	0.212	0.189
	var_t/var_0	0.128	0.058	0.031	0.037	0.020

(续表)

Year t Relative to Base Year		1	2	3	4	5
ATO	corr_t	0.947	0.894	0.857	0.830	0.808
	$\text{var}_t/\text{var}_0$	0.850	0.739	0.720	0.662	0.602
Growth in Sales	corr_t	0.309	0.115	0.103	0.106	0.115
	$\text{var}_t/\text{var}_0$	0.073	0.012	0.011	0.008	0.007
ΔCore Sales PM	corr_t	−0.039	−0.083	−0.059	−0.043	−0.012
	$\text{var}_t/\text{var}_0$	0.013	0.010	0.003	0.001	0.001
ΔATO	corr_t	0.166	0.100	−0.082	−0.039	−0.009
	$\text{var}_t/\text{var}_0$	0.031	0.024	0.010	0.003	0.003

注：Year t Relative to Base Year 表示基期后第 t 年，RE 表示剩余收益，REOI 表示剩余营运收益，FLEV 表示财务杠杆率，ROCE 表示净资产收益率，RNOA 表示净经营性资产收益率，Growth in CSE 表示普通股账面价值增长率，Growth in NOA 表示净经营性资产增长率，Core Sales PM 表示核心销售利润率，Other Core Items/ NOA 表示其他核心项目/净经营性资产，Unusual Items/ NOA 表示非经常项目/净经营性资产，ATO 表示资产周转率，Growth in Sales 表示销售收入增长率，ΔCore Sales PM 表示核心销售利润率变化量，ΔATO 表示资产周转率变化量。

3.1.3 投资笔记

投资逻辑

投资者可以利用企业财务比率的变动衡量企业的盈利能力和增长性，从而预测股票的未来收益。

核心指标

净资产收益率(ROCE)和普通股账面价值(CSE)的计算公式为：

$$RE_t = (ROCE_t - \rho_E + 1) \times CSE_{t-1}$$

$$ROCE = \text{Sales PM} \times ATO + \frac{\text{other items}}{NOA} + FLEV \times SPREAD$$

$$CSE = \text{Sales} \times \frac{1}{ATO} \times \frac{1}{1+FLEV}$$

具体变量的定义为：

(1) $\text{Sales PM} = \dfrac{\text{OI from Sales}}{\text{Sales}}$ (2) $ATO = \dfrac{\text{Sales}}{NOA}$

(3) $FLEV = \dfrac{NFO}{CSE}$ (4) $SPREAD = RNOA - NBC$

(5) $\text{RNOA}_t = \dfrac{\text{OI}_t}{\text{NOA}_{t-1}}$ (6) $\text{NBC}_t = \dfrac{\text{NFE}_t}{\text{NFO}_{t-1}}$

其中，RE_t 为第 t 期的剩余收益，$ROCE_t$ 为普通股收益率，ρ_E 为权益资本成本，CSE_{t-1} 为第 $t-1$ 期的普通股账面价值，OI from Sales 为经营活动带来的销售收入，Sales 为销售收入，NOA 为净经营性资产，NFO 为净财务负债，NFE 为净财务费用。

策略及表现

期间：1963—1999 年

市场：美国股票市场

不足：本文未进行回测。

细节提示

(1) 基于财务比率分析框架的分析与预测都是基于综合性利润（comprehensive income）。

(2) 财务报表分析中没有考虑经济环境的不确定性，只是将对未来的不确定性体现在折现率的确定上。

(3) 本文中各财务比率参考值（中位数、均值等）是基于 20 世纪美国股票市场数据计算所得，与我国上市公司的实际情况存在一定的差异。

(4) 盈利能力分析是财务比率分析的核心，但也不能忽视企业增长性分析。

3.2 市场参与者对杜邦分析的运用

标题：The Use of DuPont Analysis by Market Participants

作者：Mark Soliman

来源：*The Accounting Review*，2008，Vol.83，No.3

根据资产周转率变化量交易，投资者可以获得超额收益

3.2.1 概述

作为最常用的财务报表分析方法,杜邦分析将净经营性资产收益率[①]拆解为经营利润率与资产周转率,分别衡量公司运营的不同维度。其中,经营利润率衡量盈利能力,资产周转率则衡量资产使用和管理效率。在已知其他会计信息之后,杜邦分析中的会计信息预测未来盈余的增量价值是否还存在?股票市场对于杜邦分析中会计信息的短期反应和长期反应分别又是怎样的?市场参与者目前关注的问题是:使用杜邦分析能否获取超额收益?根据杜邦分析中的哪些比率构建投资策略才能获取超额收益?

本文利用美国股票市场1984—2002年的数据进行研究,发现杜邦分析提供的会计信息具有信息含量,但是市场参与者未能及时对此信息做出反应,并且这种不及时集中体现在资产周转率这一指标上。每年年初,将所有股票按资产周转率变化量进行降序排列并分组后,做多资产周转率变化量位于前10%的股票,做空资产周转率变化量位于后10%的股票,持有1年后调仓,这样的投资策略在未来一年能够获得5.2%的超额收益。

3.2.2 应用指南

较高的经营利润率会吸引新的竞争者进入和模仿,从而使经营利润率呈现均值回归的特征;而竞争者若想在资产的有效经营和管理方面进行模仿,则常常要面对经营管理大幅变动所带来的高成本,这使得行业领先者更容易在资产周转上保持优势。总的来说,资产周转率的竞争优势比经营利润率的竞争优势更加稳定。虽然市场参与者已经在一定程度上利用资产周转率信息做出投资决策,但并不充分。如果市场参与者短期内尚未充分理解资产周转率的变化,那么如何构建相关交易策略才能获取超额收益?这些问题一直没有清晰的答案。

比较经营利润率与资产周转率

在回答上述问题之前,我们先来了解一下什么是杜邦分析。杜邦分析是

[①] 净经营性资产收益率(RNOA)=经营利润率(PM)×资产周转率(ATO)。其中,经营利润率(PM)=营业利润/销售收入,资产周转率(ATO)=销售收入/平均经营性资产。

一种用来评价企业盈利能力和净资产收益率(ROE)水平的方法,其基本思想是将企业净资产收益率逐级分解为多项财务比率的乘积,从而有助于深入分析和比较企业经营业绩。本文套用杜邦分析,将净经营性资产收益率(RNOA)分解成经营利润率(PM)和资产周转率(ATO),其中经营利润率衡量企业的盈利能力,资产周转率则衡量企业对资产的使用和管理效率。较高的经营利润率会吸引新的竞争者进入和模仿,从而使经营利润率呈现均值回归特征;而竞争者若想在资产的有效经营和管理方面进行模仿,则常常要面对经营管理大幅变动所带来的高成本,难以在短期内提高资产周转率,因而资产周转率高的企业更有可能较长期地维持良好业绩。研究发现,相较于经营利润率,经行业调整的资产周转率会在本年度维持与上一年度近似的水平,均值回归程度较小,因此资产周转率可帮助投资者预测企业的未来盈余和股票收益。

利用资产周转率变化量信息选股

本文探究市场参与者对资产周转率信息的利用程度,得出以下结论:首先,在控制已有研究发现的与未来盈余变化有关的变量后,本文发现资产周转率的变化对下期的净经营性资产收益率仍然具有显著的正向预测能力;其次,在控制市盈率、净经营性资产收益率、经营利润率及各自的变化量之后,本文发现资产周转率变化量对本期买入—持有超额收益具有显著的正向预测能力,这说明市场参与者利用了从杜邦分析中获得的信息;最后,本文还发现资产周转率变化量对下期买入—持有超额收益的回归系数显著为正,说明资产周转率变化量能够预测未来的股票收益,市场参与者在当期并未充分利用资产周转率的信息含量。

检验基于资产周转率变化量的投资策略的收益情况。构建投资组合的方法如下:根据上市公司的财务信息,计算每家公司本期和上期的资产周转率,用本期资产周转率减去上期资产周转率得到本期资产周转率变化量(ΔATO);然后,按照 ΔATO 将公司降序排列并等分成10组;在本年年初,买入 ΔATO 位于前10%公司的股票、卖空 ΔATO 位于后10%公司的股票,持有组合1年后再调仓。R_{t+1} 表示投资组合未来1年的收益率(见表3.2),其时间序列回归如下:

$$R_{t+1} = \rho_0 + \rho_1 \Delta RNOA_t + \rho_2 \Delta PM_t + \rho_3 \Delta ATO_t + \rho_4 \text{RSST Controls} + \rho_5 RNOA_t + \rho_6 PM_t + \rho_7 ATO_t + \rho_8 \text{Fama French Risk Factors} + \varepsilon_{t+1}$$

表 3.2　未来超额收益对杜邦因子的时间序列回归

解释变量	Model 1	Model 2	Model 3
Intercept	−0.061	−0.014	−0.115
	(−2.15)	(−0.49)	(−2.83)
$\Delta RNOA_t$	0.001	−0.001	−0.000
	(0.11)	(−0.12)	(−0.08)
ΔPM_t	0.006	0.016	0.016
	(0.33)	(1.23)	(0.73)
ΔATO_t	0.078	0.054	0.052
	(5.12)	(3.11)	(2.52)
ΔWC_t		−0.513	−0.557
		(−4.61)	(−5.58)
ΔNCO_t		−0.162	−0.193
		(−3.96)	(−5.26)
ΔFIN_t		−0.041	−0.108
		(−1.14)	(−2.29)
$RNOA_t$			0.070
			(1.41)
PM_t			0.110
			(1.04)
ATO_t			0.000
			(0.29)
FF Risk Factors	包含	包含	包含
Adjusted R^2	1.6%	3.0%	3.8%

注：Intercept 表示截距项，ΔRNOA 表示净经营性资产收益率变化量，ΔPM 表示经营利润率变化量，ΔATO 表示资产周转率变化量，ΔWC 表示营运资本变化量，ΔNCO 表示非流动经营性资产净额变化量，ΔFIN 表示金融资产净额变化量，RNOA 表示净经营性资产收益率，PM 表示经营利润率，ATO 表示资产周转率，FF Risk Factors 表示风险因子（包括账面市值比、权益市值和 Beta 值），Adjusted R^2 表示调整后 R^2。为方便解释，变量都进行排序化（十分位）处理，变量系数表示的是依据对应变量构造的对冲策略的年度收益。

在控制净经营性资产收益率变化量、市场资产组合、市值因子和账面市值比因子后，从 Model 1 中 ΔATO_t 的系数来看，基于资产周转率变化量的多空策略未来一年的收益率为 7.8%；在考虑了应计盈余指标和杜邦分析各成分之后，从 Model 3 中可以看出，基于资产周转率变化量的多空策略未来一年的收益率为 5.2%。这说明基于资产周转率变化量的选股策略能够赚取超额收益。

3.2.3 投资笔记

投资逻辑

杜邦分析信息对预测未来盈余具有增量价值,但是市场参与者对杜邦分析信息的理解和处理是不充分的。外部投资者可以将市场上的股票按照本期资产周转率变化量进行降序排列并分组,买入资产周转率变化量位于前 10%的股票,卖空资产周转率变化量位于后 10%的股票,持有 1 年后调仓。

核心指标

资产周转率变化量＝本期资产周转率－上期资产周转率
本期资产周转率＝本期营业收入/本期平均净经营性资产
上期资产周转率＝上期营业收入/上期平均净经营性资产

策略及表现

期间:1984—2002 年
市场:美国股票市场
选股策略:将市场上的股票按照本期资产周转率变化量进行降序排列并分组,买入资产周转率变化量位于前 10%股票,卖空资产周转率变化量位于后 10%股票,持有 1 年后调仓,在未来 1 年平均能够获得 5.2%的累计超额收益。

细节提示

(1) 本策略超额收益集中于较小规模公司,存在较大的套利风险。

(2) 直接衡量的是多空策略带来的收益,没有详细说明超额收益主要来自多头还是空头。

(3) 市场参与者利用杜邦分析信息进行交易,但是包括证券分析师在内的市场参与者并未充分理解与利用其中的部分信息,这就是超额收益的来源。

3.3 历史成本法和市场参与者对杜邦分析的运用

标题：Historical Cost Measurement and the Use of DuPont Analysis by Market Participants
作者：Asher Curtis, Melissa F. Lewis-Western, Sara Toynbee
来源：*Review of Accounting Studies*, 2015, Vol.20, No.3

剔除资产平均年限对资产周转率的影响进行交易，将会获得超额收益

3.3.1 概述

在杜邦分析中，资产周转率[①]是分析公司盈利能力的核心指标，而资产的具体计量方法会对资产周转率的估计产生影响。如果使用历史成本法对资产进行计量，当资产升值时，资产周转率就会被高估。因为资产周转率同时受经济因素与资产计量方法的影响，所以资产周转率可以被认为是杜邦分析中最容易被资产计量方法影响的比率。市场参与者关注的核心问题是：在以历史成本法计量资产价值的背景下，资产哪方面的特质会对资产周转率产生影响？这些特质如何影响资产周转率预测偏差？如何根据市场参与者的预测偏差构建交易策略以获得超额收益？

本文利用1964—2012年美国股票市场数据进行研究，使用公司资产平均年限来评估历史成本计量方法对资产周转率的影响程度。其一，分析资产周转率，对资产年限与报告资产周转率的正相关性进行解释；其二，报告资产周转率比真实资产周转率更具持续性，报告资产周转率的持续性也与资产年限正相关。本文还发现，对资产周转率的预测偏差与资产年限有关；同时，这些预测偏差与当期及未来的收益正相关并基于预测偏差构造投资策略。按随机游走、一阶自回归、分析师预测三种方式得到的预测偏差将股票从高到低排序并等分为5组，分别计算每组股票从当年7月到次年6月的月收益率以及次年7月到后年6月的月收益率。买入预测偏差排前20%的股票，卖空预测偏差排后20%的股票，这样的投资策略在未来1年将获得年化3.6%的超额收益。

[①] 为了与原文保持统一，本节以资产周转率表示净经营性资产周转率。

3.3.2 应用指南

在按历史成本法对资产进行计价的情形下,投资者会在资产价值上升时高估企业资产周转率,从而导致误用以资产周转率为核心的杜邦分析法。在获取企业公开财务信息非常便利的情况下,市场参与者还是会在最基础的财务比率预测上产生较明显的偏差。由此可见,投资者无法及时处理资产公允价值变动下历史成本法给真实资产周转率带来的影响。既然投资者使用财务报表数值计算出的"报告资产周转率"会与"真实资产周转率"产生偏差,那么能否利用这种偏差制定交易策略以获取超额收益就成了最关键的问题。

资产年限与报告资产周转率

企业在使用历史成本法计量资产价值时,会对资产进行折旧、摊销与减值,从而减少资产净额。但是,资产也同样存在升值的情况,此时资产周转率被高估,而这一点在以历史成本法为基础的资产计量下是无法体现在财务报表中的。这种由资产升值引发的资产报表数额和资产真实数额的差异,导致投资者对企业资产周转率产生估计偏差。在此,可以将资产周转率拆分如下:

$$\text{NOA}_t^c = \text{NOA}_t^r + \text{NOA}_t^u \tag{1}$$

$$\text{ATO}_t^c = \frac{\text{Sales}_t^r}{\text{NOA}_t^r + \text{NOA}_t^u} \tag{2}$$

$$\text{ATO}_t^r = \text{ATO}_t^c \times \left(1 + \frac{\text{NOA}_t^u}{\text{NOA}_t^r}\right) \tag{3}$$

其中,NOA_t^c 为真实净经营性资产,NOA_t^r 为报告净经营性资产,NOA_t^u 为未报告净经营性资产,ATO_t^c 为真实资产周转率,ATO_t^r 为报告资产周转率,ATO_t^u 为未报告资产周转率,c 指当期美元价值,r 指账面价值,u 指未被会计系统确认和衡量的价值。

由式(3)可知,投资者使用财务报表数值计算出的报告资产周转率,将会与真实资产周转率产生偏差,这种偏差即式(3)中的 $\left(1+\frac{\text{NOA}_t^u}{\text{NOA}_t^r}\right)$。当资产价格不断上涨时,未报告净经营性资产会随资产平均年限的加长而增加。所以,若资产平均年限缩短,则报告资产周转率也会随之减小。如果买入新资产会使资产平均年限缩短,未报告净经营性资产产生的偏差就会减小,从而导致报告资产周转率下降。因此,我们有理由认为资产年限与报告资产周转率正相关。其中,本文通过截止到当期的资产累计折旧与当期折旧费的比值计算资产平均年限。

表 3.3 展示的是经行业调整各变量在不同资产年限分组中的描述性统计。从分位数 t 检验(difference)中可以得出这样的推论:资产年限偏长公司的资产周转率明显高于资产年限偏短公司的资产周转率,二者差异(Q5－Q1)为 0.157 且在 1% 的统计水平上显著,可以认为资产年限与报告资产周转率正相关。

表 3.3 经行业调整的描述性统计

变量	Q1 (new)	Q2	Q3	Q4	Q5 (old)	Difference (Q5－Q1)	t-stat (difference)
Asset age$_t$	－3.342	－1.620	－0.419	0.994	4.387	7.730***	44.59
ATO$_t$	－0.101	－0.018	0.039	0.024	0.056	0.157***	3.02
PM$_t$	－0.016	－0.003	0.009	0.012	－0.002	0.014*	1.85
RNOA$_t$	－0.015	0.003	0.012	0.011	－0.011	0.004	0.54
BM$_t$	－0.126	－0.095	－0.031	0.085	0.168	0.293***	5.05
MVE$_t$	－566.490	－72.714	318.421	330.079	－10.150	556.340	1.50
Firm age$_t$	－6.851	－2.455	0.790	3.650	4.862	11.713***	19.20
TI/TA$_t$	0.021	0.010	－0.001	－0.009	－0.021	－0.042***	－20.90
ΔFuture profit$_{t,t+3}$	0.002	－0.066	0.049	0.008	0.006	0.004	0.06
Sales growth$_t$	0.105	0.029	－0.020	－0.046	－0.068	－0.173***	－14.01
ΔNOA$_t$	0.111	0.034	－0.020	－0.053	－0.072	－0.183***	－13.09

注:Asset age 表示资产年限,ATO 表示经行业调整的资产周转率,PM 表示经资产调整的经营利润率,RNOA 表示经行业调整的净经营性资产收益率,BM 表示账面市值比,MVE 表示权益的年末市值,Firm age 表示公司自成立日算起的存在年限,TI/TA 表示总投资/总资产,ΔFuture profit$_{t,t+3}$ 表示第 t 年到第 $t+3$ 年的经营利润变化率,Sale growth 表示销售增长率,ΔNOA 表示净经营性资产变化率。

报告资产周转率持续性与资产年限

报告资产周转率(ATO$_t^r$)等于真实资产周转率(ATO$_t^c$)与历史成本所造成偏差的乘积。行业竞争力的存在会使经营利润率和真实资产周转率向均值回归,但是行业竞争力不会影响历史成本所造成的偏差。因此,报告资产周转率向均值回归的过程被抑制,其持续性要强于经营利润率的持续性,Nissim and Penman(2001)也证明了这一点。而历史成本所造成的偏差与资产平均年限有关,即资产平均年限越短,偏差越小。本文认为,报告资产周转率的持续性与资产平均年限存在正相关关系。针对报告资产周转率持续性与资产年限的关系的验证结果见表 3.4。

表 3.4 按经行业调整的资产平均年限对公司进行排序并等分成 5 组,其中 Q1 表示年限最短,Q5 表示资产年限最长。表 3.4 中的公式如下:(Panel A)本期资产周转率＝常数项＋α_1×上期资产周转率＋扰动项;(Panel B)本期

表 3.4 经行业调整的(资产平均年限分位数)杜邦分析比率的持续性

	Q1(New)	Q2	Q3	Q4	Q5(Old)	Difference(Q5−Q1)
Panel A: $ATO_t = a_0 + a_1 ATO_{t-1} + e_t$						
Intercept	−0.079***	−0.028***	0.017***	0.032***	0.058***	0.137***
	(−9.34)	(−3.75)	(2.76)	(4.49)	(7.65)	(10.45)
ATO_{t-1}	0.774***	0.815***	0.853***	0.869***	0.874***	0.100***
	(50.27)	(43.39)	(54.20)	(68.43)	(63.91)	(7.58)
N	20 215	20 244	20 246	20 244	20 222	
Adj. R^2	0.713	0.761	0.782	0.799	0.780	
Panel B: $PM_t = b_0 + b_1 PM_{t-1} + e_t$						
Intercept	−0.008***	−0.001	0.003***	0.003***	0.001	0.009***
	(−4.82)	(−1.08)	(3.50)	(4.91)	(0.71)	(3.46)
PM_{t-1}	0.656***	0.709***	0.695***	0.758***	0.607***	−0.049
	(31.74)	(30.13)	(18.11)	(23.96)	(11.53)	(−1.16)
N	20 215	20 244	20 246	20 244	20 222	
Adj. R^2	0.560	0.629	0.616	0.638	0.436	
Panel C: $RNOA_t = c_0 + c_1 RNOA_{t-1} + e_t$						
Intercept	−0.016***	−0.003*	0.006***	0.009***	0.004***	0.020***
	(−7.13)	(−1.86)	(4.31)	(6.32)	(2.63)	(6.38)
$RNOA_{t-1}$	0.600***	0.646***	0.659***	0.684***	0.636***	0.036*
	(45.51)	(35.47)	(24.55)	(33.73)	(24.76)	(1.65)
N	20 215	20 244	20 246	20 244	20 222	
Adj. R^2	0.490	0.528	0.528	0.543	0.474	

经营利润率＝常数项＋b_1×上期经营利润率＋扰动项；(Panel C)本期净资产收益率＝常数项＋c_1×上期净资产收益率＋扰动项。其中，N 表示样本规模，Adj. R^2 表示调整后 R^2。从 Panel A 中可以看出，公司资产年限最短(Q1)公司的资产周转率持续性为 0.774，公司资产年限最长(Q5)公司的资产周转率持续性为 0.874，二者存在显著的差异，这意味着资产周转率持续性与资产平均年限正相关。

资产周转率预测偏差与资产年限变化

报告资产周转率由真实资产周转率和历史成本所造成的偏差决定。真实资产周转率不受资产年限的影响，而历史成本所造成的偏差受资产年限的影响。由于投资者无法获取资产年限的具体信息，因此资产年限会影响投资者对报告资产周转率的预测准确性。这表明，随着资产平均年限缩短，报告资产周转率预测偏差将会减小；相反，随着资产平均年限增长，报告资产周转率预测偏差将会增大。这里使用三种方法计算报告资产周转率的预测值：一是随机游走；二是一阶自回归；三是分析师预测。表 3.5 展示了报告资产周转率预测偏差与资产平均年限变化的关系。

表 3.5　经行业调整的(资产平均年限分位数)杜邦分析比率预测偏差

	Q1 (change to newer)	Q2	Q3	Q4	Q5 (change to older)	Difference (Q5−Q1)	t-stat (difference)
Panel A：随机游走的预测偏差							
$ATO_t - ATO_{t-1}$	−0.083	−0.038	−0.009	0.033	0.098	0.181***	10.22
$PM_t - PM_{t-1}$	−0.007	−0.006	−0.001	0.003	0.011	0.019***	6.21
$RNOA_t - RNOA_{t-1}$	−0.019	−0.011	−0.002	0.006	0.025	0.045***	10.60
Panel B：一阶自回归的预测偏差							
$ATO_t - \widehat{ATO_t}$	−0.061	−0.026	−0.007	0.024	0.063	0.124***	8.62
$PM_t - \widehat{PM_t}$	−0.005	−0.001	0.002	0.002	0.002	0.007***	3.25
$RNOA_t - \widehat{RNOA_t}$	−0.013	0.002	0.005	0.003	0.003	0.016***	5.53
Panel C：分析师的预测偏差							
$ATO_t - ATO_t^{FC}$	−0.708	−0.524	−0.404	−0.305	−0.168	0.540***	11.09
$PM_t - PM_{t-1}^{FC}$	0.022	0.034	0.040	0.040	0.028	0.006	0.81
$RNOA_t - RNOA_t^{FC}$	0.005	0.039	0.048	0.042	0.022	0.017***	2.80

注：ATO 表示经行业调整的资产周转率，PM 表示经资产调整的经营利润率，RNOA 表示经行业调整的净经营性资产收益率。

从表 3.5 可以看出,随机游走情况下的预测偏差在资产平均年限变短(Q1)的企业中为 -0.083,这表明当企业通过投资新资产或处置旧资产来缩短资产平均年限时,投资者会高估资产周转率持续性;而这一预测偏差在资产平均年限变长(Q5)的企业中为 0.098,这表明当资产平均年限增长时,投资者会低估资产周转率的持续性;并且,二者(Q5−Q1)存在显著的差异。总而言之,资产周转率预测偏差与资产平均年限变化正相关。

报告资产周转率预测偏差与股票预期收益

虽然 Soliman(2008)认为投资者会对杜邦比率的变化做出反应,但他们对报告资产周转率的变化反应不足。本文提出一个可能的解释为:投资者无法完全排除历史成本偏差对报告资产周转率的影响。当历史成本偏差发生变化时,投资者会发现观测到的资产周转率与预测值之间存在偏差,由此可以预见投资者会对报告资产周转率的变化做出反应。然而,投资者认为资产周转率的变化只是暂时的,但历史成本偏差所导致的报告资产周转率预测偏差并不是暂时的,由此投资者会对资产周转率预测偏差反应不足。那么,当投资者不断修正他们对未来资产周转率的预期时,我们可以预见的是资产周转率预测偏差与股票未来收益相关。表 3.6 和表 3.7 展示了报告资产周转率预测偏差与股票未来收益的关系。

表 3.6 股票未来收益的多元分析

	(1) 随机游走		(2) 一阶自回归		(3) 分析师预测	
Panel A:包含经营利润率和净经营性资产收益率的回归						
Intercept		0.108***	Intercept		0.109***	Intercept		0.002
		(3.93)			(3.96)			(0.96)
$ATO_t - ATO_{t-1}$	0.075***	$ATO_t - \widehat{ATO_t}$	0.146***	$ATO_t - ATO_t^{FC}$	0.0001
	(2.30)		(3.93)		(−0.46)
$PM_t - PM_{t-1}$	0.432	$PM_t - \widehat{PM_t}$	0.376	$PM_t - PM_t^{FC}$	0.0001
	(0.63)		(0.46)		(0.001)
$RNOA_t - RNOA_{t-1}$	−0.009	$RNOA_t - \widehat{RNOA_t}$	−0.046	$RNOA_t - RNOA_t^{FC}$	0.003
	(−0.03)		(−0.14)		(0.78)
Adj. R^2	0.002	Adj. R^2	0.002	Adj. R^2	0.006
N	576	N	576	N	216

(续表)

	(1) 随机游走		(2) 一阶自回归		(3) 分析师预测	
Panel B：包含净经营性资产变化和销售增长率的回归						
Intercept	0.107***	Intercept	0.109***	Intercept	0.021	
	(3.92)		(3.97)		(1.54)	
$ATO_t - ATO_{t-1}$	0.025	$ATO_t - \widehat{ATO_t}$	0.180***	$ATO_t - ATO_t^{FC}$	0.0001	
	(2.64)		(4.55)		(−0.05)	
ΔNOA_t	−0.458***	$\Delta NOA_t - \widehat{\Delta NOA_t}$	−0.359***	ΔNOA_t	−0.0001	
	(−5.53)		(−4.75)		(1.65)	
SG_t	−0.232**	$SG_t - \widehat{SG_t}$	−0.436***	SG_t^{FC}	0.020	
			(−4.65)		(1.36)	
Adj. R^2	0.002	Adj. R^2	0.002	Adj. R^2	0.004	
N	576	N	576	N	216	

从表 3.6 报告的多元回归结果可以看出，在随机游走模型和一阶自回归模型下，报告资产周转率预测偏差与未来股票收益呈正相关关系；在分析师预测模型下，二者没有表现出显著相关关系。其原因可能是：分析师意识到资产平均年限带来的预测偏差，或者分析师对企业未来收益的预测并不局限于财务报表列示的资产。

从表 3.7 Panel B 中可以看到，在一阶自回归模型下，按资产周转率预测偏差对公司进行升序排列后，预测偏差位于后 20% 公司（Q5）的股票收益比位于前 20% 公司（Q1）的股票收益每月高 30 个基点，即投资者买入 Q5 组、卖空 Q1 组可以获得年化 3.6% 的超额收益。总体上看，表 3.6 和表 3.7 的结果表明报告资产周转率预测偏差与股票未来收益呈正相关关系。

表 3.7　按资产周转率预测偏差计算的股票收益特征

	Q1	Q2	Q3	Q4	Q5	Difference (Q5−Q1)	t-stat (difference)
Panel A：当期收益							
随机游走模型预测偏差							
$ATO_t - ATO_{t-1}$	−0.30%	−0.16%	0.06%	0.31%	1.00%	1.29%***	24.28
$PM_t - PM_{t-1}$	−1.12%	−0.22%	0.26%	0.76%	1.25%	2.37%***	34.48
$RNOA_t - RNOA_{t-1}$	−1.01%	−0.29%	0.14%	0.58%	1.50%	2.51%***	36.69
一阶自回归模型预测偏差							
$ATO_t - \widehat{ATO_t}$	−0.35%	−0.18%	0.06%	0.35%	1.06%	1.41%***	27.44
$PM_t - \widehat{PM_t}$	−1.23%	−0.28%	0.34%	0.77%	1.34%	2.57%***	38.91
$RNOA_t - \widehat{RNOA_t}$	−1.25%	−0.39%	0.13%	0.67%	1.76%	3.00%***	41.27

(续表)

	Q1	Q2	Q3	Q4	Q5	Difference (Q5−Q1)	t-stat (difference)
分析师预测模型偏差							
$ATO_t - ATO_t^{FC}$	0.30%	0.09%	0.13%	0.45%	0.90%	0.60%***	3.17
$PM_t - PM_t^{FC}$	−0.70%	−0.13%	0.44%	0.93%	1.34%	2.04%***	11.87
$RNOA_t - RNOA_t^{FC}$	−0.50%	−0.42%	0.16%	0.95%	1.63%	2.13%***	12.23
Panel B: 未来收益							
随机游走模型预测偏差							
$ATO_t - ATO_{t-1}$	0.01%	0.03%	0.09%	0.19%	0.21%	0.20%***	4.53
$PM_t - PM_{t-1}$	0.01%	0.10%	0.14%	0.17%	0.13%	0.13%**	2.63
$RNOA_t - RNOA_{t-1}$	0.05%	0.06%	0.08%	0.19%	0.16%	0.11%**	2.21
一阶自回归模型预测偏差							
$ATO_t - \widehat{ATO_t}$	−0.02%	0.01%	0.08%	0.20%	0.28%	0.30%***	5.36
$PM_t - \widehat{PM_t}$	0.04%	0.10%	0.10%	0.15%	0.14%	0.10%*	1.76
$RNOA_t - \widehat{RNOA_t}$	0.02%	0.04%	0.14%	0.15%	0.19%	0.17%**	2.21
分析师预测模型偏差							
$ATO_t - ATO_t^{FC}$	0.07%	0.16%	0.18%	0.58%	0.37%	0.30%*	1.68
$PM_t - PM_t^{FC}$	0.17%	0.15%	0.26%	0.39%	0.39%	0.22%	0.95
$RNOA_t - RNOA_t^{FC}$	0.13%	0.53%	0.15%	0.12%	0.44%	0.30%	1.41

注：ATO 表示经行业调整的资产周转率，PM 表示经资产调整的经营利润率，RNOA 表示经行业调整的净经营性资产收益率。

3.3.3 投资笔记

投资逻辑

资产周转率是杜邦分析的核心指标。会计准则规定使用历史成本为资产计价，然而当资产升值时，资产的账面价值低于真实价值，导致以资产作为分母的财务比率（比如资产周转率等）会被高估。因此，如果投资者在解读资产周转率指标时没有对资产价值进行调整，那么当资产平均年限发生变化时（比如，购进新资产会使资产平均年限变短，资产一直在账上存续会使资产平均年限变长），市场对资产周转率的预测会产生偏差。外部投资者可以利用剔除资产平均年限对资产周转率的影响后的信息构造投资策略，在未来获取超额收益。对于投资实践而言，剔除"资产平均年限"对资产周转率的影响，旨在提醒投资者应重视会计计量方法对财务比率的影响，从而理性地判断企业的经营情况，构建更加合理的投资组合。

核心指标

资产平均年限＝截止到当期的资产累计折旧／当期折旧费

（1）随机游走模型下，

$$\widehat{\text{ATO}}_t = \text{ATO}_{t-1} \tag{1}$$

其中，$\widehat{\text{ATO}}_t$ 表示对第 t 年资产周转率的预测，ATO_{t-1} 表示第 $t-1$ 年的资产周转率。

（2）一阶自回归模型下，

$$\text{ATO}_{t-1} = \alpha_0 + \alpha_1 \text{ATO}_{t-2} + e_t \tag{2}$$

$$\widehat{\text{ATO}}_t = \hat{\alpha}_0 + \hat{\alpha}_1 \text{ATO}_{t-1} \tag{3}$$

在第 $t-1$ 年年末，把公司按资产平均年限等分成 5 组，每组使用式(2)进行横截面回归，参数 α_0 和 α_1 的估计值为 $\hat{\alpha}_0$ 和 $\hat{\alpha}_1$，最后使用式(3)计算第 t 年的 ATO 预测值 $\widehat{\text{ATO}}_t$。

（3）分析师预测模型下，

$$\widehat{\text{ATO}}_t = \frac{\text{Sales}_t^{\text{FC}}}{\text{AvgNOA}_{t-1}} \tag{4}$$

其中，$\text{Sales}_t^{\text{FC}}$ 表示分析师对第 t 年营业收入的预测，AvgNOA_{t-1} 表示公司第 $t-1$ 年的平均净经营性资产。

策略及表现

期间：1964—2012 年

市场：美国股票市场

选股策略：对于当期组合，按照用一阶自回归、分析师预测方法得到的预测偏差从高到低将公司排序并等分为 5 组，分别计算每组股票从次年 7 月到后年 6 月的月均收益率。构建基于预测偏差的投资策略，买入预测偏差排前 20％的股票、卖空预测偏差排后 20％的股票，这样的投资策略在未来 1 年将获得年化 3.6％的超额收益。

细节提示

（1）利用资产周转率预测偏差构造投资策略的效果在不同市场上的表现不同，这一投资策略在通货膨胀率较低的非美国公司样本中表现较弱。因此，投资策略的具体实施需要根据市场情况予以调整。

(2) 计算资产周转率预测偏差因子所涉及的估计项比较多,可能会因估计误差而导致选股出现偏差。

(3) 目标投资组合换手率较低,而且超额收益集中在多头端,潜在利用价值高。

3.4 基于经营效率的投资策略:中国实践部分

本章以基于公司经营效率的投资策略为主线,分别探讨了财务比率、资产周转率变化以及会计准则计量效应下的财务比率预测偏差与股票超额收益的关系。这些研究都是围绕美国资本市场展开的,但中国投资者最关注的问题是:基于公司经营效率的分析方法是否也能应用于中国资本市场?这些交易策略在中国股票市场上的表现又是怎样的?本节将针对基于中国股票市场的相关研究进行分析。

3.4.1 中国相关研究

利用财务比率预测股票收益

估计股票的未来收益率存在多种途径。Nissim and Penman(2001)对财务报表分析这种最经典的方法进行了全面的研究,他们将财务比率分解为驱动企业盈利、增长、现金流量变化等不同因子,基于剩余收益估值模型,识别能够预测股票未来收益的财务比率,系统地阐述了如何利用财务比率及其相互之间的关系预测股票收益。

国内研究对于财务比率能否预测股票收益存在争论。一方面,陆正飞和宋小华(2006)发现,就 A 股上市公司整体而言,利用财务比率进行分析是无法有效预测股票超额收益的。他们使用盈利能力、盈余质量、风险状况和发展能力这四类指标刻画各自与股票收益率之间的联系,发现对中国 A 股市场整体而言,没有强有力的证据支持"基于财务比率分析预测股票超额收益具有可行性"这一观点。总体而言,投资者无法有效运用财务比率分析来获得超额收益,但是投资者利用此研究得到的预测模型选择股票,能够很好地剔除那些无法获得超额收益的股票。从这个角度讲,财务指标对于投资者的选股具有一定的参考价值。另一方面,孔宁宁等(2010)指出,将基本面指标和资产估值指标相结合能够获得超额收益。他们以 2001—2005 年沪深两市低账面市值比公司(成长型公司)为样本,发现在传统基本面分析的基础上,结合我国资本市场情况和成长型公司特点来构造综合性财务成长指数,投资者可以买入高财务成长指数股票、卖空低财务成长指数股票并从中获取超额收益。

杜邦分析与股票收益

杜邦分析是一种常用的财务报表分析方法,它将净资产收益率分解为经营利润率和资产周转率。经营利润率和资产周转率两个指标代表公司盈利能力的不同维度,经营利润率衡量企业盈利能力,资产周转率则衡量资产使用和管理效率。传统的研究发现资产周转率变化量和企业未来盈余正相关。Soliman(2008)在控制其他会计比率之后,发现杜邦分析中的会计信息依然能够预测未来盈余,并认为相比于经营利润率,资产周转率更加稳定。因此,资产周转率对未来盈余和股价变动具有增量信息。虽然市场已经在一定程度上使用资产周转率信息进行投资决策,但没有充分利用资产周转率变化量的信息含量。资产周转率变化量能够预测股票的未来收益,基于"资产周转率变化量"构建投资策略可以获得超额收益。

同样基于剩余收益估值模型,张腾文和黄友(2008)利用我国 2001—2006 年 A 股上市公司财务数据,探讨经营利润率和股东收益与股价的价值相关性,这与利用杜邦分析预测股票收益具有一定的相似之处。以往研究认为净经营性资产、净资产收益率等传统财务比率并不能有效衡量上市公司的真实盈利能力,因此张腾文和黄友(2008)提出用"股东收益"这一指标替代以上财务比率,并定义股东收益为税后利润加上折旧、摊销等非现金费用,然后减去资本性支出费用以及可能需要增加的营运资金量。研究发现,股东收益和经营利润率均具有解释股价的能力,但是股东收益对股价的解释能力稍强于经营利润率。虽然该文并未对股东收益这一指标能否带来超额收益进行回测,但依旧得出类似 Soliman(2008)的研究结果,也就是在我国投资实践的选股环节可能存在比利润率更有效的会计信息指标。

会计准则计量效应下的财务比率预测偏差与股票收益

会计准则中有关资产的历史成本计量规定是否会降低杜邦分析的效果呢?在企业被要求使用历史成本为资产计价的情况下,当资产升值时,资产的账面价值低于真实价值,导致资产周转率会被高估。如果投资者发现杜邦分析的核心指标(即资产周转率)的估计受到历史成本计量方式的影响,那么他们是否会减少使用杜邦分析?Curtis et al.(2015)利用 1964—2012 年的股市数据,使用公司资产平均年限衡量历史成本法对资产计价的影响,发现当资产年限变长时,资产周转率更高、更具持续性;还发现对于资产周转率的预测偏差与资产年限有关,而且预测偏差和当期及未来的股票收益正相关。投资者在解读资产周转率指标时没有调整资产价值,所以当资产平均年限改变时,投资者并未预见到与之相关的资产周转率的变化。如果能更有效地解读财务报表中的资产周转率——剔除资产平均年限对资产周转率的影响,那么投资者将会获得超额收益。

在我国,虽然资产计量方式以历史成本法为主,与美国会计准则的要求近似,而且也关注资产周转率对股票收益的预测价值,但目前尚未有学者考察历史成本对杜邦分析效果的影响,该研究领域有待进一步开拓。

3.4.2 "中国特色"研究

利用财务比率预测股票收益

有关运用财务比率分析预测股票收益的研究已针对传统企业建立起较为完善的分析框架,我国学者则对包括"双高企业"(高新技术企业认证和高新技术产品认证)在内的新型企业如何运用财务比率分析预测股票收益进行了拓展。陆正飞和施瑜(2002)比较传统企业与"双高企业",发现相对于传统企业,利用反映盈利能力的财务指标(如销售增长率、主营业务收入增长率、净利润增长率等)以及反映资本扩张能力的财务指标(如总资产增长率、每股净资产增长率等)进行经营效率分析,可以更有效地预测"双高企业"的股价变动。

基于我国的制度背景,我国资本市场会更多地受到宏观经济政策的影响,在运用财务比率预测公司股票收益时,应当考虑宏观因素对财务比率的影响。姜国华(2005)提出,我国影响股票价格波动的最主要因素是宏观经济政策信息,而不是具体公司的信息。换句话说,如果公司信息在股票定价中的作用有限,那么基于会计信息的投资策略将不容易获得收益。姜国华(2005)认为,短期内宏观经济政策的变动可能决定大部分股票的价格波动,且企业之间的价值差异被掩盖了;但是长期内,会计信息中包含的价值信息必将体现在股票价格中。所以,我国投资者在利用会计信息预测投资收益时应适当加长股票持有期。

从近期的研究来看,汪荣飞和张然(2018)利用2004—2014年的季度财务报表,展示了基本面分析在中国A股市场上的价值。其研究发现,基于季度财务报表构建的六组基本面指标(异常销售管理费、异常毛利润等)能够有效地预测企业未来盈余,并且成熟度更低的中国卖方分析师在发布盈余预测时,没有充分考虑基本面指标对企业未来盈余的影响,投资者同样没有充分意识到基本面指标的价值。因此,利用基本面指标不仅能够预测分析师盈余预测偏差,还能够预测未来股票收益。他们利用综合的基本面指标构建投资策略,套利组合可获得约12.7%的年化收益。总体而言,近期的研究发现基于季度财务报表的基本面分析在中国A股市场上的有效性显著,据此构建的交易策略可以获得超额收益。

杜邦分析与股票收益

Soliman(2008)的研究发现,杜邦分析中的会计信息对预测企业未来盈余具有增量价值,而且资产周转率相对于经营利润率更加稳定,能够通过构建基于资产周转率变化量的交易策略获取超额收益。朱宏泉等(2011)以我国A股非金融类上市公司为样本,探讨杜邦财务分析的核心指标(净资产收益率)和成分指标(净利润率、资产周转率和权益乘数)的信息含量,并对比分析传统与改进的杜邦分析方法在我国证券市场上的适用性。其研究发现,在预测公司未来的盈利能力时,传统的杜邦分析核心指标(净资产收益率)比改进的杜邦分析核心指标(净经营性资产收益率)更有效;然而,在拟合个股当期收益和预测个股未来收益时,净经营性资产收益率比净资产收益率的预测效果更好。当利用成分指标(净利润率、资产周转率和权益乘数)拟合个股当期收益或预测个股未来收益时,无论是传统的还是改进的杜邦分析指标,均不能提供显著的增量信息,即无法利用杜邦分析成分指标构建交易策略来获取超额收益。这表明在中国证券市场上,投资者在评价公司价值或预测股票未来收益时,应更多地关注杜邦分析的核心指标——净资产收益率,而不是利润率、资产周转率和财务杠杆等杜邦分析的成分指标。

会计准则计量效应下的财务比率预测偏差与股票收益

会计准则要求用历史成本对资产计价,但由于历史成本不能实时反映资产的真实价值,从而使外界对与资产相关的企业经营效率指标的预测产生偏差,投资者在选股时剔除这种计量效应能获得超额收益。这从本质上体现了会计准则计量效应会对股票收益产生影响。在我国,会计准则带来的计量效应也会极大地影响投资者对企业经营效率的判断,从而可能会使投资者对股票收益的预期产生偏差。翟进步和罗玫(2014)发现,自我国2007年开始实施的会计准则把"投资收益"和"公允价值变动损益"划入"营业利润"范畴之后,近年来多次出现上市公司利用大量"投资收益"增加短期利润以弥补亏损的事件,这种准则带来的计量效应严重地影响了投资者对企业经营效率的预测。他们的研究系统地分析了2007—2011年深沪两市A股上市公司的投资收益和公允价值变动损益,发现了投资收益和公允价值变动损益的盈利持续性显著低于营业利润的其他组成部分,虽然股价完全反映了公允价值变动损益为暂时性盈利这一特征,但高估了投资收益在预测未来盈利方面的持续能力。其研究发现,投资收益占利润比例高的公司在未来一年的股票收益率显著低于投资收益占利润比例低的公司,按此占比大小排序构造的对冲投资组合能够在未来一年创造约4%的超额收益。此项研究结果从另一个角度说明,在我国,会计准则带来的计量效应会对股票收益的预测产生影响,据此构建的交易策略能够带来超额收益。

3.4.3 总结与展望

已有研究表明,由于会计信息具有价值相关性,当期经营效率和当期股票收益存在显著的正相关关系,如果能提前精准预测经营效率,就可以在未来获取显著的超额收益。因此,无论是分析师还是投资者都会花费大量的时间和精力分析财务报表、搭建估值模型,希望基于企业财务比率的分析能精准地预测未来盈余,从而做出更有价值的投资决策。已有文献表明,在我国和西方资本市场,利用杜邦分析指标在内的财务指标分析能够预测企业未来盈余。但是,目前股票市场价格没有充分包含基本面指标的信息含量,因此利用财务比率指标构建投资组合可以在未来获得超额收益。

关于今后的学术研究和实务投资活动,我们提出如下展望:

一方面,随着我国资本市场的不断成熟,信息流动速度的不断加快,市场参与者应当充分地关注和理解反映企业经营效率的公开财务比率信息。目前,对于企业的经营效率分析基本上还是集中于企业年度财务报告中呈现的信息,但是不可避免地,这种分析存在较强的滞后性。因此,今后对企业经营效率的分析应当更多地引入企业季报信息,这有利于增强分析的及时性、缓解信息的不对称性,使市场参与者能尽快发现市场的错误定价,从而纠正价格偏离价值的现象。

另一方面,外部投资者可以将机器学习、文本分析等方法引入与企业经营效率相关的财务指标分析。随着机器学习技术的迅猛发展,投资者可以利用机器学习或文本分析等方法,剖析企业财务报告中的文本信息。例如,我国证监会在《公开发行证券的公司信息披露内容与格式准则第2号》中要求上市公司需在年度报告中披露公司所从事的主要业务、生产的主要产品及其用途等经营信息,那么通过分析企业在年度报告中的相关文本信息,可以获取企业实际业务的分布状况。在今后的投资实践中,投资者可以对相关的文本补充信息和经营效率财务指标进行交叉检验,从而更全面地分析和预测企业经营效率。

参考文献

[1] 姜国华. 2005. 基于会计信息的证券投资策略研究:分析及展望[J]. 会计研究, 11:66—71.

[2] 孔宁宁,张新民,李寅迎. 2010. 成长型公司财务报表分析与股票未来收益——来自中国上市公司的经验证据[J]. 会计研究,6:37—43.

[3] 陆正飞,施瑜. 2002. 从财务评价体系看上市公司价值决定——"双高"企业与传统企业的比较[J]. 会计研究,5:18—23.

[4] 陆正飞,宋小华. 2006. 财务指标在股票投资决策中的有用性:基于中国证券市场的实证研究[J]. 南开管理评论,6:31—38.

[5] 汪荣飞,张然. 2018. 基本面分析在中国A股市场有用吗?来自季度财务报表的证据[J]. 金融学季刊,12(1):81—105.

[6] 翟进步,罗玫. 2014. 中国股市被上市公司的"投资收益"误导了吗[J]. 金融研究,412(10):168—180.

[7] 张腾文,黄友. 2008. 经营利润率、股东收益与股票价格的价值相关性研究[J]. 会计研究,4:80—85+96.

[8] 朱宏泉,舒兰,王鸿,等. 2011. 杜邦分析与价值判断——基于A股上市公司的实证研究[J]. 管理评论,23(10):152—161.

[9] Curtis, A., M. F. Lewis-Western, S. Toynbee. 2015. Historical cost measurement and the use of DuPont analysis by market participants [J]. Review of Accounting Studies, 20(3):1210—1245.

[10] Nissim, D., S. H. Penman. 2001. Ratio analysis and equity valuation: from research to practice[J]. Review of Accounting Studies, 6(1):109—154.

[11] Soliman, M. T. 2008. The use of DuPont analysis by market participants [J]. The Accounting Review, 83(3):823—853.

第4章
盈余质量

4.1 股价充分反映了应计项和现金流关于未来盈余的信息吗

标题：Do Stock Prices Fully Reflect Information in Accruals and Cash Flows About Future Earnings

作者：Richard G. Sloan

来源：*The Accounting Review*, 1996, Vol.71, No.3

> 买入应计项低的公司并卖空应计项高的公司，投资者
> 可以从中获取丰厚的超额收益

4.1.1 概述

投资者在进行投资时，通常会关注企业发布的总盈余信息，并据此对股价做出反应。盈余(主要指净利润)由应计项和现金流两部分组成，二者在真实性和可靠性方面存在显著差异。具体而言，因为应计项存在较高的主观性(Bernstein,1993)，分析师会更倾向于通过现金流部分检验当期收入的质量。投资者能否意识到二者的信息含量差异？如果没有意识到，那么投资者是否可以利用这种差异做出更好的投资决策？投资时点对投资收益有何影响？

本文利用美国上市公司1962—1991年的数据进行研究，发现当期盈余中的应计项(现金流)越多，盈余持续性越低(越高)。盈余中的现金流部分对盈余持续性有更大的贡献。盈余持续性越高，意味着当期盈余或其较上期盈余

的增量在未来能够维持的可能性越大。本文进一步检验发现,股价所隐含的盈余预期无法完全反映现金流占比与应计项占比对盈余持续性的贡献差异性。这说明投资者并不能意识到应计项和现金流水平对盈余持续性的影响差异。基于此,本文发现:投资者买入应计项水平低的公司的股票并卖出应计项水平高的公司的股票,持有1年可以获得10.4%的超额收益;而且该策略的超额收益聚集在未来盈余公告发布日前后,可以在全年不到5%的交易时间内获得超过40%的年度超额收益。

4.1.2 应用指南

实证会计研究的开山之作——Ball and Brown(1968)的"An empirical evaluation of accounting income numbers"证明盈余的价值相关性,随后的一系列研究表明投资者仅仅盯住盈余结果本身并不能充分利用盈余背后所反映的价值相关性信息。因此,如何利用盈余组成信息进行盈余预测仍有待挖掘,尤其要明晰应计项与现金流部分在未来盈余预测方面的差异。这些问题一旦明确,就能为投资者的投资决策提供有益的参考。

当前盈余组成对未来盈余持续性的影响

首先,我们需要明确的是盈余主要由应计项和现金流两部分组成。在权责发生制下,应计项是净利润中被公司计入净利润但尚未实际收到相应现金的部分。应计项不直接形成当期现金的流入流出,可以反映一定期间经营性净现金流量与净利润的差异。例如,在权责发生制和配比原则下,折旧摊销或者存货跌价准备等并不直接产生现金的流入和流出,而现金流主要是指当期现金的流入或流出。由于折旧或摊销、资产减值损失等科目的计提涉及管理层的主观性,因此应计项的真实性弱于现金流的真实性。那么,二者对未来盈余的预测能力存在怎样的差异呢?

本文以1962—1991年美国上市公司作为样本,实证研究结果表明:应计项水平(现金流)越高的上市公司,企业未来盈余持续性越低(越高)。进一步的研究发现股价所隐含的盈余预期无法完全反映现金流占比与应计项占比对盈余持续性的贡献差异,即现金流部分导致较高的盈余持续性和应计项部分导致较低的盈余持续性。如果当前股价没有体现这些信息,那么这些信息只能体现在未来的股票收益中。因此,投资者可以根据这一现象进行投资套利,具体投资策略为:买入应计项水平低的上市公司股票并卖空应计项水平高的上市公司股票。采用这种投资策略,投资者一年的超额收益率为10.4%。

投资时点对投资收益也有着重要影响,如果投资者在每个季度盈余公告发布前两个交易日至公告日的时间段采用这种投资策略,就可以获得超过40%的年化超额收益。

利用当前盈余组成的差异选股

不同上市公司的净利润质量存在差异,应计项占比越高,当前盈余质量越差,盈余持续性也就越低;反之亦然。本文根据这一原理进行选股,构建投资组合的方法如下:计算每家上市公司的应计项,并根据指标值将股票分为10组,再计算未来一年的超额收益率。

通过买入应计项最低组股票、卖空应计项最高组股票的套利策略,未来1—3年经公司规模调整的超额收益率分别为10.4%、4.8%、2.9%;基于资本资产定价模型得到的超额收益率(Jensen Alphas)分别为10.4%、4.8%、3.8%。应计项最低组股票未来1年经规模调整的超额收益率为4.9%,应计项最高组股票未来1年经资本资产定价模型调整的超额收益率为3.9%(见表4.1)。进一步分析表明,除了个别年份,这一投资策略几乎每年都可以为投资者带来超额收益。

表 4.1　1962—1991 年 40 679 个样本基于时间序列等权投资组合的超额收益

按应计利润排名的投资策略	经公司规模调整			经资本资产定价模型调整		
	第 $t+1$ 年	第 $t+2$ 年	第 $t+3$ 年	第 $t+1$ 年	第 $t+2$ 年	第 $t+3$ 年
Lowest	0.049	0.016	0.007	0.039	0.007	0.001
	(2.65)**	(1.17)	(0.55)	(2.01)*	(0.40)	(0.08)
2	0.028	0.019	0.006	0.020	0.022	0.012
	(3.60)**	(1.65)	(0.68)	(1.68)	(1.53)	(1.06)
3	0.024	0.012	−0.006	0.018	0.014	−0.006
	(3.84)**	(2.27)*	(−0.86)	(1.70)	(1.28)	(−0.72)
4	0.012	0.001	0.020	0.017	0.002	0.017
	(1.66)	(0.05)	(2.72)*	(2.09)*	(0.17)	(1.29)
5	0.001	0.002	0.006	0.010	0.004	0.014
	(0.03)	(0.22)	(0.86)	(0.87)	(0.38)	(1.12)
6	0.010	0.005	0.016	0.006	0.002	0.003
	(1.43)	(0.72)	(1.90)	(0.57)	(0.24)	(0.43)
7	−0.002	0.003	−0.006	0.004	0.006	0.005
	(−0.22)	(0.60)	(−0.83)	(0.39)	(0.97)	(0.56)
8	−0.021	−0.002	−0.001	0.011	−0.004	0.002
	(−3.03)**	(−0.31)	(−0.01)	(−1.17)	(−0.39)	(0.16)

(续表)

按应计利润排名的投资策略	经公司规模调整			经资本资产定价模型调整		
	第 $t+1$ 年	第 $t+2$ 年	第 $t+3$ 年	第 $t+1$ 年	第 $t+2$ 年	第 $t+3$ 年
9	−0.035	−0.018	−0.015	−0.028	−0.012	−0.012
	(−3.70)**	(−2.52)*	(−1.60)	(−3.04)**	(−1.36)	(−1.15)
Highest	−0.055	−0.032	−0.022	−0.064	−0.040	−0.036
	(−3.98)**	(−2.25)*	(−1.61)	(−4.68)**	(−2.87)**	(−2.47)*
Hedge[d]	0.104	0.048	0.029	0.104	0.048	0.038
	(4.71)**	(3.15)**	(1.64)	(4.42)**	(2.41)*	(1.62)

注：Lowest 表示最低组，Highest 表示最高组，Hedge 表示套利；* 和 ** 分别表示 5% 和 1% 的显著性水平。

择时选股

如果超额收益是对未来盈余预测的延迟反应，那么这种超额收益会主要集中于盈余公告时点。因此，如何选择合适的投资时点至关重要。本文构建以下特殊的投资时点：在季度盈余公告前两天买入股票并持有 3 天，计算全年这 12 天的超额收益率。本文以 1973—1991 年上市公司为样本计算上述投资策略的超额收益率。结果显示：公告期（12 个交易日）的超额收益率为 4.5%，而非公告期（242 个交易日）的超额收益率为 6.0%，这说明盈余公告期占全年交易日的比例不到 5%，这 12 天却可获得全年所有交易日超过 40% 的超额收益。

4.1.3 投资笔记

投资逻辑

盈余具有信息含量，而应计项部分和现金流部分包含不同的信息含量。投资者的关注是有限的，未能很好地挖掘盈余不同组成部分的差异，由此存在套利空间。投资者可以买入应计项低的上市公司股票并卖空应计项高的上市公司股票，在未来获取超额收益，尤其是在季度盈余公告前两天采取这一投资策略，可以获得全年超过 40% 的超额收益。

核心指标

盈余 = 持续经营收益
应计项 = (流动资产 − 货币资金) − (流动负债 − 计入流动负债的长期债务 − 应交所得税) − 折旧及摊销

现金流＝盈余－应计项

上述三个指标均以平均资产总额进行标准化。

策略及表现

期间：1962—1991年

市场：美国股票市场

选股策略：每年4月底，买入应计项排（由低至高）前10%的股票并卖空应计项排后10%的股票，在未来1年可以获得10.4%的超额收益。

选股时机：在每个季度盈余公告发布前两个交易日至公告日的时间段执行上述投资策略，共计12天的盈余公告宣告期即可获得4.5%的超额收益。

细节提示

(1) 盈余中现金流占比高公司的盈余质量高于盈余中应计项占比高公司的盈余质量。

(2) 应计项高的上市公司的盈余持续性比应计项低的上市公司的盈余持续性差。

(3) 在根据上述投资策略选股时，投资时点也很重要，尤其是在季度盈余公告日前两天进行投资，可获得较高的超额收益。

4.2 投资者会高估资产负债表膨胀的公司吗

标题：Do Investors Overvalue Firms with Bloated Balance Sheets?
作者：David Hirshleifer, Kewei Hou, Siew Hong Teoh, Yinglei Zhang
来源：*Journal of Accounting and Economics*，2004，Vol.38，No.4-5

买入净经营性资产低的上市公司股票，卖空净经营性资产高的上市公司股票，投资者可以获得丰厚的超额收益

4.2.1 概述

财务报表为投资者提供了丰富的信息，但是众多研究表明投资者对这些信息的关注度有限，无法充分挖掘这些信息。这种有限的关注度和处理能力可能使投资者无法识别企业的盈余管理等行为,进而诱发影响股价的系统性偏差。在股价存在偏差的基础上,如何利用和挖掘企业披露的财务信息以识别股价偏差?哪部分的财务信息在识别股价偏差上可发挥重要作用?

Hirshleifer et al. (2004)利用美国股市 1964 年 7 月至 2002 年 12 月这 462 个月的数据进行研究,发现营业利润和自由现金流的差额(即净经营性资产)具有信息含量,净经营性资产与长期股票收益率存在显著的负相关关系。利用这一发现,投资者可以买入净经营性资产低的上市公司股票并卖空净经营性资产高的上市公司股票,这样的投资策略在未来 1 年的月均收益率为 1.24%,未来两年的月均收益率为 0.83%,未来三年的月均收益率为 0.57%。

4.2.2 应用指南

众多研究表明投资者并不能充分利用上市公司披露的各种信息,尤其是财务信息,这使得市场并没有那么有效,导致股价产生延迟反应。如果投资者能充分挖掘财务信息,并研究不同财务信息对盈余持续性的影响,就可以从中获得超额收益。例如,Sloan(1996)发现应计项高的上市公司的盈余持续性差于现金流高的上市公司,但是投资者并不能识别这一现象。所以,买入应计项低的股票并卖空应计项高的股票,投资者在未来可以获得超额收益。尽管应计项指标能够有效预测公司未来股价趋势,但应计项等流动性较高的变量只是比较单一的指标,表明企业经营结果和财务指标在多大程度上引发投资者的过度乐观。那么,是否存在一个更加综合的、能够预测上市公司未来股价的财务指标,而且能够形成更长的投资有效期限呢?这些问题仍有待解决。

重要指标:净经营性资产

首先,我们先来回答所谓的"膨胀的资产负债表"的含义。净经营性资产(NOA)通过累计营业利润(会计增加值)和累计自由现金流(现金增加值)的差值进行度量,我们将之定义为"资产负债表的膨胀"。

其次,净经营性资产指标为什么会对未来收益有预测作用?因为投资者常常只关注收益,而容易忽略现金流中包含的增量信息。净经营性资产(NOA)指标有助于我们识别出那些财务报表表现突出但业绩表现消极的公司,从而做出更合理的投资决策。除了上述关系,净经营性资产还可以等于累计营业应计利润(operating accruals)与累计投资的总和。举例来说,在企业销售商品收到实际现金之前,会将这笔收入计入应收账款,属于未来经营应计项的范畴,从而增加净经营性资产;或者企业将一项支出计入投资,这家企业的净经营性资产同样会增加。上述两种情况虽然能够提高企业的净经营性资产水平,但是当前的会计收益在未来可能无法维持,从而造成当前资产负债表所提供的信息发生"膨胀"。

最后,投资者能否辨别资产负债表信息的"膨胀"?如果投资者能够辨别,那么他们会对"膨胀"资产负债表的上市公司有更低的估值;但是如果投资者不能识别这一信息,就会存在股价被投资者高估的现象。根据投资者未能充分关注和利用财务信息的假设以及现有文献的证明,本文认为投资者会高估"膨胀"资产负债表的上市公司。

基于净经营性资产的投资策略

本文检验了净经营性资产高/低上市公司未来五年的盈余变化并发现:净经营性资产低的上市公司,未来五年的盈余水平呈现上升趋势;净经营性资产高的上市公司,未来五年的盈余水平呈现下降趋势。这一结果说明净经营性资产指标(NOA)能够预测未来盈余。

基于此,本文构造以下投资策略:买入净经营性资产排(由低到高)前10%的股票,卖空净经营性资产排后10%的股票。结果显示:在等权下,该策略第一年、第二年和第三年的月均收益率分别为1.24%、0.83%和0.57%(详见表4.2),而且在38年的样本期间有35年的投资收益率都为正;在市值加权下,未来三年的月均收益率分别为0.69%、0.60%和0.49%。

表4.2 基于净经营性资产(NOA)的投资组合在投资策略形成后第一年、第二年和第三年的月均超额收益率

投资组合排序	等权				市值加权			
	raw_ew $t+1$	adj_ew $t+1$	adj_ew $t+2$	adj_ew $t+3$	raw_vw $t+1$	adj_vw $t+1$	adj_vw $t+2$	adj_vw $t+3$
Lowest	0.0179	0.0051	0.0029	0.0027	0.0106	0.0022	0.0012	0.0015
	(4.87)	(6.14)	(3.64)	(3.25)	(3.77)	(2.35)	(1.28)	(1.41)
2	0.0168	0.0032	0.0014	0.0012	0.0107	0.0021	0.0004	0.0011
	(5.09)	(5.70)	(2.66)	(2.47)	(4.17)	(2.81)	(0.58)	(1.64)
3	0.0157	0.0015	0.0012	0.0012	0.0113	0.0017	0.0009	0.0008
	(5.25)	(3.76)	(3.06)	(3.06)	(4.82)	(2.96)	(1.50)	(1.39)
4	0.0146	0.0012	0.0013	0.0014	0.0091	0.0007	0.0013	0.0003
	(5.15)	(3.03)	(3.40)	(3.15)	(4.20)	(1.31)	(2.70)	(0.55)

(续表)

投资组合排序	等权				市值加权			
	raw_ew $t+1$	adj_ew $t+1$	adj_ew $t+2$	adj_ew $t+3$	raw_vw $t+1$	adj_vw $t+1$	adj_vw $t+2$	adj_vw $t+3$
5	0.0146	0.0012	0.0009	0.0008	0.0094	0.0005	0.0007	0.0001
	(5.42)	**(3.14)**	**(2.13)**	(1.75)	**(4.41)**	(0.98)	(1.33)	(0.15)
6	0.0135	0.0000	0.0006	−0.0003	0.0087	−0.0005	−0.0000	−0.0001
	(5.13)	(0.03)	(1.48)	(−0.60)	**(4.02)**	(−0.96)	(−0.03)	(−0.21)
7	0.0133	0.0002	−0.0005	−0.0000	−0.0089	−0.0004	−0.0012	−0.0008
	(5.12)	(0.38)	(−1.15)	(−0.01)	**(4.01)**	(−0.68)	**(−2.16)**	(−1.31)
8	0.0106	−0.0022	−0.0080	−0.0008	−0.0074	−0.0013	−0.0013	−0.0003
	(4.00)	**(−5.50)**	(−1.90)	(−1.75)	**(3.22)**	**(−2.13)**	**(−2.30)**	(−0.52)
9	0.0093	−0.0028	−0.0016	−0.0015	0.0072	−0.0017	−0.0011	−0.0011
	(3.41)	**(−6.34)**	**(−3.60)**	**(−3.37)**	**(3.17)**	**(−2.76)**	(−1.63)	(−1.58)
Highest	0.0031	−0.0073	−0.0054	−0.0030	0.0030	−0.0047	−0.0047	−0.0035
	(0.95)	**(−12.22)**	**(−8.42)**	**(−4.85)**	(1.01)	**(−5.65)**	**(−4.45)**	**(−4.02)**
Hedge(L−H)	0.0148	0.0124	0.0083	0.0057	0.0076	0.0069	0.0060	0.0049
	(8.45)	**(10.31)**	**(7.66)**	**(5.44)**	**(4.18)**	**(5.24)**	**(4.34)**	**(3.73)**
CAPM α	0.0153	0.0127	0.0086	0.0063	0.0075	0.0068	0.0063	0.0053
	(8.63)	**(10.45)**	**(7.75)**	**(5.99)**	**(4.21)**	**(5.52)**	**(4.88)**	**(3.91)**
Three Factor α	0.0165	0.0134	0.0095	0.0074	0.0094	0.0075	0.0069	0.0063
	(10.00)	**(11.17)**	**(8.65)**	**(7.16)**	**(5.40)**	**(5.95)**	**(5.30)**	**(4.64)**
Four Factor α	0.0140	0.0126	0.0088	0.0067	0.0074	0.0061	0.0054	0.0058
	(8.32)	**(10.08)**	**(7.66)**	**(6.22)**	**(3.93)**	**(4.70)**	**(4.06)**	**(4.10)**

注：Lowest 表示 NOA 最低组，Highest 表示 NOA 最高组，Hedge(L-H) 表示对冲策略——买入 Lowest 组同时卖空 Highest 组；raw_ew 表示未经调整的超额收益率（组内个股）；adj_ew 表示经公司规模、账面市值比和动量因子调整的超额收益率（组内个股）；CAMP α 表示经资本资产定价模型调整的投资组合收益率，Three Factor α 表示经三因子模型调整的投资组合收益率；Four Factor α 表示经四因子模型调整的投资组合收益率。粗体数字表示在 5% 的统计水平上显著。

更深入的分析

在发现净经营性资产可以预测盈余持续性这一现象之后，我们同样会有这样的疑问：这一结果是否与风险溢价效应、新发行股票效应或并购相关效应等有关？净经营性资产预测能力的组成部分包括哪些？投资者是否真的高估净经营性资产高的上市公司？带着这些疑问，本文逐一进行了检验。

首先，本文将股票收益率与一系列的控制变量进行回归，包括公司规模、账面市值比、过去一个月的股票收益率、过去一年的股票收益率、过去三年的股票收益率和应计项。在控制了这些因素之后,我们最关心的净经营性资产与股票收益率的关系依然高度显著。由于账面市值比与历史收益率均衡量了过去和预期的收益,因此这一结果表明本文的发现并不是与公司增长率相关的风险溢价效应。除了剔除风险溢价效应,本文还剔除新发行股票的上市公司或发生并购的上市公司,发现结果依然成立,进一步证实结论的可靠性。

其次,本文剖析净经营性资产的预测能力,发现现阶段的经营性应计项、现阶段的投资、过去的经营性应计项以及过去的投资对净经营性资产的预测能力均有贡献。

最后,本文对投资者是否高估净经营性资产高的上市公司股价进行检验,发现投资者对净经营性资产高的上市公司过于乐观,这与净经营性资产对股票收益的负向预测能力相符。

4.2.3 投资笔记

投资逻辑

投资者对财务信息的关注度有限,他们将注意力主要集中于盈余指标,而忽视对现金流等信息的使用。本文构建净经营性资产指标(NOA),发现NOA越大,公司越难保持盈余增长,而投资者未能识别这种"危险信号",导致股价被高估。基于此,投资者买入净经营性资产最低的上市公司股票并卖空净经营性资产最高的上市公司股票,未来可以获得超额收益。

核心指标

净经营性资产(NOA)的计算:
净经营性资产=(当期经营性资产-当期经营性负债)/期初总资产
经营性资产=总资产-现金及短期投资
经营性负债=总资产-短期借款-长期借款-少数股权-优先股-普通股

策略及表现

期间:1964年7月至2002年12月
市场:美国股票市场
选股策略:每个月根据净经营性资产由低到高进行排序,将上市公司股票划分为10组,买入净经营性资产最低(排前10%)组,卖空净经营性资产最高(排后10%)组,第一年的月均超额收益率为1.24%。

细节提示

(1) NOA 指标获得超额收益的期限(超过三年)高于现有的众多指标。

(2) NOA 指标可以通过财务报表提供的信息直接计算得出,方法较简单。

(3) 本文的前提假设为,投资者的关注是有限的,如果投资者对公司资产负债表信息的关注不足,就会产生错误的预期。

4.3 盈余操纵和预期收益

标题:Earnings Manipulation and Expected Returns
作者:Messod Beneish, Charles Lee, Craig Nichols
来源:*Financial Analysts Journal*,2013,Vol.69,No.2

> 买入 M-Score 高的上市公司股票,卖空 M-Score 低的上市公司股票,外部投资者可以获得丰厚的超额收益

4.3.1 概述

众多研究根据财务信息之间的不一致或异常来识别财务报表中存在的问题,其中 Beneish(1999)使用财务信息构建的 M-Score 模型是识别财务舞弊的重要模型。Beneish(1999)将"典型的盈余操纵者"定义为:(1) 营业收入增长率异常高的公司;(2) 基本面恶化(如资产质量下降等)的公司;(3) 采用更为激进的会计手段(如应收账款增长率显著高于收入增长率等)的公司。有上述特征的上市公司代表着一种特别脆弱(即盈余持续性不稳定)的增长型股票,而且可能存在更高的财务舞弊风险。如果投资者无法识别出这些公司所表现的异常高增长率,就会根据其强劲的增长率而给予较高的股票定价,以至于这些公司在未来将带来更低的超额收益。这就引出本文的核心问题:盈余操纵概率(M-Score)模型能否衡量盈余质量?此外,M-Score 这一指标与现有的应计指标存在什么差异?

本文利用美国 1993—2010 年的上市公司数据进行研究,发现无论是基于公司规模、账面市值比、动量、应计项还是基于短期收益对股票进行分组,基于

M-Score模型计算得出的舞弊概率高的上市公司在将来都表现出更低的投资收益。为了排除风险因素对这一结果的影响,本文发现很大一部分的超额收益是在以未来四个季度业绩发布日为中心的三天短窗口期内获得的。这说明本文的发现主要源自与业绩相关信息的延迟反应,而不是风险因素,进一步表明 M-Score 具有预测未来超额收益的能力。同时,本文发现 M-Score 的预测能力在低应计项水平的上市公司中更强;在控制 M-Score 之后,应计项表现出有限的预测能力。

4.3.2 应用指南

众多研究利用财务信息衡量盈余质量、破产风险和未来盈余,研究结果表明外部投资者并不能深入挖掘公司的公开信息并将其用于投资决策。投资者的这种行为导致了股价的延迟反应,也为信息挖掘者提供了套利空间。然而,现有研究未从舞弊风险的角度衡量盈余质量和预期收益,本文致力于填补这一研究空白,利用 M-Score 指标值检验其对股票未来收益的影响。本文利用投资者无法对公开信息进行挖掘这一事实构建投资策略,发现投资者能够基于 M-Score 指标获得超额收益。

M-Score 与未来收益

首先,本文需要回答的第一个问题是:如何界定企业是否为高舞弊风险上市公司? Beneish(1999)利用财务指标构建舞弊风险识别 M-Score 模型,基于平衡第一类错误和第二类错误的考虑,选择 -1.78 作为截断值:若 M-Score 大于 -1.78,则公司存在舞弊嫌疑。本文借鉴 Beneish(1999)的做法,计算上市公司的 M-Score 值,若公司的 M-Score 超过 -1.78 则为标记公司,不超过则为非标记公司。

其次,标记公司与非标记公司(即高舞弊风险组与低舞弊风险组)在未来收益方面是否存在显著差异? 本文采用 1993—2010 年美国上市公司为研究样本,发现持有标记公司股票的年超额收益率为 -7.5%,而持有非标记公司股票的年超额收益率为 2.4%,二者未来一年的超额收益存在显著差异。

再次,为了区别应计项与 M-Score 对未来盈余的预测能力差异,本文采用多元回归方法,在加入 M-Score、应计项、市场价值、账面市值比、动量等因素之后,发现应计项对预期收益的预测能力并不显著,但是 M-Score、账面市值比和动量等因素的预测能力依旧显著。

最后,为了排除风险因素对以上结果的影响,本文将窗口期局限在季度盈余公告日前后三天,发现未标记公司全年这 12 天的超额收益率比标记公司的高 2.51%,即这 12 天获得全年所有交易日 25% 的超额收益。这说明 M-Score 在预测未来收益上发挥的重要作用主要是来自市场对盈余信息的延迟反应,而不是风险因素。

利用 M-Score 选股

基于标记公司与非标记公司未来一年超额收益的表现,本文构建以下投资策略:买入非标记上市公司股票并卖空标记上市公司股票,年均超额收益率为 9.9%。样本时间跨度为 18 年,其中有 13 年非标记公司的收益率显著高于标记公司,虽然有 4 年标记公司的收益率高于非标记公司但并不显著。进一步来说,以 2002 年《萨班斯-奥克斯利法案》为节点划分样本期间,本文发现采用上述投资策略,1993—2001 年投资者平均可以获得 14.57% 的年超额收益率,2002—2010 年这一投资策略的超额收益率降为 -2.67%(见表 4.3)。

表 4.3 1993—2010 年投资组合的年超额收益率

	N	非标记公司		标记公司		Spread (pps)
		Portion (%)	BHSAR (%)	Portion (%)	BHSAR (%)	
A. 年度结果						
1993	2 304	82.4	3.5***	17.6	-5.1**	8.6***
1994	2 474	79.0	1.4	21.0	2.7	-1.3
1995	2 786	79.8	1.2	20.2	-15.4***	16.5***
1996	2 972	77.1	-0.7	22.9	-8.7**	8.0***
1997	3 139	76.6	0.4	23.4	-9.4**	9.9**
1998	2 798	78.1	9.1***	21.9	5.9	3.2
1999	2 789	77.2	6.6***	22.8	-21.6***	28.2***
2000	2 616	72.8	4.1***	27.2	-28.1***	32.2***
2001	2 480	86.6	-1.5*	13.4	-17.5***	16.0***
2002	2 278	89.6	5.7***	10.4	11.0**	-5.3
2003	2 550	88.1	0.8	11.9	-5.5**	6.3**
2004	2 571	84.7	2.2**	15.3	5.2	-3.0
2005	2 534	87.3	1.1	12.7	-3.3	4.4**
2006	2 480	86.3	5.3***	13.7	1.5	3.8*
2007	2 348	86.8	-0.7	13.2	-3.5	2.9
2008	1 997	88.6	3.1**	11.4	6.5	-3.3
2009	1 988	89.7	6.2***	10.3	-6.0*	12.2*
2010	430	91.6	0.1	8.4	-12.2**	12.2**
全样本	43 534	82.6	2.4***	17.4	-7.5***	9.9***

（续表）

N	非标记公司		标记公司		Spread
	Portion (%)	BHSAR (%)	Portion (%)	BHSAR (%)	(pps)
B. 子区间结果					
1993—2001 年 24 358	78.68	3.40***	21.32	−11.17***	−14.57***
2002—2010 年 19 176	87.61	3.17***	12.39	0.50	−2.67**

注：Spread 表示非标记公司与标记公司的收益率之差；N 表示公司数量，Portion 表示公司数量占当年公司总数量的比例，BHSAR 表示一年的买入—持有收益率（即每年 5 月初购买股票，持有到下一年的 4 月末）；*、**、*** 分别表示 10%、5%、1% 的显著性水平。

与其他因子组合使用

现有研究表明应计项、动量、市场价值、账面市值比和事件窗口期在套利中发挥着重要作用，本文将应计项、动量、市场价值、账面市值比投资组合分别按 M-Score 值划分为标记公司与非标记公司，并观察各投资组合的收益率。结果表明，在五种投资组合的每一个等分组合中，低 M-Score 组（非标记公司）的收益率均大于高 M-Score 组（标记公司）的收益率。进一步地，本文将 M-Score 和应计项分别进行五等分并构建投资组合，发现应计项最低组的 M-Score 投资策略可以获得更高的超额收益，为 19.8%。

4.3.3 投资笔记

投资逻辑

具有利润操纵嫌疑的上市公司存在营业收入异常增长等现象，这使得投资者会对这类公司给予更高的定价。但是，由于这类公司的盈余持续性与业绩真实性存疑，而且存在更高的财务舞弊风险，在未来盈余（业绩）公告和财务信息公开后，公司股价将会下跌。因此在投资者无法充分利用公开信息的情况下，有利润操纵嫌疑的上市公司在未来会表现出更低的收益水平。投资者可以通过 M-Score 值识别具有利润操纵嫌疑的上市公司，进而避免投资损失。

核心指标

$$M\text{-Score} = -4.84 + 0.920(\text{DSR}) + 0.528(\text{GMI}) + 0.404(\text{AQI}) + \\ 0.892(\text{SGI}) + 0.115(\text{DEPI}) - 0.172(\text{SGAI}) + \\ 4.679(\text{Accruals}) - 0.327(\text{LEVI})$$

其中，

$DSR = \dfrac{当期应收账款/当期营业收入}{上期应收账款/上期营业收入}$

GMI＝上期营业利润率/当期营业利润率

$AQI = \dfrac{1-(当期固定资产+当期流动资产)/当期资产总额}{1-(上期固定资产+上期流动资产)/上期资产总额}$

SGI＝当期营业收入/上期营业收入

$DEPI = \dfrac{上期折旧/(上期折旧+上期固定资产)}{当期折旧/(当期折旧+当期固定资产)}$

$SGAI = \dfrac{当期期间费用/当期营业收入}{上期期间费用/上期营业收入}$

Accruals＝(扣除非特殊项目前的盈余－经营性现金流量)/资产总额

LEVI＝当期资产负债率/上期资产负债率

策略及表现

期间：1993—2010年

市场：美国股票市场

选股策略：买入M-Score最低组上市公司股票，卖空M-Score最高组上市公司股票，持有1年的平均超额收益率为9.9%；尤其是在每次盈余公告日前后一天实施这一投资策略，共计12个交易日即可获得全年25%的超额收益。

细节提示

(1) 投资策略并未考虑交易成本和买卖限制。

(2) M-Score指标比应计项指标更有效。

(3) M-Score指标在1993年至2001年期间的超额收益率更高。随着《萨班斯-奥克斯利法案》的颁布，企业使用应收账款保理等新方法进行盈余操纵，削弱了M-Score投资策略的有效性，投资者可从快速增长公司基本面恶化等新的角度测度盈余质量。

4.4 基于资产负债表信息的投资策略：中国实践部分

本章以基于资产负债表相关信息构建投资策略为主线，分别探讨应计项、净经营性资产、盈余操纵与预期股票收益之间的关系。前文介绍的研究均是基于美国股票市场数据开展的,而中国投资者关心的问题是:在中国股票市场上也存在类似的现象吗?采取以上投资策略,在中国股票市场上也能获得超额收益吗?下面我们将对基于中国股票市场的研究进行梳理。

4.4.1 中国相关研究

应计项与股票收益

公司的应计项具有重要的信息含量。Sloan(1996)构建应计项(净利润与现金流量之差)这一指标,基于美国数据,发现应计项能够检验当期收入的质量,即二者的差异越大,收入质量越低。因此,投资者买入应计项低的公司股票并卖空应计项高的公司股票,可以获得丰厚的超额收益。

刘云中(2003)以1998—2000年我国上市公司为研究样本,发现经营活动现金流所产生的会计盈余持续性要高于应计项所产生的会计盈余持续性;然而,投资者并不能有效区分二者的差异,即上市公司的股票价格高估了会计盈余所带来的持续性、低估了现金流产生盈余的持续性。刘云中(2003)按照Sloan(1996)的投资策略买入应计项低、卖空应计项高的上市公司股票,但未来一年的投资收益率仅为3.1%左右,与Sloan(1996)10.4%的未来一年投资收益率相差甚远。

净经营性资产与股票收益

财务报表提供了丰富的信息,但是众多研究均表明投资者对这些信息的关注有限,而且无法充分挖掘这些信息。这种有限关注和信息处理能力不足可能使投资者无法识别企业的盈余管理等行为,进而诱发影响股价的系统性偏差。除应计项在投资决策中可以发挥重要作用以外,Hirshleifer et al.(2004)发现营业利润和自由现金流量之间的差异——净经营性资产也存在信息含量,且净经营性资产与长期股票收益率具有显著的负相关关系。利用这一发现,投资者可以买入净经营性资产低的上市公司股票、卖空净经营性资产高的上市公司股票,可以获得超额收益。这样的投资策略在未来一年的月均收益率为1.24%,未来两年的月均收益率为0.83%,未来三年的月均收益率为0.57%。

盈余操纵与股票收益

众多研究根据财务信息之间的不一致或异常来识别财务报表中存在的问

题,其中 Beneish(1999)根据财务信息构建的 M-Score 是识别舞弊的重要模型。Beneish et al. (2013)利用美国 1993—2010 年的数据进行研究,发现无论是基于公司规模、账面市值比、动量、应计项还是基于短期收益率进行分组,M-Score 较高的标记公司(即高舞弊风险)的未来收益率更低,这一结果主要是源自投资者对业绩信息的延迟反应。同时,M-Score 这一指标在低应计项水平的上市公司中更加有效,在控制 M-Score 之后,应计项对股票收益率的预测能力有限。

现有研究盈余操纵和企业舞弊的模型主要有 M-Score、F-Score 等(Beneish,1999;Dechow et al.,2011),均基于美国上市公司数据而构建。然而对于我国资产市场,这类模型预测企业舞弊效果的效力有限(郑登津和闫晓茗,2017),尚未有文献基于 M-Score 计算股票收益率。

4.4.2 "中国特色"研究

应计项与股票收益

市场异象的存在意味着相关研究必须考虑中国特有的制度背景,如中国独特的监管环境。以退市制度为例,2001 年中国证监会发布《亏损公司暂停上市和终止上市实施办法》,并规定连续三年亏损的上市公司将暂停上市。这一制度的存在使得某些上市公司为防止退市而做出"洗大澡"等行为。

李远鹏和牛建军(2007)以 1998—2002 年的上市公司为研究样本,发现买入应计项低并卖空应计项高的上市公司股票这一投资策略在我国的适用性并不能达到预期。考虑到中国特有的制度背景,尤其是退市制度,当发生亏损时,为了避免被 ST 和退市,企业管理者有动机进行盈余操纵(例如采取"洗大澡"行为)以规避监管,亏损公司主要集中在应计项最小的两个组别中。如果采用 Sloan(1996)的投资策略,那么投资者买入的应计项低的公司都是亏损的,也就无法进行套利。

净经营性资产与股票收益

Hirshleifer et al. (2004)进一步细化资产负债表信息中的营业利润和自由现金流量之间的差异——净经营性资产,这一信息也可以根据我国上市公司资产负债表相关数据计算获得,因此基于净经营性资产这一指标计算股票收益并没有体现我国相关制度背景的独特性。

盈余操纵与股票收益

M-Score 模型主要体现了一种利用会计信息构建模型进而构建投资策略来获得收益的核心思想。也有学者基于我国上市公司的会计信息构建模型来计算股票收益。例如，王化成等（2012）基于会计信息构建了会计投资价值指数，这一指数考虑了企业的盈利规模、盈利质量、成长性和经营风险等因素，能够更全面地反映企业价值。研究者以中国的上市公司为样本，发现基于会计投资价值指数的选股策略不但能够战胜市场，而且优于传统的指标（盈余价格比等）。会计投资价值指数的构建以及投资策略的有效性同样证明，除会计盈余之外的会计指标能够向资本市场提供增量信息。

4.4.3　总结与展望

已有研究表明，由于收集、解读信息的资源和能力是有限的，投资者对信息的反应往往是滞后、有偏差的。这种信息处理能力偏差为投资者基于会计信息进行投资以获利提供了契机，即充分挖掘不同企业之间的信息含量并利用会计信息构建投资策略，从而提高了投资者获取超额收益的概率。

在未来的学术研究和投资实践中，我们提出如下展望：随着企业披露的信息越来越多以及信息来源多种多样，投资者能够更加便利地基于相关信息进行投资决策。除应计项、净经营性资产与利用会计信息计算盈余操纵概率之外，企业的很多信息仍然具有重要的信息含量，这为学者继续挖掘相关会计信息构建投资策略提供了便利。同时，基于会计信息构建会计指标也是对相关会计信息的进一步整合，对改进投资策略具有重要的意义。

参考文献

[1] 李远鹏，牛建军. 2007. 退市监管与应计异象[J]. 管理世界，5：125—132.

[2] 刘云中. 2003. 中国股票市场对会计盈余和会计应计项信息的反映[J]. 中国软科学，11：40—45.

[3] 王化成，卿小权，张伟华，等. 2012. 会计投资价值指数与股票收益——来自A股市场的经验证据[J]. 中国软科学，6：102—112.

[4] 张腊凤，刘维奇. 2016. 资产增长度量指标新论——经营性资产增长率指标的提出与实证分析[J]. 系统工程理论与实践，36(6)：1382—1391.

[5] 吴战篪，罗绍德，王伟. 2009. 证券投资收益的价值相关性与盈余管理研究[J].

会计研究,6:42—49+97.

[6] 郑登津,闫晓茗. 2017. 事前风险、审计师行为与财务舞弊[J]. 审计研究,4:89—96.

[7] Ball, R., P. Brown. 1968. An empirical evaluation of accounting income numbers [J]. Journal of Accounting Research, 6(2): 159—178.

[8] Beneish, M. D., C. M. Lee, D. C. Nichols. 2013. Earnings manipulation and expected returns[J]. Financial Analysts Journal, 69(2): 57—82.

[9] Beneish, M. D. 1999. The detection of earnings manipulation[J]. Financial Analysts Journal, 55(5): 24—36.

[10] Bernstein, L. A. 1993. Financial Statement Analysis: Theory, Application and Interpretation [M]. Richard D. IRWIN Inc.

[11] Dechow, P. M., W. Ge, C. R. Larson, R. G. Sloan. 2011. Predicting material accounting misstatements [J]. Contemporary Accounting Research, 28(1): 17—82.

[12] Hirshleifer, D., K. Hou, S. H. Teoh, Y. Zhang. 2004. Do investors overvalue firms with bloated balance sheets [J]. Journal of Accounting and Economics, 38(1): 297—331.

[13] Sloan, R. G. 1996. Do stock prices fully reflect information in accruals and cash flows about future earnings [J]. The Accounting Review, 71(3): 289—315.

第 5 章
投资和融资

5.1 资本投资与股票收益

标题：Capital Investments and Stock Returns
作者：Sheridan Titman, John Wei, Feixue Xie
来源：*Journal of Financial and Quantitative Analysis*, 2004, Vol.39, No.4

> 公司资本支出越多，未来股票收益率就越低

5.1.1 概述

资本支出与股票收益的关系历来受到人们的关注。一些人认为，高资本支出意味着公司有更好的投资机会，这会增强资本市场对公司及其管理层的信心，由此高资本支出与股票收益率呈正相关关系。但现实情况是，管理层倾向于只公布被市场认为有利的资本支出项目。还有一些人认为，当公司资本支出很高时，管理层迫于筹集资金以及证明支出合理的压力，会竭尽全力粉饰资本支出项目。如果投资者没有意识到管理层过度推销资本支出项目，就会高估公司股票价值，由此高资本支出与股票收益率呈负相关关系。因此，资本支出和股票收益的关系是怎样的以及如何利用二者的关系构建投资策略成为投资者关注的重点。

本文利用美国股票市场 23 年的数据进行研究，发现公司管理层会为了自身利益打造商业帝国，而投资者对于管理层这种通过增加资本支出构建商业帝国的行为反应不足，由此公司的资本支出和股票收益率呈负相关关系。每

年 6 月根据资本支出对公司进行分组,7 月初买入资本支出少的公司股票,同时卖空资本支出多的公司股票,这样的投资策略在未来 5 年内平均可以得到 1.936% 的年超额收益。

5.1.2 应用指南

很多文献表明,公司进行资本投资后,公司股票价格会上涨;但是也有学者发现,公司发行股票会导致股票收益率下降,而公司回购股票会导致股票收益率上升。那么,公司资本支出与股票收益率的关系到底是怎样的? 为了回答这个问题,本文构建了异常资本支出(CI)指标来探究二者的关系。通过组合测试和回归检验,本文发现投资者对管理层通过增加投资来构建商业帝国的行为反应不足,从而导致异常资本支出与股票收益率呈负相关关系。

基准投资组合

不同投资水平的公司面临不同的风险。一些人认为,高投资水平公司的一大部分价值来自公司增长前景,而增长前景包含很多不确定因素,公司面临的风险较大;还有一些人认为,风险低的公司有较低的融资成本,从而能够进行更多的投资。所以,在比较不同投资水平公司的股票收益率差别时,风险是一个很重要的控制因素。公司的很多特征与风险相关,投资者可以通过控制公司特征来构造基准投资组合,以消除风险的影响。

参照 Daniel et al. (1997)的做法,本文基于账面市值比(BM)、公司规模(Size)和动量(PR1YR)将公司划分成 125 组($5 \times 5 \times 5$),具体做法如下:在第 t 年 7 月初,按纽交所上公司规模(第 t 年 6 月末)的五等分分界点将所有上市公司分成 5 组;接着,在每组中按账面市值比(第 $t-1$ 年年末)将公司五等分,得到 25 组 Sizs/BM 组合;然后,在每组 Sizs/BM 组合中,按第 $t-1$ 年 6 月至第 t 年 5 月的股票收益率(动量因子,PR1YR)将公司五等分,共得到 125 组基准投资组合。采用市值加权法计算每组投资组合的加权收益率,投资组合每年调整一次。

对冲组合策略

在第 t 年 7 月初,按 CI(第 $t-1$ 年)将所有股票等分成 5 组,然后买入 CI 最低两组股票的组合,同时卖空 CI 最高两组股票的组合,构成对冲组合并持有 1 年,每年调整一次。

从表 5.1 Panel A 中可以看出,除了 CI 最低组(Lowest),第 2 组到第 5 组的组合超额收益率随着 CI 增大而单调递减。另外,对冲组合的平均超额收益率为 0.168%,超过中位数 0.119%,这表明对冲组合的超额收益不是由异常值导致的。本文还检验了 CI 对冲策略效果的持续性。从 Panel B 中可以看出,对冲组合在形成后的第 1 年至第 5 年的收益率均显著大于 0,这表明对冲组合形成后的 5 年内均可获得超额收益,累计超额收益率可以达到 8.1%。此外,Panel B 的第 1 列(第 1 年收益)显示,1974—1980 年对冲组合的收益率为正,1981 年和 1984—1989 年对冲组合的收益率为负,1990—1995 年对冲组合的收益率又变为正。本文认为这可能是由 1984—1989 年盛行的恶意收购所导致的,统计检验结果支持这一判断。

表 5.1 基于 CI 的对冲组合超额收益

Panel A: CI 组合的分布特征

CI Portfolio	Mean	Std Dev	Max	Q3	Median	Q1	Min
Lowest	0.042	0.010	3.375	0.658	0.062	−0.652	−3.112
2	0.083**	0.007	2.257	0.468	0.103	−0.310	−2.760
3	0.055	0.006	1.841	0.388	0.031	−0.297	−2.066
4	−0.083**	0.005	1.382	0.263	−0.056	−0.380	−1.880
5	−0.127**	0.010	2.608	0.553	−0.081	−0.789	−4.080
CI-Spread	0.168**	0.009	3.302	0.779	0.119	−0.462	−2.629

Panel B. CI 零投资组合的年化超额收益

Formation Year	Return in Year					Cumulative Return
	1	2	3	4	5	
1973	−0.95	9.22	2.65	5.79	8.60	25.32
1974	7.41	3.53	4.88	8.05	5.30	29.17
1975	3.16	5.78	7.95	5.49	6.73	29.12
1976	5.41	7.90	4.97	7.02	1.04	26.34
1977	7.71	3.84	6.43	0.45	−3.92	14.51
1978	3.43	5.90	1.29	−3.67	0.99	7.95
1979	5.44	0.60	−1.48	0.00	1.43	6.00
1980	0.62	−1.31	0.28	1.42	−4.38	−3.38
1981	−1.56	0.33	1.55	−4.34	−0.67	−4.69
1982	0.93	1.09	−4.29	−0.70	−1.66	−4.63
1983	1.06	−4.02	−0.92	−1.58	−2.26	−7.71
1984	−3.95	−1.21	−1.35	−2.03	−3.12	−11.67
1985	−1.08	−1.19	−1.81	−3.24	−1.83	−9.15
1986	−0.75	−2.01	−3.23	−1.58	5.03	−2.54

(续表)

Panel B. CI 零投资组合的年化超额收益

Formation Year	Return in Year					Cumulative Return
	1	2	3	4	5	
1987	−1.19	−1.00	−2.04	3.87	1.85	1.50
1988	−0.94	−2.39	3.76	2.09	1.65	4.17
1989	−2.57	3.78	2.18	2.55	6.88	12.81
1990	3.45	1.40	2.23	6.50	5.25	18.83
1991	2.00	2.54	6.62	6.60	4.25	22.00
1992	1.54	6.49	6.42	4.27		
1993	6.52	5.97	4.11			
1994	6.36	4.54				
1995	4.52					
Average	2.02	2.26	1.91	1.85	1.64	8.10
(t-statistic)	(2.86)	(2.88)	(2.46)	(2.10)	(1.81)	(2.55)

注：* 和 ** 分别表示 10% 和 5% 的显著性水平。

在表 5.1 中，Panel A 包含月超额收益的均值(Mean)、标准差(Std Dev)、最大值(Max)、75%分位数(Q3)、中位数(Median)、25%分位数(Q1)和最小值(Min)。在第 t 年 7 月初，按 CI 把所有股票等分成 5 组，Lowest 表示 CI 最低组，5 表示 CI 最高组，零投资组合指买入 CI 最低两组、卖空 CI 最高两组的投资组合。各组的超额收益率是组内各只股票超额收益率的市值加权平均数。Panel B 列示了对冲组合在各年份的年化超额收益率，包括该策略在未来连续 5 年分别获得的年度超额收益率、未来 5 年的累计超额收益率(Cumulative Return)以及各年超额收益率和累计超额收益率的平均数(Average)。所有数值均为百分数形式。

资本投资和股票收益的关系

尽管本文利用基准投资组合控制了公司特征差异对股票收益率的影响，但是基准投资组合不一定能控制各风险因子的影响。为了控制风险因子，本文还采用 Carhart 四因子模型检验资本投资与股票收益的关系。

四因子模型为：

$$R_{p,t} = \alpha_p + \beta_{\text{HML},p} R_{\text{HML},t} + \beta_{\text{SMB},p} R_{\text{SMB},t} + \beta_{\text{Mkt},p}(R_{\text{Mkt},t} - R_{ft}) + \beta_{\text{PR1YR},p} R_{\text{PR1YR},t} + \varepsilon_{p,t}.$$

其中，R_f 表示无风险利率（月度），R_{HML} 表示价值因子，R_{SMB} 表示规模因子，R_{MK} 表示市场因子，R_{PR1YR} 表示动量因子（1年）。

表5.2显示，对冲策略的四因子模型的截距项为0.192%且在统计上显著异于0，这表明高异常资本支出公司较低的股票收益率不能由四因子模型解释。在四因子模型下，对冲策略获得的超额收益率为0.192%；而在基准投资组合下，对冲策略获得的超额收益率为0.168%。因此，四因子模型提升了CI因子的预测效果。另外，在恶意收购期间，四因子模型下的高CI公司的股票收益率高于低CI公司的股票收益率，这与基准投资组合方法得出的结果一致。

投资决策权对异常资本支出（CI）的影响

Jesen(1986)发现现金流量更高的公司和负债率更低的公司更可能进行资本投资，本文进一步检验现金流量和负债率对CI预测股票收益率的效果的影响。具体来说，第 t 年7月初，按现金流量CF（第 $t-1$ 年）将公司等分为高低两组，每组再按CI将公司五等分，获得10组CF/CI投资组合，投资组合每年调整一次。对冲策略采用上文介绍的方式构建。同理，采用类似的方法检验负债率对CI预测股票收益率的影响。结果显示，在高现金流量组和低负债率组，对冲策略获得的超额收益更高。这表明当公司管理层拥有更大的投资决策权（更高的现金流量、更低的负债率）时，CI的预测效果更强。

5.1.3 投资笔记

投资逻辑

管理层可能为了构建商业帝国而盲目增加资本支出并粉饰资本支出的用途，而投资者对这类资本支出行为往往反应不足，致使大幅增加资本支出的公司常常会出现较低的未来收益率。所以，通过买入低异常资本支出公司股票、卖空高异常资本支出公司股票，投资者可以获得超额收益；尤其是当公司现金流更高、负债率更低且恶意收购更少时，该策略的效果更为显著。

核心指标

异常资本支出（CI）的计算式为：

表 5.2 投资组合超额收益和 Carhart 四因子模型

组合 CI	All Years		Non-Takeover Years		Takeover Years		Difference	
	Mean Return	FF Alpha	Mean Return	FF Alpha	Mean Return	FF Alpha	Mean Return	FF Alpha
Lowest	0.042 [0.062]	−0.012 [−0.010]	0.132* [0.173*]	0.063 [0.050]	−0.213** [−0.328**]	−0.231** [−0.352**]	0.345** {−2.537**}	0.294** {−2.218**}
2	0.083** [0.103**]	0.119** [0.103**]	0.110** [0.139]**	0.161** [0.137**]	0.006 [−0.007]	0.032 (0.061)	0.104 {−0.960}	0.129 {−1.200}
3	0.055 [0.031]	0.058 [0.034]	0.079* [0.026]	0.078* [0.034*]	−0.011 [0.041]	−0.027 [−0.005]	−0.090 {−0.972}	−0.105 {−1.201}
4	−0.083** [−0.056**]	−0.103** [−0.066**]	−0.133** [−0.094**]	−0.164** [−0.174**]	0.058 [0.044]	0.051 [0.030]	−0.191** {2.470**}	−0.215** {−2.807**}
Highest	−0.127** [−0.081*]	−0.173** [−0.131**]	−0.180** [−0.120**]	−0.237** [−0.166**]	0.023 [0.082]	−0.001 [−0.034]	−0.203 {1.883}	−0.236* {−1.950*}
CI-Spread	0.168** [0.119**]	0.192** [0.202**]	0.277** [0.338**]	0.312** [0.343**]	−0.144 [−0.281**]	−0.124 [−0.278**]	0.421** {−3.958**}	−0.436* {−4.160**}
Wilks' Lambda	2.08	4.68	4.63	6.57	1.24	1.23		
(*p*-value)	(0.026)	(0.001)	(0.001)	(<0.001)	(0.300)	(0.305)		
Kruskal-Wallis test	14.29	24.97	25.37	35.90	6.97	8.74		
(*p*-value)	(0.006)	(<0.001)	(<0.001)	(<0.001)	(0.138)	(0.068)		

注：投资组合平均超额收益率(Mean Return)，FF Alpha 表示 Carhart 四因子模型截距项；All Years 表示 1973—1996 年，Takeover Years 表示 1984—1989 年；Mean Return 列下[ ]内数值表示投资组合超额收益的中位数，FF Alpha 列下[ ]内数值表示四因子模型截距项和残差项和残差项和度层面(单位：%)；* 和 ** 分别表示 10%和 5%的显著性水平。

$$\mathrm{CI}_{t-1} = \frac{\mathrm{CE}_{t-1}}{(\mathrm{CE}_{t-2} + \mathrm{CE}_{t-3} + \mathrm{CE}_{t-4})/3} - 1$$

上式的含义为:通过第 $t-1$ 年的资本支出[①]除以第 $t-1$ 年的销售收入得到资本支出率 CE_{t-1},其与第 $t-2$ 年、第 $t-3$ 年和第 $t-4$ 年三年平均资本支出率的比值再减去 1,预测第 $t-1$ 年的异常资本支出,CI 数值越大,表明公司的异常资本支出越多。

策略及表现

期间:1973 年 7 月—1996 年 6 月

市场:美国股票市场

对冲策略:在第 t 年 7 月初,按照 CI(第 $t-1$ 年)把所有股票等分成 5 组,然后买入 CI 最低两组股票同时卖空 CI 最高两组股票的组合,平均可获得的月超额收益率为 0.168%。

细节提示

(1) 在对冲组合形成后的 5 年内,对冲组合产生年化 2% 左右的超额收益率,对冲效果稳定。

(2) 在恶意收购更少期间,对冲效果更强。在 1984—1989 年恶意并购盛行期间,对冲效果不成立。

(3) 公司管理层拥有更大的投资决策权(更高的现金流量、更低的负债率),对冲效果更强。

5.2 公司融资活动、分析师预测和股票收益的关系

标题:The Relation between Corporate Financing Activities, Analysts' Forecasts and Stock Returns

作者:Mark Bradshaw, Scott Richardson, Richard Sloan

来源:*Journal of Accounting and Economics*, 2006, Vol. 42, No. 1-2

投资者利用公司外部融资活动信息,可以获得丰厚的超额收益

---

① Compustat 数据库。

5.2.1 概述

外部投资者往往会过度看好公司未来的前景,比如会高估公司下一年的盈利、公司未来的发展;分析师也会高估公司未来盈余,给公司较高的买入评级并确定较高的股价。因此,公司价值很可能被市场高估。当公司价值被高估时,管理层就会借机进行外部融资活动,比如首次公开发行股票、股票再融资、发行债券以及向银行借款,从而以较低的融资成本获得资金;当公司价值被低估时,管理层就会趁机回购股票或者提前偿还债务,从而提升公司价值。因此,在实务中会出现以下现象:当公司进行外部融资后,随后几年里未来股票收益率异常低;相反,当公司回购股票或者提前偿还债务后,未来股票收益率较高。

本文利用美国股市 30 年的数据进行研究,发现公司股票收益率与净外部融资活动呈负相关关系,产生这种现象的原因是市场对公司价值进行了错误定价,从而导致公司管理层可以择时进行外部融资活动。由外部融资活动与卖方分析师预测之间的关联可以发现,市场错误定价的深层次原因是外部投资者和分析师会对公司未来盈余持过于乐观的态度。根据公司净外部融资活动排序,将把公司十等分,买入净外部融资活动程度最小的投资组合,卖空净外部融资活动程度最大的投资组合,这样的投资策略在未来一年能够获得 15.5% 的超额收益。

5.2.2 应用指南

大量文献证明,公司的外部融资活动和公司股票收益率呈负相关关系。比如,Ritter(1991)发现公司首次公开发行股票后,公司未来几年的股票收益率都异常低;Loughran and Ritter (1997)发现公司增发股票后,公司股票收益率会变低;Spiess and Affleck-Graves (1999)发现公司发行债券融资后,公司股票收益率会变低;Billett et al. (2001)发现公司向银行借款也会出现上述现象。与此相反,Ikenberry et al. (1995)发现公司回购股票后,公司未来几年的股票收益率都异常高。但是,上述发现都是分别针对不同类型的融资活动,而在现实中,公司可能同时进行多种融资活动,比如公司一边进行股权融资、一边进行债务融资,也可能一边进行股权融资、一边减少债务融资。这些不同融资活动的综合结果也会产生上述现象吗?目前还没有文献从整体角度研究公司融资活动与股票收益率的关系。此外,分析师在股票市场上扮演重要角色,比如信息发现者角色和信息传递者角色。但是,当前大量关于分析师的研究都没有注意到分析师在公司融资活动中发挥的作用。本文全面地分析了公司融资活动、股票收益率和分析师预测之间的关系,并针对上述问题展开探讨。

净外部融资活动

之前的研究只关注单一的外部融资活动,本文同时考虑多种外部融资活动,使用现金流量表数据设定一个综合指标——净外部融资活动,反映公司融资活动产生的现金净额。净外部融资活动($\Delta XFIN$)是指公司从普通股和优先股的销售与回购中获得的净现金流量,加上从债券的发行和兑付中获得的净现金流量,再减去支付的现金股利。其计算公式为:

$$\Delta XFIN = \Delta EQUITY + \Delta DEBT$$

其中,$\Delta EQUITY$ 表示发行普通股和优先股获得的资金扣除发放的现金股利,$\Delta DEBT$ 表示发行债券所获得的资金净额。

投资组合的收益

依据错误定价理论,当市场高估公司价值时,公司管理层会借机进行外部融资,从而以较低的融资成本获得更多的资金。随着时间的推移,市场基于所获取的更多信息向下调整公司估值,从而使股票价格回归真实价值。

从图 5.1 中可以看到,"发行"型股票在进行外部融资活动前,股票累计收益率一直上升,公司价值也随之上升,当公司估值达到最高点时,管理层开始发行证券进行外部融资,随后股票收益率开始下跌;而"回购"型股票在进行外部融资活动前,股票累计收益率一直下降,公司价值也随之下降,当公司估值达到最低点时,管理层开始回购股票,随后股票收益率开始上升。

本文以计算净外部融资活动当年为初始年(0),加上前后 5 年构成一个跨度为 11 年的窗口期。以初始年的前第五年(-5)为起点计算股票的累计收益率,结果如图 5.1 所示。虚线表示"回购"型股票,即净外部融资活动程度最低组的股票;实线表示"发行"型股票,即净外部融资活动程度最高组的股票。

本文将股票按净外部融资活动程度十等分,净外部融资活动程度最低排在前面,即最低组的标号为 1,净外部融资活动程度最高组排在后面,即最高组的标号为 10。据此,本文构造了一种投资组合策略:买入净外部融资活动程度最低组的股票,卖出净外部融资活动程度最高组的股票。该投资组合收益率如表 5.3 所示。每列分别按净股权融资($\Delta EQUITY$)、净债务融资($\Delta DEBT$)、净外部融资($\Delta XFIN$)进行分组,然后列示每组在不同标准下的年

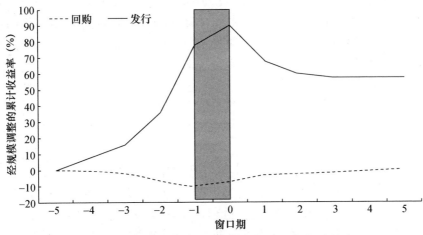

图 5.1 "发行"型股票和"回购"型股票的长期收益率

均超额收益率。其中,超额收益率等于股票收益率扣除该股票在相同规模组的平均(市值加权平均)收益率。

表 5.3 投资组合的超额收益率

Portfolio	ΔEQUITY	ΔDEBT	ΔXFIN
1(Lowest)	0.016	0.000	0.041
2	0.006	0.023	0.031
3	0.014	0.029	0.020
4	0.014	0.024	0.030
5	0.016	0.018	0.043
6	0.020	0.031	0.022
7	0.014	−0.012	−0.012
8	0.000	−0.012	−0.027
9	−0.045	−0.027	−0.054
10(Highest)	−0.096	−0.081	−0.114
Mean annual hedge	0.112	0.081	0.155
t-statistic	3.82	6.91	5.70
Number years positive/ number years available	23/30	27/30	27/30

从表 5.3 中可以看到,随着 ΔXFIN 数额的增大,每组股票超额收益率从 4.1% 降至 −11.4%,从而构造的投资组合可以获得 15.5% 的超额收益。同

样,随着 ΔEQUITY、ΔDEBT 数额的增大,每组股票超额收益率分别从 1.6% 和 0 降至 －9.96% 和 －8.1%。ΔDEBT 数额最低组没有超额收益,原因可能是公司在回购债券的同时往往会发行股票融资,由此发行股票融资所产生的负超额收益抵消了回购债券所产生的正超额收益。

5.2.3 投资笔记

投资逻辑

当公司价值被高估时,管理层会借机进行外部融资活动,比如首次公开发行股票、股票再融资、发行债券及向银行借款,从而以较低的融资成本获得资金;当公司价值被低估时,管理层会借机回购股票或提前偿还债务,从而提升公司价值。因此,公司净外部融资活动大于 0,意味着公司价值被高估,此时应该卖空该公司股票;公司净外部融资活动小于 0,意味着公司价值被低估,此时应该买入该公司股票。通过买入低净外部融资活动公司股票、卖空高净外部融资活动公司股票,投资者可以获得超额收益。

核心指标

净外部融资活动(ΔXFIN)的计算式为:
$$\Delta XFIN = \Delta EQUITY + \Delta DEBT$$
ΔEQUITY = (普通股和库存股的销售 － 回购 － 现金股利)/总资产
ΔDEBT = (长期借款发行 － 长期借款减少 － 流动负债变动)/总资产
其中,ΔEQUITY 表示发行普通股和优先股获得的资金减去股票回购和发放现金股利的金额,ΔDEBT 表示发行长期债券获得的资金减去偿还长期债券和流动负债的金额。ΔEQUITY 和 ΔDEBT 均经过公司资产规模化处理。

策略及表现

期间:1971—2000 年
市场:美国股票市场
选股策略:每年 5 月初,计算净外部融资活动(ΔXFIN)数额,然后将公司十等分,买入 ΔXFIN 最低组股票同时卖空 ΔXFIN 最高组股票,构成对冲组合,持有 1 年,每年调仓一次。据此构建的对冲投资组合,平均每年可以获得 15.5% 的经公司规模调整超额收益。

细节提示

(1) 该对冲组合所获得的超额收益主要来自空头策略,受中国 A 股市场卖空约束的影响,该投资组合的超额收益在我国的表现可能较差。

(2) 分别基于 ΔEQUITY 和 ΔDEBT 构造对冲组合时,所获年超额收益率分别为 11.2% 和 8.1%,均低于 15.5%。由此可见,在考虑公司外部融资活动对股票收益率的影响时,应将股权融资和债务融资结合起来。

(3) 当基于经市场调整的收益率计算超额收益率时,上述对冲策略获得的年化超额收益率为 17.8%;当基于经 Fama Frensh 三因子模型调整的收益率计算超额收益率时,上述对冲策略获得的年化超额收益率为 5.6%。

5.3 资产增长和股票横截面收益

标题:Asset Growth and the Gross-Section of Stock Returns
作者:Michael Cooper, Huseyin Gulen, Michael Schill
来源:*The Journal of Finance*,2008,Vol.63,No.4

**卖空高资产增长率公司股票同时买入低资产
增长率公司股票可获得超额收益**

5.3.1 概述

许多文献已证明,市场并不是完全有效的。在不完全有效的市场条件下,市场对公司增加投资和收回投资所做出的反应是有偏的。有研究发现,公司的资产扩张行为(比如兼并、公开发行股票、公开发行债券及向银行借款)往往伴随着异常低的股票收益率,而公司的资产收缩行为(比如资产剥离、股票回购、提前偿还债务及发放股利)往往伴随着异常高的股票收益率。但是,先前的研究大多集中于公司投资或融资活动中的某一部分对股票收益率的影响;不同于以往的文献,本文构建了简单而全面的指标——公司年度总资产增长率(ASSETG),更综合地反映了公司的资产增长效应。那么,总资产增长率对股票收益是否有预测作用?相比于某一方面资产增加的预测作用,总资产增长率的预测作用是否更强?这一预测作用主要来自风险补偿还是错误定价?

本文利用美国股票市场1968—2003年的上市公司数据进行研究,发现公司总资产增长率是一个很有效的预测横截面股票收益率的指标,即使对于市值很大的公司,该指标的预测作用也很强。在控制之前其他预测横截面股票收益率的指标(比如账面市值比、公司资本、滞后的股票收益率、应计盈余及其他增长指标)后,总资产增长率依然能够有效预测横截面股票收益率。因此,投资者在每年7月初,买入总资产增长率最低公司股票所构成的市值加权(等权)组合,同时卖空总资产增长率最高公司股票所构成的市值加权(等权)组合,这样的投资策略能够在未来一年获得8%(20%)的超额收益。

5.3.2 应用指南

近年来,有文献开始研究公司的投资行为和融资行为对公司股票收益的综合影响,比如Richardson and Sloan(2003)发现债券和股票的发行对股票收益的预测作用是净外部融资活动预测作用的一部分。虽然已有文献证明,公司的资产扩张行为往往伴随着未来异常低的股票收益率,公司的资产收缩行为往往伴随着未来异常高的股票收益率,但这些文献集中研究公司资产增加的某一方面的预测作用,并未综合考虑总资产增加的预测作用。本文从总资产增长率的角度,更全面、综合地探究公司整体的投资、融资活动与横截面股票收益率的关系。

资产增长率的预测作用

当公司进行并购、公开发行股票和债券、向银行借款时,未来股票收益率往往会走低;然而,当公司进行资产剥离、回购股票、提前偿还债务、发放股利时,未来股票收益率往往会走高。上述行为的综合结果——总资产增加是否也会产生类似异象?这个问题至今还没有明确的答案。

为了解决上述问题,本文构造了一个综合指标来度量公司总资产增长率(ASSETG),计算公式为:

$$\text{ASSETG}_t = \frac{\text{Data6}_{t-1} - \text{Data6}_{t-2}}{\text{Data6}_{t-2}}$$

其中,Data6表示Compustat数据库中标号为6的指标——总资产,t表示本年,$t-1$表示上年年末,$t-2$表示前年年末。每年6月底,根据年度资产增长率排序,将公司股票等分为10组,并在7月构建市值加权(VW)及等权(EW)两种投资组合,每个投资组合持有期为一年。

表 5.4 展示了不同投资组合在 Fama-French 三因子模型下的超额收益。从中可以看出,在全样本中,投资组合的资产增长率越低,其未来股票收益率越高。资产增长率最低的等权(市值加权)投资组合的月收益率要比资产增长率最高投资组合的月收益率高 1.63%(0.7%)。

分解总资产增长率

从前文可以看出,总资产增长率对股票收益率具有很强的预测作用,并且该预测作用不受公司规模的影响。总资产增长率是对公司增长的整体刻画。如果将总资产增长率分解,那么各组成部分是否也会有总资产增长率类似的预测作用呢?为了探究这个问题,本文分别从投资角度和融资角度对总资产增长率进行分解。

投资角度的分解:

$$\begin{aligned}\text{Total asset growth} =\ & \text{Cash growth}(\Delta \text{Cash}) + \text{Noncash current asset growth}(\Delta \text{CurAsst}) + \\ & \text{Property, plant, and equipment growth}(\Delta \text{PPE}) + \\ & \text{Other assets growth}(\Delta \text{OthAssets})\end{aligned}$$

从投资角度,本文把总资产增长分解为现金增长(ΔCash)、非现金流动资产增长(ΔCurAsst)、固定资产增长(ΔPPE)和其他资产增长(ΔOthAssets)。由此可得,总资产增长率=现金增长/上年总资产+非现金流动资产增长/上年总资产+固定资产增长/上年总资产+其他资产增长/上年总资产。

融资角度的分解:

$$\begin{aligned}\text{Total asset growth} =\ & \text{Operating liabilities growth}(\Delta \text{OpLiab}) + \text{Retained earnings growth}(\Delta \text{RE}) + \\ & \text{Stock financing growth}(\Delta \text{Stock}) + \text{Debt financing growth}(\Delta \text{Debt})\end{aligned}$$

从融资角度,本文把总资产增长分解为经营性负债增长(ΔOpLiab)、留存收益增长(ΔRE)、股权融资增长(ΔStock)和债务融资增长(ΔDebt)。由此可得,总资产增长率=经营性负债增长/上年总资产+留存收益增长/上年总资产+股权融资增长/上年总资产+债务融资增长/上年总资产。

表 5.5 展示了总资产增长率及其各组成部分对股票收益率的影响。本文分别从投资角度和融资角度对总资产增长率进行分解,然后采用 Fama-Mac-

表 5.4 总资产增长率与股票收益

	1(Low)	2	3	4	5	Asset Growth Deciles 6	7	8	9	10(High)	Spread (10−1)	t(spread)
Panel A: 等权投资组合在 Fama-French 三因子模型下的月超额收益												
All Firms	0.0076	0.0060	0.0035	0.0026	0.0020	0.0013	0.0006	0.0003	−0.0026	−0.0087	−0.0163	−8.33
Small size	0.0081	0.0067	0.0044	0.0030	0.0027	0.0012	0.0002	0.0001	−0.0033	−0.0096	−0.0177	−9.12
Medium size	−0.0004	0.0007	0.0010	0.0010	0.0011	0.0010	0.0010	0.0002	−0.0016	−0.0064	−0.0060	−2.85
Large size	0.0044	0.0011	0.0003	0.0014	0.0005	0.0001	0.0005	0.0011	−0.0010	−0.0041	−0.0086	−3.12
Panel B: 市值加权投资组合在 Fama-French 三因子模型下的月超额收益												
All Firms	0.0024	0.0013	0.0013	0.0017	0.0003	0.0006	0.0015	0.0013	−0.0001	−0.0046	−0.0070	−3.84
Small size	0.0005	0.0020	0.0013	0.0016	0.0015	0.0007	−0.0009	−0.0006	−0.0043	−0.0109	−0.0114	−6.46
Medium size	−0.0002	0.0003	0.0010	0.0005	0.0008	0.0008	0.0013	0.0004	−0.0012	−0.0057	−0.0055	−2.45
Large size	0.0052	0.0018	0.0013	0.0019	0.0003	0.0005	0.0018	0.0015	0.0008	−0.0028	−0.0081	−2.91

注：All Firms 表示全样本，Small size 表示小规模公司子样本，Medium size 表示中等规模公司子样本，Large size 表示大规模公司子样本；1 表示资产增长率最低投资组合……10 表示资产增长率最高投资组合。Spread(10−1) 表示资产增长率最高投资组合的收益减去资产增长率最低投资组合的收益。

Beth方法,研究总资产增长率及其各组成部分的预测作用,还进行公司规模(Small、Medium、Large)的分组回归。

表 5.5 总资产增长率及其各组成部分与股票收益率

	ASSETG	ΔCash	ΔCurAsst	ΔPPE	ΔOthAssets	ΔOpLiab	ΔDebt	ΔStock	ΔRE
All Firms	−0.0922	−0.0014	−0.1995	−0.2015	−0.1202	−0.1704	−0.1583	−0.2158	−0.0654
	(−6.52)	(−0.03)	(−4.80)	(−3.91)	(−3.34)	(−4.00)	(−6.59)	(−1.88)	(−0.83)
Small Size	−0.0944	−0.0041	−0.2151	−0.1967	−0.0989	−0.1724	−0.1629	−0.2247	−0.0179
Firms	(−5.18)	(−0.09)	(−5.74)	(−3.41)	(−1.77)	(−4.58)	(−5.68)	(−2.14)	(−0.33)
Medium Size	−0.0793	0.0525	−0.1617	−0.108	−0.0556	−0.065	−0.1077	−0.1358	0.0295
Firms	(−3.80)	(0.88)	(−3.22)	(−3.03)	(−1.17)	(−0.90)	(−3.39)	(−1.46)	(0.36)
Large Size	−0.0594	0.0446	−0.0892	−0.1897	−0.1579	−0.0538	−0.0688	−0.3374	−0.1208
Firms	(−3.60)	(0.54)	(−1.18)	(−2.62)	(−1.53)	(−0.68)	(−1.79)	(−3.27)	(−1.06)

注:各数值为总资产增长率及其各组成部分的回归系数,括号内为 t 值。

从表 5.5 中可以看出,只有固定资产(PPE)和债务融资(Debt)在不同的子样本中均统计显著,总资产增长率(ASSETG)的其他组成部分均存在统计不显著的情况,尤其是现金(Cash)和留存收益(RE)在任何样本中均不显著。虽然固定资产和债务融资能够在不同的子样本中表现出显著性,但显著性均不如总资产增长率。这表明,总资产增长率对横截面股票收益率的预测作用强于公司任何具体的投资行为和融资行为的预测作用。最后,本文检验资产增长效应是源自风险补偿还是源自错误定价。总体来说,总资产增长率带来的超额收益主要是源于投资者过度夸大过去收益率而导致的高估,即超额收益是错误定价带来的。

5.3.3 投资笔记

投资逻辑

现有文献已经证明公司不同类别的投融资活动(如借贷、股票发行、回购、合并等)对股票未来收益率有预测作用。本文发现这些活动的整体效果——总资产增长率对股票收益率也有预测作用,并且这一综合指标的预测作用比具体的投资活动和融资活动的预测作用更显著。通过买入总资产增长率最低公司股票并卖空总资产增长率最高公司股票来构造对冲策略,投资者可以获得超额收益。

核心指标

公司总资产增长率(ASSETG)的计算公式为：

$$\text{ASSETG}_t = \frac{\text{Data6}_{t-1} - \text{Data6}_{t-2}}{\text{Data6}_{t-2}}$$

其中，Data6 表示 Compustat 数据库中标号为 6 的指标——总资产，t 表示本年，$t-1$ 表示上年年末，$t-2$ 表示前年年末。

策略及表现

期间：1968—2003 年

市场：美国股票市场

投资策略：每年 6 月底，依据 ASSETG 将公司十等分，在 7 月买入总资产增长率最低公司股票所构成的市值加权(等权)组合，卖空总资产增长率最高公司股票所构成的市值加权(等权)组合来构造对冲策略，持有该投资组合 1 年，每年 6 月调仓。根据 Fama-French 三因子模型，市值加权(等权)投资组合的月超额收益率可达 0.7%(1.63%)。

细节提示

(1) 在构造此类投资组合时，采用等权比采用市值加权的效果更好。

(2) 总资产增长率对横截面未来收益率的预测作用比常用的指标(比如账面市值比、市值、动量、应计项等)更可靠。

(3) 总资产增长率对股票收益率的预测作用好于其各组成部分。

5.4 基于投资和融资活动的投资策略：中国实践部分

本章从投资和融资的角度阐释了公司的财务活动与公司未来股票收益率的关系，分别研究了异常资本支出、外部融资活动及资产增长对股票收益率的影响。以上研究都是基于美国股票市场数据开展的，而中国投资者关心的问题是：在中国股票市场上也存在类似的现象吗？基于以上理论构建的投资策略，在中国股票市场上也能获得超额收益吗？下面我们对基于中国股票市场的研究进行梳理。

5.4.1 中国相关研究

资本支出与股票收益

Titman et al.(2004)利用美国股票市场 23 年的数据进行研究,发现公司管理层会为了自身的利益而打造商业帝国,投资者对于管理层这种通过增加资本支出来构建商业帝国的行为反应不足,因此公司的资本支出和股票收益率呈负相关关系。根据资本支出对公司进行分组,买入资本支出少的公司股票,卖空资本支出多的公司股票,这样的投资策略在未来 5 年平均可以得到 1.936% 的年化超额收益。

李强等(2018)以沪深两市 2006—2014 年的 A 股上市公司为样本,探讨一般性资本支出与股票收益的关系,发现一般性资本支出和股票预期收益率呈负相关关系,并发现研发投资和股票预期收益率成正比。他们按一般性资本支出水平将公司分为低、中、高三组,买入一般性资本支出水平低的公司股票,卖空一般性资本支出水平高的公司股票,可以获得 0.27% 的月超额收益。

外部融资与股票收益

外部融资是公司生存和发展的重要活动之一,Bradshaw et al.(2006)关注外部融资活动对公司股票收益的影响。他们利用美国股票市场 30 年的数据进行研究,发现公司的整体股权融资、整体债务融资及整体外部融资均能预测股票收益率,其中整体外部融资活动的预测效果最好。利用公司的整体外部融资活动构建的投资策略,在未来一年能够获得 15.5% 的超额收益。

Chen et al.(2010)考察多个预测股票收益率的因子在同期中国股市和美国股市上的表现,发现整体股权融资和整体债务融资在美国股市上有预测作用,而在中国股市上则没有预测作用。他们认为外部融资在中国市场上无法预测股票收益率的原因有两个:其一,整体股权融资在中国公司之间的差异性和整体债务融资在中国公司之间的差异性均小于各自在美国公司之间的差异性;其二,相比于美国公司,中国公司股票价格的同步性问题更严重,中国公司股票价格内含太多的噪声,导致其无法收敛至公司基本面价值。

资产增长与股票收益

Cooper et al.(2008)利用美国股票市场 1968—2003 年的数据进行研究,

发现公司的总资产增长率是一个很强的预测股票横截面收益率的指标；在控制其他能够预测股票横截面收益率的变量后，总资产增长率在预测横截面股票收益率时依然有效。基于总资产增长率构建的市值加权（等权）投资策略，在未来一年能够获得13%（21%）的超额收益。

相比于美国成熟的资本市场，中国资本市场还处于新兴发展阶段，具有独特的所有权结构、市场结构和投资者结构，美国市场上存在的投资异象在中国市场上不一定存在。针对这一问题，Wang et al.（2015）利用中国股票市场1997—2011年的数据，研究投资活动与公司股票收益率的关系。参照 Cooper et al.（2008）的做法，Wang et al.（2015）用总资产增长率度量投资水平，发现投资水平与未来股票收益率呈负相关关系，并且基于投资水平构建的对冲策略可以获得0.8%的月超额收益，得出和 Cooper et al.（2008）一致的结论。此外，Wang et al.（2015）还发现，投资异象在高现金流量、低债务水平的国有上市公司中更加明显；并且，在形成投资策略的前三年，高投资水平公司的股票收益率高于低投资水平公司的股票收益率，而在形成投资策略的后三年里，高投资水平公司的股票收益率低于低投资水平公司的股票收益率。这些结果支持了投资者过度反应的假设。

5.4.2 "中国特色"研究

资本支出与股票收益

Titman et al.（2004）提出，异常资本支出增长率是度量资产增长的一种指标。国内关于资产增长异象的研究较多，而专注于资本支出与股票收益的研究较少，其中有代表性的是李强等（2018）及周铭山和叶建华（2012）。李强等（2018）从成长型期权的视角研究一般性资本支出与股票收益的关系，不仅发现一般性资本支出对股票收益有负向影响，还发现这种影响程度取决于公司所处生命周期阶段及其特征。在高技术企业子样本中，反映企业生命周期特征的融资约束会减弱一般性资本支出的负向影响；而在留存比率高的成熟企业中，一般性资本支出的负向影响得到加强。周铭山和叶建华（2012）以1998—2010年中国 A 股上市公司为样本，研究资本支出和公司规模对股票收益率的影响。他们发现，在控制规模的情况下，资本支出会显著降低公司预期收益率，并且在大规模公司中表现得最明显。

外部融资与股票收益

国外有很多文献研究美国资本市场上的外部融资异象,比如首次公开发行股票、增发新股、债务融资和银行借款等。但是,国内有关此方面的研究没有得出与美国资本市场上一致的结论,甚至有些研究得出相反的结论。

王美今和张松(2000)研究了新股发行后在未来两年里不同时期的表现。他们将两年时间划分为新股时期、次新股时期和普通股时期,发现在刚上市的一段时间,大多数股票的收益率显著低于市场指数,这说明市场对新上市股票过于乐观;而在上市后的第二年里(普通股时期),新股的股票收益率强于市场指数,这可能是因为上市公司募集的资金在一年后开始产生效益,发展势头强于市场上其他公司。

邓路等(2011)研究了中国A股上市公司定向增发的长期市场表现。他们采用买入—持有超额收益法和日历时间组合法,发现上市公司实施定向增发后两年内,股票收益总体上超过市场预期。这与从美国股市中得到的结果相反,表明中国资本市场上的投资者对上市公司定向增发公告信息反应不足。

毛小元等(2008)以中国A股所有配股公司为研究对象,考察配股后股票的长期收益。他们采用改进的Fama-French三因子模型度量公司的股票收益率,发现配股公司的长期股票收益率并不存在低效现象,并没有得到与美国公司完全一致的结果。这可能是由于美国公司中的配股样本集中于小规模公司和低账面市值比公司,而中国公司中的配股样本集中于大规模公司。

资产增长与股票收益

近年来,资产增长异象受到金融界的关注。学者们提出多种衡量资产增长的实证性指标,主要包括三类:第一类是总资产增长指标,包括总资产增长率、每股总资产增长率等;第二类是净经营性资产指标,包括净经营性资产增长率、长期净经营性资产增长率等;第三类是投资增长指标,包括异常投资增长率、累计投资增长率、投资性资产增长率等。在这些指标中,有的仅考察资产部分成分的增长,有的笼统地考察总资产的增长而没有剔除其中的噪声成分,这导致以往研究结论的适用性存在一定的局限性。基于此,张腊凤和刘维奇(2016)以1994—2012年A股市场非金融类上市公司为样本,实证分析各种资产增长率指标和股票收益率的关系。他们发现:净经营性资产增长率能够全面衡量上市公司的资产增长状况,可以充分反映资产增长效应,是衡量资产增长的代表性指标。依据净经营性资产增长率指标形成的套利组合获得的收益最高,即等权(市值加权)套利组合的年均收益率为11.99%(9.69%),而依据总资产增长率形成的等权(市值加权)套利组合的年均收益率只有10.78%(8.00%)。

关于资产增长异象的成因,现有文献分别从"Q理论"和"错误定价假说"两种角度给予解释。"Q理论"主要基于理性资产定价的视角,而"错误定价假说"主要侧重于市场的不完全性和投资者的非理性行为。Cooper et al. (2008)与Titman et al. (2004)以美国资本市场为背景,通过实证检验支持了"资产增长效应是市场错误定价的结果",即"错误定价假说"成立。但也有学者基于美国市场的经验证据同时支持了"Q理论"和"错误定价假说",基于国际市场的经验证据支持了"Q理论"。林祺(2016)基于2000—2012年沪深两市A股市上市公司数据,深入研究了中国资本市场上的资产增长异象。林祺(2016)在"Q理论"的基础上提出了"最优投资效应假说",并对比了"最优投资效应假说"和"错误定价假说"对中国资本市场上的资产增长异象的解释能力。其研究结果显示,在中国资本市场上存在明显的资产增长异象,这种异象在控制相关变量和其他资产增长变量后依然稳健;并且,实证结果支持"最优投资效应假说",即我国资本市场上的资产增长异象是投资者理性投资决策的结果,而不是投资者修正市场错误定价的套利行为缺失所导致的。

5.4.3 总结与展望

由于市场不是完全有效的,因而资本市场上存在各种异象。比如,Cooper et al. (2008)发现了资产增长异象,Bradshaw et al. (2006)发现了外部融资异象,Titman et al. (2004)发现了资本支出异象,这些异象的发现都来自针对美国资本市场的研究。在中国资本市场上,资产增长异象得到广泛证实,外部融资异象没有得到与美国市场一致的结果,而资本支出异象得到的关注较少。这可能是中国资本市场和美国资本市场存在较大差异所造成的。

在未来的学术研究和投资实践中,我们提出如下展望:

一方面,在研究中国资本市场异象时,要关注中国特有的背景,比如独特的所有权结构、市场结构和投资者结构等。美国资本市场上存在的异象在中国资本市场上不一定存在,甚至会得到相反的结果。同时,在构造预测股票收益的因子(如资产增长)时,投资者不能完全照搬来自其他国家资本市场的经验,要结合中国实际情况,找到最适合中国资本市场的度量指标。

另一方面,国外关于债务融资异象的研究较多,而国内相关方面的研究较少。然而,在中国资本市场上,债务融资是上市公司筹集资金的主要方式。因此,学术界和实务界应当较多地关注中国资本市场上的债务融资异象,挖掘中国资本市场上独特的债务融资因子。

参考文献

[1] 邓路,王化成,李思飞. 2011. 上市公司定向增发长期市场表现:过度乐观还是反应不足[J]. 中国软科学,6:167—177.

[2] 李强,纪佳君,曾勇. 2018. R&D 投资、一般性资本支出与股票收益:增长期权的视角[J]. 管理工程学报,32(1):196—203.

[3] 林祺. 2016. 资本市场效率与资产增长异象——最优投资效应假说 vs. 错误定价假说[J]. 经济学(季刊),15(2):767—796.

[4] 毛小元,陈梦根,杨云红. 2008. 配股对股票长期收益的影响:基于改进三因子模型的研究[J]. 金融研究,5:114—129.

[5] 王美今,张松. 2000. 中国新股弱势问题研究[J]. 经济研究,9:49—56.

[6] 张腊凤,刘维奇. 2016. 资产增长度量指标新论——经营性资产增长率指标的提出与实证分析[J]. 系统工程理论与实践,36(6):1382—1391.

[7] 周铭山,叶建华. 2012. 资本支出、公司规模与账面市值比效应——基于 A 股上市公司的研究[J]. 投资研究,31(6):118—132.

[8] Billett, M. T., M. J. Flannery, J. A. Garfinkel. 2001. The long-run performance of firms following loan announcements[Z], Working Paper, University of Iowa.

[9] Bradshaw, M. T., S. A. Richardson, R. G. Sloan. 2006. The relation between corporate financing activities, analysts' forecasts and stock returns[J]. Journal of Accounting and Economics, 42(1-2):53—85.

[10] Chen, X., K. A. Kim, T. Yao, T. Yu. 2010. On the predictability of Chinese stock returns[J]. Pacific-Basin Finance Journal, 18(4):403—425.

[11] Cooper, M. J., H. Gulen, M. J. Schill. 2008. Asset growth and the cross-section of stock returns[J]. The Journal of Finance, 63(4):1609—1651.

[12] Ikenberry, D. L., J. Lakonishok, T. Vermaelen. 1995. Market underreaction to open market share repurchases[J]. Journal of Financial Economics, 39(2):181—208.

[13] Jensen, M. C. 1986. Agency costs of free cash flow, corporate finance and takeover[J]. American Economic Review, 76(2):323—329.

[14] Loughran, T., J. R. Ritter. 1997. The operating performance of firms conducting seasoned equity offerings[J]. The Journal of Finance, 52:1823—1850.

[15] Ritter, J. R. 1991. The long-run performance of initial public offerings [J]. The Journal of Finance, 46(1): 3—27.

[16] Spiess, D. K., J. Affleck-Graves. 1999. The long-run performance of stock returns following debt offerings [J]. Journal of Financial Economics, 54: 45—73.

[17] Titman, S., K. J. Wei, F. Xie. 2004. Capital investments and stock returns [J]. Journal of Financial and Quantitative Analysis, 39(4): 677—700.

[18] Wang, Y., C. Liu, J. S. Lee, Y. Wang. 2015. The relation between asset growth and the cross-section of stock returns: evidence from the Chinese stock market [J]. Economic Modelling, 44: 59—67.

第6章
无形资产

6.1 研发支出的市场估值

> 标题:The Stock Market Valuation of Research and Development Expenditures
> 作者:Louis Chan, Josef Lakonishok, Theodore Sougiannis
> 来源:The Journal of Finance,2001,Vol.56,No.6
>
> **根据公司的研发密集度寻找"潜力股"**

6.1.1 概述

　　股票的市场价值最终反映了公司拥有的净资产的价值。如果公司的大部分资产是有形资产(如厂房和设备等),那么股票的市场价值可以较为清晰地反映公司的资产状况。然而,股票市场价值的很大一部分反映的是公司拥有的无形资产(如商标等),但很多无形资产并没有体现在财务报表中,因此与研发相关的会计信息的披露有限,这可能会对公司股票的估值产生影响。

　　随着科技的进步,市场上涌现出一大批高科技公司,这些公司热衷于研发活动,有形资产在总资产中的占比较小。市场对高科技公司未来价值的预期主要依靠所研发的新型技术,具有较强的不确定性;同时,根据美国通用会计原则(GAAP)研发支出的会计处理方式是直接费用化,使得投资者难以从资产负债表中直观地获取有关研发活动的信息。那么,投资者在评估高科技公司股票的市场价值时是否考虑了公司的研发信息?具体而言,开展研发活动的公司与未开展研发活动的公司在股票市场上的表现是否有差异?不同研发投入水平公司的股票收益是否有所不同？投资者如何根据公司的研发信息，识别出预期收益更高的"潜力股"？

本文基于1975—1995年纽交所、美交所和纳斯达克所有上市公司的数据，利用研发费用这一会计信息构建研发密集度指标，检验研发密集度与公司股票收益率的关系。本文发现，有研发投资公司和无研发投资公司的历史股票收益率并没有显著差异。然而，市场对于研发密集度较高但过去股票收益表现较差公司的预期过低，存在股票价格被低估的情况。这部分公司在未来具有更强的增长能力，买入这类公司股票能够获得平均6.12%的年超额收益。此外，本文还发现广告支出这类无形资产，也存在与研发投资相似的股票收益效应。

6.1.2 应用指南

研发活动具有较强的不确定性，有限的会计信息披露往往不能清楚地反映研发活动对公司价值的影响。根据美国通用会计准则，研发支出的会计处理方式是直接费用化，导致市盈率和账面市值比等指标与真实价值相背离，从而使得高科技公司股票似乎更"贵"一些。如果投资者仅仅根据传统财务指标进行投资决策，不考虑公司研发投入可能产生的长期价值，就会低估高科技公司的市场价值。与此相对应的是，在现实生活中，媒体的密集报道以及高新技术产业的营销努力，使得市场对科技的突破有着过高的预期。例如，一家生物科技公司宣布要研发一种新型抗癌药物，市场将给予过分激烈的正面反应。然而，巨额的研发投入并不一定带来盈利，投资者可能会高估公司价值。

因此，研发活动形成的研发资产等信息能否得到市场的正确评价，对公司的市场价值估计有着重大的意义。市场能否正确捕捉研发投入的价值？如果这部分信息没有被市场识别，那么其能否带来超额收益？

研发活动的重要性

研发活动逐渐成为公司中一项普遍的活动，它对公司会产生什么影响呢？本文发现，年研发费用与销售收入的比值由1975年的1.7%增长为1995年的3.75%。进一步的，本文根据近五年的研发费用估计出公司研发资产，具体为将本年至之前五年的研发费用分别赋予100%、80%、60%、40%、20%的权重，加权后进行加总，估计出研发资产指标。数据显示，研发资产呈现迅猛增长的趋势，1995年的研发资产占公司净资产账面价值的比例为29%。然而，研发资产并没有反映在公司财务报表中，直接将研发支出费用化会导致市盈率、账面市值比等传统的市场价值评估指标与真实价值相背离。如果投资者在进行投资决策时仅仅考虑这类传统指标,那么研发投入较大的公司价值被错误估计的可能性会非常大。因此,探讨股票市场价格是否正确反映公司研发资产具有重要意义。

利用研发活动信息构建投资组合

为了检验市场能否识别公司研发投入带来的预期收益,本文根据研发密集度这一指标构建投资策略。研发密集度指标有两种衡量方式,分别是当年研发费用与销售收入的比值、当年研发费用与公司市场价值的比值。每年4月,将股票按研发密集度排序,平均分成5组,构建等权多空组合投资策略。

本文以公司研发费用与市场价值的比值作为研发密集度的衡量指标,并据此构建投资组合。从表6.1 Panel B可以看出,买入研发密集度(研发费用/公司市场价值)最高组、卖空研发密集度(研发费用/公司市场价值)最低组,持有组合3年,平均可以获得7.83%(6.12%+1.71%)的年超额收益。在进行一系列的风险因子调整后,超额收益依然存在。相反,基于研发费用与销售收入的比值而构建的投资组合不产生超额收益。

表6.1 根据研发密集度构建的投资组合

	1(Low)	2	3	4	5(High)	Non-R&D
Panel A:投资组合建立前后的股票收益						
投资组合建立前五年的年均收益率	0.2924	0.2460	0.2095	0.1687	0.0989	0.2025
投资组合建立后第一年的收益率	0.1582	0.1782	0.1927	0.2135	0.2647	0.1987
投资组合建立后第二年的收益率	0.1401	0.1658	0.1869	0.2198	0.2534	0.1916
投资组合建立后第三年的收益率	0.1551	0.1677	0.1923	0.1975	0.2677	0.1947
投资组合建立后三年的年均收益率	0.1511	0.1706	0.1906	0.2103	0.2619	0.1950
Panel B:投资组合建立后的超额收益						
投资组合建立后第一年的收益率	−0.0177	−0.0040	0.0051	0.0161	0.0585	−0.0018
投资组合建立后第二年的收益率	−0.0220	−0.0023	0.0125	0.0353	0.0552	0.0036
投资组合建立后第三年的收益率	−0.0116	−0.0038	0.0140	0.0139	0.0699	0.0060
投资组合建立后三年的年均收益率	−0.0171	−0.0034	0.0105	0.0218	0.0612	0.0026

高研发密集度(研发费用/公司市场价值)的组合在未来可以获得超额收益,这反映出市场并没有对管理层通过研发活动传递出的信息做出充分的反应。有数据表明,研发密集度最高组公司过去的股票收益较差,其市盈率和净资产收益率最低。根据当时的会计准则,研发支出直接费用化,高额研发支出会进一步降低公司的利润。尽管历史收益较差,这类公司仍然投入高额的研发支出(占销售收入的11%),这反映了管理层看好公司未来前景的信心。然而,这类公司历史收益较差,市场对其未来收益的好转并不抱有期望。市场忽略了历史收益差但研发密集度高的信息,没有关注到管理层意图传递的信号,从而低估这类公司的价值。这类公司未来增长潜力更大,投资它们将获得超额收益,有关研发的信息最终在公司的预期收益中得到体现。

本文通过进一步的检验,发现历史收益较差的高研发密集度公司股票价格更容易被低估。首先,按研发密集度(研发费用/销售收入)水平高低将公司分为5组;其次,依据组合构建前三年平均收益率的中位数,将每组分成历史收益较好和历史收益较差两组;最后,计算这10组的超额收益率(超额收益率基于规模、账面市值比、过去三年收益率相同的可比公司计算)。数据分析结果显示,在研发密集度最高组中,历史收益较差的公司在策略构建后的收益更好,策略构建三年后,历史收益较差的组合的年均超额收益率为4.4%,历史收益较好的组合的年均超额收益率仅为0.1%(见表6.2)。

表6.2 研发密集度—历史收益组合的超额收益

Classification by		Excess Return in Year after Portfolio Formation			Average Excess Return over 3 Post-formation Years
R&D relative to Sales	Past 3-year Return	First Year	Second Year	Third Year	
1(Low)	1(Low)	0.0085	−0.0120	−0.0172	−0.0069
	2(High)	−0.0164	−0.0180	−0.0081	−0.0142
2	1	0.0282	0.0178	0.0028	−0.0069
	2	−0.0004	−0.0065	0.0029	−0.0014
3	1	0.0477	0.0173	0.0094	0.0248
	2	−0.0071	0.0172	0.0176	0.0092
4	1	0.0492	0.0357	0.0253	0.0368
	2	0.0177	0.0085	0.0106	0.0122
5(High)	1(Low)	0.0219	0.0482	0.0618	0.0440
	2(High)	−0.0150	0.0120	0.0062	0.0010

表 6.2 展示了三年内利用研发密集度构建交易策略的收益情况。第一列 (R&D relative to Sales) 将研发支出与销售收入的比值由低到高分为 5 组；第二列 (Past 3-year Return) 按前三年股票收益率将第一列分组进一步细分为低收益组和高收益组；Excess Return in Year 三列分别展示了构建交易策略后第 1—3 年的超额收益；最后一列 (Average Excess Return) 展示了构建交易策略后 3 年的年均超额收益。结果表明,那些过去股票表现不佳但研发投入较高公司的股价往往被低估。在控制了公司规模、账面市值比、历史收益后,过去股票表现不佳但位于最高研发投入组的公司可获得 4.4% 的年超额收益。

广告支出与股票收益

本文还检验了另一种无形资产——广告支出(广告投入/公司市场价值)与股票收益的关系。将股票按广告支出等分为 5 组,其中广告支出最高组在策略构建后三年平均可以获得 3.10% 的年超额收益。根据研发支出、广告支出等无形资产构建策略均能获得超额收益,说明这类无形资产也具有信息含量,但有限的会计信息披露使得市场未能充分理解它们对公司价值的影响。

6.1.3 投资笔记

投资逻辑

美国的通用会计准则要求研发支出当期完全费用化,因此公司研发活动形成的研发资产未能体现在财务报表中。高研发密集度公司的历史收益往往较差,如果投资者仅仅根据市盈率、账面市值比等传统指标对股票进行估值,不考虑研发资产这类无形资产的价值,将会错误估计公司的价值。本文提出的投资策略思路是,通过构造研发密集度指标,识别出研发密集度高但历史收益差的"潜力股",买入研发密集度最高组、卖空研发密集度最低组,持有组合 3 年,平均可获得 7.83% 的年超额收益。

核心指标

(1) 研发密集度=研发费用/销售收入
(2) 研发密集度=研发费用/公司市场价值

策略及表现

期间:1975—1995 年

市场：美国股票市场

选股策略：根据研发密集度（研发费用/公司市场价值）将股票等分为5组，买入研发密集度最高组、卖空研发密集度最低组，持有3年后调仓。据此构建的等权投资组合，平均可获得7.83%的年超额收益。

细节提示

（1）根据研发费用与销售收入的比值所构造的研发密集度构建投资组合，并不能获得超额收益；但根据研发费用与公司市场价值的比值所构造的研发密集度构建投资组合，可以识别出研发密集度高但历史收益差的公司，并从中获得超额收益。

（2）研发密集度与收益波动性存在相关关系。财务报表对研发支出（费用）信息的披露并不充分，使得投资者并不能清晰了解公司的研发活动，这将导致研发密集型公司的预期收益面临较大的不确定性，表现为股票波动性较大，实际投资中应予以重视。

（3）与本文所采用的美国会计准则相比，我国会计准则对研发活动会计处理的规定有所不同。我国将研发投入区分为费用化与资本化两个部分，因此本文提出的投资策略在我国资本市场上的效果有待检验。

6.2 被错估的创新

标题：Misvaluing Innovation
作者：Lauren Cohen, Karl Diether, Christopher Malloy
来源：*The Review of Financial Studies*，2013，Vol.26，No.3

借助以往研发经历，甄别出"好的研发投资"

6.2.1 概述

公司开展的投资、融资和运营等各项活动都会对公司价值产生影响。其中一些活动（例如维护性资本支出）具有前瞻性，易于评估其如何影响公司价值。有些活动也会对公司未来现金流量状况产生影响，但由于具有较强的不确定性，很难评估其最终如何影响公司价值。研发创新便是一种不确定性较高的活动。现实中，市场因不能准确预测创新结果而往往会错误地估计公司研发行为的价值。例如,资本市场上存在这样一种现象:两家公司的研发投入数额基本相同,但它们在未来的发展却截然不同。对于特定的活动,一些公司获得成功,另外一些公司则走向失败,这表明获得成功的公司在研发创新上具备特定的技能。这种技能具有一定的持续性,可以"迁移"至当前的活动。如果历史上研发成功的记录具有信息含量,那么市场能否借助公司以往的研发经历,识别出"好的研发投资"(即潜在的创新成功者)和"坏的研发投资"(即潜在的创新失败者),正确评估研发投资的价值,进而发现公司的真实价值。

本文发现市场在估计创新活动的价值时往往会忽视公司以往的研发经历,"以往研发产出效益好且投入高"公司的价值往往会被低估,从而不能准确地预测公司价值。本文基于1980—2009年美国公司的数据,发现根据公司过去研发成功的经历可以预测其未来研发成功的可能性,公司的创新能力是可预测的、可持续的、可计算的。本文根据以往研发经历和现有研发投资,识别"好的研发投资"公司和"坏的研发投资"公司,进而买入"好的研发投资"公司并卖空"坏的研发投资"公司,这样的多空投资策略在未来一年可以获得约11%的年超额收益;同时,根据以往研发情况能够预测公司未来专利申请、专利引用及产品创新的结果。

6.2.2　应用指南

随着科技的进步,研发创新对公司的生存发展越来越重要。然而,研发活动具有较高的不确定性,市场能够准确评估研发投入的价值吗?关于这个问题,学者进行了大量的研究,但没有形成一致的结论。有研究认为投资者高估研发活动,很多研发投资并没有给公司带来利润的流入,这些高研发投入公司的未来盈余往往比投资者预期的更低;同时,也有研究认为投资者并没有捕捉到研发投资的隐含信息,由此研发投入增加,公司的预期超额收益更高。可以看出,市场并不能准确评估研发创新的价值,未能预测公司的真实价值。

那么,研发创新这种具有极高不确定性的活动能否得到准确的评估进而对公司价值产生影响?本文基于公司以往研究经历这一新颖角度,识别出"好的研发投资"公司和"坏的研发投资"公司,突破了研发创新活动对公司价值的影响难以被预测的难题。

识别"好的研发投资"

现实中存在这样一些公司,虽然它们的研发支出相近,但在股票市场上的表现大相径庭。一些公司开展高投入的研发活动,并能够将研发支出转化为公司价值,具有较高的研发转化能力,被称为"好的研发投资"公司;反之,一些公司虽消耗较高的研发支出,但研发转化效率较低,本文称之为"坏的研发投资"公司。

本文根据研发转化能力和研发投入两个指标,对公司进行分组,识别出"好的研发投资"公司和"坏的研发投资"公司。研发转化能力表示公司将研发支出转化为公司价值的程度,可以通过分析公司以往研发经历得到。具体的衡量方式为:将销售收入增长率对滞后的研发支出(滞后1—5年)进行滚动回归,计算5个参数的平均值,作为研发转化能力的衡量指标。研发投入的衡量方式为销售收入标准化后的研发支出。按照研发转化能力指标进行五等分,将位于前20%的为高研发转化能力公司,位于后20%的为低研发转化能力公司;以研发投入的30%和70%分位数区分为高、中等、低研发投入三类公司。本文将高研发投入且高研发转化能力的公司定义为"好的研发投资"公司,将高研发投入但低研发转化能力的公司定义为"坏的研发投资"公司。

"好的研发投资"带来超额收益

公司过去的经历将会对其未来的活动产生影响。以往研发成功经历丰富的公司未来研发成功的概率更大,本文依据公司以往研发经历,识别出"好的研发投资"公司。然而,市场在评价公司的创新效率时往往会忽略其以往研发经历的信息,从而错估创新的价值。在现实中,"好的研发投资"公司未来在股票市场上将会有更好的表现,这部分信息的价值最终会在未来的股票收益中得到体现。因此,如果投资者利用以往研发经历的信息来构建投资组合,可以获得超额收益。

本文根据研发转化能力和研发投入两个指标构建投资组合:"好的研发投资"买入组和"坏的研发投资"卖空组。表6.3的结果显示,"好的研发投资"买入组的等权月超额收益率为1.35%、市值加权月超额收益率为1.22%。买入"好的研发投资"组、卖空"坏的研发投资"组可以获得0.73%的等权月超额收益、0.90%的市值加权月超额收益,经行业、公司特征、三因子模型及四因子模型调整后的结果依然显著。值得注意的是,"好的研发投资"买入组和"坏的研发投资"卖空组在诸如公司规模(Size)、账面市值比(B/M)、财务杠杆率、动量(Mom)、股价波动性、资产周转率和研发投入增长率方面的公司基本特征相似。

表 6.3 基于研发转化能力和研发投入的分组:组合的月超额收益

	Low Ability			High Ability			Spread
	R&D$_{low}$	R&D$_{mid}$	R&D$_{high}$	R&D$_{low}$	R&D$_{mid}$	R&D$_{high}$	
Panel A:等权投资组合							
超额收益							
Mean	0.81	0.75	0.62	0.80	0.83	1.35	0.73
t-stat	3.04	2.61	1.48	3.00	2.81	2.76	2.61
Size-B/M-Mom 调整收益							
Mean	−0.07	−0.04	−0.10	−0.03	0.08	0.79	0.89
t-stat	−0.86	−0.43	−0.50	−0.42	0.90	2.84	3.32
Size-B/M 调整收益							
Mean	0.02	0.08	−0.04	0.04	0.15	0.88	0.92
t-stat	0.27	0.94	−0.18	0.57	1.79	2.84	3.33
行业调整收益							
Mean	0.15	0.12	−0.03	0.18	0.22	0.81	0.84
t-stat	1.35	1.05	−0.16	1.58	2.17	2.97	3.03
三因子模型 Alpha							
α	0.04	0.02	−0.02	0.02	0.14	0.72	0.74
t-stat	0.38	0.21	−0.09	0.20	1.45	2.52	2.59
四因子模型 Alpha							
α	0.10	0.10	0.14	0.12	0.25	0.90	0.76
t-stat	0.88	0.90	0.75	1.18	2.51	3.11	2.59
Panel B:市值加权投资组合							
超额收益							
Mean	0.73	0.60	0.32	0.56	0.72	1.22	0.90
t-stat	2.79	2.18	0.81	2.18	2.25	2.61	2.30
Size-B/M-Mom 调整收益							
Mean	0.16	−0.05	−0.20	−0.06	0.21	0.72	0.92
t-stat	1.52	−0.40	−0.91	−0.63	1.67	2.30	2.64
Size-B/M 调整收益							
Mean	0.11	−0.02	−0.10	0.02	0.16	0.68	0.78
t-stat	0.84	−0.13	−0.41	0.16	1.06	1.99	2.10
行业调整收益							
Mean	0.16	0.01	−0.32	0.04	0.17	0.63	0.95
t-stat	1.43	0.07	−1.48	0.42	1.52	2.02	2.61

(续表)

	Low Ability			High Ability			Spread
	$R\&D_{low}$	$R\&D_{mid}$	$R\&D_{high}$	$R\&D_{low}$	$R\&D_{mid}$	$R\&D_{high}$	
三因子模型 Alpha							
α	0.19	−0.04	−0.16	−0.01	0.12	0.89	1.05
t-stat	1.36	−0.26	−0.62	−0.04	0.87	2.64	2.64
四因子模型 Alpha							
α	0.14	0.06	−0.15	0.01	0.19	0.78	0.93
t-stat	0.95	0.35	−0.56	0.09	1.33	2.27	2.30

注：Low Ability 表示低研发转化能力，High Ability 表示高研发转化能力；$R\&D_{low}$ 表示低研发投入组，$R\&D_{mid}$ 表示中等研发投入组，$R\&D_{high}$ 表示高研发投入组。

6.2.3 投资笔记

投资逻辑

公司以往的研发经历具有增量信息。当公司以往研发成功记录较多时，市场预计公司的创新效率更高，股票的预期收益率将更高。投资者可以分析公司以往的研发经历，识别出"好的研发投资"公司和"坏的研发投资"公司，买入"好的研发投资"公司股票、卖空"坏的研发投资"公司股票，形成多空组合投资策略，从中获取超额收益。

核心指标

"好的研发投资"公司是指高研发投入且高研发转化能力的公司，"坏的研发投资"公司是指高研发投入但低研发转化能力的公司。研发转化能力是将销售收入增长率对滞后的研发支出(滞后 1—5 年)进行滚动回归，计算 5 个参数的平均值得到。研发投入是指按销售收入标准化后的研发支出。将研发转化能力按五分位进行分组，位于前 20% 的为高研发转化能力，位于后 20% 的为低研发转化能力。按照研发投入的 30% 和 70% 分位数区分为高、中等、低研发投入三组，并通过研发投入和研发转化能力两个指标构建买入/卖空投资组合。

策略及表现

期间：1980—2009 年
市场：美国股票市场

选股策略:将股票按研发投入和研发转化能力分成3×3组,其中"好的研发投资"公司是指高研发投入且高研发转化能力的公司,"坏的研发投资"公司是指高研发投入但低研发转化能力的公司。每月底,买入"好的研发投资"组、卖空"坏的研发投资"组,持有1年后调仓。据此构建的等权投资组合,可以获得0.73%的月超额收益;据此构建的市值加权投资组合,可以获得0.90%的月超额收益。

细节展示

(1) 利用销售收入与滞后的研发支出的比值作为研发转化能力的替代性衡量指标,投资组合的超额收益依然存在。

(2) 在存在"创始人效应"的公司中,选股效果更佳,对应的投资组合可以获得更好的"好的投资组合"因子超额收益。

(3) 本文的选股策略在融资约束强的公司中表现更佳。

(4) "好的研发投资"买入组的公司具有历史收益差但高增长的特征。

6.3 创新效率与股票收益

标题:Innovative Efficiency and Stock Returns
作者:David Hirshleifer, Po-Hsuan Hsu, Dongmei Li
来源:Journal of Financial Economics,2013,Vol.107,No.3

创新效率:被忽略的价值增量信息

6.3.1 概述

现有研究发现,由于注意力有限,投资者在面对一些难以处理的信息时会反应不足。然而,这些难以处理的信息最终会逐渐被投资者消化吸收,并反映到股票价格中,这使得股票的未来收益具有可预测性。公司研发创新的信息便属于此类信息,具有处理难、分析难的特点。具体来说,公司的研发创新活动具有较高的不确定性,会受到企业战略及行业结构变化的影响。此外,投资者在评估研发创新的价值时,需要了解公司及其所处行业的经济基本面特征,并分析专利如何孵化为最终产品的过程。由于公司创新活动信息较难处理,投资者在投资决策时往往赋予其较低的权重或者完全忽略。基于此,产生了一个值得关注的问题:什么类型的创新具有信息含量,从而帮助投资者构建投资组合以获取超额收益?

本文基于1982—2007年纽交所、美交所和纳斯达克上市公司的数据,发现创新效率可以作为解释股票收益的重要因子。本文发现,创新效率高的公司拥有更高的同期市场估值以及更好的未来经营业绩、市场估值和股票收益。在经过Carhart四因子模型、以投资为基础的三因子模型的调整以及控制系统性定价错误因子(UMO)后,创新效率带来的超额收益依然存在。这表明创新效率因子具有增量信息,并且不能被现有因子解释。根据创新效率构建的投资组合,可以获得41个基点的月超额收益。

6.3.2 应用指南

关于公司创新是否具有股价预测能力,学者们对此展开了大量的研究。有研究从创新投入的角度发现,研发支出的资本化或费用化具有信息含量,研发资本的权益市值占比、研发密集度、研发支出增长率等指标可以预测股票未来收益。有研究从创新产出的角度分析,发现专利数量和专利被引用次数等指标与公司的经营业绩及市场估值存在较强的相关关系。与以往研究只关注创新的投入端或者产出端不同,本文综合考虑创新投入和创新产出的信息,从创新效率这一新的视角探寻创新活动与股票预期收益率的关系。然而,与现有因子相比,创新效率是否蕴含不同的信息含量?如果创新效率具有信息含量,那么这种信息含量在什么情景下为投资者带来更多的超额收益?为解决以上问题,本文开展了一系列检验。

创新效率的度量方式

创新效率的定义是什么?如何利用经验数据度量创新效率?本文认为创新效率是指公司将研发投资转化为专利及专利被引用的能力,并提供两个指标度量创新效率。创新效率的度量指标一(IE1)为专利授权数/研发资本。专利授权数是指公司在第t年被授权的专利数量;研发资本根据公司第$t-2$年至第$t-6$年共五年的研发费用加权加总得到,即分别赋予公司第$t-2$年至第$t-6$年的研发费用100%、80%、60%、40%和20%的权重,再进行加总。创新效率的度量指标二(IE2)为专利被引用次数/研发费用。专利被引用次数是指公司从第$t-1$年至第$t-5$年所有授权专利被引用次数的总和;研发费用是指

公司第 $t-3$ 年至第 $t-7$ 年研发费用的总和。值得注意的是,本文允许研发投入与专利产出存在两年的时间间隔,这是因为美国专利商标局受理一项专利申请平均需要花费两年的时间。本文提出的创新效率指标具有较强的实用性。其一,指标构建较为简单;其二,指标可涵盖市场内的大部分公司。创新效率指标涵盖的公司权益市场价值占整个美国市场的55%,因此利用该指标预测股票收益具有较强的经济意义。

创新效率与股票未来收益

创新效率能否预测股票未来收益?本文构建投资组合对此进行检验,具体的策略构建方法如下:首先,在第 t 年6月末,将样本中所有股票根据纽交所上市公司规模的中位数分为小规模公司组(S组)和大规模公司组(B组);同时,分别根据创新效率两个指标(IE1和IE2)的33%分位点和66%分位点将样本分为低创新效率(L)、中创新效率(M)、高创新效率(H)三组;最后,两两组合形成六个股票池。根据公司规模和创新效率,构建以下投资组合:买入高创新效率组合(SH和BH)、卖空低创新效率组合(SL和BL),持有1年后再调仓,经规模调整组合的超额收益定义为:

$$(S/H+B/H)/2-(S/L+B/L)/2$$

本文采用市值加权的组合方式,并计算经规模调整的月超额收益(超出国库券的平均收益),具体结果如表6.4所示。根据创新效率IE1构建的投资组合,高创新效率组和低创新效率组的月超额收益分别为90个基点和49个基点;根据创新效率IE2构建的投资组合,高创新效率组和低创新效率组的月超额收益分别为85个基点和59个基点。在经Carhart四因子模型、以投资为基础的三因子模型以及控制系统性定价错误因子后,这种超额收益依然存在。

表 6.4　创新效率策略的超额收益

超额收益率(%)	Carhart 四因子模型					以投资为基础的三因子模型			
创新效率	α(%)	MKT	SMB	HML	MOM	α(%)	MKT	INV	ROE
Panel A: 专利授权数/研发资本									
Low	0.49	−0.19	1.08	0.57	−0.14	−0.05	0.10	1.10	−0.13	−0.37
t	(1.48)	(−2.20)	(45.31)	(16.47)	(3.22)	(−1.70)	(0.74)	(31.74)	(−1.89)	(−6.74)
Middle	0.86	0.22	1.01	0.49	−0.18	−0.02	0.39	1.07	−0.00	−0.29
t	(2.78)	(2.48)	(43.89)	(10.42)	(−3.67)	(−0.61)	(2.40)	(30.98)	(−0.05)	(−3.80)
High	0.90	0.27	1.04	0.53	−0.21	−0.04	0.50	1.08	−0.04	−0.37
t	(2.79)	(3.08)	(41.96)	(10.79)	(−5.80)	(−1.35)	(3.08)	(31.25)	(−0.63)	(−5.22)

(续表)

超额收益率(%)	Carhart 四因子模型					以投资为基础的三因子模型			
创新效率	α(%)	MKT	SMB	HML	MOM	α(%)	MKT	INV	ROE
Panel B：专权被引用次数/研发费用									
Low 0.59	−0.09	1.05	0.55	−0.13	−0.03	0.17	1.08	−0.07	−0.33
t (1.86)	(−0.94)	(40.67)	(13.72)	(−2.94)	(−0.95)	(1.15)	(30.00)	(−1.04)	(−5.33)
Middle 0.81	0.14	1.01	0.44	−0.06	−0.03	0.25	1.05	0.08	−0.21
t (2.78)	(1.65)	(49.27)	(13.02)	(−1.44)	(−1.00)	(1.85)	(31.16)	(1.20)	(−3.60)
High 0.85	0.26	1.04	0.49	−0.26	−0.05	0.49	1.08	−0.11	−0.38
t (2.65)	(3.07)	(41.67)	(10.34)	(−7.23)	(−1.68)	(3.15)	(33.73)	(−1.69)	(−5.62)

创新效率因子效应的进一步分析

以上检验结果显示,创新效率是一个优秀的股票收益预测因子,据此构建的投资组合可以带来超额收益。那么,这种超额收益在什么情境下更为突出？本文进一步分析投资者注意力对创新效率因子效应的影响,用公司市值、分析师跟踪衡量投资者注意力,并分组进行收益预测效应的检验。根据公司市值的20%分位点和50%分位点将股票分为低市值、较低市值、高市值三组,根据分析师跟踪报告数量的中位数将股票分为高分析师跟踪组和低分析师跟踪组。结果发现,创新效率与股票收益的关系在投资者注意力不足（低市值、低分析师跟踪）的公司中更为明显。此外,估值不确定性会增加投资者的认知负担,从而减少投资者注意力。在公司规模小、周转率高、异质性波动大等估值不确定性高的公司中,创新效率因子的预测效应更为显著。

6.3.3 投资笔记

投资逻辑

创新活动具有较高的不确定性,而且公司创新活动信息处理起来较难,往往需要专业的理论知识和经验。同时,投资者的注意力有限,在进行投资决策时会对创新相关信息赋予较低的权重,导致此类信息不能及时地反映到股价中。本文发现创新效率这一极具信息含量的因子,据此构建的投资组合可以获得超额收益。

核心指标

创新效率的度量指标一(IE1)＝专利授权数/研发资本
创新效率的度量指标二(IE2)＝专利被引用次数/研发费用

策略及表现

期间:1982—2007 年

市场:美国股票市场

选股策略:根据创新效率的 33％分位点和 66％分位点,将股票分为低创新效率(L)、中创新效率(M)、高创新效率(H)三组。买入高创新效率组、卖空低创新效率组,据此构建的市值加权投资组合持有 1 年后调仓,可以获得 41 个基点的月超额收益。

细节展示

(1) 买入高创新效率组合比卖空低创新效率组合可获得更高的收益。

(2) 本文有关创新效率指标的构建,考虑了美国市场中专利申请与专利授予存在两年的时间间隔。因此,在中国市场使用本文提出的策略时,应当根据专利审批和授权情况进行调整。

(3) 创新效率因子效应在投资者注意力不足(表现为低市值、低分析师跟踪)的公司中更为明显,但这类公司的套利成本可能更高。

(4) 检验结果发现创新效率与公司经营业绩存在显著关系,说明创新活动能够对公司基本面产生影响,创新效率因子具有较强的股票收益预测效应,与传统因子相比具有显著的增量贡献。

6.4　基于研发和创新的投资策略:中国实践部分

随着科技的迅猛发展,研发创新逐渐成为国家发展的核心驱动力,也成为企业取得并保持长期竞争优势的重要源泉。基于此,企业的研发创新活动受到市场主体越来越多的关注。与此同时,企业研发数据的披露更加详细,加上专利信息(专利申请数、专利授权数和专利被引用次数)的可获得性,为企业评估创新能力提供了重要支持。然而,现有研究发现,现实中的市场并非完全有效。那么,投资者能够准确评估企业的创新能力吗? 相关文献通过构造研发转化能力、研发密集度、创新效率这三个指标反映企业研发创新能力,并构建多空投资组合,从中获取超额收益。值得注意的是,这些研究发现均是基于美国资本市场的数据。与美国相比,我国会计准则对企业研发活动信息披露的要求有所不同,我国企业创新发展所依赖的制度环境、金融发展水平、知识产权保护水平等也存在差异。那么,根据本章介绍的因子构建投资策略,在我国资本市场上能够获得超额收益吗?在我国新兴经济的背景下,关于企业研发创新,股票市场上是否存在新的增量信息因子?下面将结合我国的相关研究逐一解答。

6.4.1 中国相关研究

研发支出与股票收益

股票价格在一定程度上反映了企业的运营活动、竞争能力及其拥有的总资产。然而,研发活动作为一种不确定性较高的活动,其具体的安排、活动的开展及产生的影响往往难以充分地向外界披露。如果投资者未能识别研发投入信息,就会对股票收益产生误判。Chan et al.(2001)发现,美国会计准则要求将研发支出直接费用化,这会导致企业研发活动的信息含量未能被市场吸收,因此基于企业的研发密集度构建投资策略可以获得超额收益。与国外会计制度不同,我国2007年1月1日开始实施的会计准则将企业研发活动划分为研究阶段和开发阶段,开发阶段符合资本化条件的研发支出可以资本化。那么,在我国资本市场,研发支出还具有信息含量吗?

陈国进等(2017)利用我国2007—2016年A股上市公司的月度数据,发现企业研发投资强度可以促进股票收益增长。他们根据企业的研发投资强度(研发支出/营业收入)构建投资组合,具体方法如下:根据研发投资强度值的五分位将企业等分为5组,买入最高研发投资强度股票组合(80%—100%分位数),卖空最低研发投资强度股票组合(0—20%分位数),每年调仓1次。该投资策略可获得的年股票收益率超过1%,并且在使用资本资产定价模型和Fama-French五因子模型调整后,这种影响依然存在。进一步地,考虑到相同行业内企业的生产方式相似,陈国进等(2017)还针对高科技行业展开分析,发现根据该策略构建的高科技公司股票组合可以获得更高的股票收益。此外,刘柏和王馨竹(2019)根据我国2008—2016年上市公司数据,用研发支出与期初营业收入的比值衡量企业的研发投入,发现研发投入与超额收益存在显著的正向关系;而且,这种关系在行业竞争水平高、分工水平高的企业中更加显著。以上研究表明,在我国,研发支出或研发投入信息并没有完全被市场吸收,基于研发投资强度构建投资策略,可以获得超额收益。

以往研发经历与股票收益

企业可以从运营过程的历史成功经历获取"特殊技能",并将这种技能"迁移"到当前投资、融资及运营等活动中。据此,Cohen et al. (2013)发现根据以往研发经历,可以预测和评估研发创新这种不确定性较高的活动。他们分析企业过去的研发成功经历,并结合当前研发投资信息,找出"好的研发投资"公司和"坏的研发投资"公司。该研究发现,买入"好的研发投资"公司并卖空"坏的研发投资"公司,构建的多空组合投资策略,在未来1年可以获得大约11%的年超额收益。

在我国,创新活动能否得到准确的评估并反映到股价中?徐浩萍等(2017)以中国创业板公司为研究对象,分析历史业绩和技术创新对股价的影响。我国现阶段新股定价可分为三个阶段:初步询价阶段(形成发行价格区间)—累计询价阶段(形成最终发行价格)—上市交易阶段。此外,与成熟市场相比,我国资本市场中个人投资者占比较大,而个人投资者由于缺乏专业知识,对资本市场上信息的解读可能存在偏差。综上所述,我国资本市场对创新信息的评估与成熟资本市场有所不同。徐浩萍等(2017)发现,在新股定价的各个阶段,历史业绩——尤其是总资产收益率,是价值判断的重要考虑因素;衡量创新成果的专利数量仅在询价阶段被一级市场视作定价基础,并没有为二级市场投资者所考虑;衡量创新能力的研发投入对任何阶段的股票定价都没有显著影响。这与成熟市场上创新信息在成长型企业定价中起核心作用形成鲜明的反差,表明我国创业板市场在对新股进行定价时尚未将创新信息作为价值判断的考虑因素。

创新效率与股票收益

创新的相关信息在股票定价中是否具有信息含量?大量文献基于创新的投入端或产出端展开研究。Hirshleifer et al. (2013)融合了创新的投入端和产出端,发现基于创新效率构建投资组合可以获得超额收益。他们认为,由于投资者注意力有限,创新效率的信息含量尚未被投资者吸收并反映到股价中,可以作为股票收益的重要预测因子。

陈元志和朱瑞博(2018)基于2009—2015年中国大中型工业企业和高新技术企业的数据,对不同所有制企业的技术创新效率进行了比较研究。他们提出的创新投入变量有研发人员数、研发支出存量值、技术获取和技术改造投入存量值,创新产出变量有发明专利申请数和新产品销售值,采用Bootstrap-DEA方法计算得出企业的技术创新效率,发现国有高新技术企业的技术创新效率与其他所有制企业的技术创新效率的差异很大。这表明我国不同所有制企业的技术创新效率存在显著差异,研究者在分析创新效率的影响时应关注所有制的不同。

6.4.2 "中国特色"研究

研发支出与股票收益

为避免研发信息泄露,研发投入越高的企业向外界披露的研发创新信息可能越少,从而导致越高的信息不对称,市场对企业研发创新活动的了解也就越少。然而,我国创业板市场对企业研发信息披露的要求高于主板市场。监管机构规定,创业板上市公司应当及时披露企业的产品和技术的研发过程、研发成果以及各阶段研发的重大变化。结合创业板上市公司高增长、更容易受到投资者关注的特点,研发支出在创业板市场是否具有信息含量成为一个值得研究的问题。周铭山等(2017)基于2009—2014年创业板上市公司的数据,发现创业板公司的研发投入水平越高,投资者获得的超额收益越高;尤其在股市处于"牛市"或者企业资本化研发投入占比较高时,研发投入对超额收益的提升作用更显著。值得注意的是,企业的研发投入水平越高,管理层减持股份的可能性越大,此时企业研发信息的披露可能成为误导投资者关注的工具。

以往研发经历与股票收益

Cohen et al. (2013)发现,基于企业的以往研发经历可以找到"好的研发投资"公司,且持有这些公司的股票可以在未来获得超额收益。我国资本市场处于快速发展阶段,新型企业不断涌现,并购重组活动日趋频繁,研发创新成为企业发展所必需的重要且普遍的活动。在这样复杂的市场背景下,投资者能否识别企业的实际创新能力,让真正有创新和发展潜力的企业"浮出水面"?

张学勇和张叶青(2016)基于2003—2012年中国A股上市公司数据,发现创新能力对风险投资支持的IPO公司的市场表现具有重要的驱动作用。他们将公司分为没有接受风险投资的IPO公司组合、接受风险投资有专利的IPO公司组合、接受风险投资无专利的IPO公司组合,分别计算三个组合24、36、48和60个月的长期收益。结果显示,接受风险投资有专利的IPO公司组合的长期市场表现最好,其资本资产定价模型的Alpha值为1.03,高于另外两组。在构建等权和(流通股)市值加权的投资组合后,接受风险投资有专利的 IPO 公司组合的长期市场表现依然优于接受风险投资无专利的 IPO 公司组合。

张学勇等(2017)提出将创新能力与企业并购相结合,可以发现未来股票市场表现较好的公司。他们基于 1998—2015 年中国上市公司的数据,发现并购有专利的目标方可以为上市公司带来显著的短期累计超额收益和长期买入超额收益。具体结果为:通过并购有专利的目标方,上市公司在并购公告前后 10 个交易日内能获得 6% 的超额收益,自并购公告日起至并购事件发生后的 3 年间,可以获得 14.18% 的长期收益;经 Fama-French 三因子模型和 Carhart 四因子模型调整后,超额收益依然存在。

在我国新兴资本市场的发展背景下,张学勇等(2017)的研究表明,将创新能力与企业并购或者风险投资相结合,有助于发现未来收益市场表现较好的公司。

创新效率与股票收益

Hirshleifer et al. (2013)将专利的相关信息作为创新产出变量,发现创新效率是解释股票超额收益的重要因子,并从创新效率层面分析企业的创新活动。由于创新正逐渐成为企业取得好的经营业绩及保持竞争优势的重要途径,从研发投资转化效率层面分析企业的研发创新活动成为值得关注的问题。

程慧平等(2015)以 2001—2010 年中国 30 个省份为研究样本,分析各省份的研发创新效率和研发投资转化效率之间的联系。他们用发明专利申请数衡量创新效率,用新产品销售收入衡量研发投资转化效率。结果显示,我国企业年均研发创新效率为 0.532,但研发投资转化效率仅为 0.197,两者均表现出东部地区最优、中部地区次之、西部地区最差的特征,存在严重的地区发展不均衡状况。30 个省份的研发活动可区分为高创新高转化、高创新低转化、低创新高转化、低创新低转化四种特征。

6.4.3 总结与展望

由于研发创新是一种不确定性较高、需要长期投入的活动,研发创新信息的分析难度大,在财务报表中难以得到充分体现,往往难以被市场吸收和消化。本章的研究发现,开展研发创新活动的企业在研发投资转化能力、研发密集度及创新效率这几个方面存在不同。鉴于获取研发创新信息存在困难而投资者注意力有限,人们往往会忽略与研发创新活动相关的信息。基于研发转化能力指标和研发投入指标,可以找出"好的研发投资"公司和"坏的研发投资"公司;基于研发密集度指标,可以将股票分为"高研发密集度股票"和"低研发密集度股票";基于创新效率指标,可以将股票分为"高创新效率股票"和"低创新效率股票";分别据此构建多空投资组合,可以获得超额收益。

随着我国制造强国战略的推进,包括"新三板"市场在内的便捷融资体系的建立,我国企业的研发创新活动还会得到进一步的发展。结合我国的资本市场和社会发展状况,对我国有关创新的研究提出以下展望:

首先,我国资本市场具有个人投资者占比大的特点,这对投资者消化和吸收研发创新信息产生影响。个人投资者由于知识和精力有限,往往难以准确分析研发创新信息,并及时将研发创新信息反映到股票购买决策中。这将导致在我国资本市场上,研发创新信息与股价存在滞后关系,我国企业的研发创新相关信息值得进一步挖掘。

其次,随着科技迅速迭代以及信息化技术的推广应用,企业商业模式也发生了翻天覆地的变化;与此同时,创新的产出和投入方式也发生了改变。这为我们在未来的研究中寻找具有增量信息的创新动量因子提供了契机。例如,创新投入不再限于企业披露在报表中的资金投入,企业建立独立研究机构、寻求国际伙伴合作都可以构成与创新投入相关的信息。

最后,我国创业板市场对企业研发创新信息的披露要求更为严格,这为我们获取更多的研发创新信息提供了便利,也为我们挖掘有关创新的多维信息奠定了基础。

参考文献

[1] 陈国进,钟灵,首陈霄. 2017. 企业 R&D 投资与股票收益——理论建模与实证检验[J]. 经济学动态,7:88—99.

[2] 陈元志,朱瑞博. 2018. 不同所有制企业技术创新效率的比较研究——面向大中型工业企业和高新技术企业的实证分析[J]. 管理世界,34(8):188—189.

[3] 程慧平,万莉,黄炜,等. 2015. 中国省际 R&D 创新与转化效率实证研究[J]. 管理评论,27(4):29—37.

[4] 刘柏,王馨竹. 2019. 企业研发投资对超额收益的影响研究[J]. 科研管理,40(5):101—109.

[5] 徐浩萍,施海娜,金彧昉. 2017. 新股定价基础:历史业绩还是技术创新?基于中国创业板市场的研究[J]. 金融研究,4:191—206.

［6］张学勇,柳依依,罗丹,等. 2017.创新能力对上市公司并购业绩的影响[J].金融研究,3:159—175.

［7］张学勇,张叶青. 2016.风险投资、创新能力与公司IPO的市场表现[J].经济研究,51(10):112—125.

［8］周铭山,张倩倩,杨丹. 2017.创业板上市公司创新投入与市场表现:基于公司内外部的视角[J].经济研究,52(11):135—149.

［9］Chan, L. K. C., J. Lakonishok, T. Sougiannis. 2001. The stock market valuation of research and development expenditures[J]. The Journal of Finance, 56(6):2431—2456.

［10］Cohen, L., K. Diether, C. Malloy. 2013. Misvaluing innovation[J]. The Review of Financial Studies, 26(3):635—666.

［11］Hirshleifer, D., P. Hsu, D. Li. 2013. Innovative efficiency and stock returns[J]. Journal of Financial Economics, 107(3):632—654.

第7章
财务安全

7.1 波动性与横截面预期收益

标题：The Cross-Section of Volatility and Expected Returns
作者：Andrew Ang, Robert J. Hodrick, Yuhang Xing, Xiaoyan Zhang
来源：*The Journal of Finance*，2006，Vol.61，No.1

高特质波动率股票具有异常低的横截面预期收益

7.1.1 概述

市场波动与股票收益有着密不可分的关系，而且股票收益的波动性往往会随时间而变化。目前，大部分研究会通过时间序列分析探讨二者的相关性，而关于系统性波动对横截面股票收益的影响却很少受到关注。随时间变化的市场波动往往会通过改变对未来市场收益的预期或者风险与收益间的权衡，使投资机会发生变化。如果影响市场波动的是系统性风险因素，那么根据套利定价理论，系统性波动应该会被反映在股票横截面价格中。因此，对系统性波动敏感度不同股票的预期收益也应该不同。本文采用横截面的股票收益分析，验证系统性波动是一个已被定价的风险因子并对其进行定价，结果表明对系统性波动更敏感的股票在未来会有显著的负向收益。

本文还利用横截面数据，借助 Fama-French 三因子模型残差的标准差，检验特质波动率与预期收益之间的关系。特质波动率是指从股票总体波动率中剔除系统性风险之后,反映股票自身特质的那部分波动率,在资本资产定价模型中指非系统性风险。本文分析特质波动率数据,发现某月波动性特别高的股票在下月的平均收益率明显低于市场水平。本文采用1986年1月到2000年12月的美国证券市场交易数据,采用Fama-French三因子模型回归残差的标准差度量每只股票的特质波动率,每月将股票按特质波动程度排序,等分为5组后构建投资组合。结果显示,波动率最大投资组合在下月的平均收益率最低,与其他组合收益率的差异显著。根据以上观点,重仓持有高风险股票的投资组合非但得不到对特质风险的溢价补偿,其预期收益率反而低于市场均值。该现象是一个需要解释的悖论。

7.1.2 应用指南

从20世纪末开始,关于特质波动风险与股票收益关系的实证研究日益增多,但学者给出了不一致的结论。有学者在考虑市场摩擦及信息不对称等因素后,认为特质波动风险与股票收益正相关;也有学者认为二者不存在显著相关关系。然而,本文发现特质波动风险较高股票的收益较低。本文对上述观点差异的解释是,之前的研究并没有在单个公司层面上进行,并且没有直接按照特质波动风险指标将公司或者资产组合进行分组。由于并未直接计算按特质波动率高低划分的股票组合,其他研究者错失了揭示股票收益率和特质波动率之间的负相关关系的机会。此外,本文还发现所采用的方法具有较强的稳健性。在改变了公司规模、市净率、价格动量、流动性、分析师预测等参数后,特质波动风险与股票收益的负相关关系依旧一致且稳定,而且在牛市和熊市、衰退以及扩张、动荡和稳定等时期同样存在。本文得出了与前人研究不同的实证结果,同时也为投资者提供了新的投资策略。

如何度量特质波动率

本文以1986年1月到2000年12月的纽交所(NYSE)、美交所(AMEX)和纳斯达克(NASDAQ)的股票为样本,给出一般实证研究中特质波动率的估计方法。横截面特质波动率的估计以Fama-French三因子模型为基准,按月度估计特质波动率,在当月内对每只股票的日频数据进行Fama-French三因子回归。回归中的三因子分别为市场资产组合(MKT)、市值因子(SMB)及价值因子(HML),被解释变量为超额收益,将Fama-French三因子模型残差的标准差定义为公司特质波动率。

特质波动率与横截面预期收益

本文利用 Fama-French 三因子模型残差的标准差度量公司特质波动率,并根据滞后一期公司特质波动率从低到高对股票样本进行分组,形成五分位投资组合并持有 1 个月。按特质波动率排序的投资组合特征如表 7.1 所示。在控制了相关的公司特征之后,特质波动率最高组(组合 5)的平均收益率为 -0.02%,而特质波动率最低组(组合 1)的平均收益率为 1.04%,两个组别之间的平均收益率相差 -1.06%(组合 5—组合 1)。这表明,承受高特质波动风险并不能得到相应的高风险回报,公司特质波动与横截面收益呈负相关关系。进一步地,本文基于其他 23 个发达国家股票市场的数据也发现了这种负相关现象,在控制公司规模、市净率、价格动量、流动性效应、分析师预测和持有时长等参数后,这种现象依然存在。从表 7.1 中还可以看出,Fama-French 三因子模型(FF-3)无法为这些投资组合定价,因为 Fama-French 三因子模型下的月超额收益率在投资组合 5 和投资组合 1 之间的差异为 -1.31%,但 Fama-French 三因子假说认为投资组合 5 的风险调整后收益应该是最高的。这明显违背了传统的资产定价理论的核心思想——风险与收益相对应,因此学者将这种现象称为特质波动风险定价现象。与此同时,投资者可利用该现象形成相应的投资策略:买入特质波动率最低组的股票可获得的月均收益率为 1.04%,同时卖空特质波动率最高组的股票可获得的月均收益率为 -0.02%,两组股票在一个月内的收益率之差为 -1.06%。

表 7.1 特质波动率排序的投资组合

Rank	Mean	Std. Dev.	Mkt Share	Size	B/M	CAPM Alpha	FF-3 Alpha
1	1.04	3.83	53.5	4.86	0.85	0.11 (1.57)	0.04 (0.99)
2	1.16	4.74	27.4	4.72	0.80	0.11 (1.98)	0.09 (1.51)
3	1.20	5.85	11.9	4.07	0.82	0.04 (0.37)	0.08 (1.04)
4	0.87	7.13	5.2	3.42	0.87	-0.38 (-2.32)	-0.32 (-3.15)
5	-0.02	8.16	1.9	2.52	1.10	-1.27 (-5.09)	-1.27 (-7.68)
5-1	-1.06 (-3.10)					-1.38 (-4.56)	-1.31 (-7.00)

本文每个月根据 Fama-French 三因子模型中的总体波动率和非系统性波动率(特质波动率)构建市值加权五分位组合。在表 7.1 中,组合 1 至组合 5 是指波动性最低至最高的股票组合,均值(Mean)、标准差(Std. Dev.)和市场份额(Mkt Share)的数值为百分比形式,Size 表示组合中公司市值对数的均值,B/M 表示平均账面市值比,"5-1"是指组合 5 和组合 1 的月收益率差异,CAPM Alpha 和 FF-3 Alpha 分别表示资本资产定价模型和 Fama-French 三因子模型下的超额收益率。

7.1.3 投资笔记

投资逻辑

市场上很多人认为高风险往往伴随着高收益,而事实上,有些投资者重仓持有高风险股票的投资组合非但得不到对特质风险的补偿,其预期收益反而低于市场水平。按照本文的投资逻辑,高特质波动率股票伴随着异常低的横截面预期收益,买入低特质波动率的投资组合并卖空高特质波动率的投资组合可获得超额收益。

核心指标

特质波动率是指从股票总体波动率中剔除系统性风险之后,剩余的反映股票自身特质的波动率,用来衡量股票的非系统性风险。计算方法为:基于月内日频数据的 Fama-French 三因子模型残差的标准差。

策略及表现

期间:1986—2000 年

市场:美国股票市场

选股策略:具有特质波动性的股票平均收益较低。特质波动率最高的投资组合与特质波动率最低的投资组合的月均收益率存在 -1.06% 的显著差异。因此,买入低特质风险的资产并卖空高特质风险的资产可获得较高收益。具体来说,每月末将所有股票按特质波动率从低到高分为 5 组,次月买入特质波动率最低组的股票,卖空特质波动率最高组的股票。

细节提示

(1) 在不同公司规模、市净率、价格动量、流动性、分析师预测及持有时长下结论依旧一致且稳定。

(2) 平均每月仅使用 22 个日观测值,即可计算出下月的事后 VIX 指数。

(3) 超额收益集中在多头端,具有潜在的利用价值。

(4) 本文提出的投资策略的表现取决于整体市场情况。当市场整体波动变大时,两组股票的收益率差异将缩小。

7.2 寻找财务困境风险

标题:In Search of Distress Risk
作者:John Campbell, Jens Hilscher, Jan Szilagyi
来源:*The Journal of Finance*,2008,Vol.63,No.6

财务困境公司的股票往往会带来异常低的平均收益

7.2.1 概述

在有关资产定价的文献(Chan and Chen,1991;Fama and French,1996)中,财务困境概念被用于解释股票收益中的异常现象,认为陷入财务困境的公司很难继续偿还债务;并且,由于陷入财务困境公司的股票一般同涨同跌,风险难以相互抵消,投资者在购买这类公司的股票时通常会索取较高的风险溢价。因此,公司是否陷入财务困境可成为投资者的投资依据和选股标准。外部投资者关心的核心问题是:如何估计公司的财务困境发生概率,识别出陷入财务困境的公司,探讨陷入财务困境的公司是否会给投资者带来超额收益。

为了解决上述问题,本文利用美国股市 40 年的数据,构建财务困境预测模型。为全面反映公司无法偿还债务的情况,本文选取镶仓风险信息服务(KRIS)提供的每月破产概率/失败概率指标(失败公司包括破产公司、D类信用评级公司以及被退市的公司)作为被解释变量;在现有模型的基础上,加入新的解释变量以改进财务困境预测模型。充分考虑财务和市场等影响因素的新模型的预测精确度会高于原模型。本文使用模型所拟合的财务困境发生概率作为财务困境的度量指标,并根据该指标计算投资组合的风险及平均收益。结果与假设相反,高财务困境发生概率公司的平均收益更低而非更高,这表明股票市场对财务困境的定价并不正确。本文的发现是对传统观点下财务困境与股票收益关系的重大挑战。

7.2.2 应用指南

在风险预测指标中,虽然 Z-Score 模型和 O-Score 模型是开创性的,但如今已有更好的破产风险度量指标。与前人的模型相比,本文的模型具有更高的解释力度,预测更为精准。根据本文模型预测得出的财务困境发生概率选股,将有利于投资者做出更正确的投资决策。与传统观点下的高风险高收益相反,本文认为财务困境中的公司具有异常低的平均收益。原因主要有以下三点:异常低的平均收益可能与样本期内的特殊事件相关,非理性或不知情投资者的错误估值,理性投资者可能刻意持有低收益的股票。在传统模型中,经济结构是稳定的,不存在特殊事件,而且投资者都是理性且追求高回报的。与传统模型相比,本文模型更符合真实的资本市场环境,能够对财务困境风险与股票收益的关系做出更正确的判断。所以,本文结论与传统观点有所不同。

更具解释力度的财务困境预测模型

本文模型的主要数据来自镶仓风险信息服务提供的财务困境月度指标值,样本期间为 1963 年 1 月至 2003 年 12 月。参照 Shumway(2001)和 Chava and Jarrow(2004)所使用的模型(包含市场指标和会计指标),并改进财务困境指标以提高模型的预测精确度。具体来说,本文在原模型的基础上进行了改进,构建了两种 Logit 回归模型。模型一将资产收益率(NITA)、资产负债率(TLTA)、净资产相对标准普尔 500 指数的超额收益率(EXRET)、日股票收益率标准差(SIGMA)、企业相对规模(RSIZE)作为解释变量;模型二将滞后市场资产负债率(NIMTAAVG)、市场资产负债率(TLMTA)、滞后超额收益率(EXRETAVG)、日股票收益率标准差(SIGMA)、企业相对规模(RSIZE)、现金及短期资产占比(CASHMTA)、市值账面比(MB)、每股对数价格(PRICE)作为解释变量。改进模型二的解释力度要高于原模型一。在此基础上,本文使用新模型预测的财务困境发生概率作为财务困境的衡量标准,并计算投资组合的平均收益,结果显示陷入财务困境公司的平均收益很低。本文还发现当标准普尔 500 指数的波动率增加时,财务困境公司的股票收益率异常低,这表明财务困境公司对市场风险异常敏感。表 7.2 报告了预测变量与财务困境各项指标的回归结果。

表 7.2　预测变量与破产概率/失败概率指标的 Logit 回归

变量	Model 1			Model 2		
	Bankruptcy 1963—1998 年	Failure 1963—1998 年	Failure 1963—2003 年	Bankruptcy 1963—1998 年	Failure 1963—1998 年	Failure 1963—2003 年
NITA (资产收益率)	−14.05 (16.03)**	−13.79 17.06**	−12.78 (21.26)**			
NIMTAAVG (市场资产收益率)				−32.52 (17.65)**	−32.46 (19.01)**	−29.67 (23.37)**
TLTA (资产负债率)	5.38 (25.91)**	4.62 (26.28)**	3.74 (32.32)**			
TLMTA (市场资产负债率)				4.32 (22.82)**	3.87 (23.39)**	3.36 (27.80)**
EXRET (相对于标准普尔 500 指数的超额收益率)	−3.30 (12.12)**	−2.90 (11.81)**	−2.32 (13.57)**			
EXRETAVG (滞后超额收益率)				−9.51 (12.05)**	−8.82 (12.08)**	−7.35 (14.03)**
SIGMA (日股票收益率标准差)	2.15 (16.40)**	2.28 (18.34)**	2.76 (26.63)**	0.920 (6.66)**	1.15 (8.79)**	1.48 (13.54)**
RSIZE (企业相对规模)	−0.188 (5.56)**	−0.253 (7.60)**	−0.374 (13.26)**	0.246 (6.18)**	0.169 (4.32)**	0.082 (2.62)**
CASHMTA (现金及短期资产占比)				−4.89 (7.96)**	−3.22 (6.59)**	−2.40 (8.64)**
MB (市值面值比)				0.099 (6.72)**	0.095 (6.76)**	0.054 (4.87)**
PRICE (每股对数价格)				−0.882 (10.39)**	−0.807 (10.09)**	−0.937 (14.77)**
Constant	−15.21 (39.45)**	−15.41 (40.87)**	−16.58 (50.92)**	−7.65 (13.66)**	−8.45 (15.63)**	−9.08 (20.84)**
Observations	1 282 853	1 302 564	1 695 036	1 282 853	1 302 564	1 695 036
Failures	797	911	1 614	797	911	1 614
Pseudo-R^2	0.260	0.258	0.270	0.299	0.296	0.312

注：*、**、*** 分别表示 10%、5% 和 1% 的显著性水平。

在表 7.2 中，Model 1 是指 Shumway（2001）和 Chava and Jarrow（2004）提出的含 5 个标准变量（资产收益率、资产负债率、相对于标准普尔 500 指数的超额收益率、日股票收益率标准差、企业相对规模）的模型。被解释变量分别为 1963—1998 年的破产指标（Bankruptcy）、1963—1998 年及 1963—2003 年的失败指标（Failure）。① Model 2 是指改进 Shumway（2001）模型后的回归结果。首先，修正传统的会计指标，对于资产收益率和资产负债率中的资产，用市场价值代替原有的账面价值。修正后的指标对公司未来前景的信息更加敏感，因为权益价值是利用市场数据而非会计数据计算的。其次，添加关于盈利能力和超额收益的滞后项，并加入现金及短期资产与总资产的市场价值之比，以确定公司的流动性状况。最后，加入市值面值比，控制市场和会计账面的相对价值。

表 7.2 的回归结果显示，Model 2 中新加入的变量全部显著且方向与预期一致，且加入新变量对 Shumway（2001）原模型已包含变量的系数影响不大。我们还可以明显看出，Model 2 的解释力度强于 Shumway（2001）的模型。在预测 1963—1998 年财务困境发生概率时，Model 2 的拟合优度从 0.26 上升到 0.299；在预测 1963—2003 年财务困境发生概率时，Model 2 的拟合优度从 0.27 上升到 0.312。以上结果显示，改正后模型的预测精确度得到显著提升。

陷入财务困境公司的股票会带来异常低的平均收益

在构建财务困境预测模型后，本文将注意力转向财务困境对股票收益的影响。本文根据股票失败概率构建投资组合，进而衡量财务困境风险的溢价。由于本文是关于财务困境公司的股票收益的研究，出于财务原因退市而从数据库中消失的股票更有研究价值。本文按照失败概率的分位数将资产分成 10 组。例如，0 到五分位数对应表 7.3 中的 0005 组，99 到 100 分位数对应 9900 组。在这种投资组合中，我们更加关注所分配的尾部，因为尾部产生的溢价可能更高。此外，本文还构建多头—空头投资组合，买入财务困境风险最低 10% 或 20% 的股票，卖空财务困境风险最高 10% 或 20% 的股票。

---

① 镰仓风险信息服务中破产指标的样本期间为 1963—1998 年，失败指标的样本期间为 1963—2003 年。

表 7.3 按风险排序的投资组合收益

组合	0005	0510	1020	2040	4060	6080	8090	9095	9599	9900	LS1090	LS2080
Panel A: 投资组合的 Alpha												
Mean excess return	3.30	1.48	0.97	0.93	0.58	−0.23	−4.41	−7.97	−6.80	−16.14	9.66	6.30
	(1.35)	(0.62)	(0.80)	(1.04)	(0.39)	(−0.10)	(−1.25)	(−1.70)	(−1.27)	(−1.96)*	(1.76)	(1.41)
CAPM Alpha	2.70	1.22	1.16	1.51	0.55	−1.64	−6.64	−10.86	−9.54	−18.56	12.05	8.58
	(1.10)	(0.50)	(0.95)	(1.74)	(0.37)	(−0.72)	(−1.95)	(−2.38)*	(−1.80)*	(−2.25)*	(2.21)*	(1.95)
3-factor Alpha	5.91	4.76	2.56	0.90	−1.91	−5.79	−12.63	−18.03	−16.30	−24.15	22.65	17.27
	(2.89)**	(2.27)*	(2.24)*	(1.16)	(−1.51)	(−3.21)**	(−4.60)**	(−5.71)**	(−3.99)**	(−3.33)**	(6.04)**	(5.34)**
4-factor Alpha	2.51	2.52	1.48	2.06	0.95	−1.17	−5.74	−9.81	−8.40	−20.24	12.07	8.10
	(1.19)	(1.14)	(1.23)	(2.56)*	(0.76)	(−0.67)	(−2.14)*	(−3.20)**	(−2.02)*	(−2.62)**	(3.37)**	(2.63)**
Panel B: 三因子回归系数												
RM	−0.094	−0.121	−0.064	−0.032	0.100	0.337	0.478	0.475	0.422	0.255	−0.565	−0.559
	(−2.39)*	(−2.98)**	(−2.92)**	(−2.11)*	(4.111)**	(9.68)**	(9.02)**	(7.78)**	(5.34)**	(1.82)	(−7.80)**	(−8.95)**
HML	−0.507	−0.532	−0.194	0.106	0.361	0.600	0.841	0.915	0.842	0.615	−1.435	−1.215
	(−9.79)**	(−10.03)**	(−6.73)**	(5.43)**	(11.34)**	(13.15)**	(12.11)**	(11.45)**	(8.15)**	(3.35)**	(−15.13)**	(−14.85)**
SMB	0.170	−0.034	−0.154	−0.115	0.099	0.252	0.579	1.464	1.551	1.981	−1.462	−0.871
	(2.95)**	(−0.58)	(−4.80)**	(−5.29)**	(2.79)**	(4.97)**	(7.50)**	(16.48)**	(13.50)**	(9.71)**	(−13.85)**	(−9.57)**
Panel C: 投资组合的特征												
Portfolio SD	0.117	0.115	0.058	0.043	0.071	0.112	0.168	0.225	0.257	0.395	0.264	0.214
Portfolio skewness	1.166	0.413	0.169	−0.470	−0.299	−0.455	0.981	1.760	2.401	1.848		
Individual SD	0.352	0.343	0.298	0.283	0.302	0.369	0.507	0.683	0.778	0.943		
Individual skewness	0.674	0.723	0.553	0.923	1.030	0.839	1.553	3.752	1.753	2.495		
Mean RSIZE	−7.677	−7.398	−7.172	−7.134	−7.341	−7.779	−8.733	−9.992	−10.600	−11.283		
Mean MB	2.639	3.148	2.962	2.522	2.126	2.000	2.246	2.602	3.097	3.752		
Mean $\hat{P}$	0.011	0.014	0.018	0.024	0.036	0.057	0.109	0.192	0.340	0.803		

注:*、**、***分别表示10%、5%和1%的显著性水平。

根据所预测的 12 个月失败概率对所有股票进行排序,并将它们分成 10 个投资组合,样本期为 1981—2003 年。表 7.3 Panel A 展示了投资组合的月超额收益(Alpha 值);Panel B 展示了三因子模型中三个因子的回归系数和相应的 t 值;Panel C 报告了投资组合收益的特征,包括年化标准差和偏斜度、平均相对规模(RSIZE)、市值面值比(MB)和每个投资组合的财务困境发生概率($\hat{P}$)。

表 7.3 显示,随着财务困境风险的增加,平均超额收益显著单调下降,风险最低 5% 的股票年均超额收益率为 3.3%,风险最高 1% 的股票年均超额收益率为 −16.14%;买入风险最低 10% 分位数股票并卖空风险最高 10% 分位数股票的投资组合每年平均可获得的收益率为 9.66%,买入风险最低 20% 分位数股票并卖空风险最高 20% 分位数股票的投资组合平均每年可获得的收益率为 6.3%。

表 7.3 Panel C 报告了投资组合的特征。我们可以看到,财务困境风险在整个投资组合中分布广泛。最安全 5% 股票的财务困境发生概率为 1.1%,而最危险 1% 股票的财务困境发生概率为 80.3%。此外,高风险股票的波动性很大,最危险 5% 股票的平均标准差为 77.8%,而最危险 1% 股票的平均标准差为 94.3%。本文认为,这种波动性在投资组合层面并未完全分散。

7.2.3　投资笔记

投资逻辑

本文认为当投资组合的财务困境发生概率较大时,该组合有着较低的投资收益、较大的波动性以及较高的市场风险。因此,投资者买入风险最低股票并卖空风险最高股票的投资组合可以获得较高的收益。

核心指标

破产概率指标:以 1963 年 1 月到 1998 年 12 月的破产指标作为被解释变量,在企业层面选择解释变量得到回归参数,由此构建预测模型。

失败概率指标:以 1963 年 1 月到 2003 年 12 月的失败指标作为被解释变量,在企业层面选择解释变量得到回归参数,由此构建预测模型。

企业层面的特征变量:市场资产负债率、市场资产收益率、滞后超额收益率、日股票收益率标准差、企业相对规模、现金及短期资产占比、市值面值比、每股对数价格等。

策略及表现

期间:破产指标为 1963 年 1 月至 1998 年 12 月,失败指标为 1963 年 1 月至 2003 年 12 月

市场:美国股票市场

选股策略:买入财务困境发生概率最低 10% 分位数股票并卖空财务困境发生概率最高 10% 分位数股票,这一投资组合的年均收益率为 9.66%;买入财务困境发生概率最低 20% 分位数股票并卖空财务困境发生概率最高 20% 分位数股票,这一投资组合的年均收益率为 6.3%。

细节提示

(1) 在计算资产负债率和资产收益率时,资产使用的是市场价值而非账面价值。

(2) 小规模股票的收益率更低,因为小公司更容易陷入财务困境。

(3) 未来预测期越长,市值相对变得越重要。

(4) 从长远来看,波动性和市值面值比变得更加重要。

7.3 构建反向 Beta 套利策略

标题:Betting Against Beta
作者:Andrea Frazzini, Lasse Heje Pedersen
来源:*Journal of Financial Economics*,2014,Vol.111,No.1

买入低 Beta 资产同时卖空高 Beta 资产,投资者可以获得丰厚的超额收益

7.3.1 概述

资本资产定价模型的一个基本假设是:在构建投资组合时,投资者会追求单位风险收益最大化,同时会根据自身的风险偏好加杠杆或去杠杆。然而,很多投资者(如个人、养老基金及共同基金等)在使用杠杆时会受到限制,这类投资者不加杠杆而是过度持有高风险资产。例如,市场上有一种杠杆基金 ETF,具有低投资门槛、高风险的特征,适合有融资困难的投资者。本文认为,杠杆 ETF 的存在证明了很多投资者不会直接使用杠杆。这种追求高风险资产的

行为意味着,相比于低 Beta 风险资产,高 Beta 风险资产所要求的风险调整收益更低。我们不禁产生疑问,对于没有融资困难的投资者而言,如何利用这一现象(即如何进行反向 Beta 套利)获取超额收益?在其他国家和不同资产类别中,反向 Beta 套利策略也能获得超额收益吗?超额收益随时间和横截面的不同会如何变化?谁会进行反向 Beta 套利?本文将建立一个包含融资约束的动态模型,并提供来自 20 个国际股票市场、国债市场、信贷市场和期货市场的实证结果来说明这些问题。

本文利用美国股市八十余年的数据进行研究,发现买入低风险资产的同时卖空高风险资产,并调整杠杆使投资组合达到风险中性,即可获得显著的超额收益。本文基于大样本数据,发现国际市场的股票样本也有类似的结果。我们可以看到,在按风险排序的投资组合中,Alpha[①] 下降的现象普遍存在,而且融资约束较高的投资者会比融资约束较低的投资者持有更高风险的股票。具体来说,对于可能存在融资困难的投资基金和个人投资者,其股票投资组合平均 Beta 值大于 1;在市场的另一端,杠杆收购(LBO)基金在使用杠杆的同时会收购平均 Beta 值小于 1 的公司。

7.3.2 应用指南

现实中的很多情况下,投资者不能随时获得融资,无法自由使用杠杆。市场上的一些个人投资者或者基金经理,希望获得高收益,但手头资金有限,便有可能选择一些高风险资产。因此,高风险资产往往伴随着低风险调整收益,包括美国在内的全球 20 个股票市场、国债市场、信贷市场、期货市场均存在此现象。本文提出,利用 Beta 套利因子,即买入有杠杆的低 Beta 资产同时卖空高 Beta 资产,可以产生显著为正的风险调整收益。而当投资者面临较高的资金约束时,Beta 套利因子的收益会下降。如果资金流动风险增大,就会导致 Beta 值趋向于 1,表明股票的收益和风险与大盘指数的收益和风险趋于一致。

风险和预期收益的关系这一金融经济学的核心问题一直备受关注,本文对此提供了新观点。标准的资本资产定价模型不能解释股票横截面收益,本文补充了现有文献,提出了一个包含杠杆和保证金约束的简单动态模型,并针对主要资本市场的证券进行了检验。

---

① 绝对收益和按照 Beta 系数计算的预期风险收益的差额。

构建反向 Beta 套利因子

Beta 是一种风险指数,用来衡量个股或股票基金相对于整个股市的价格波动情况。当某项资产的价格波动与整个市场波动一致时,该项资产的 Beta 等于 1。Beta 等于股票波动率除以市场波动率乘以相关系数。Beta 值越高,意味着股票相对于业绩评价基准的波动性越大;反之亦然。本文根据市场超额收益的滚动回归结果估计排序前的 Beta。本文指出,Beta 的计算应尽量使用日频数据,而不是月频数据,因为协方差估计的准确性会随着样本频率的提高而提高。在计算核心指标 Beta 时,首先,使用一年滚动标准偏差的波动率和五年的相关性,因为相关性比波动性移动得更慢;其次,使用日收益率的对数估计波动率,并使用三天的日收益率对数之和控制相关性,达到控制非同步交易的目的;最后,为减少异常值的影响,用 Beta 的时间序列估计值减去横截面均值。

利用计算出的 Beta 值,买入低 Beta 股票、卖空高 Beta 股票,构建反向 Beta 套利投资组合。为了构造反向 Beta 套利策略,资产类别中的所有证券都要根据所估计的 Beta 值升序排列。排序后的股票根据中位数分为两个投资组合:低 Beta 投资组合和高 Beta 投资组合。低 Beta 投资组合由 Beta 值小于资产类别 Beta 值中位数的所有股票组成,高 Beta 投资组合由 Beta 值大于资产类别 Beta 值中位数的所有股票组成。在每个投资组合中,股票均按 Beta 的排序进行加权平均,也就是低 Beta 股票在低 Beta 投资组合中的权重较大,高 Beta 股票在高 Beta 投资组合中的权重较大,每个月重新进行组合。

投资组合预测的检验

本文认为受融资约束越强的投资者将持有 Beta 越高的证券。表 7.4 的数据表明,共同基金和个人投资者持有高 Beta 股票,而 LBO 公司和伯克希尔-哈撒韦公司持有低 Beta 股票,这证明了上述观点。由于融资约束很难被直接观察到,本文尝试确定可能受融资约束和不受融资约束的投资者群体。第一类可能面临融资约束的投资者是共同基金,因为美国 1940 年的《投资公司法》禁止许多共同基金使用杠杆,第二类可能面临融资约束的投资者是个人投资者。与此相对的是不受融资约束的投资者。

表 7.4 投资组合的检验结果

投资者,方法	样本期间	组合构建时的 Beta		已实现的 Beta	
		Beta	t-statistics (H_0:Beta=1)	Beta	t-statistics (H_0:Beta=1)
Panel A: 有融资约束的投资者					
共同基金,市值加权	1980—2012 年	**1.08**	2.16	**1.08**	6.44
共同基金,等权	1980—2012 年	1.06	1.84	**1.12**	3.29
个人投资者,市值加权	1991—1996 年	**1.25**	8.16	**1.09**	3.70
个人投资者,等权	1991—1996 年	**1.25**	7.22	**1.08**	2.13
Panel B: 使用杠杆的投资者					
私募股权(所有)	1963—2012 年	0.96	−1.50		
私募股权(所有),等权	1963—2012 年	**0.94**	−2.30		
私募股权(LBO,MBO),市值加权	1963—2012 年	**0.83**	−3.15		
私募股权(LBO,MBO),等权	1963—2012 年	**0.82**	−3.47		
伯克希尔-哈撒韦,市值加权	1980—2012 年	**0.91**	−2.42	**0.77**	−3.65
伯克希尔-哈撒韦,等权	1980—2012 年	**0.90**	−3.81	**0.83**	−2.44

表 7.4 报告了投资组合的检验结果,估算了各类投资者在组合构建时的 Beta 平均估计值及已建立投资组合的 Beta 值,先汇总每类投资者的所有持股量,然后计算组合构建时的 Beta 值,最后取时间序列平均值。为了计算已建立投资组合的 Beta 值,我们假设权重在各报告期内保持不变,计算与持股量类似投资组合的月收益率。Panel A 中,市值加权下的共同基金 Beta 等于 1.08,等权下的共同基金 Beta 等于 1.06;市值加权下的个人投资者 Beta 等于 1.25,等权下的个人投资者 Beta 等于 1.25。显示的证据与以下假设一致:有融资约束的投资者通过提高 Beta 来获取收益,共同基金和个人投资者偏好持有 Beta 大于 1 的股票。虽然本文得出与 Karceski(2002)一致的结论,但样本量要大得多,包括 30 年的所有基金,因此更具说服力。对于散户投资者,表 7.4 也提供了类似的证据,即散户投资者持有股票的 Beta 明显大于 1。对于数据库中的每一只目标股票,本文关注最初公布日期之前的月末 Beta 值。Panel B 报告了私募股权样本的检验结果,可以看出 Beta 均小于 1,支持本文的假设,即执行杠杆收购的投资者倾向于收购 Beta 较低的公司。为了计算组合构建时的 Beta 值,本文汇总共同基金(个人投资者)样本中的所有季度(按

月)持股量。为了计算已建立组合的 Beta 值,本文假设报告日期之间持仓权重不变,并根据所持有股票的价值计算加权收益率。

7.3.3 投资笔记

投资逻辑

受融资约束的投资者会竞标高风险资产,由此高风险与低收益相关联,做多低 Beta 股票并做空高 Beta 股票构建反向 Beta 套利策略,可以获得可观的风险调整收益。

核心指标

Beta＝股票波动率/市场波动率×相关系数

策略及表现

期间:1926 年 1 月至 2012 年 3 月
市场:美国股票市场
期间:1989 年 1 月至 2012 年 3 月
市场:国际股票市场

选股策略:买入低风险资产,杠杆化为 Beta＝1;卖空高风险资产,去杠杆化为 Beta＝1。对于美国国债而言,Beta 因子策略是买入低风险(即短期)资产同时卖空高风险(即长期)资产,调整杠杆率使投资组合达到市场中性,可获得显著的超额收益,夏普比率为 0.81。

细节提示

(1) Beta 的计算应尽量使用日频数据,而不是月频数据,因为协方差估计的准确性会随着样本频率的提高而提高。

(2) 信贷市场也有类似的结论:高评级公司债券的杠杆组合表现优于低评级公司债券的杠杆组合;同样,根据到期日的公司债券指数使用反向 Beta 套利因子,可获得高风险调整后的超额收益。

(3) 根据规模、市值、动量(上下浮动)和流动性风险(如果有)考虑市场因素及其收益。

7.4 基于财务安全的投资策略：中国实践部分

本章以公司财务安全为主线，分别探讨了收益波动性、财务困境风险及投资组合 Beta 与可预测股票收益的关系。前述研究都是基于美国证券市场数据开展的，而中国投资者关心的问题是：中国股票市场也存在类似的现象吗？基于以上理论构建的投资策略，在中国股票市场上也能获得超额收益吗？下面我们将对基于中国市场的研究进行梳理。

7.4.1 中国相关研究

收益波动性与股票收益

众所周知，股票收益波动性会随着时间而变化。尽管已有大量研究检验了市场波动与股票预期收益之间的时间序列关系，但系统性波动如何影响股票横截面预期收益受到的关注较少。Ang et al.（2006）采用横截面的股票收益数据，验证系统性波动是一个已被定价的风险因子，并给系统总体波动定价。研究结果显示，对系统性波动更敏感的股票未来将产生显著的负收益；他们还利用横截面数据，借助 Fama-French 三因子模型残差的标准差，检验特质波动率与预期收益率的关系。特质波动率是指从股票总体波动率中剔除系统性风险之后，剩余的反映股票自身特质的那部分波动率，在资本资产定价模型中指非系统性风险。Ang et al.（2006）分析特质波动率的数据，发现当月波动率特别高的股票，下月的平均收益率明显低于市场水平。

郑振龙和汤文玉（2011）以 1997 年 2 月至 2009 年 6 月中国 A 股股票为研究对象，考察股票市场波动风险及风险价格的特征。其研究表明，波动风险价格显著为负，且不受模型设定的影响。研究我国股票市场波动风险和风险价格有着重要的理论和实际意义。资产风险包括哪些？哪些经济变量决定风险价格？这一直是金融学最基础的两个问题。传统的资产定价理论仅考虑市场收益风险，多年来，研究者致力于寻找新的风险来源和风险报酬，期望能扩展资产定价理论。考察市场上是否存在波动风险，以及波动风险是否被定价，这将为资产定价理论研究提供重要的拓展空间和补充证据。

财务困境风险与股票收益

Campbell et al.(2008)利用美国股市近四十年的数据,在前人模型的基础上进行扩展,充分考虑财务和市场等影响因素,构建财务困境预测模型。实证结果表明,他们提出的模型的预测精确度高于前人的模型。他们使用模型所拟合的财务困境发生概率作为财务困境的度量指标,并根据该指标计算投资组合的风险及平均收益。但结果与所预计的相反,高财务困境发生概率公司的平均收益更低而非更高,这表明股票市场没有正确定价财务困境。该结论是对前人观点中有关财务困境风险与股票收益关系的重大挑战。

我国学界虽然关注财务困境风险的预测,但目前仍未有学者研究中国市场上财务困境风险与股票收益的关系,本领域存在较大空白。

投资组合 Beta 与股票收益

Frazzini and Pedersen(2014)利用美国股市八十余年的数据,研究发现买入低 Beta 风险资产同时卖出高 Beta 风险资产,并调整杠杆率使投资组合达到风险中性,可获得显著的超额收益。他们基于大样本数据,发现国际股票市场样本也存在类似的现象。我们可以看到,在按风险排序的投资组合中,Alpha 下降的现象普遍存在,而且融资约束较高的投资者会比融资约束较低的投资者持有风险更高的股票。具体来说,对于可能存在融资困难的基金和个人投资者,其股票投资组合平均 Beta 大于 1;在市场另一端,杠杆收购(LBO)基金使用杠杆收购平均 Beta 小于 1 的公司。

胡熠和顾明(2018)检验了巴菲特价值投资策略在中国股票市场的适用性。第一,他们从安全性、便宜性及质量三个维度构造了综合性指标 B-Score,用于刻画巴菲特的价值投资风格。由于 B-Score 指标涵盖个股多方面的信息,并非仅仅依赖于上市公司的财务信息,而是从多个维度选取在中国市场上可获取的指标,因此即使上市公司的财务报表或者信息披露有所缺失,标准化指标 B-Score 受到的影响也较小。第二,B-Score 指标的构建为价值投资策略在中国市场上的适用性提供了强有力的证据,也为价值投资相关文献补充了来自新兴市场的证据。无论是牛市还是熊市,无论市场是乐观还是悲观,B-Score 价值投资策略在中国 A 股市场上都能获得显著的超额收益,而且 B-Score 价值投资组合在一年持有期内具有很好的稳定性和持续性。

7.4.2 "中国特色"研究

收益波动性与股票收益

现有文献一般认为 Fama and French(1993)提出的市场溢价、规模溢价和账面市值比溢价是解释股票收益的重要因素;除此之外,还有很多改进模型。在诸多解释风险溢价的模型中,乔坤元(2014)重点关注包含收益波动率的因子模型,并借助1992—2011年中国上市公司数据,得到解释股票风险溢价的另一个因子——资产收益加权波动率,其估计系数为公司的相对风险厌恶系数——投资者对风险的厌恶程度。乔坤元(2014)发现公司资产收益加权波动率会正向影响其风险溢价,并且会显著提升模型的解释力度。这说明资产收益加权波动率很可能是一个不可或缺的定价因素;并且,在考虑所有制和行业、股票错误定价等的影响之后,结果没有发生实质性的改变。乔坤元(2014)还发现,我国上市公司的相对风险厌恶系数高于美国上市公司的相对风险厌恶系数,非国有企业和非垄断行业上市公司对风险更加敏感。这些现象均表明我国资本市场还不够成熟,有待进一步完善。

财务困境风险与股票收益

在中国情境下,仅有关于财务困境的研究,尚未有研究利用财务困境来构造投资策略。例如,吴世农和卢贤义(2001)以1998—2000年中国上市公司为研究对象,选取70家财务困境公司和70家财务正常公司为样本,考察财务困境发生前5年内这两类公司21个财务指标的年度差异。其研究结果表明:在财务困境发生前2年或1年,有16个财务指标的预测能力较强,其中净资产收益率的判别成功率最高。除此之外,中国关于财务困境的研究部分集中于商业银行。覃邑龙和梁晓钟(2014)利用2006年第四季度至2013年第一季度14家商业银行的数据,分析银行违约风险与整个银行业风险(甚至金融市场风险)的关系。结果表明,我国银行业违约风险既有特殊性,又有统一性。也就是说,我国的银行业违约风险不仅对银行自身经营产生影响,更重要的是还能引发银行业的连锁反应乃至整个金融市场的系统性风险。

投资组合 Beta 与股票收益

Gu et al.(2018)利用中国股市独特的交易限制和其他常用的套利限制指标,构建一个综合套利指数。基于综合套利指数,他们发现套利限制较高股票的特质波动性风险更容易产生负向溢价且更持久。此外,现有关于波动性风险溢价的解释不能充分说明套利限制在中国股市特质波动性风险定价中的作用。Gu et al. (2018)表明,以保护个人投资者的名义引入的交易限制实际上会伤害投资者,因为这些额外的套利(交易)限制会增加不公平性。Gu et al. (2018)发现,中国市场不仅缺乏有效的做空机制,同时独特的涨跌停制度会进一步阻碍套利行为,导致中国股票市场缺乏有效性。中国股市交易制度的特殊性使得投资者面临的做空限制显著高于欧美成熟股市,而做空限制会制约理性投资者的套利行为,使得被错误定价的股票在一个较长的时间范围内被持续高估或低估,强化了市场异象。

7.4.3 总结与展望

相比于美国上百年的证券历史,中国现代证券市场成立仅数十年,尚处青年阶段。欧美的投资经验很早就被引入国内,而中国70%以上的投资者是散户。由于散户以短期交易为主,于是在中国资本市场上,真正采用价值投资策略的投资者并不多;并且,由于中国股市独特的交易限制和其他常用的套利限制,价值投资理念是否适用于中国市场,更是争论不断。在2015年中国股市泡沫破裂后,越来越多的投资者开始重新审视价值投资,国内关于价值投资理论和实践的研究正逐步走向成熟。国内关于资本市场的研究有利于加强对投资者的金融知识教育,使投资者能够更加全面地分析市场信息和公司基本面信息,从而提高我国股票市场的有效性,吸引更多的国内外投资者。

在未来的学术研究和投资实践中,我们提出如下展望:

(1) 在上述文献梳理过程中,我们发现在财务困境风险与股票收益领域缺少中国数据的研究。一方面,这可能是因为国内的实证结果与国外的实证结果十分接近,缺乏研究价值;另一方面,这可能是因为确实存在研究空白。对此,学者应给予关注,基于更多的新视角填补研究空白。

(2) 随着学术界的不断发展,除了收益波动性、财务困境风险及投资组合Beta,应该还存在其他的风险表达形式。学者应当挖掘其他的风险存在形式,探讨其与可预测股票收益的关系,进而补充该领域的研究。

(3) 随着科技的不断发展进步,人工智能、大数据及机器学习等新技术、新手段不断进入财务学、企业管理以及资本市场研究等领域。人工智能及大数据技术不仅能为我们提供更加广阔的研究视角、更加丰富的研究资料,还能成为更加准确、更加精密的研究工具,凭借高科技工具重复过去的研究甚至可能会得出不同的结果,新时代的学者应该利用好新技术为学界和业界开辟新的领域。

参考文献

[1] 胡熠,顾明. 2018.巴菲特的Alpha:来自中国股票市场的实证研究[J].管理世界,8:41—54+191.

[2] 潘莉,徐建国. 2011.A股个股回报率的惯性与反转[J].金融研究,1:149—166.

[3] 乔坤元. 2014.我国上市公司风险厌恶程度——基于因子模型的理论与实证分析[J].金融研究,1:180—193.

[4] 覃邑龙,梁晓钟. 2014.银行违约风险是系统性的吗[J].金融研究,6:82—98.

[5] 吴世农,卢贤义. 2001.我国上市公司财务困境的预测模型研究[J].经济研究,6:46—55+96.

[6] 吴世农,许年行. 2004.资产的理性定价模型和非理性定价模型的比较研究——基于中国股市的实证分析[J].经济研究,6:105—116.

[7] 郑振龙,汤文玉. 2011.波动率风险及风险价格——来自中国A股市场的证据[J].金融研究,4:143—157.

[8] Ang, A., R. J. Hodrick, Y. Xing, X. Zhang. 2006. The cross-section of volatility and expected returns[J]. The Journal of Finance,61(1):259—299.

[9] Campbell, J. Y., J. Hilscher, J. Szilagyi. 2008. In search of distress risk[J]. The Journal of Finance,63(6):2899—2939.

[10] Chan, K. C., N. Chen. 1991. Structural and return characteristics of small and large firms[J]. The Journal of Finance, 46:1467—1484.

[11] Chava, S., R. A. Jarrow. 2004. Bankruptcy prediction with industry effects[J]. Review of Finance, 8:537—569.

[12] Fama, E. F., K. R. French. 1993. Common risk factors in the returns on stocks and bonds[J]. Journal of Financial Economics, 33(1):3—56.

[13] Fama, E. F. K. R. French. 1996. Multifactor explanations of asset pricing anomalies[J]. The Journal of Finance, 51:55—84.

[14] Frazzini, A., L. H. Pedersen. 2014. Betting against Beta[J]. Journal of Financial Economics, 111(1):1—25.

[15] Gu, M., W. Kang, B. Xu. 2018. Limits of arbitrage and idiosyncratic volatility: evidence from China stock market[J]. Journal of Banking and Finance,86:240—258.

[16] Karceski, J. 2002. Returns-chasing behavior, mutual funds, and beta's death[J]. Journal of Financial and Quantitative Analysis, 37(4):559—594.

[17] Shumway, T. 2001. Forecasting bankruptcy more accurately: a simple hazard model[J]. Journal of Business, 74:101—124.

第 8 章
证券分析师

8.1 分析师预测修正与市场价格发现

标题:Analyst Forecast Revisions and Market Price Discovery
作者:Cristi Gleason,Charles Lee
来源:The Accounting Review,2003,Vol.78,No.1

分析师盈余预测修正包含对投资者有价值的信息

8.1.1 概述

分析师预测对于公司财务信息的传播至关重要。相比于公司每季度发布一次财报,分析师对公司的预测更加频繁且能够及时对预测进行修正。鉴于分析师预测修正的频率与及时性,这些修正信息已经成为许多财务报告使用者的重要信息来源。随着网络技术的发展,投资者更能及时获取分析师预测,对分析师预测信息的理解需求也大大增加,正确理解分析师预测修正的含义及应用也具有更重要的意义。

在过去二十多年有关资本市场的会计研究中,市场对盈余信息的滞后反应是最令人困惑的异象之一,但人们对收益信号的定性特质知之甚少,这些特征可能会阻碍或帮助市场吸收这些信息。本文选定几种可能影响市场价格发现的速度和有效性的因素并展开相关测试,侧重点在于探讨分析师预测修正本身的特性以及被预测公司的分析师跟踪特征,并据此揭示分析师预测修正对价格漂移的影响。结果发现,滞后的价格响应是预测修正程度的函数,即积极修正(好消息)可能给公司带来更高的收益,消极修正(坏消息)可能使公司的收益降低。本文侧重于通过分析师预测修正的创新性、分析师自身特征和公司被分析师跟踪情况,探究分析师预测修正对股票价格漂移的影响。

8.1.2 应用指南

本文发现了几种可以解释分析师预测修正后股票价格漂移的横截面差异的因素,主要通过分析师预测修正的创新性、分析师排名、公司被分析师跟踪情况三方面进行分析。首先,市场对于带来创新信息的分析师(高创新型修正)和随大流的分析师(低创新型修正)区分不足。其次,分析师的排名也会影响价格调整的速度和有效性,明星分析师的预测修正会带来更大的短期市场反应,且明星分析师的修正后价格漂移显著小于非明星分析师,即分析师的声誉不仅会影响预测能力,还会影响市场价格发现。最后,更多分析师跟踪公司的价格漂移更小,表明更高的分析师跟踪有助于促进价格发现过程。

影响价格响应延迟过程的四个来源

图8.1展示了影响价格延迟响应过程的来源,即揭示分析师预测修正信息的定性特征和公司特征对于市场价格与投资收益的影响。本文的研究需要控制分析师预测修正的数量(即方向和大小)以及可能影响股票预期收益的各种公司特征。

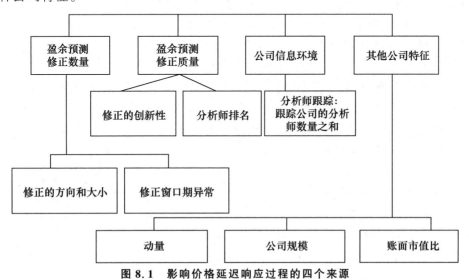

图8.1 影响价格延迟响应过程的四个来源

分析师盈余预测修正对股价变化产生影响的四个要素分别为:盈余预测修正数量、盈余预测修正质量、公司信息环境及其他公司特征。

分析师盈余预测修正的价值

本文将分析师预测修正分别与该分析师初始预测和分析师一致预测相比较,并计算分析师预测修正发布3天、3个月、6个月、9个月及1年后的经规模调整股票收益率及价格漂移,并对分析师排名、修正的创新性及公司分析师跟踪进行分类讨论,最终证明分析师预测修正后的价格调整对高创新型修正和低分析师跟踪公司而言更加缓慢且不彻底,部分证据表明分析师排名对价格发现过程也有影响。

根据公司的分析师预测修正信息的创新性、分析师排名、公司的分析师跟踪构建投资组合,可以从中获得超额收益。在表8.1中,Panel A显示,对于低创新型修正,买入好消息(积极的分析师盈余预测修正)股票并卖空坏消息(消极的分析师盈余预测修正)股票的经规模调整对冲策略的年化收益率为4.6%;对于高创新型修正,买入好消息股票并卖空坏消息股票的经规模调整对冲策略的年化收益率为11.8%,而且相比于低创新型修正,高创新型修正后的价格漂移更大。Panel B、C、D显示,明星分析师发布的分析师预测修正会引发更大的即时市场反应,但其修正后价格漂移显著小于非明星分析师的。这说明分析师排名也会影响价格发现过程,能够帮助投资者构造获取超额收益的投资策略。Penal E显示,分析师跟踪与延迟价格响应的横截面变化相关。在接下来的12个月里,分析师跟踪人数更少公司的盈余预测修正后价格漂移要比分析师跟踪人数较多公司的盈余预测修正后价格漂移大得多,而相应的即时市场反应更小。

上述结果表明,分析师预测修正信号的创新性是影响预测修正后价格漂移的重要因素之一,而其他变量(如分析师跟踪、明星分析师和收益评估师等)能削弱或增强修正信号的创新性对价格漂移的影响。

为了区分修正后价格漂移究竟是来自市场对现有信息的滞后响应还是来自潜在的风险变量,本文测试了后续盈余公告与预测修正前后三天的异常收益。结果表明,无论是对高分析师跟踪公司还是对低分析师跟踪公司,至少部分滞后价格响应来自分析师对公司未来盈余的错误预估,许多不充分的价格响应会随着分析师后续的预测修正而逐渐得到改善。

表 8.1 分析师预测修正的经规模调整收益比较

	低创新型修正				高创新型修正			
	Bad News	Good News	Difference	% of 1-year Return	Bad News	Good News	Difference	% of 1-year Return
Panel A: 全样本								
No. of Forecasts	32 142	54 032			170 961	106 428		
Average Forecast Change	−0.08	0.08			−0.19	0.10		
3 days	−0.005*	0.006*	0.011*	24	−0.015*	0.008*	0.023*	20
3 months	−0.015*	0.005*	0.021*	45	−0.041*	0.028*	0.069*	58
6 months	−0.022*	0.006*	0.029*	62	−0.050*	0.036*	0.085*	72
9 months	−0.027*	0.014*	0.040*	88	−0.054*	0.044*	0.098*	83
1 year	−0.027*	0.019*	0.046*	100	−0.062*	0.056*	0.118*	100
Post-revision price drift	−0.021*	0.012*	0.033*		−0.048*	0.046*	0.094*	
Panel B: 未排名分析师的股票组合								
No. of Forecast	24 177	40 194			128 472	79 779		
Average Forecast Change	−0.08	0.07			−0.19	0.10		
3 days	−0.005*	0.005*	0.010*	21	−0.015*	0.008*	0.023*	19
3 months	−0.015*	0.005*	0.020*	40	−0.041*	0.029*	0.070*	58
6 months	−0.023*	0.005†	0.028*	57	−0.050*	0.038*	0.088*	74
9 months	−0.030*	0.013*	0.043*	87	−0.054*	0.046*	0.100*	84
1 year	−0.028*	0.021*	0.049*	100	−0.060*	0.059*	0.119*	100
Post-revision price drift	−0.022*	0.015*	0.038*		−0.046*	0.049*	0.095*	

(续表)

	低创新型修正				高创新型修正			
	Bad News	Good News	Difference	% of 1-year Return	Bad News	Good News	Difference	% of 1-year Return
Panel C: 明星分析师的股票组合								
No. of Forecasts	6 145	10 371			31 153	20 233		
Average Forecast Change	−0.09	0.09			−0.20	0.13		
3 days	−0.007*	0.007*	0.014*	40	−0.015*	0.009*	0.024*	23
3 months	−0.015*	0.010*	0.024*	70	−0.038*	0.025*	0.063*	59
6 months	−0.018*	0.010*	0.028*	81	−0.042*	0.028*	0.071*	67
9 months	−0.017*	0.014*	0.031*	89	−0.048*	0.036*	0.085*	80
1 year	−0.024*	0.011†	0.035*	100	−0.060*	0.045*	0.105*	100
Post-revision price drift	−0.017‡	0.003	0.020*		−0.046*	0.034*	0.080*	
Panel D: 收益评估师的股票组合								
No. of Forecasts	3 237	5 972			18 884	10 733		
Average Forecast Change	−0.09	0.09			−0.20	0.12		
3 days	−0.006*	0.007*	0.012*	28	−0.015*	0.009*	0.024*	19
3 months	−0.018*	0.004	0.022*	50	−0.048*	0.025*	0.073*	57
6 months	−0.029*	0.007	0.036*	84	−0.058*	0.032*	0.089*	70
9 months	−0.032*	0.010	0.042*	97	−0.064*	0.037*	0.100*	78
1 year	−0.038*	0.006	0.043*	100	−0.081*	0.047*	0.128*	100
Post-revision price drift	−0.032*	−0.002	0.030*		−0.066*	0.036*	0.102*	

（续表）

	Low-Innovation Revisions				High-Innovation Revisions			
	Bad News	Good News	Difference	% of 1-year Return	Bad News	Good News	Difference	% of 1-year Return
Panel E: 低分析师跟踪公司的股票组合								
No. of Forecasts	3 633	6 133			22 728	13 906		
Average Forecast Change	−0.06	0.06			−0.20	0.09		
3 days	−0.003†	0.006*	0.009*	11	−0.016*	0.010*	0.027*	14
3 months	−0.018*	0.009‡	0.027*	32	−0.055*	0.049*	0.105*	55
6 months	−0.024*	0.013†	0.037*	43	−0.073*	0.070*	0.143*	75
9 months	−0.027*	0.032*	0.058*	69	−0.078*	0.088*	0.166*	88
1 year	−0.028‡	0.057*	0.084*	100	−0.081*	0.108*	0.189*	100
Post-revision price drift	−0.025†	0.048*	0.073*		−0.065*	0.096*	0.162*	
Panel F: 高分析师跟踪公司的股票组合								
No. of Forecasts	28 509	47 899			148 233	92 522		
Average Forecast Change	−0.08	0.08			−0.19	0.10		
3 days	−0.006*	0.005*	0.011*	27	−0.015*	0.008*	0.023*	21
3 months	−0.015*	0.005*	0.020*	48	−0.039*	0.025*	0.064*	59
6 months	−0.022*	0.006*	0.028*	68	−0.046*	0.031*	0.076*	71
9 months	−0.027*	0.011*	0.038*	93	−0.051*	0.037*	0.088*	81
1 year	−0.027*	0.014	0.041*	100	−0.059*	0.048*	0.108*	100
Post-revision price drift	−0.020‡	0.008‡	0.028*		−0.045*	0.039*	0.084*	

注：差异异双尾 t 检验的显著性水平，* 为 $\alpha<0.01$，† 为 $\alpha<0.05$。

8.1.3 投资笔记

投资逻辑

分析师在对公司的盈余预测进行修正后,市场会对这一信号做出反应,带来分析师预测修正发布后的即时价格变动和随后的价格漂移。根据分析师预测修正信息的创新性、分析师排名、分析师跟踪构建投资组合,利用这三个因素对好消息(积极预测修正)和坏消息(消极预测修正)后价格漂移的速度和大小的影响执行买入和卖空交易,从中获得超额收益。

核心指标

好消息/坏消息:基于分析师先前的预测,将分析师预测修正信息区分为好消息或坏消息。

低创新型修正:分析师新的预测在自己的先前预测和所有分析师的先前共识之间,向共识靠拢。

高创新型修正:分析师新的预测高于或低于自己的先前预测和所有分析师的先前共识。

明星分析师:《机构投资者》最新年度排名中位于第一至第三的分析师。

收益评估师:《华尔街日报》最新年度分析师行业排名中位于第一至第五的分析师。

未排名分析师:未被归类为明星分析师或收益评估师的分析师。

低(高)分析师跟踪:跟踪某公司的分析师数量低于(高于)年度内所有公司的分析师跟踪中位数。

经规模调整收益:公司的买入—持有收益率减去与纽交所市场规模十分位相同的等权投资组合的买入—持有收益率。

策略及表现

期间:1993年10月至1998年12月

市场:美国股票市场

策略:六个组合中,分别在低创新型修正组合和高创新型修正组合中买入好消息股票并卖空坏消息股票。

组合1:全样本,区分低(高)创新型修正。

组合2:未排名分析师的股票组合,区分低(高)创新型修正。

组合 3:明星分析师的股票组合,区分低(高)创新型修正。
组合 4:收益评估师的股票组合,区分低(高)创新型修正。
组合 5:低分析师跟踪的股票组合,区分低(高)创新型修正。
组合 6:高分析师跟踪的股票组合,区分低(高)创新型修正。

细节提示

(1) 市场对分析师预测修正的理解和应对不足,本文基于此构造的对冲策略可获得更高且稳定的超额收益。

(2) 价格滞后响应的很大一部分发生在公司未来盈余公告期间。

(3) 每家公司的分析师预测修正频率平均为一年十几次,本文提出的策略无须频繁调仓,交易成本低。

(4) 分析师预测修正的创新性、分析师排名、分析师跟踪的情况不会在公司年报中披露,相关信息的收集成本相对较高。

8.2 对分析师的分析:什么时候推荐会增加价值

标题:Analyzing the Analysts: When Do Recommendations Add Value
作者:Narasimhan Jegadeesh, Joonghyuk Kim, Susan Krische, Charles Lee
来源:The Journal of Finance,2004,Vol. 59,No. 3

卖方分析师通常更喜欢推荐"魅力股"而不是"价值股"

8.2.1 概述

长期以来,金融研究者和从业人员一直对分析师行为如何影响资本市场效率感兴趣。目前在美国,有超过 3 000 名分析师为 350 多家卖方投资公司工作。这些分析师预测公司盈余增长,撰写个别公司的研报,提供行业和部门分析,并发布股票推荐。前人研究发现,他们所提供的信息有助于投资者更准确地评估公司价值,进而提高市场效率。分析师收集和处理不同股票的信息,形成关于股票相对于当前市场价格的内在价值的信息,并对每只股票的投资潜力进行评估与推荐。那么,分析师推荐的偏好如何?

本文利用美国股市 13 年的数据进行研究,发现来自卖方公司的分析师通常推荐"魅力股"(如正向动量、高增长、高成交量和相对昂贵的股票)。投资者若天真地信奉这些推荐就可能付出巨大的代价,因为只有在被推荐股票拥有正向量化特征(如高价值和正向动量)时,分析师一致推荐评级才能带来价值;并且,对于那些有着负向量化特征的股票,更高的一致推荐评级往往与收益负相关。

8.2.2 应用指南

分析师在资本市场上发挥着重要作用。他们预测公司盈余增长、为不同的公司撰写研报、提供产业分析并发布股票推荐,这些信息有助于投资者更准确地进行公司估值,进而提高市场效率。分析师收集、处理不同公司的信息,给出不同股票的估值并与它们当前的市场价格相比较,最终给出不同股票的投资评级。分析师的投资评级为本文的研究提供了一个难得的机会。

对于学术界而言,本文可以提供更清晰的视角来考察分析师如何进行股票估值及其在信息定价过程中扮演什么角色;对于投资者而言,本文能帮助他们更深入地理解分析师推荐在投资决策中的作用和局限性;对于卖方分析师而言,本文为他们更好地进行股票推荐提供帮助。

分析师评级与股票收益

表8.2提供了分析师股票推荐具有预测能力的证据,报告了6个月持有期的经市场风险调整的股票收益。每个季度的分析师一致推荐评级为股票在当季度结束前2天到12个月之内所有评级的平均值(同一个分析师只使用最近一次的评级报告),分析师一致推荐评级变动则为两个季度之间分析师一致推荐评级之差。

表 8.2 分析师评级和股票未来收益

Panel A:分析师评级与股票未来收益的关系

解释变量	分析师评级为连续型变量		分析师评级为离散型变量	
	Mean	Median	Mean	Median
CON	+0.0312**	+0.0276**	+0.0311**	+0.0350**
CHGCON	+0.0333***	+0.0384***	+0.0317***	+0.0286***

（续表）

Panel B：根据 CON 将公司等分成 5 组的经市场调整收益

Quintile	Coded as	Mean	Median
Best＝BUY	1.00	−0.003	−0.024
	0.75	−0.008	−0.024
	0.50	−0.015	−0.032
	0.25	−0.018	−0.033
Worst＝SELL	0.00	−0.027	−0.055
BUY－SELL		＋0.023*	＋0.034***

Panel C：根据 CHGCON 将公司等分成 5 组的经市场调整收益

Quintile	Coded as	Mean	Median
Best＝Increase	1.00	−0.004	−0.025
	0.75	−0.007	−0.015
	0.50	−0.022	−0.044
	0.25	−0.004	−0.023
Worst＝Decrease	0.00	−0.031	−0.051
Increase－Decrease		＋0.027***	＋0.031***

注：***、**和*分别表示1％、5％和10％的显著性水平；CON表示分析师一致推荐评级，CHGCON表示分析师一致推荐评级的季度变化。

从表8.2 Panel A 中可以看出，分析师一致推荐评级(CON)和一致推荐评级变动(CHGCON)均与股票未来收益相关，这支持了先前的研究成果。Panel B 表明，在未来6个月内，买入分析师推荐评级最高的投资组合，卖空分析师推荐评级最低的投资组合，投资者可以获得2.3％的超额收益。Panel C 表明，在未来6个月内，买入分析师评级上调最多的投资组合，卖空分析师评级下调最多的投资组合，投资者可以获得2.7％的超额收益。然而，CHGCON 与股票未来收益的关系并不是单调的，因为分析师评级无变动(0.50)投资组合的收益低于相邻的投资组合，并且基于 CHGCON 的对冲策略的大部分收益来自分析师评级下调的投资组合。

分析师一致推荐评级和投资信号

表8.3展示了分析师一致推荐评级与12种投资信号的关系。从 Panel A 中可以看出，分析师一致推荐评级与4个动量信号(RETP、RET2P、FREV、SUE)的相关系数在26.89％和34.59％之间，显示出其对"正向动量"股票的偏

表 8.3 分析师一致推荐评级与 12 种投资信号

Panel A: 分析师一致推荐评级

Continuous Explanatory Variable	Normative Direction	Consensus Recommendation Quintile					Correlation	Actual Direction
		BUY 1.00	0.75	0.50	0.25	SELL 0.00		
SIZE	—	5.5629	6.1999	6.4940	6.2727	5.2186	4.29%	?
Momentum Variables (Price or Earning)							
RETP	+	0.1508	0.1192	0.0827	0.0277	−0.0241	26.89%	+
RET2P	+	0.1758	0.1384	0.0946	0.0430	−0.0146	27.90%	+
FREV	+	−0.3274	−0.4703	−0.7619	−1.4352	−2.6510	34.59%	+
SUE	+	1.0068	0.8898	0.5319	0.1230	−0.2711	32.10%	+
Contrarian Variables (Fundamental or Growth)							
EP	+	0.0580	0.0551	0.0543	0.0465	0.0262	11.89%	+
BP	+	0.4727	0.4832	0.5281	0.5996	0.7499	−30.11%	−
TURN	—	52.2900	53.1011	52.5706	50.0011	41.1517	11.82%	+
SG	—	1.2203	1.1875	1.1356	1.1032	1.0728	29.64%	+
LTG	—	24.0312	20.1197	14.4616	9.7340	3.4313	27.24%	+
TA	—	0.0213	0.0148	0.0052	0.0025	0.0018	10.62%	+
CAPEX	—	0.0887	0.0901	0.0897	0.0872	0.0766	4.24%	?

(续表)

Panel B: 分析师一致推荐评级变动

Continuous Explanatory Variable	Normative Direction	Consensus Recommendation Quintile					Correlation	Actual Direction
		BUY 1.00	0.75	0.50	0.25	SELL 0.00		
SIZE	–	5.8730	6.9277	5.0580	6.9500	5.8029	0.96%	?
Momentum Variables(Price or Earning)								
RETP	+	0.1111	0.0994	0.0576	0.0665	0.0137	14.58%	+
RET2P	+	0.0706	0.0979	0.0705	0.0954	0.0967	-3.24%	?
FREV	+	-0.9649	-0.7163	-1.3829	-0.9096	-1.5472	9.73%	?
SUE	+	0.3958	0.6120	0.3033	0.6220	0.3596	1.42%	?
Contrarian Variables(Fundamental or Growth)								
EP	+	0.0428	0.0484	0.0440	0.0500	0.0511	-3.93%	?
BP	+	0.5819	0.4985	0.6440	0.4896	0.5554	3.00%	?
TURN	–	49.5835	56.8875	40.2862	56.8940	52.5123	-3.14%	?
SG	–	1.1309	1.1444	1.1303	1.1500	1.1600	-5.16%	?
LTG	–	12.6934	15.3931	10.9226	16.4032	17.3849	-5.76%	?
TA	–	0.0052	0.0038	0.0105	0.0058	0.0161	-5.30%	?
CAPEX	–	0.0848	0.0908	0.0786	0.0924	0.0895	-2.25%	?

爱。特别地，分析师尤其偏爱盈余预测(FREV)上调和未预期盈余(SUE)为正的公司。此外，除了动量信号，分析师一致推荐评级与反转信号(BP、TURN、SG、LTG、TA、CAPEX)的相关系数符号与以往研究发现的符号相反。这表明分析师能够"正确"接收动量信号，但不能"正确"接收反转信号。

Panel A 和 Panel B 分别按分析师一致推荐评级和评级变动将公司五等分，其中 1.00 表示评级最高或者评级上调最多，0 表示评级最低或者评级下调最多。12 种投资信号分别为：RETP 表示经市场调整的 6 个月股票收益率(从第 $t-6$ 月至第 $t-1$ 月)，RET2P 表示经市场调整的 6 个月股票收益率(从第 $t-12$ 月至第 $t-7$ 月)，TURN 表示股票的日均换手率(从第 $t-6$ 月至第 $t-1$ 月)，SIZE 表示公司市值的对数，FREV 表示分析师盈余预测修正(经股价调整)，LTG 表示公司长期增长预测，SUE 表示标准化未预期盈余，SG 表示销售增长，TA 表示总应计(经总资产调整)，CAPEX 表示资本支出(经总资产调整)，BP 表示账面市值比，EP 表示盈余与股价的比值。Normative Direction 表示前人研究发现的 12 种投资信号与股票未来收益的关系；Correlation 表示分析师推荐分别与 12 种投资信号的相关系数；Actual Direction 表示当分析师推荐分别与投资信号的相关系数大于 10% 时，二者相关系数的符号。

从 Panel B 中可以看出，评级变动与 RETP、SUE 和 FREV 的相关系数均为正，与 RET2P 的相关系数为负，而且这些系数值小于评级本身与动量信号的相关系数值。评级变动与反转信号的相关系数符号与反转信号的 Normative Direction 符号基本上相同，这表明评级变动一般能"正确"识别所有投资信号。

分析师推荐评级的增量作用

表 8.4 展示了分析师推荐评级对预测股票收益的增量作用。Model A1 和 Model B1 分别采用单变量回归分析 QCON 和 QCHGCON 对股票收益的预测作用，结果显示 QCON 和 QCHGCON 对股票收益具有正向的预测作用。Model A2—Model A4 和 Model B2—Model B4 加入动量信号和反转信号的综合指标，结果显示加入动量信号后，QCON 的预测作用变为不显著，而 QCHGCON 的预测作用仍然显著且系数值变化不大。这表明 QCON 的预测作用来自动量信号，而 QCHGCON 的预测作用主要来自自身。Model A5—Model A6 和 Model B5—Model B6 的回归检验也得到类似结果。综上所述，QCON 对股票收益的预测作用主要来自其他投资信号，而 QCHGCON 的预测作用主要来自自身，即评级变动有增量信息。

表8.4 分析师推荐评级、投资信号和股票未来收益

Panel A: 分析师一致推荐评级五分位数

Parameter	Model A1 Analysts Alone		Model A2 Analysts & Both Summary Variables		Model A3 Analysts & Momentum Summary Variable		Model A4 Analysts & Contrarian Summary Variable		Model A5 Analysts & Binary Investment Signals		Model A6 Analysts & Fitted Value	
	Estimate	t-stat	Estimate	t-stat	Estimate	t-stat	Estimate	t-stat	Estimate	t-stat	Estimate	t-stat
Intercept	−0.0257	−2.52**	−0.0702	−4.86***	−0.0440	−3.34***	−0.0467	−3.43***	−0.0684	−4.90***	−0.0336	−2.72***
QCON	+0.0226	2.03**	+0.0088	1.07	+0.0009	0.10	+0.0310	2.95***	+0.0076	1.05	+0.0074	1.04
Momentum			+0.0619	5.27***	+0.0570	4.77***						
Contrarian			+0.0396	2.72***			+0.0336	2.29**				
SIZE									−0.0078	−0.93		
RETP									+0.0175	3.45***		
RET2P									+0.0019	0.36		
FREV									+0.0324	8.63***		
SUE									+0.0017	0.40		
EP									+0.0021	0.35		
BP									+0.0089	1.60		
TURN									+0.0011	0.15		
LTG									+0.0007	0.13		
SG									+0.0007	0.14		
TA									+0.0268	8.43***		
CAPEX									+0.0134	3.05***		
$QFIT_{CON}$											+0.0300	2.32**

(续表)

Panel B: 分析师一致推荐评级变动五分位数

Parameter	Model B1 Analysts Alone		Model B2 Analysts & Both Summary Variables		Model B3 Analysts & Momentum Summary Variable		Model B4 Analysts & Contrarian Summary Variable		Model B5 Analysts & Binary Investment Signals		Model B6 Analysts & Fitted Value	
	Estimate	t-stat	Estimate	t-stat	Estimate	t-stat	Estimate	t-stat	Estimate	t-stat	Estimate	t-stat
Intercept	−0.0262	−2.67***	−0.0727	−5.00***	−0.0542	−3.88***	−0.0370	−3.14***	−0.0705	−5.07***	−0.0316	−2.83***
QCHGCON	+0.0225	4.84***	+0.0187	4.49***	+0.0205	4.74***	+0.0219	4.84***	+0.0159	4.24***	+0.0173	3.82***
Momentum			+0.0616	4.85***	+0.0544	4.05***						
Contrarian			+0.0349	2.43**			+0.0220	1.46				
SIZE									−0.0065	−0.76		
RETP									+0.0176	3.31***		
RET2P									+0.0014	0.26		
FREV									+0.0319	7.80***		
SUE									+0.0027	0.66		
EP									+0.0011	0.19		
BP									+0.0080	1.40		
TURN									+0.0000	0.00		
LTG									−0.0004	−0.07		
SG									+0.0002	0.04		
TA									+0.0261	8.24***		
CAPEX									+0.0132	2.91***		
QFIT$_{CHGCON}$											+0.0159	2.20**

注：***、**和*分别表示1%,5%和10%的显著性水平。被解释变量为RETF，即经市场调整累计收益率；解释变量为QCON和QCHGCON。Momentum表示动量信号，即RETP,RET2P,FREV和SUE信号的综合；Contrarian表示反转信号，即EP,BP,TURN,LTG,SG,TA和CAPEX信号的综合；QFIT$_{CON}$和QFIT$_{CHGCON}$分别表示QCON和QCHGCON的拟合值。

8.2.3 投资笔记

投资逻辑

分析师推荐股票的逻辑可以由少数几个动量因子予以解释,但是分析师对股票的一致推荐评级变动往往包含传统量化因子所不包含的信息,具有增量信息。分析师可以通过改变其对股票的评级向市场发出信号,为市场增加信息。

核心指标

每个季度的分析师一致推荐评级为该股票在当季度结束前2天到12个月之内所有评级的平均值(同一个分析师只使用最近的评级报告)。分析师一致推荐评级变动则为两个季度之间一致推荐评级之差。

策略及表现

期间:1985—1998年

市场:美国股票市场

投资策略:每个季度末,将所有样本股票按分析师一致推荐评级变化从小到大分成5组,买入排前20%的股票并卖空排后20%的股票,持有一个季度后调仓。

细节提示

(1) 该策略调仓频率较低(季度调仓),可执行性较高。

(2) 分析师评级变动对股票收益的解释能力强于分析师评级本身对股票收益的解释能力。

(3) 分析师评级变动事实上捕获了公司的运营质量(如管理能力、战略联盟、无形资产或其他增长机会),这些并未作为定量信号在前人研究中提及。

8.3 异常分析师跟踪与股票超额收益

标题：Uncovering Expected Returns: Information in Analyst Coverage Proxies
作者：Charles Lee，Eric So
来源：*Journal of Financial Economics*，2017，Vol.124，No.2

> 低异常分析师跟踪公司的股票价格未来会下跌，高异常分析师跟踪公司的股票价格未来会上升

8.3.1 概述

分析师跟踪可以分解为两部分，即异常分析师跟踪与可预期分析师跟踪。在有限的时间和精力下，分析师在决定如何分配资源时通常倾向于把资源分配给表现更好的公司。由于这类公司往往有更高的估值、更大的交易量、更容易预测的收益率以及分享积极消息的动机，因此分析师会根据公司市值、换手率、收益率等公司特征与盈余表现相关因素选择其关注和跟踪的公司，这是分析师跟踪的可预期部分。分析师跟踪的异常部分（即异常分析师跟踪）是指在排除公司市值、换手率等可能吸引分析师对公司关注的因素后，分析师对公司的异常关注。异常分析师跟踪包含了预期收益的信息，并且可以预测公司的未来收益。此外，分析师决定是否跟踪公司的行为可能会影响股票价格对好消息和坏消息的反应速度。因为分析师花费较少的精力跟踪预期收益较低的公司，这些公司坏消息的传播速度比较慢，导致分析师为其提供了异常保护。

本文利用美国股市33年的数据进行研究，发现高异常分析师跟踪公司的股票收益比低异常分析师跟踪公司的股票收益高80个基点（每月）；同时发现当公司股价因外生事件而被市场低估时，分析师跟踪会异常升高，并且该公司的基本面在未来将会好转。这表明异常分析师跟踪对股票收益的预测能力是源于分析师更倾向于跟踪股价被低估的公司。本文的发现强调了分析师在估计预期收益中的作用，以及分析师跟踪指标用于研究信息不对称和信息传播中的潜在问题。

8.3.2 应用指南

本文从分析师的资源分配行为出发,逆向推断分析师这一信息中介对其选择或者放弃跟踪公司的未来收益的期望。本文考察异常分析师跟踪与股票预期收益的关系,发现高异常分析师跟踪公司的表现明显超过低异常分析师跟踪公司。本文为投资者提供了一种单因子模型来挖掘期望收益隐含的信息,该模型对标的公司的经营表现和投资收益具有较强的预测能力。

异常分析师跟踪与公司未来基本面业绩

考虑到分析师在预测公司盈余中的作用,本文假设分析师通过预测公司随后公布的基本面业绩来识别预期收益较高的公司。为了验证这一假设,本文使用 FSCORE 指标代表公司的基本面业绩,该指标是以下九个哑变量的总和:CFO(公司经营现金流量为正时取值为 1)、ACC(总应计为负时取值为 1)、NI(公司净利润为正时取值为 1)、ΔNI(公司净利润相比上年增长时取值为 1)、ΔLEV(公司杠杆减小时取值为 1)、ΔLIQ(流动资产/流动负债增大时取值为 1)、ΔSL(公司当期出售股权时取值为 1)、ΔMRC(毛利率增大时取值为 1)、ΔTO(资产周转率上升时取值为 1)。其逻辑为:当公司的盈利能力、财务杠杆率及经营效率相比上年得到改善时,分析师就会给公司打高分。本文通过关注 FSCORE 这一综合衡量指标而非仅仅关注公司盈余来捕捉公司长期的基本面业绩和风险,但同时也分别考虑综合衡量指标的各个组成部分。

表 8.5 展示根据异常分析师跟踪分组的不同公司组合的未来基本面信息。从表 8.5 中可以看出,分析师会更多地跟踪自认为基本面未来业绩更强势的公司,比如随后报告更多的经营现金流量(CFO>0)以及更多的收入减少应计项(ACC<0)的公司,这意味着异常分析师跟踪包含关于公司未来业绩的信息。在所考虑的四个收入衡量指标(CFO>0、ACC<0、NI>0 和 ΔNI>0)中,异常分析师跟踪与随后公告的净利润变化(ΔNI>0)的关系最为密切。异常分析师跟踪最高组的公司相比异常分析师跟踪最低组的公司,后续报告净利润增加的可能性高 5%。同时,异常分析师跟踪更高的公司随后更可能报告财务杠杆(ΔLEV)降低和流动性(ΔLIQ)增大,这与这些公司有更高的产生现金流的能力相一致。此外,表 8.5 也反映了异常分析师跟踪更高的公司随后更可能报告毛利率提高(ΔMRC>0)和资产周转率改善(ΔTO>0),这表明

表 8.5 异常分析师跟踪不同公司组合的未来基本面业绩

	1(Low)	2	3	4	5	6	7	8	9	10(High)	High-Low	t-stat.
FSCORE	4.923	4.955	5.076	5.166	5.215	5.240	5.248	5.264	5.253	5.193	0.271	(21.47)
CFO>0	0.597	0.603	0.634	0.650	0.655	0.658	0.656	0.653	0.646	0.627	0.030	6.754
ACC<0	0.502	0.505	0.515	0.520	0.527	0.529	0.533	0.535	0.529	0.524	0.022	8.122
NI>0	0.695	0.707	0.734	0.754	0.759	0.764	0.757	0.742	0.709	0.649	−0.047	−8.316
ΔNI>0	0.601	0.608	0.630	0.641	0.641	0.643	0.645	0.646	0.649	0.651	0.050	14.028
ΔLEV<0	0.659	0.656	0.652	0.654	0.656	0.660	0.659	0.660	0.659	0.655	−0.005	−1.761
ΔLIQ>0	0.370	0.379	0.400	0.414	0.412	0.410	0.406	0.403	0.402	0.404	0.034	11.289
ΔSL=0	0.566	0.551	0.562	0.581	0.600	0.613	0.631	0.655	0.677	0.667	0.101	27.158
ΔMRG>0	0.467	0.477	0.483	0.482	0.484	0.491	0.490	0.490	0.486	0.484	0.017	6.428
ΔTO>0	0.500	0.506	0.516	0.512	0.515	0.513	0.514	0.512	0.512	0.521	0.022	8.177

分析师能够预测公司的未来运营状况与表现。因此，分析师异常跟踪与公司未来基本面业绩相关联，说明分析师会通过预测公司随后报告的基本面表现来识别并关注有更高预期收益的公司。

异常分析师跟踪与股票未来收益

表8.6检验了异常分析师跟踪与股票未来收益的关系。Panel A列示了基于异常分析师跟踪（ATOT）构建的对冲策略在样本期间每个月等权和市值加权下的股票收益。从中可以看出，异常分析师跟踪与股票未来收益显著正相关，整个样本窗口包括互联网泡沫破灭后出现的全球结算和监管公允披露的特殊期间，对冲策略平均收益大多仍为正值，这缓解了人们对本文结果在特定时期不成立的担忧。此外，收益的分布呈正偏态，在1982—2014年的33年样本窗口中，有26(24)年的等权(市值加权)平均收益为正。Panel B列示了根据分析师跟踪（TOT）构建的对冲策略在样本期间每个月的等权和市值加权下的股票收益。从中可以看出，分析师跟踪与企业的未来收益不显著相关，基于该指标构建的对冲策略（买入分析师跟踪最高组的股票、卖空分析师跟踪最低组的股票）并不能获得超额收益（等权组合的t值为0.42、市值加权组合的t值为－0.80）。分析师跟踪指标与股票收益缺乏显著的相关性，凸显了异常分析师跟踪对股票未来收益的重要性。

接下来，本文采用Fama-MacBeth回归进一步检验异常分析师跟踪预测能力的显著性（见表8.7）。这些测试有两个动机：第一，本文考察异常分析师跟踪对股票收益的预测能力是否受到公司规模、公司营业额和动量变化的影响；第二，在控制其他已知信号的情况下，本文试图揭示异常分析师跟踪对股票横截面收益的增量预测能力。

从表8.7的第(1)列可以看出，分析师跟踪与股票未来收益的关系不显著，这与表8.6 Panel B得出的结果一致。而第(2)列表明，在控制了公司规模（SIZE）、股票换手率（TO）和动量（MOMEN）之后，分析师跟踪与股票未来收益的关系变得显著。这表明在控制公司规模、股票换手率和动量之后，分析师跟踪中可预期部分的效应被这些指标吸收，因而能够得到与异常分析师跟踪类似的效果。从第(3)—(6)列可以看出，在控制公司规模、股票换手率、动量、账面市值比（LBM）和收益波动率（VLTY，等于月收益率标准差）等变量后，异常分析师跟踪对股票未来收益仍具有预测能力。

表8.6 异常分析师跟踪与股票未来收益的关系

	1(Low)	2	3	4	5	6	7	8	9	10(High)	High-Low
Panel A: 异常分析师跟踪与股票收益的关系											
等权	0.552	0.830	1.012	1.067	1.127	1.236	1.258	1.234	1.284	1.423	0.871
	(2.07)	(3.30)	(3.99)	(4.09)	(4.27)	(4.55)	(4.48)	(4.23)	(4.21)	(4.30)	(7.03)
市值加权	0.799	0.944	1.043	1.055	1.081	1.166	1.159	1.282	1.279	1.597	0.798
	(3.42)	(4.17)	(4.76)	(4.52)	(4.50)	(4.73)	(4.50)	(4.71)	(4.48)	(4.75)	(3.45)
Panel B: 分析师跟踪与股票收益的关系											
等权	1.424	1.490	1.476	1.838	1.719	1.716	1.793	1.688	1.611	1.568	0.144
	(3.09)	(2.38)	(2.53)	(2.93)	(2.58)	(2.52)	(2.76)	(2.79)	(2.72)	(2.55)	(0.42)
市值加权	1.620	1.319	1.533	1.384	1.496	1.702	1.710	1.578	1.448	1.440	−0.181
	(3.29)	(2.17)	(3.11)	(2.58)	(2.74)	(3.38)	(3.24)	(3.43)	(3.43)	(2.95)	(−0.80)

表 8.7　Fama-MacBeth 回归结果

	(1)	(2)	(3)	(4)	(5)	(6)	(7)
Log(1+TOT)	0.087	0.394***	0.343***	0.321***	0.299***	0.342***	0.284***
	(1.53)	(6.77)	(6.22)	(5.77)	(5.35)	(6.18)	(5.58)
SIZE	—	−0.306***	−0.334***	−0.347***	−0.359***	−0.324***	−0.346***
	—	(−2.95)	(−3.88)	(−4.04)	(−4.24)	(−3.86)	(−3.97)
TO	—	−0.373***	−0.270***	−0.254***	−0.265***	−0.207***	−0.208***
	—	(−4.21)	(−4.15)	(−3.96)	(−4.20)	(−3.08)	(−3.11)
MOMEN	—	0.384***	0.575***	0.456***	0.454***	0.478***	0.432***
	—	(4.76)	(7.12)	(5.73)	(5.68)	(5.75)	(5.09)
LBM	—	—	0.193***	0.196***	0.200***	0.197***	0.212***
	—	—	(3.09)	(3.16)	(3.29)	(3.30)	(3.59)
VLTY	—	—	−0.216***	−0.186**	−0.177**	−0.187**	−0.165**
	—	—	(−2.65)	(−2.34)	(−2.25)	(−2.23)	(−1.98)
RR	—	—	−0.539***	−0.564***	−0.567***	−0.595***	−0.605***
	—	—	(−9.10)	(−9.52)	(−9.57)	(−9.79)	(−9.88)
EAM	—	—	0.064***	0.052***	0.054***	0.032*	0.031
	—	—	(3.95)	(3.18)	(3.34)	(1.71)	(1.62)
SUE	—	—	—	0.405***	0.405***	0.430***	0.423***
	—	—	—	(14.85)	(14.88)	(14.89)	(14.65)
ACC	—	—	—	−0.260***	−0.258***	−0.288***	−0.284***
	—	—	—	(−6.05)	(−6.08)	(−6.19)	(−6.18)
INST	—	—	—	—	0.073*	−0.052	0.075
	—	—	—	—	(1.66)	(−1.04)	(1.37)
ΔINST(LAG)	—	—	—	—	—	−1.937***	
	—	—	—	—	—	(−7.26)	
ΔINST(FUT)	—	—	—	—	—	—	0.516***
	—	—	—	—	—	—	(8.10)
Intercept	1.102***	1.102***	1.104***	1.122***	1.121***	1.214***	1.167***
	(3.82)	(3.82)	(3.83)	(3.90)	(3.90)	(4.25)	(4.11)
R^2(%)	0.687	3.126	4.517	4.860	4.969	5.181	5.367

注：所有独立变量都经过标准化处理。TOT 表示分析师跟踪，其他相关变量包括公司市值的对数（SIZE）、股票换手率（TO）、动量（MOMEN）、月收益率标准差（VLTY）、账面市值比的对数（LBM）、股票收益率（RR）、公司盈余公告（EAM）、公司标准化未预期收益（SUE）、经滞后总资产调整的净利润和经营现金流量之差（ACC）、机构持股比例（INST）、机构持股比例相对三个月前机构持股比例的变化［ΔINST（LAG）］、机构持股比例相对三个月后机构持股比例的变化［ΔINST（FUT）］。

8.3.3 投资笔记

投资逻辑

本文基于异常分析师跟踪包含分析师对股票未来收益估计信息的假设,强调分析师在资本市场中的信息中介作用,并且发现异常分析师跟踪与股票未来收益确实存在正相关关系。因此,基于异常分析师跟踪构建的对冲策略可以为投资者带来超额收益。

核心指标

异常分析师跟踪(ATOT)可通过以下回归得出:

$$\log(1+\text{TOT}_{i,m}) = \beta_0 + \beta_1 \text{SIZE}_{i,m} + \beta_2 \text{TO}_{i,m} + \beta_3 \text{MOMEN}_{i,m} + \varepsilon_{i,m}$$

其中,TOT 为所有分析师在所选会计期间给出的公司盈余预测报告的数量,即分析师跟踪;SIZE 为公司市值的对数;TO 为股票换手率;MOMEN 为动量因子,等于经市场调整累计收益率;残差 ε 即为异常分析师跟踪。

策略及表现

期间:1982—2014 年

市场:美国股票市场

选股策略:

基于异常分析师跟踪将公司分成 10 组,每月买入异常分析师跟踪最高组公司的股票、卖空异常分析师跟踪最低组公司的股票,构建投资策略;同时,利用分析师跟踪对这些公司做相同的处理以进行对照。

买入异常分析师跟踪最高组的股票并卖空异常分析师跟踪最低组的股票所构建的策略能够得到月均 80 个基点的收益差(市值加权),t 为 3.45;而买入分析师跟踪最高组的股票并卖出分析师跟踪最低组的股票所构建的策略得到月均 −18 个基点的收益差,t 为 −0.80。由此表明:异常分析师跟踪是一个有效的选股因子。本文还区分不同期间测试异常分析师跟踪因子对时间的敏感度,发现 1、2、3、5、6、7 个月后的收益差均为正,且 2 个月后收益差显著下降。由此可知,异常分析师跟踪的有效性与时间有关。

细节提示

(1) 本文的实证分析逻辑基于这样一个前提:由于时间和精力有限,分析师在决定如何分配资源时通常倾向于把资源分配给表现更好的公司。

(2) 滞后的异常分析师跟踪因子的效果会随着滞后时间的加长和持有期的增长而减弱。

(3) 本文所采用的方法需按月度重新调整,相较于按年度重新调整的策略,其可行性和可用于投资的资金受限。

8.4 证券分析师对股票收益的影响：中国实践部分

本章以证券分析师的不同特征为主线,分别探讨分析师跟踪代理变量中的信息、分析师预测修正和分析师推荐评级等分析师行为特征对股票收益的影响。以上研究都是基于美国市场数据开展的,中国投资者关心的问题是：在中国股票市场上也存在类似的现象吗？基于以上理论构建的投资策略,在中国股票市场上也能获得超额收益吗？中国的证券分析师面临较复杂的市场环境和不完善的监管体制。例如,由于 A 股仍然缺乏实质性做空个股的工具,做多几乎成了唯一的盈利模式,分析师很难像在国际市场上一样发布独立的看空报告；此外,券商和上市公司之间的利益关系也影响分析师的独立性。这些都有可能影响上述策略在中国市场上的实践效果。下面我们将对基于中国市场的研究进行梳理。

8.4.1 中国相关研究

分析师预测修正与股票收益

作为资本市场中的价值发现者和信息传递者,分析师的分析报告会影响投资者的决策。他们运用自身的专业知识,快速解读公开信息和企业公告,公开发布盈余预测及预测修正,为投资者提供合理反映股票内在价值的投资价值分析报告。其中,分析师披露的盈余预测修正可以使信息更加快速地流向投资者,进而使股票投资者更快地做出投资决策,从而影响股票价格,提高股票市场的信息传递效率。Gleason and Lee(2003)实证分析了分析师修正盈余预测后的市场反应,发现不同幅度的预测修正会影响股票价格形成过程的速度和有效性,即预测修正后,市场上出现不同程度的价格漂移现象。

我国股票市场与西方发达资本市场相比,无论是规模还是流动性均处于较低的水平。国内相关文献发现,证券分析师盈余预测修正具有信息含量,并且这些信息可以提升市场的有效性。张然等(2017)发现,证券分析师盈余预测修正可以为市场参与者带来1.34%的月超额收益,并且预测修正的信息含量来自分析师对目标公司的基本面分析。

分析师推荐评级与股票收益

证券分析师通过收集、解释和向投资者传播公司信息,在金融市场上扮演重要的中介角色。分析师具有加工非现成市场信息的能力,因此分析师推荐是金融市场中最重要的信息披露渠道之一。多年来,学术界对分析师推荐的作用机制进行了大量的研究。其中,Jegadeesh et al.(2004)利用美国股市13年的数据进行研究,发现卖方分析师通常推荐"魅力股"(即正向动量、高增长、高成交量和相对昂贵的股票),而不是"价值股"。

王宇熹等(2012)研究了我国顶级券商的明星分析师推荐评级带来的市场反应。王玉涛等(2021)发现,在我国资本市场表现为"单边市"的背景下,分析师倾向于出具乐观评级,也更倾向于做出正的评级修正;投资者也非常认可乐观评级和正向修正行为,并做出正向市场反应。

分析师跟踪与股票收益

证券分析师的存在可以起到降低信息不对称、纠正股价偏离的作用。这是因为证券分析师参与市场的过程实质上是对信息生产、传递和吸收环节的全方位介入,这一介入过程有助于分析师降低上市公司盈余管理行为所造成的信息不对称。首先,证券分析师拥有广泛、便利的信息渠道和深厚的专业知识,能够对所获取的上市公司公开和非公开的一手资料进行深刻、透彻的解读和挖掘,形成较高质量的信息。其次,证券分析师拥有丰富的信息传播渠道,借助这些渠道,其挖掘的信息可以得到广泛和迅速的传播。最后,证券分析师具有熟练的信息加工能力,能够从冗长的财务报告中提炼出关键信息,并解读成投资者容易理解的形式。Lee and So(2017)利用美国数据,考察异常分析师跟踪与股票预期收益的关系,发现高异常分析师跟踪公司的表现明显超过低异常分析师跟踪公司的表现,即高异常分析师跟踪公司的股票价格可能会上升,低异常分析师跟踪公司的股票价格可能会下跌。

潘越等(2011)利用中国市场的证据指出,证券分析师是一种有效的法律替代机制,其对股票的关注大大降低了信息不透明对股价崩盘风险的影响。金大卫和冯璐茜(2016)发现,分析师跟踪公司对投资者过度自信与股价同步性的关系具有调节作用,具体表现为分析师跟踪数越多的公司,投资者过度自信对股价同步性的降低作用减缓,这意味着分析师跟踪能够将私有信息融入股价,增加股价信息含量。吴武清等(2017)研究发现,深度跟踪分析师具有较强的价值发现功能和更大的市场反应。朱琳等(2021)基于文本分析方法,发现分析师报告负面信息披露向市场提供的有关企业未来基本面的信息与股价的特质波动性显著负相关。

8.4.2 "中国特色"研究

分析师预测修正与股票收益

在我国的实务界,对分析师预测价值一直颇有争议,尤其近年来出现的财务丑闻、金融危机以及证券市场不断披露的"黑嘴"事件(如2006年,北京首放投资顾问公司分析师汪建中因涉嫌"操纵证券市场"受法律制裁,他也是因此而受制裁的首个分析师;2008年,出于同样事由,证监会对武汉新兰德分析师朱汉东做出行政处罚),让投资者对分析师盈余预测价值产生了更多质疑。这些事件引发了新一轮的政府监管,如2010年"十二五"规划提出的深化金融改革与消费者保护法制建设等,增加了证券分析师预测的价值。此外,从分析师发布的研究报告中可以发现,分析师预测活动比较活跃,对每家样本公司年均预测4.24次,最多预测49次。这说明分析师盈余预测结果并不是一步到位的,而是不断地修正前期预测,据统计,最短修正天数仅为1天。

我国分析师预测与预测修正更为频繁,甚至存在相对较多的分析师预测"变脸"行为。戴方哲和尹力博(2017)研究了分析师预测"变脸"行为对股票特质波动率的影响。他们用分析师预测的年内方差以及预测值与实际值偏差的年内方差来衡量"变脸"行为,发现分析师预测的"变脸"行为是影响股价特质波动率的重要因素。此外,也有学者基于我国最佳分析师评选——《新财富》评选榜单,研究最佳分析师的预测准确性及其预测修正的市场反应,发现最佳分析师预测修正的勇敢程度略高于其他分析师(当预测修正程度大于90%时,最佳分析师预测修正的市场反应高于其他分析师预测修正的市场反应),提出投资者在一定程度上可以信赖《新财富》评选的最佳分析师。

分析师推荐与股票收益

分析师的投资建议是否有投资价值?实务界和学术界对这一问题的回答明显不同。一方面,大量的券商研究员每天从事研究工作的目的就是为客户创造价值,因此实务界认为分析师根据基本面分析给出的投资建议当然有价值;另一方面,学术界对这一问题并未给出肯定的解答。首先,我国分析师行业起步较晚、相关制度尚不健全、监管力度相对不足以及市场参与者不够成熟等,导致我国分析师行业的发展与国外相比存在较大差距。因此,我们不能简单地照搬国外的研究成果,盲目地将其应用于中国资本市场。其次,我国分析师行业发展历史较短,缺少学术研究所需的相关数据,限制了以分析师为对象的系统研究。最后,已有研究大多集中于分析师盈余预测的准确性、有效性,有关分析师荐股价值的相关研究比较少。

中国股市的一些特征使学术界对于分析师投资推荐的价值持怀疑态度。原因在于,中国A股市场上市公司财务报表的盈余操纵现象非常明显,而分析师合理评估企业价值的基础是上市公司的财务报表真实地反映企业经营状况;同时,中国资本市场上的股票定价机制可能一定程度地受到市场投机气氛的影响,并非取决于企业的合理估值。虽然分析师投资推荐的价值是受到学术界普遍关注的问题,但由于缺乏中国分析师的投资推荐数据,这方面的研究较少。徐永新和陈婵(2009)以2007年《中国证券报》"实力机构周末荐股精选"专栏为研究对象,研究财经媒体股票推荐的市场反应。实证结果显示:股票推荐前一周,所推荐的股票已经有显著的正超额收益;股票推荐之后的第1个交易日仍有显著的正超额收益,而第2—5个交易日则变为显著的负超额收益;同时,分析师推荐的股票在推荐前后也均有显著的正超常交易量。这些现象在投资咨询公司推荐的股票中更明显,以"问题咨询公司"为甚。深入分析财经媒体的股票推荐行为,将有助于理解我国资本市场的基本特性。此外,中国资本市场上的分析师也表现出较多的羊群行为现象。蔡庆丰等(2011)利用证券分析师股票评级数据的研究表明,分析师的股票投资评级具有明显的羊群行为;进一步的研究发现,机构投资者和分析师羊群行为的叠加影响会降低市场信息含量、加大市场波动。因此,我们应该在深入了解中国市场上的分析师特征与行为的基础上利用中国分析师信号构建投资策略。

分析师跟踪与股票收益

我国分析师群体起源于随证券市场的建立而诞生的证券咨询业,如职业股评家或股票研究咨询机构等。随着证券咨询业的发展,相关的自律性行业协会相继成立,行业规范及行业准则也相继出台,进一步促进证券咨询业的迅速发展,尤其是近年来机构投资者的发展以及合格的境外机构投资者(Qualified Foreign Institutional Investors,QFII)的引入,促使投资者的投资理念开始转向价值投资,大大增加了市场投资者对上市公司基本面信息的需求,也带动了分析师职能的转换,从传统"股评家"转换为真正的信息中介人员——证券分析师。近年来,中证协出台并实施《发布证券研究报告执业规范》和《证券分析师执业行为准则》等规定,使证券分析师执业更加规范,促进分析师行业蓬勃发展。然而,与成熟资本市场相比,我国资本市场发展较晚,分析师规模较小,研究范围和深度有待进一步提高。

国内研究认为,分析师跟踪影响上市公司的应计项盈余管理。张芳芳和陈习定(2015)发现分析师跟踪对上市公司真实盈余操纵同样有影响,进一步拓展了分析师跟踪影响盈余管理的研究。张芳芳和陈习定(2015)发现,总体上分析师跟踪人数更多公司的真实盈余操纵程度更大,即分析师在上市公司真实盈余操纵过程中主要扮演过度压力提供者的角色;进一步的研究发现,向下管理盈余(即真实盈余操纵变量为负)公司的分析师跟踪人数与真实盈余操纵强度显著正相关,而向上管理盈余(即真实盈余操纵变量为正)公司的分析师跟踪人数与真实盈余操纵强度显著负相关。

8.4.3 总结与展望

已有研究表明,上市公司自身并不是影响股票价格变动的唯一因素,宏观政策、产业结构及竞争对手等信息均可以对股票产生影响,股票价格在市场上的波动是多种因素通过不同方式共同作用的结果,其背后隐含的关联信息异常复杂。分析师在股票市场上扮演着信息收集、信息加工与信息传递的关键角色,分析师盈余预测及分析师推荐是投资者进行投资决策的重要信息资源。证券分析师可以通过很多渠道影响自己所跟踪公司的管理层决策,也可能成为财务欺诈案件中最有效率的"吹哨人"。

在未来的学术研究和投资实践中,我们提出如下展望:

一方面,关注分析师个人特征对资本市场的影响。分析师个人特征包括从业年限、职业专长、关注同行业上市公司数量、地理位置、研究报告发布频率等,这些因素很可能会影响分析师预测行为,最终影响整个资本市场。在未来研究中,学者可以将这些因素纳入研究范畴,考察其对资本市场的影响,以帮助投资者更深入地理解分析师行为的动机及其经济后果。

另一方面,探究分析师推荐信息的不同传播渠道对投资者决策的影响。在未来的研究中,学者应当考虑不同渠道来源(如电子邮件、手机短信、电话交谈、面对面交谈等)的信息如何影响投资者决策。关于分析师如何选择最佳的信息交流方式来传递信息,不同类型的渠道又如何影响投资者的决策判断,未来的研究可以对此进行更深入的分析。

参考文献

[1] 戴方哲,尹力博.2017.证券分析师"变脸"行为会增加股票特质波动率吗[J].管理评论,29(5):14—22+130.

[2] 金大卫,冯璐茜.2016.过度自信、分析师跟进与资本市场定价效率——基于R^2视角的实证研究[J].管理评论,28(12):41—53.

[3] 潘越,戴亦一,林超群.2011.信息不透明、分析师关注与个股暴跌风险[J].金融研究,375(9):138—151.

[4] 王玉涛,王菊仙,赵迎旭.2021.我国证券分析师股票评级、评级修正与市场反应[J].管理评论,33(2):3—14.

[5] 王宇熹,洪剑峭,肖峻.2012.顶级券商的明星分析师荐股评级更有价值么?基于券商声誉、分析师声誉的实证研究[J].管理工程学报,26(3):197—206.

[6] 吴武清,揭晓小,苏子豪.2017.信息不透明、深度跟踪分析师和市场反应[J].管理评论,29(11):171—182+195.

[7] 徐永新,陈婵.2009.媒体荐股市场反应的动因分析[J].管理世界,11:65—73.

[8] 张芳芳,陈习定.2015.分析师覆盖与真实活动操纵——来自中国上市公司的证据[J].经济管理,37(9):92—102.

[9] 张然,汪荣飞,王胜华.2017.分析师修正信息、基本面分析与未来股票收益[J].金融研究,445(7):156—174.

[10] 朱琳,陈妍羽,伊志宏.2021.分析师报告负面信息披露与股价特质性波动——基于文本分析的研究[J].南开管理评论,6:1—16.

[11] Gleason, A. G.,C. M. C. Lee. 2003. Analyst forecast revisions and market price discovery[J]. The Accounting Review, 78(1):193—225.

[12] Jegadeesh, N., J. Kim, S. D. Krische, et al. 2004. Analyzing the analysts: when do recommendations add value[J]. The Journal of Finance, 59(3):1083—1125.

[13] Lee, C. M., E.C. So. 2017. Uncovering expected returns: information in analyst coverage proxies[J]. The Journal of Finance, 124(2):331—348.

第9章
机构投资者

9.1 主动型共同基金管理的价值：基金经理持股和交易的检验

标题：The Value of Active Mutual Fund Management: An Examination of the Stock-holdings and Trades of Fund Managers
作者：Hsiu-Lang Chen, Narasimhan Jegadeesh, Russ Wermers
来源：*Journal of Financial and Quantitative Analysis*, 2000, Vol. 35, No. 3

跟随主动型共同基金买卖股票，投资者可以获得超额收益

9.1.1 概述

共同基金可以分为主动型共同基金与被动型共同基金。主动型共同基金是由基金经理主动选取股票，追求超过市场的业绩表现；被动型共同基金通常被叫作指数型基金，一般选取特定的指数成分股作为投资对象，不主动寻求超越市场的表现。20世纪末在美国，共同基金管理着大约5.5万亿美元的资产，其中相当一部分由主动型共同基金的基金经理管理，他们希望依靠优秀的选股技巧构造主动型策略，并超越被动型策略的业绩表现。相比于被动型共同基金，主动型共同基金经理每年多花费高达几十亿美元的成本去寻找价格被低估的股票，但学术界仍不断质疑主动型共同基金的选股能力。从 Jenson (1968) 开始，很多研究发现主动型共同基金的平均收益低于被动型共同基金的平均收益。所以,投资者关心的问题是,主动型共同基金的管理者是否具备更好的选股能力?投资者能否根据主动型共同基金的选股情况做出投资决策,从中获取超额收益?

本文利用美国股票市场20年的数据,分析共同基金的股票持仓情况和交易情况,发现主动型共同基金经理确实具备一定的选股能力。投资者可以跟随主动型共同基金经理的选股策略来构建投资组合,买入共同基金净交易量为正的股票并卖空共同基金净交易量为负的股票,从中可以获得超过5%的年化收益。

9.1.2 应用指南

基金经理普遍被认为具备很强的选股能力,然而学术研究发现主动型共同基金的业绩表现并不优于被动型共同基金。但这并不意味着主动型共同基金完全没有选股能力,例如基金可能因资本利得税或交易费用而不轻易卖出股票,使得基金业绩优势不显著。事实上,1975—1994年,共同基金持有市场上很大比例的股票(占美国股票市场总市值的3%~13%),基金持有股票的收益构成市场收益的重要部分,这些基金作为一个整体不可能有远超市场基准的表现。因此,为了更好地检验基金的选股能力,本文探讨以下几个问题:主动型共同基金经理究竟是否具备更好的选股能力?主动型共同基金更偏好什么类型的股票?投资者可否通过跟随主动型共同基金的股票买卖来获取超额收益?

主动型共同基金的选股偏好

共同基金会参照一定标准选股,本文探讨共同基金在选股过程中可能出现的普遍倾向,即基金经理是否会选择具有某些特征的股票。具体来讲,本文选取市值规模、账面市值比、价格动量(本季度前6个月的复合收益率)、基金持有和交易股票的换手率(上季度日平均交易量/总股数),分别根据这4个指标对每只股票排序并打分。若某公司的市值规模打分为0.6,意味着市场上60%公司的市场规模小于该公司。同时,每季度也将股票分别按基金持有总量和交易总量进行分组排序,计算每组股票的以上4个指标的平均得分,据此判断基金是否偏好某些类型的股票。研究结果表明,基金偏好持有市值规模大、账面市值比低、过去表现良好、换手率高的股票。

主动型共同基金的选股能力

本文考察主动型共同基金持有和交易股票的表现,以此检验基金经理的选股能力。以市场为基准,如果主动型共同基金经理具备选股能力,那么由主动型共同基金广泛持有股票的表现应该会好于基准;同时,主动型共同基金经理新买入股票的表现应好于市场,而新卖出股票的表现应比市场更差。

本文构建了两个投资组合。在第一个组合中,做多共同基金广泛持有的股票、做空共同基金较少持有的股票;在第二个投资组合中,做多共同基金买入的股票、做空共同基金卖出的股票。表9.1列示了两个投资组合的收益情况。从 Panel A 中可以看出, Top-Bottom (做多共同基金广泛持有的股票、做空共同基金较少持有的股票)在未来3个月、未来6个月、未来9个月、未来12个月的累计收益率分别为 0.45%($t=0.63$)、0.83%($t=0.58$)、1.16%($t=0.56$)、0.95%($t=0.36$)。由此可知,共同基金广泛持有股票的收益高于共同基金较少持有股票的收益,但这种差异并不明显。从 Panel B 中可以看出, Top-Bottom (做多共同基金买入的股票、做空共同基金卖出的股票)在未来3个月、未来6个月、未来9个月、未来12个月的累计收益率分别为 1.66%($t=4.27$)、2.90%($t=3.29$)、4.96%($t=4.55$)、6.08%($t=4.50$)。由此可知,共同基金当期买入股票的未来收益要高于共同基金当期卖出股票的未来收益。总体来说,共同基金的持仓信息不能预测股票收益,但共同基金当期的交易行为能够预测股票收益,基金经理还是有一定的选股能力的。

表 9.1 共同基金持有和交易股票的收益表现

	Event Time						
	Qtr −2	Qtr −1	Qtr 0	Qtr +1	Qtr +1 through Qtr +2	Qtr +1 through Qtr +3	Qtr +1 through Qtr +4
Panel A:按共同基金持股比例构建的投资组合收益情况							
All Holdings	4.13	4.55	4.33	3.85	7.60	11.57	15.48
Decile 1(Top)	5.82	6.36	5.73	4.40	8.69	13.11	17.21
Decile 2	4.70	5.04	4.84	4.21	8.09	12.25	16.13
Decile 3	4.25	4.61	4.18	3.84	7.68	11.48	15.28
Decile 4	3.58	4.04	3.91	3.52	6.02	10.76	14.65
Decile 5	3.32	3.74	3.71	3.66	7.21	11.13	15.17
Decile 6	3.38	3.60	3.47	3.42	6.86	10.53	14.33
Decile 7	2.89	3.55	3.43	3.50	6.80	10.17	13.75
Decile 8	2.41	2.86	3.14	3.23	6.75	10.88	14.71
Decile 9	3.20	3.55	3.85	3.92	7.83	11.79	15.61
Decile 10(Bottom)	3.17	3.60	3.79	3.95	7.87	11.95	16.26
Top-Bottom	2.65**	2.76**	1.94**	0.45	0.83	1.16	0.95
	(3.76)	(4.17)	(2.75)	(0.63)	(0.58)	(0.56)	(0.36)

(续表)

	Qtr−2	Qtr−1	Qtr 0	Qtr+1	Qtr+1 through Qtr+2	Qtr+1 through Qtr+3	Qtr+1 through Qtr+4
Panel B：按共同基金持股比例变化构建的投资组合收益情况							
Buys(Trades＞0)	4.17	5.60	7.48	4.58	8.78	13.44	17.82
Sells(Trades＜0)	3.88	3.44	1.85	3.35	6.68	9.75	13.12
Buys-Sells	0.29	2.15**	5.63**	1.24**	2.10**	3.68**	4.69**
Decile 1(Top)	5.11	7.02	9.45	5.13	9.63	14.49	18.97
Decile 2	3.81	5.16	7.02	4.40	8.49	13.00	17.25
Decile 3	3.57	4.59	5.83	3.69	7.68	12.27	16.44
Decile 4	3.46	3.99	5.09	3.85	7.50	11.85	15.93
Decile 5	3.03	2.50	5.15	4.97	8.49	11.38	15.24
Decile 6	2.14	1.84	2.55	2.40	5.32	7.99	10.17
Decile 7	3.15	3.67	2.40	3.51	6.81	10.25	14.46
Decile 8	3.51	3.50	2.18	3.16	6.48	10.12	13.73
Decile 9	3.96	3.23	1.73	3.38	6.79	10.11	13.44
Decile 10(Bottom)	4.16	3.57	1.69	3.47	6.74	9.53	12.89
Top-Bottom	0.95**	3.45**	7.76**	1.66**	2.90**	4.96**	6.08**
	(2.15)	(5.28)	(9.49)	(4.27)	(3.29)	(4.55)	(4.50)

注：* 和 ** 分别表示双侧检验下的 5% 和 1% 显著性水平。

表 9.1 展示了模仿主动型共同基金经理持仓情况和交易行为而构建的投资组合的收益情况。本文利用 1975—1994 年美国股票市场数据，在每个季度末，计算共同基金经理持有股票的份额（即持股比例，FracHoldings）及其持股比例变化（即持仓变化，Trades）。Panel A 列示了按共同基金持股比例构建的投资组合收益情况。具体来讲，按共同基金对各只股票的持股比例（FracHoldings）把股票从大到小排序，然后等分成 10 组（Decile 1—Decile 10）。其中，All Holdings 表示共同基金持有的所有股票的投资组合，Top 表示共同基金持股比例最高组，Bottom 表示共同基金持股比例最低组。Panel B 列示了按共同基持股比例变化构建的投资组合收益情况。具体来讲，按所有共同基金对各只股票的持仓变化（Trades）把股票从大到小排序，然后等分成 10 组（Decile 1—Decile 10）。其中，Buys(Trades＞0) 表示共同基金当期买入的所有股票的组合，Sells(Trades＜0) 表示共同基金当期卖出的所有股票的组合，Top 表示共同基金买入数量最多的股票构成的投资组合，Bottom 表示共同基金卖出数量最多的股票构成的投资组合。Qtr 0 表示当季度，Qtr−1 和 Qtr−2 分

别表示上季度和上上季度，Qtr＋1、Qtr＋1 through Qtr＋2、Qtr＋1 through Qtr＋3、Qtr＋1 through Qtr＋4 分别表示未来 1 个季度(3 个月)、未来 2 个季度(6 个月)、未来 3 个季度(9 个月)、未来 4 个季度(12 个月)。

基金选股能力的横截面差异

既然共同基金总体上具备选股能力，并且存在股票偏好，那么共同基金会不会更善于选取某一类型的股票呢？为了解答这一问题，本文首先对股票进行分类，按照股票市值是否超过纽交所股票市值中位数把股票分为大市值股票和小市值股票，同时根据账面市值比是否超过纽约证券交易所账面市值比中位数把股票分为价值型股票和成长型股票。对于基金，本文按照基金每季度初声称的投资目标将其分为成长型基金与收益型基金，并考察各基金的投资情况。

本文发现，成长型基金确实是小市值/成长型股票的最大投资者。当把股票按账面市值比分为 10 组时，可以发现成长型基金通常会将投资组合的三分之二投入账面市值比最低两组的股票，而收益型基金会将投资组合的四分之一投入账面市值比最高两组的股票。相比于收益型基金，成长型基金在成长型股票方面确实投入更多。

进一步地，本文还研究了不同风格的基金当期买入股票和卖出股票的未来表现。按成长型基金和收益型基金各自的交易行为进行分组，实证结果显示，成长型基金买入股票的表现明显好于其卖出股票的表现，而收益型基金买入股票的未来收益和卖出股票的未来收益间没有显著区别。总体来讲，相比于收益型基金，成长型基金的选股能力更强。

9.1.3 投资笔记

投资逻辑

本文发现主动型共同基金经理确实具备选股能力，他们买入的股票比他们卖出的股票在未来(大约 1 年内)的表现更好且统计显著。因此，我们可以观察主动型共同基金的股票买卖情况，并据此构建投资策略，买入共同基金净交易量为正的股票并卖空共同基金净交易量为负的股票，从中可以获取超额收益。

核心指标

$$\text{FracHoldings}_{i,t} = \frac{\text{Number of Shares Held}_{i,t}}{\text{Total Shares Outstanding}_{i,t}} \quad (1)$$

其中，$\text{FracHoldings}_{i,t}$ 表示股票 i 在第 t 期被共同基金持有的比例；$\text{Number of Shares Held}_{i,t}$ 表示 t 季度末所有共同基金持有的股票 i 的总股数；$\text{Total Shares Outstanding}_{i,t}$ 表示股票 i 的总流通股数。

$$\text{Trades}_{i,t} = \text{FracHoldings}_{i,t} - \text{FracHoldings}_{i,t-1} \quad (2)$$

其中，$\text{Trades}_{i,t}$ 表示股票 i 在第 t 期被共同基金买入数量和卖出数量的差额，等于当季度共同基金持有股票 i 的持股比例（$\text{FracHoldings}_{i,t}$）减去上季度共同基金持有股票 i 的持股比例（$\text{FracHoldings}_{i,t-1}$）。

策略及表现

期间：1975—1994 年

市场：美国股票市场

选股策略：在每个季度末，若某只股票的净交易量为正则买入这只股票，按基金的买入数量确定买入数量（即模仿基金的买入模式），再根据实际交易金额同比例调整；若某只股票的净交易量为负则卖空这只股票，按基金的卖出数量确定卖空数量（即模仿基金的卖出模式），再根据实际交易金额同比例调整。如此一来，卖空股票的总市值与买入股票的总市值相等，构建对冲策略，然后按季度调仓，投资者每季度平均可以获得 1.24% 的超额收益。

细节提示

（1）成长型共同基金比收益型共同基金表现出更好的选股能力。

（2）投资组合换手率较高，会带来较高的交易费用和收益的不稳定。

（3）该策略在低市值股票、高市值股票、价值型股票、成长型股票四个子资产池中都有效，故可以结合其他选股偏好灵活构建策略。

9.2 用资金流向解释收益的可预测性

标题：A Flow-Based Explanation for Return Predictability

作者：Dong Lou

来源：*The Review of Financial Studies*，2012，Vol.25，No.12

跟随共同基金的资金流向构建投资策略，投资者可以获得超额收益

9.2.1 概述

以往研究发现金融市场上存在以下现象:共同基金的业绩在一年中会有较强的持续性,即共同基金的业绩表现存在动量效应;共同基金的资金流动能正向预测基金下一季度的表现,即基金当期获得更多的资金流入,其下期业绩表现可能更好(称为"智钱效应");个股收益存在价格动量。本文认为这三种现象背后的机制是相同的:散户投资者会在下期投资于本期表现更好或之前投资过的基金,而这些基金在获得更多散户的资金后,会把资金投入已持有的股票,进而导致股票价格呈现动量效应。因此,共同基金的资金流向,可以用来解释和预测股票收益。

本文利用1980—2006年美国共同基金的所有数据,用资金流向解释共同基金和股票收益的动量效应。首先,共同基金在发生资金流动时会调整持仓;其次,共同基金的资金流向对股价具有显著的短期影响;最后,预期的"资金流向引发的交易"可以在下年正向预测股票和共同基金的收益,而且收益会在之后的一年发生反转。本文发现资金流向是解释共同基金业绩持续性、"智钱效应"和价格动量的重要因素。市场上的投资者可以跟随共同基金的资金流向构建投资组合,从中获取超额收益。

9.2.2 应用指南

金融市场上存在这样的现象:共同基金的业绩在一年中会有较强的持续性、"智钱效应"以及个股的价格动量。为何资本市场上会出现这类现象?资金流动及其引发的交易能否解释这几类现象?投资者是否可以根据市场上的资金流向构建投资组合,从中获取超额收益?本文对这些问题进行了解答。

资金流向下的持仓调整

首先,本文考察了共同基金在面对资金流动时如何调整持仓。研究结果表明,面对资金流出,基金经理往往会根据资金流出量等额减少现有的股票投资组合;面对资金流入,基金经理只将部分流入资金投资于现有的股票投资组合,当现有的股票投资组合的流动性成本和共同基金的资金体量很大时,基金经理更倾向于用流入资金购买新股票。

跟随共同基金的资金流向构建投资组合

本文根据基金当期资金流向、上期股票持仓情况以及上期股票调整系数构建了本期"资金流向引发的交易"(FIT),用来预测共同基金下期的个股买卖情况。每季度末,按照 FIT 将股票从小到大排序并等分成 10 组,然后通过做多 FIT 最大组、做空 FIT 最小组构建投资组合。表 9.2 展示了投资组合的经市场因子、Fama-French 三因子、Carhart 四因子调整的 Alpha。Panel B 和 Panel C 显示,在投资组合形成季度期间(Qtr. 0),FIT 最大组(10)的月度收益显著大于 FIT 最小组(1)的月度收益;但是一年后,二者的月度收益差异在统计上和数值上均不显著,且第二年和第三年的收益差异出现反转。本文推测,这种收益表现是两种效应相互作用的结果。一方面,"资金流向引发的交易"推动股价偏离其基本价值,引发即时的价格反转;另一方面,基金资金流动的持续性又继续推动股价向更加偏离其基本价值的方向行进。

表 9.2 展示了利用共同基金资金流向进行交易的收益状况。其中,Panel A 展现的是[−4,+4]季度"资金流向引发的交易"(FIT)在各年度的最高分位数水平(10)、最低分位数水平(1)以及二者的差异(10-1),结果显示这一差异在这 8 个季度期间显著异于 0。FIT 值大于 0,表示共同基金用流入的资金购买该公司的股票;FIT 值小于 0,表示共同基金卖出该公司的股票以应对资金流出。Panel B 和 Panel C 分别展示了在等权和市值加权的组合中,"资金引发买入"组合和"资金引发卖出"组合的月度收益以及二者之差。每个季度都会调整投资组合,持有期为 3 年。为了处理每个月同时存在不同季度形成的投资组合的问题,本文使用 Jegadeesh and Titman(1993)的方法,对不同季度形成投资组合的收益进行等权平均。表 9.2 报告了三种形式的超额收益:超过无风险利率的风险溢价(Excess Return)、使用 Fama-French 三因子模型计算出的 Alpha 收益(3-Factor Alpha)、使用 Carhart 四因子模型计算出的 Alpha 收益(4-Factor Alpha)。

资金流向:对已有现象的解释

本文进一步分析了资金流向如何完全解释共同基金业绩的持续性、"智钱效应"以及价格动量异象。

本文认为,过去业绩表现更好的基金会吸引更多的资金,并将这些资金继续投资于现在所持有的资产,使得资产价格上涨,基金在下期仍有更好的业绩表现。这解释了共同基金业绩表现的持续性。如果投资者能够区分基金经理的投资技巧,那么流入共同基金的资金应该能够预测基金未来的正向表现。这解释了"智钱效应"。

过去业绩表现好的基金未来能募集更多的资金,从而继续投资于现在所持有的资产,引发资产价格上涨;而这些资产大多数是历史收益更好的股票,

表 9.2 资金流向的价值效应

Panel A: [−4,+4]季度 FIT 的分位数

Decile	Qtr. -4	Qtr. -3	Qtr. -2	Qtr. -1	Qtr. -0	Qtr. 1	Qtr. 2	Qtr. 3	Qtr. 4
1	1.27%	0.81%	0.48%	−0.24%	−5.50%	0.20%	0.59%	0.61%	1.21%
10	5.00%	5.88%	6.69%	8.62%	16.76%	8.06%	6.10%	5.25%	4.23%
10-1	**3.73%**	**5.07%**	**6.21%**	**8.86%**	**22.27%**	**7.86%**	**5.51%**	**4.65%**	**3.02%**
	(11.00)	(13.20)	(15.98)	(14.37)	(22.94)	(12.54)	(14.91)	(15.25)	(12.61)

Panel B: 等权基于 FIT 组合收益

	Qtr. 0 (Formation Qtr.)			Qtr. 1—4			Qtr. 5—8			Qtr. 5—12		
Decile	Excess Return	3-Factor Alpha	4-Factor Alpha	Excess Return	3-Factor Alpha	4-Factor Alpha	Excess Return	3-Factor Alpha	4-Factor Alpha	Excess Return	3-Factor Alpha	
1	0.09%	−0.83%	−0.64%	0.68%	−0.22%	0.06%	0.90%	−0.06%	−0.02%	0.92%	0.05%	
10	1.82%	1.08%	0.86%	0.66%	−0.02%	0.04%	0.49%	−0.33%	−0.22%	0.63%	−0.17%	
10-1	**1.73%**	**1.91%**	**1.50%**	−0.03%	0.20%	−0.02%	**−0.40%**	−0.27%	−0.21%	**−0.30%**	**−0.23%**	
	(7.77)	(8.31)	(7.38)	(−0.17)	(1.36)	(−0.10)	(−2.46)	(−1.46)	(−0.93)	(−2.70)	(−2.10)	

Panel C: 市值加权基于 FIT 组合收益

	Qtr. 0 (Formation Qtr.)			Qtr. 1—4			Qtr. 5—8			Qtr. 5—12		
Decile	Excess Return	3-Factor Alpha	4-Factor Alpha	Excess Return	3-Factor Alpha	4-Factor Alpha	Excess Return	3-Factor Alpha	4-Factor Alpha	Excess Return	3-Factor Alpha	
1	−0.22%	−1.05%	−0.82%	0.73%	−0.09%	−0.02%	0.87%	0.19%	−0.35%	0.82%	0.19%	
10	1.90%	1.26%	0.93%	0.64%	0.05%	−0.22%	0.21%	−0.35%		0.36%	−0.23%	
10-1	**2.12%**	**2.31%**	**1.76%**	−0.08%	0.15%	−0.21%	**−0.66%**	**−0.54%**		**−0.46%**	**−0.42%**	
	(5.96)	(6.78)	(5.11)	(−0.35)	(0.68)	(−0.93)	(−3.04)	(−2.85)		(−2.80)	(−2.61)	

注:括号内为 t 统计量,粗体表示在 5%的统计水平上显著。

这使得历史收益更好的股票将来仍有更好的收益,即价格动量。

9.2.3 投资笔记

投资逻辑

共同基金会根据资金流动(投资者对基金的认购和赎回)对股票投资组合进行调整,而这会进一步影响股票未来能否获得更高的收益。我们可以预测,如果共同基金把流入的资金更多地投入某只股票,那么该股票未来将有更高的收益。据此,我们可以根据"资金流向引发的交易"(FIT)构建投资组合,从中获取超额收益。

核心指标

$$\text{flow}_{i,t} = \frac{\text{TNA}_{i,t} - \text{TNA}_{i,t-1} \times (1 + \text{RET}_{i,t}) - \text{MGN}_{i,t}}{\text{TNA}_{i,t-1}} \tag{1}$$

其中,$\text{flow}_{i,t}$ 表示基金 i 在 t 季度的资金流动;$\text{TNA}_{i,t}$ 表示基金 i 在 t 季度的净资产;$\text{RET}_{i,t}$ 表示基金 i 在 t 季度的基金收益;$\text{MGN}_{i,t}$ 表示由基金合并引起的净资产(TNA)增量。

$$\text{trade}_{i,j,t} = \beta_0 + \beta_1 \text{flow}_{i,t} + \gamma_2 X + \gamma_3 \text{flow}_{i,t} X + \epsilon_{i,t} \tag{2}$$

其中,$\text{trade}_{i,j,t}$ 表示基金 i 在 t 季度对股票 j 的持股变化量,等于(本季度的持股数量—上季度的持股数量)/上季度的持股数量;$\text{flow}_{i,t}$ 表示基金 i 在 t 季度的资金流动;X 表示控制变量,比如基金持股数量占股票流通股比例等。

$$\text{FIT}_{j,t} = \frac{\sum_i \text{shares}_{i,j,t-1} \times \text{flow}_{i,t} \times \text{PSF}_{i,t-1}}{\sum_i \text{shares}_{i,j,t-1}} \tag{3}$$

其中,$\text{FIT}_{j,t}$ 表示资金流向引发的交易,即 FIT 捕捉了由资金流向引发的基金对股票 j 的交易程度;$\text{shares}_{i,j,t-1}$ 表示基金 i 在 $t-1$ 季度末对股票 j 的持股数量;$\text{flow}_{i,t}$ 表示基金 i 在 t 季度的资金流动;$\text{PSF}_{i,t-1}$ 表示把式(2)按基金 i 分别进行面板回归后 β_1 的估计值。

策略及表现

期间:1980—2006 年

市场:美国股票市场

选股策略:每季度末,计算"资金流向引发的交易"(FIT),并根据其数值大小降序排列,按十分位值分为 10 组。买入 FIT 排前 10％的股票、卖空 FIT 排后 10％的股票,持有 1 个季度后调仓,预计每季度可以获得 2.12％的市值加权超额收益。

细节提示

（1）因子独立性差,与动量因子的相关度较高。
（2）"资金流向引发的交易"将导致股票价格发生联动变化。
（3）共同基金"资金流向引发的交易"对股票价格动量的解释能力在大公司股票中更明显。

9.3　关联股票

标题:Connected Stocks
作者:Miguel Antón, Christopher Polk
来源:*The Journal of Finance*,2014,Vol.69,No.3

利用共同基金关联股票的收益相关性,可以获取超额收益

9.3.1　概述

已有研究表明,机构投资者特征在股票贴现率的变动中发挥重要作用,进而导致股票收益的变动远离公司基本面的变动。以往研究主要关注机构持有的股票及其未来收益的相关性,探讨异常收益的横截面和时间序列的可预测性,但并未涉及不同股票收益之间可能存在的关联变动。本文提出一种新的方法来记录这种机构投资者所带来的关联变动。

本文使用美国市场 1980—2008 年的数据,探究了主动型共同基金所有权关联股票之间的收益相关性。研究结果显示,股票之间的所有权关联程度越高,其超额收益变化间的关联程度就越高。本文利用所有权关联构建投资组合,买入低自身收益、低关联股票组合收益的股票,卖空高自身收益、高关联股票组合收益的股票,可获得超过 9％的年超额收益。

9.3.2　应用指南

机构的股票持仓情况是否包含预测股票未来收益的信息？机构所管理资

产的价格变动会产生价格压力吗？投资者是否可以利用股票的共同基金所有权关联程度来获取超额收益？对于这些疑问，现有研究并未给出明确的答案，本文在现有研究的基础上解答这些问题。

关联股票的联动效应

为了检验所有权关联股票之间是否具有联动效应，本文将两只股票间的所有权关联程度记为FCAP，用所有同时持有相同两只股票的基金对其投入的资金总和与这两只股票市值总和的比值来衡量。为了探究所有权关联程度（FCAP）能否影响股票收益之间的关联性，本文以股票超额收益间的相关性作为被解释变量，以FCAP为解释变量并控制其他变量，构建股票收益间共同变动的横截面模型。

研究结果显示，标准化所有权关联程度的系数在几种情况下均显著，这说明股票之间的所有权关联程度能够显著预测股票收益间的共同变动。在控制其他因素不变的情况下，股票的所有权关联程度越高，其超额收益共同变动的程度越大。

上述检验存在的缺点是，基金所有权关联程度可能是内生的。有人提出一种替代性解释，基金所有者仅仅投资于基本面相同的股票，因此它们自然而然地具有相似的走势。为了处理模型的内生性问题，本文利用2003年的共同基金交易丑闻这一自然实验的证据推断二者的因果关系。因为共同基金交易丑闻的暴发相对来说是外生变量，大量资金将外流至关联基金，这一意外事件导致股票间基金所有权关联程度发生的变化是外生性的。在此情境下，所有权关联程度依然能够显著预测超额收益相关性的变化，从而可以进一步明确所有权关联程度与股票价格共同变动的因果关系。

根据关联股票构建交易策略

共同基金的资金流动会带来价格压力，导致被相同基金持有的股票会形成相同的价格走势，因而可以用股票间的基金所有权关联程度来预测股票收益的变动。具体来说，如果目标股票经历了一个负面冲击，同时关联股票的价格也下降了，那么可推测目标股票的价格下跌是关联股票价格下跌压力所导致的，预计目标股票的价格下跌是可以反转的。因此，本文的交易策略非常简单：买入（卖空）受关联股票价格下跌（上涨）影响而价格已经下跌（上涨）的股票。这种策略以关联股票收益作为股票是被低估还是被高估的信号，从而利用所有权关联程度引起的价格压力进行交易。此外，强制卖出的价格压力要比强制买入的价格压力更大,本文推测大多数可预测的收益变化将来自该策略的多头。

图9.1显示了低自身收益、低关联投资组合收益组合(简称"低组合"),高自身收益、高关联投资组合收益组合(简称"高组合"),以及做多低组合和做空高组合的累计超额收益。图中显示,对冲策略(做多低组合、做空高组合)可以在未来6个月获得不低于4%的收益,且之后没有发生反转。这表明共同基金的交易行为对关联股票产生了价格压力,使得关联股票的价格偏离其基本面,但这种价格偏离随着时间的推移会得到修复。此外,从图9.1中还可以看出,对冲策略的收益主要来自做多低组合,从而证实强制卖出的价格压力要大于强制买入的价格压力。

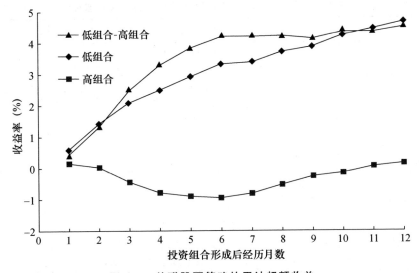

图9.1 关联股票策略的累计超额收益

图9.1描绘了关联股票反转交易策略的买入并持有的基本表现。该策略基于大市值股票(纽交所所有股票市值中位数以上的股票)之间的所有权关联构建,根据股票三个月自身收益和关联股票投资组合的三个月收益,按照独立的五分位数排序,分为25个投资组合。关联股票投资组合是指每个季度都有活跃的共同基金共同投资的股票。关联股票投资组合的权重与本文定义的异常基金所有权关联程度成正比。股票收益以Fama-French三因子模型和Carhart四因子模型的结果为基准,在模型中增加短期反转因素。图9.1表明关联收益中确实存在股票后续收益的信息;在此基础上,本文设计了多空交易策略,买入低自身收益、低关联投资组合收益的股票分组,并卖空高自身收益、高

关联投资组合收益的股票分组。由表 9.3 可知,投资组合的表现非常出色,可以获得高达 76 个基点的月收益(使用五因子模型计算),超过 71% 的超额收益来自低自身收益、低关联投资组合收益的股票分组。

本文根据过去三个月的股票自身收益和关联股票投资组合收益,将股票分成 25 个(5×5)分组,在表 9.3 中,Low 表示低收益,High 表示高收益,L-H 报告在股票自身收益(关联股票组合收益)一定情况下,买入关联股票组合(股票自身)收益较低组并卖空关联股票组合(股票自身)收益较高组的收益情况。表 9.3 报告了这 25 个综合投资组合的五因子 Alpha 值。这五个因子分别为 Fama and French (1993)的三个因子、Carhart(1997)增加的动量因子和一个短期反转因子。本文还报告了关联股票交易策略(CS)的平均收益。

表 9.3 基于关联股票交易策略投资组合的超额收益

		五因子 Alpha						
		关联投资组合收益						
		Low	2	3	4	High	L-H	Avg L-H
股票自身收益	Low	0.0055	0.0039	0.0039	0.0028	0.0002	0.0053	
		(4.58)	(3.73)	(3.79)	(2.56)	(0.15)	(3.57)	
	2	0.0047	0.0041	0.0027	0.0024	0.0008	0.0039	
		(4.59)	(4.73)	(3.29)	(2.55)	(0.84)	(3.68)	
	3	0.0031	0.0024	0.0014	0.0011	-0.0005	0.0036	0.0036
		(3.33)	(2.87)	(1.58)	(1.25)	(-0.56)	(3.56)	(4.13)
	4	0.0019	0.0007	0.0002	-0.0004	-0.0011	0.0030	
		(2.10)	(0.78)	(0.31)	(-0.47)	(-1.30)	(3.18)	
	High	0.0003	0.0002	-0.0017	-0.0017	-0.0022	0.0025	
		(0.27)	(0.30)	(-2.00)	(-2.00)	(-2.40)	(1.90)	
	L-H	0.0052	0.0036	0.0056	0.0045	0.0023	**0.0076**	LL-HH
		(3.74)	(3.08)	(4.48)	(3.54)	(1.78)	(4.96)	(CS)

9.3.3 投资笔记

投资逻辑

共同基金的资金流动能够带来价格压力,价格压力会通过股票间的所有权关联程度使得关联股票收益同方向变动,而这种价格变动不是基于关联股票自身的基本面,故价格变动最终会得到修复。具体来说,当目标股票的价格遭受负面冲击时,关联股票的价格同时下降,可推测目标股票的价格下跌是由价格压力所导致,预计股价是可以反转的。由此可构造反转交易策略,买入(卖空)受关联股票价格下跌(上涨)影响而股价已经下跌(上涨)的股票。

核心指标

1. 基金所有权关联程度

$$\text{FCAP}_{i,j,t} = \frac{\sum_{f=1}^{F}(S_{i,t}^{f}P_{i,t} + S_{j,t}^{f}P_{j,t})}{S_{i,t}P_{i,t} + S_{j,t}P_{j,t}} \tag{1}$$

$$\text{FCAP}_{i,j,t}^{*} = \text{Normalize}(\text{rank}(\text{FCAP}_{i,j,t})) \tag{2}$$

$$\text{FCAP}_{i,j,t}^{**} = \begin{cases} \text{rank}(\text{FCAPO}_{i,j,t}^{*}) & \text{FCAP}_{i,j,t} > 0 \\ 0 & \text{FCAP}_{i,j,t} = 0 \end{cases} \tag{3}$$

式(1)中,$\text{FCAP}_{i,j,t}$表示股票i和股票j的基金所有权关联程度;$S_{i,t}^{f}$表示基金f持有股票i的股份数量,$S_{j,t}^{f}$表示基金f持有股票j的股份数量;$S_{i,t}$表示股票i的流通股股数,$S_{j,t}$表示股票j的流通股股数;$P_{i,t}$表示股票i的价格,$P_{j,t}$表示股票j的价格。

式(2)中,$\text{FCAP}_{i,j,t}^{*}$表示经排名标准化后的基金所有权关联程度;$\text{rank}(\cdot)$表示排名函数,在每期的横截面把$\text{FCAP}_{i,j,t}$转化成百分数的排名;$\text{Normalize}(\cdot)$表示把变量标准化成均值为0、标准差为1的变量。

式(3)中,$\text{FCAP}_{i,j,t}^{**}$表示经排名化的异常基金所有权关联程度;$\text{FCAPO}_{i,j,t}^{*}$表示异常基金所有权关联程度,在每期的横截面把$\text{FCAP}_{i,j,t}^{*}$与相关控制变量正交化。

2. 关联投资组合收益

$$r_{iC,t} = \frac{\sum_{j=1}^{J}\text{FCAP}_{i,j,t-1}^{**})r_{j,t}}{\sum_{j=1}^{J}\text{FCAP}_{i,j,t-1}^{**}} \tag{4}$$

式(4)中,$r_{iC,t}$表示股票i的关联股票组合的收益;$\text{FCAP}_{i,j,t-1}^{**}$表示上期的异常基金所有权关联程度;$r_{j,t}$表示股票$j$的本期收益。

策略及表现

期间:1980—2008年

市场:美国股票市场

选股策略:分别根据过去三个月的股票自身收益与过去三个月的关联股

票组合收益,将股票从低到高分为5组,构成25(5×5)个股票分组。然后,买入低自身收益、低关联股票组合收益的股票分组,卖空高自身收益、高关联股票组合收益的股票分组,每月调仓。据此构建的投资组合可获得超过9%的年超额收益。

细节提示

(1) 超额收益多集中在多头端,潜在利用价值高。
(2) 套利机会长期存在,收益较稳定。
(3) 因子计算较为复杂,操作有难度。
(4) 因为小市值股票的机构持股比例较低,本文套利策略的样本限于大市值股票,即市值高于纽交所所有股票市值中位数的股票。

9.4 基于机构投资者的投资策略:中国实践部分

本章以机构投资者行为为主线,分别探讨了基金选股、资金流向和股票关联与股票未来收益的关系。以上研究是基于美国市场数据开展的,中国投资者关心的问题是:在中国股票市场上也存在类似的现象吗?基于以上理论构建的投资策略,在中国股票市场上也能获得超额收益吗?下面我们将对基于中国市场的研究进行梳理。

9.4.1 中国相关研究

基金选股与股票收益

主动型共同基金主动选择股票,然而关于基金经理是否具备选股能力始终存在争议。Chen et al.(2000)关注这一问题,利用美国股票市场20年的数据,发现主动型共同基金经理确实具备一定的选股能力。投资者利用共同基金经理的选股能力构建投资组合,即做多共同基金净交易量为正的股票并做空共同基金净交易量为负的股票,从中可以获取超额收益。

罗荣华等(2011)使用中国数据,研究基金经理能否采用主动性管理方式提升基金业绩。他们用开放式基金2005—2009年的数据作为样本,计算出复合主动性指标(CAI)以衡量主动性管理能力。其研究发现,主动性能够作为基金未来业绩的预测指标,主动性较强基金的业绩确实要好于主动性较弱基金的业绩,即基金经理通过主动性管理显著地提升了基金业绩,从而验证了中国资本市场上主动型基金经理具备选股能力。

资金流向与股票收益

散户投资者会在下期投资于本期业绩表现更好或之前投资过的基金,同时散户资金的投资去向会影响个股的价格,进而导致股票价格呈现动量效应。因此,共同基金的资金流向也能预测股票收益。Lou(2012)使用1980—2006年美国共同基金的数据,用资金流向解释了共同基金和股票收益的动量效应,发现当发生资金流动时共同基金会调整持仓,由此产生的共同基金的资金流向短期内会影响股票价格的走势。因此,资金流向是解释共同基金业绩持续性、"智钱效应"和价格动量的重要因素,市场投资者可以跟随共同基金的资金流向构建投资组合,从而获取超额收益。

虽然已有部分基于我国资本市场的研究关注共同基金的资金流向,但目前尚未有研究使用中国数据将共同基金的资金流向应用于股票收益的预测,这一领域的研究尚存在一定的不足。

股票关联和股票收益

已有研究表明,机构投资者特征在股票贴现率的变动中可能发挥着重要作用,进而导致股票收益的变动远离公司基本面的变动。Antón and Polk(2014)提出一种新方法记录这种机构投资者所影响的联动变化。Antón and Polk(2014)使用美国市场1980—2008年的数据,探究主动型共同基金所有权关联股票之间的收益相关性。研究结果显示,股票之间的所有权关联程度越高,其超额收益变化间的关联程度就越高。他们利用所有权关联程度构建投资组合,买入低自身收益、低关联投资组合收益的股票分组,卖空高自身收益、高关联投资组合收益的股票分组,可获得超过9%的年超额收益。

李科等(2019)在Antón and Polk(2014)的基础上,使用基金经理更换作为冲击事件,考察股票收益相关性对股票价格的影响。李科等(2019)认为,基金经理更换是基金行业的普遍现象,投资组合收益对基金经理更换的影响不大;相对于未更换基金经理的基金,新基金经理倾向于抛售原组合股票,构建新的投资组合,并且抛售行为与股票之前的收益情况无关。因此,基金经理更换对关联股票的收益相关性而言具有很强的外生性,可借此探究基金经理更换对关联股票收益相关性的影响可以准确地观察到股票关联性发生变化的经济后果。他们发现,基金经理更换打破了基金共同持股投资组合中股票的关联性,降低了股票的收益相关性,并且基于基金共同持股和基金经理更换构建的对冲投资组合可以使投资者获得0.1%的日超额收益。他们进一步对这一机制进行检验,发现基金投资组合中股票收益相关性能够解释这种超额收益,而这种效应不是由基金经理更换导致的资金流量减少所造成的。

9.4.2 "中国特色"研究

基金选股与股票收益

在中国市场上,关于基金是否具备选股能力,已有文献的结论存在分歧。一方面,有研究认为相对于一般投资者,机构投资者具有信息优势和选股能力。例如,罗荣华等(2011)发现基金经理的主动性管理可以提升基金业绩。张然和李润泽(2022)认为主动型公募基金具备一定的选股能力,且这种选股能力主要来自基金经理拥有非公开信息的信息优势。据此,研究者将主动型公募基金的总持仓分为正常持仓和异常持仓,构造异常持仓指标以反映基金经理基于私有信息所做出的决策,并基于异常持仓指标检验主动性管理的基金经理是否具备选股能力。研究发现根据异常持仓指标构造的等权(市值加权)投资组合能获得8.60%(11.22%)的年化超额收益,这表明主动型公募基金的异常持仓可以预测未来股票收益。

另一方面,有研究认为由于中国证券投资基金的发展尚处于起步阶段,基金经理的专业投资管理水平较低、市场波动性较强,基金经理没有能力正确识别股票价值,很难正确选择价值被低估的股票。张新和杜书明(2002)选择我国市场1999—2001年的22只证券投资基金及其等权基金组合作为样本,使用夏普比率、特瑞纳比率、詹森Alpha衡量基金的业绩表现,未发现基金显示出优异的选股能力和择时能力。周泽炯和史本山(2004)考察我国开放式基金的选股能力,发现我国开放式基金经理不具备选股能力。这些研究发现,我国的机构投资者无法持续获得超过市场水平的业绩,投资者很难通过基金经理行为构建投资组合,从中获取超额收益。

资金流向与股票收益

Lou(2012)解释了西方资本市场上存在的一部分异象:共同基金的业绩表现在一年中具有较强的持续性,即共同基金的业绩表现存在动量效应;共同基金的资金流动能正向预测下季度基金的表现;如果共同基金当期获得更多的资金流入,其下期业绩就会更高,即"智钱效应"。

中国资本市场上是否存在类似的异象?部分文献就这一问题展开了研究,但并未得到一致的结论。国内学术界近年来的相关研究发现我国基金市场上存在赎回异象:基金短期(季度)收益与资金流量之间呈现显著的负相关性,投资者对基金业绩表现出非理性的"反向选择"——"惩罚"绩优基金却"追逐"绩劣基金。赎回异象会使业绩良好的基金面临更加严重的流动性问题而不得不抛售盈利资产,从而扭曲了市场资源分配功能,降低了市场效率,影响了基金业的正常发展。例如,陆蓉等(2007)发现,与发达国家开放式基金的表现不同,我国开放式基金投资者的选择未能发挥"优胜劣汰"的作用,即基金业绩提高并没有带来资金净流入,反而造成资金净流出。陆蓉等(2007)选择14只基金 2003—2006 年 14 个季度的数据作为样本,使用净申购率(申购量与赎回量之差,即负的净赎回量)作为被解释变量,基金收益作为解释变量,发现中国开放式基金业绩提升并没有带来资金净流入,反而表现为赎回量增加,即投资者在赎回基金时表现出"反向选择"。

也有研究认为,中国市场上的赎回异象不过是一种假象。肖峻和石劲(2011)发现,中国投资者总体上"追逐业绩"而非"反向选择"。他们使用非平衡的面板回归技术,以基金滞后年度收益作为被解释变量,基金的资金净流量作为解释变量,发现基金滞后年度收益对资金净流量产生了显著的正面影响,从而为"智钱效应"提供了证据;此外,与西方资本市场明显不同,我国明星基金不能获得超额的资金流入,投资者并不热衷于"追星"。

股票关联和股票收益

与一只基金持有多只股票所带来的股票关联现象相似,多只基金同时持有一只股票也会对股票收益产生影响。家族共同持股是指一家基金管理公司内部的两只以上(含两只)基金同时重仓持有同一只股票。

陆蓉和李良松(2008)考察基金家族共同持股现象,发现中国基金管理公司的家族共同持股行为严重,家族共同持股行为对基金管理公司业绩增长和风险产生倒 U 形的影响,说明基金管理公司通过家族共同持股来提高业绩的做法是以风险增加为代价的。在此基础上,李科等(2015)选取 2010—2013 年的开放式基金季报披露的十大重仓股为研究样本,发现基金家族共同持股提高了股票收益,依据基金家族共同持股构建的对冲投资组合的平均季度收益率达到 3.9%。李科等(2015)进一步探讨基金家族共同持股对股票收益的影响机制,使用换手率作为意见分歧指标,发现基金家族共同持股主要通过降低股票的意见分歧来提升股票收益。他们认为,在股票数量有限的前提下,基金家族共同持股使得股票持有者的相关性越来越强,对股票乐观的投资者越来越多,从而导致股价被高估。

9.4.3 总结与展望

已有研究表明,由于市场上中小投资者收集信息的成本较高,且不具备分析、利用市场上信息的专业技能,因而其对信息的解读和利用常常是有偏误、不完善的。在这种情形下,机构投资者在资本市场上起到非常重要的作用。机构投资者具有信息优势和选股能力,可以高效地收集和利用信息,这往往是普通投资者所不具备的。因此,观察和理解机构投资者的行为,为我们构建投资策略并获取超额收益带来了可能。

在未来的学术研究和投资实践中,我们提出如下展望:

首先,已有关于中国资本市场上一系列现象(如基金经理是否具备选股能力,市场上是否存在"智钱效应"等)的研究,并未给出一致的结论。我们可以从已有文献的矛盾之处出发,基于中国特有的制度背景和资本市场发展阶段,深入思考这类现象的成因。这有助于我们更好地理解机构投资者在中国资本市场上现有乃至将来的位置。

不能忽略的是,随着中国资本市场的不断发展,基金经理的执业水平也在不断发展进步,机构投资者在市场上的作用不断变化且愈发重要。在这一背景下,我们应该以动态的视角考察机构投资者的市场角色,从而更好地引导政策制定和投资实践。

参考文献

[1] 李科,陆蓉,夏翊等. 2019.基金经理更换、股票联动与股票价格[J].金融研究,1:188—206.

[2] 李科,陆蓉,夏翊. 2015.基金家族共同持股:意见分歧与股票收益[J].经济研究,50(10):64—75.

[3] 陆蓉,陈百助,徐龙炳,等. 2007.基金业绩与投资者的选择——中国开放式基金赎回异常现象的研究[J].经济研究,6:39—50.

[4] 陆蓉,李良松. 2008.家族共同持股对基金管理公司业绩与风险的影响研究[J].金融研究,2:140—151

[5] 罗荣华,兰伟,杨云红. 2011.基金的主动性管理提升了业绩吗[J].金融研究,10:127—139.

[6] 肖峻,石劲. 2011.基金业绩与资金流量:我国基金市场存在"赎回异象"吗[J].经济研究,46(1):112—125.

[7] 张然,李润泽. 2022. 主动型基金异常持仓、公司价值与未来股票收益[R].工作论文.

[8] 张新,杜书明. 2002.中国证券投资基金能否战胜市场[J].金融研究,1:1—22.

[9] 周泽炯,史本山. 2004.我国开放式基金选股能力和择时能力的实证研究[J].财贸研究,6:92—97.

[10] Anton, M., C. Polk. 2014. Connected stocks[J]. The Journal of Finance, 69(3): 1099—1127.

[11] Chen, H. L., N. Jegadeesh, R. Wermers. 2000. The value of active mutual fund management: an examination of the stockholdings and trades of fund managers[J]. Journal of Financial and Quantitative Analysis, 35(3): 343—368.

[12] Jegadeesh, N., S. Titman. 1993. Return to buying winners and selling losers: implications for stock market efficiency[J]. The Journal of Finance, 48:65—91.

[13] Lou, D. 2012. A flow-based explanation for return predictability[J]. Review of Financial Studies, 25(12): 3457—3489.

第 10 章
内部人交易

10.1 内部人交易是否有信息含量

标题：Are Insider Trades Informative
作者：Josef Lakonishok，Inmoo Lee
来源：*Review of Financial Studies*，2001，Vol.14，No.1

跟着内部人买卖，外部投资者可以获得丰厚的超额收益

10.1.1 概述

相比于外部投资者，公司内部人显然更具有信息优势。外部投资者只能依靠公开披露的信息进行投资，而管理层和大股东等公司内部人却能获取尚未公开披露的最新信息，诸如产品的最新销售情况、成本的最新变化情况、投资项目的最新进展情况等。因此，内部人对自己公司股票的交易，往往被认为有信息含量，是"智钱"(smart money)。根据监管要求，公司内部人应当及时披露交易行为，无论是彭博社还是《华尔街日报》，都会及时报道各类股票的内部人交易信息。而外部投资者关心的问题是：如果内部人交易真的具有信息含量，那么外部投资者能否借助公开披露的内部人交易信息做出更好的投资决策？

本文利用美国股市1975—1995年的数据，发现内部人交易的确具有信息含量，但外部投资者并没有对内部人交易信息及时做出反应。外部投资者可以利用加总的内部人交易数据进行市场择时——在内部人净买入时进入市场、在内部人净卖出时退出市场。通过同一时点比较不同股票的内部人交易，外部投资者可以进行选股——买入内部人净买入的股票、卖空内部人净卖出的股票,这样的投资策略未来1年内能够获得7.8%的超额收益。

10.1.2 应用指南

20世纪末,关于市场有效性的实证研究日益增多,人们逐渐发现市场并没有想象中的那么有效,外部投资者往往不能及时理解公司行为所包含的信息,导致股价延迟反应。例如,在公司回购股票之后,股价还会上涨一段时间;在公司增发股票之后,股价长期内表现不佳。精明的投资者可以利用股价延迟反应,在公司回购股票后买入股票,在公司增发股票后卖出股票,从中获取超额收益。尽管之前的研究大都表明,公司内部人拥有信息优势,内部人交易能够获得超额收益。然而,公司股价是否对内部人交易存在延迟反应?外部投资者能否从公开披露的内部人交易中获利?这些问题一直没有清晰的答案。

被忽视的内部人交易

在回答上述问题之前,我们先来了解一下什么是内部人交易。内部人交易就是指公司内部人进行的买卖本公司股票的交易。内部人主要可以分为两类,一类是董事、高管等公司管理层,另一类是大股东。由于内部人交易可能利用尚未公开的私有信息,公司内部人应当根据相关法律规定[1]及时披露内部人交易信息,因此外部投资者有机会从公开渠道及时获取内部人交易的数据。

内部人交易有多普遍呢?本文选取1975—1995年美国上市公司及其内部人交易作为研究样本,发现平均每年内部人买入和卖出交易额分别占公司市值的0.6%和1.3%,半数以上公司每年至少有1起内部人交易,大公司平均每年约有20起内部人交易。这说明内部人交易在美国上市公司中十分普遍。

如果市场能够及时对内部人交易信息做出反应,那么在公开披露内部人交易时,外部投资者应当能够根据内部人交易行为做出相应的投资决策,从而在披露窗口期产生显著的超额收益。本文计算出内部人交易披露后5个交易日内的累计超额收益,发现无论是买入交易还是卖出交易,累计超额收益[2]都

---

[1] 1934年美国《证券交易法》规定,上市公司内部人应当在交易月的下一个自然月的前10日内披露内部人交易信息。

[2] 内部人交易披露后5个交易日内,买入交易累计超额收益率为0.13%,卖出交易累计超额收益率为-0.23%。

小到没有经济学意义,即市场忽略了内部人交易信息。由此可见,之前的推断并不成立,市场似乎没有及时对内部人交易信息做出反应。

如果内部人交易真的有信息含量,并且当前股价并没有反映这些信息,那么这些信息只能体现在股票未来收益中。外部投资者也就能利用内部人交易信息获取中长期超额收益,具体的利用方式有两种:择时和选股。

利用内部人交易信息择时

本文构建了"净买入比例"(net purchase ratio, NPR)的择时指标,它等于过去 6 个月内部人净买入量(买入量减去卖出量)占总交易量(买入量加上卖出量)的比例,并利用该指标预测未来 12 个月的市场收益。

本文构建了几组投资组合以验证择时效果,其中 5 年滚动窗口期的投资组合最有代表性。组合构建方法如下:在检测期间的每月初,首先计算当月前 60 个月整个市场的净买入比例,并将其作为当月的净买入比例,然后对检测期间的净买入比例进行排序并等分成 5 组,计算每组未来 1 年的收益。

表 10.1 展示了内部人净买入比例(NPR)在投资组合形成前后 1 年的收益。Panel B 的结果显示,内部人净买入比例的择时效果相当明显。在全样本中,净买入比例最高组(排前 20%)未来 1 年的市场收益率达 21.2%,最低组(排后 20%)未来 1 年的市场收益率只有 8.1%。进一步的检验结果显示内部人是逆向投资者:净买入比例最高组过去 1 年的市场收益率仅为 -0.9%,而最低组过去 1 年的市场收益率高达 33.8%。这说明当内部人大量买入股票时,市场可能已经被低估;当内部人大量卖出股票时,市场可能已经见顶。

在进一步的分析中,本文还指出:对于不同类型的内部人,管理层比大股东的择时效果更好;对于不同长度的预测期,中长期(1 年)比短期(3 个月)的择时效果更好;对于不同类型的市场,小盘股比大盘股的择时效果更好。

利用内部人交易信息选股

依然是"净买入比例"指标,这次应用在横截面选股上。投资组合构建方法如下:在每年的 4 月末,根据过去 6 个月公开可得的内部人交易信息,计算每只股票的内部人净买入比例(NPR),按该指标将股票分成 10 组,再计算各组未来 1 年的超额收益。

只考虑管理层作为内部人的选股效果很不错(见表 10.2):净买入比例最高组(排前 10%)和最低组(排后 10%)未来 1 年累计收益率相差 7.7 个百分点;在考虑规模和账面市值比等风险因子后,最高组未来 1 年的超额收益率为 3.5%,

表 10.1 利用内部人交易信息择时的检测结果

Quintiles	全样本					管理层内部人交易					大股东内部人交易				
	NPR	Post 12 EW	Post 12 S&P	Prior 12 EW	Prior 12 S&P	NPR	Post 12 EW	Post 12 S&P	Prior 12 EW	Prior 12 S&P	NPR	Post 12 EW	Post 12 S&P	Prior 12 EW	Prior 12 S&P
Panel A: 按整个样本期间每月自身 NPR 排序分组															
Lowest	−0.38	12.7%	16.7%	34.7%	30.1%	−0.48	12.3%	16.0%	33.7%	30.0%	−0.02	12.6%	12.1%	23.2%	15.9%
2	−0.20	4.1%	5.6%	20.2%	18.3%	−0.31	8.0%	8.3%	22.5%	19.9%	0.37	9.3%	14.0%	23.9%	26.5%
3	−0.12	17.1%	9.9%	23.0%	15.2%	−0.21	22.9%	16.1%	15.3%	9.5%	0.55	16.0%	13.2%	13.3%	13.8%
4	−0.04	29.7%	21.0%	10.0%	4.8%	−0.15	20.2%	13.5%	15.2%	7.9%	0.65	19.4%	12.7%	16.5%	9.1%
Highest	0.13	22.1%	20.1%	2.9%	5.7%	0.05	22.4%	19.5%	4.0%	6.6%	0.75	28.4%	21.4%	13.4%	8.5%
Panel B: 按样本期前 60 个月的 NPR 排序分组															
Lowest	−0.33	8.1%	10.6%	33.8%	26.6%	−0.45	5.8%	7.2%	38.1%	29.5%	0.14	13.7%	14.2%	27.4%	22.7%
2	−0.20	16.6%	15.8%	20.9%	17.6%	−0.34	17.4%	19.1%	20.4%	19.2%	0.36	11.7%	16.7%	16.5%	18.1%
3	−0.16	15.9%	15.8%	12.7%	16.6%	−0.25	17.1%	17.1%	14.7%	14.8%	0.39	10.0%	11.8%	9.2%	15.4%
4	−0.06	14.3%	17.9%	5.6%	10.4%	−0.17	14.2%	15.9%	7.7%	10.8%	0.61	11.2%	12.8%	12.7%	13.6%
Highest	0.12	21.2%	21.1%	−0.9%	4.8%	0.04	20.6%	21.0%	−1.7%	5.6%	0.74	26.6%	27.1%	3.0%	−0.8%

注：Post 12 表示投资组合形成 1 年后的收益，Prior 12 表示投资组合形成 1 年前的收益。EW 表示投资组合收益率采用等权方法计算，S&P 表示标准普尔 500 指数。检测期间为 1975 年 1 月至 1995 年 1 月。

表 10.2 利用内部人交易信息选股的检测结果

	Lowest	2	3	4	5	6	7	8	9	Highest	No	Positive	Negative
Panel A: 只包括管理层的内部人交易													
+6m	1.2%	1.5%	3.5%	3.2%	3.4%	4.0%	4.2%	2.9%	5.0%	4.9%	2.2%	4.5%	2.2%
+12m	14.7%	16.1%	17.3%	16.3%	16.2%	18.6%	17.4%	17.4%	21.7%	22.4%	16.7%	20.1%	16.6%
+2y	17.9%	16.8%	17.1%	16.5%	17.8%	17.2%	16.7%	17.8%	19.4%	20.3%	17.4%	18.6%	17.4%
+3y	19.0%	16.1%	17.2%	17.3%	16.9%	17.8%	16.2%	17.2%	17.8%	18.8%	16.8%	17.1%	17.6%
AR+12m	−1.3%	−0.3%	1.1%	0.1%	−0.8%	0.3%	0.6%	−0.3%	2.9%	3.5%	−0.4%	2.0%	−0.1%
−6m	22.0%	20.6%	17.7%	17.2%	17.7%	16.2%	15.3%	16.3%	16.2%	15.6%	15.5%	15.8%	18.7%
−12m	40.4%	32.1%	27.0%	24.2%	24.4%	22.2%	20.3%	17.8%	17.4%	13.6%	15.6%	16.5%	29.0%
−24m	91.4%	71.7%	58.2%	48.3%	51.8%	48.4%	43.3%	40.9%	37.6%	28.9%	30.4%	36.4%	63.0%
−36m	143.1%	117.9%	95.5%	79.1%	82.2%	79.3%	71.2%	65.3%	61.0%	48.3%	48.8%	58.9%	100.4%
NPR	−1.0	−1.0	−1.0	−0.97	−0.70	−0.25	0.35	0.79	0.98	1.00	0.00	0.91	−0.91
Net	−5.26	1.27	0.68	−0.59	−0.71	−0.53	−0.30	0.05	0.06	0.50	0.00	0.19	−1.60
Net DR	−1.73%	−0.31%	−0.11%	−0.07%	−0.18%	−0.16%	−0.08%	0.04%	0.03%	0.53%	0.00%	0.17%	−0.44%
BM	0.57	0.64	0.71	0.71	0.73	0.78	0.83	0.90	0.97	1.08	1.07	0.96	0.68
Mkt Cap	268	424	724	1825	2269	2116	1819	1113	396	104	265	783	1324
Avg #	188	188	188	188	188	188	188	188	188	193	2733	699	1079
Panel B: 只包括大股东的内部人交易													
+12m	19.7%	13.9%	14.5%	14.5%	17.8%	17.9%	19.2%	18.1%	15.6%	13.5%	16.8%	17.5%	16.3%
−12m	36.7%	38.1%	31.7%	26.4%	23.8%	22.6%	18.0%	18.6%	18.0%	20.0%	18.5%	19.5%	31.7%
Avg #	17	17	17	17	17	17	17	17	17	18	4377	96	76

注：若两家公司的 NPR 相同，则 Net DR 较大公司的排名更前。No 表示过去 6 个月没有内部人交易公司所构成的投资组合。Positive 表示 NPR 为正公司所构成的投资组合，Negative 表示 NPR 为负公司所构成的投资组合。"+6m" 和 "+12m" 分别表示未来 6 个月和 12 个月的投资收益。"−6m" "−12m" "−24m" "−36m" 分别表示前 6 个月、12 个月、24 个月和 36 个月的投资收益。"+2y" 和 "+3y" 分别表示未来 2 年和第 3 年的投资收益。投资组合收益采用等权重计算。"AR+12m" 表示经规模和 B/M 调整的 12 个月调整后超额收益。"Net" 表示净买入资金量（以 1995 年的百万美元计算）。"Mkt Cap" 表示股票市值（以 1995 年的百万美元计算），"Net DR" 表示 "Net" 与 "Mkt Cap" 的比值，BM 表示账面市值比。"Avg #" 表示每组的公司数量。

最低组未来 1 年的超额收益率为 -1.3%。[①]

当只区分内部人净买入和内部人净卖出两个组别时,净买入组未来 1 年的超额收益率为 2.0%,净卖出组则没有显著的超额收益。本文认为,内部人卖出股票有各种各样的理由,但买入股票则主要是为了赚钱,因此内部人的买入交易比卖出交易更有信息含量。按公司规模进行分组检验,内部人净买入比例的效果出现分化:在小盘股中,根据净买入比例构建的套利组合(前 1/3 组-后 1/3 组)的超额收益率为 6.1%;而在大盘股中,相应的超额收益率为 -1.8%,此时根据内部人净买入比例进行交易,得到的超额收益甚至为负。本文认为,导致这一现象的原因是大盘股面临的监管约束更多,内部人交易的信息含量较少。

总体来说,根据内部人交易进行选股,尽管效果不错,但并没有想象中那么直观。内部人净买入比例的超额收益集中于小盘股,并且内部人卖出交易的超额收益并不显著。投资者在利用内部人净买入比例进行交易时,务必要注意这些细节。

10.1.3 投资笔记

投资逻辑

内部人交易具有信息含量,但是市场没有及时对内部人交易信息做出反应。外部投资者可以利用公开可得的内部人交易信息,构建择时(在市场处于内部人净买入时进入市场)和选股(买入内部人净买入比例高的股票)策略,在未来获取超额收益。

核心指标

$$\text{内部人净买入比例(NPR)} = \frac{\text{过去 6 个月内部人净买入量}}{\text{总交易量}}$$

$$= \frac{\text{6 个月内部人买入量} - \text{6 个月内部人卖出量}}{\text{6 个月买入量} + \text{6 个月卖出量}}$$

策略及表现

期间:1975—1995 年
市场:美国股票市场

[①] 当只考虑大股东作为内部人时,净买入比例并不能预测股票未来收益,一个可能的原因是大股东交易的公司数量较少,分组后难以得出有意义的统计推断。

择时策略:每月底,计算市场整体的内部人净买入比例,并在净买入比例处于过去滚动 5 年窗口期前 20% 时进入市场,未来 1 年平均可以获得 21.2% 的累计超额收益。

选股策略:每年 4 月底,计算所有股票的内部人净买入比例,买入内部人净买入比例排前 10% 的股票,卖空内部人净买入比例排后 10% 的股票,未来 1 年平均可以获得 7.7% 的累计超额收益。

细节提示

(1) 内部人的买入交易比卖出交易具有更高的信息含量。
(2) 管理层内部人交易比大股东内部人交易具有更高的信息含量。
(3) 择时策略和选股策略在小盘股中更为有效。
(4) 择时策略在重叠期间可能给出多个信号,会高估策略效果。

10.2 解码内部人交易信息

标题:Decoding Inside Information
作者:Lauren Cohen, Christopher Malloy, Lukasz Pomorski
来源:*The Journal of Finance*,2012,Vol.67,No.3

通过内部人交易模式,寻找并跟踪投机性内部人

10.2.1 概述

内部人的特殊性,一方面体现在他们是"内部"人,拥有更多的公司内部信息;另一方面体现在他们个人财富中的相当一部分和公司利益捆绑在一起。外部投资者希望能够根据公开披露的内部人交易信息进行投资,但当观察到内部人进行交易时,问题随之而来:内部人是因为拥有公司私有信息而进行交易,还是为了个人财富分散化的需要而进行交易?如果是前者,内部人交易很可能有信息含量,此时外部投资者可以利用内部人交易信息构建投资组合来获利;如果是后者,内部人交易并没有包含任何关于公司的私有信息,内部人交易信息对外部投资者来说是没有价值的。

外部投资者如何从大量内部人交易中辨别出有信息含量的交易呢?本文提出了一个新颖的视角:通过分析内部人过去的交易模式,找到"常规性"内部人(routine insider)和"投机性"内部人(opportunistic insider)。常规性内部人交易可能发生在内部人获得奖金之后,而且通常会收到公司股票折价计划,所以内部人更有可能购买股票。常规性内部人交易是常见的,往往也很有规律,通常不包含有效信息;而投机性内部人交易更可能包含有价值的私有信息。基于常规性内部人交易构建投资组合,超额收益几乎为零;而基于投机性内部人交易构建投资组合,可以获得月均0.82%的超额收益。

10.2.2 应用指南

很多时候,内部人交易不一定包含公司私有信息。想象你是比尔·盖茨,你既希望卖出一些微软公司股票以获取资金投资于新项目,又不希望自己的卖出行为给市场发出看空微软的信号,此时最明智的做法就是在卖出微软股票之前,提前告诉市场具体的减持计划——定期定量进行减持,这样可以最小化减持行为对股价的负面影响。此时,外部投资者会观察到多笔内部人交易,但这些交易只是出于财富分散化的目的,并没有信息含量。

以往研究往往只关注内部人交易总体是否有信息含量,却没有从信息异质性的角度思考,内部人交易的信息含量是否因人而异?哪些内部人交易有信息含量,哪些没有?本文从分析内部人的交易模式这一新颖的角度,找到内部人中的投机性交易者,为这一问题提供了解答。

史密斯先生和约翰先生:谁是投机性内部人

让我们通过一个真实的案例,看看如何从内部人的交易模式中辨别出投机性内部人交易。[①] ABC是一家大型上市公司,公司的两名董事会成员——史密斯先生和约翰先生都是活跃的交易者,但交易模式有所差异。史密斯先生在每年4月定期进行交易,而约翰先生有时在3月,有时在8月或12月进行交易。与史密斯先生相比,约翰先生更像投机性交易者:他的交易时间没有规律,更像是"随机而动",也更可能包含公司私有信息。

具体分析内部人交易的收益可以发现:某年4月史密斯先生在卖出ABC公司股票后,下月公司股价上涨了3.2%;而同年12月约翰先生卖出ABC公司股票后,下月公司接连爆出两则负面消息,一则是季报盈利不佳,另一则是公司被当地监管部门调查,股价接连暴跌12.6%。约翰先生很有可能在卖出

[①] 案例来自Cohen et al.(2012),内部人交易和相关收益是真实的,但公司、内部人名称和日期均为虚拟。

股票时就知道这些消息了,不然为什么会在从来没有进行交易的12月卖出股票呢?假设此时有外部投资者根据内部人交易买卖股票,仿照常规性内部人——史密斯先生——的投资者在4月底同样卖出ABC公司股票,他将亏损3.2%;而仿照投机性内部人——约翰先生——的投资者则在负面消息爆出之前及时卖出手中的股票,他将获得12.6%的收益。

将这个案例推广开来,假定外部投资者能够找出所有内部人交易的历史记录,将总是在每年同一个月交易的内部人标记为"史密斯先生",而将交易时点变化不定的内部人标记为"约翰先生",并根据"约翰先生"的交易进行投资,获得的收益将远高于不区分内部人交易类型所获得的收益。本文的核心思路是:根据内部人交易时点是否有规律判断其是否为投机性内部人,从而判断内部人交易是否有信息含量。

从投机性内部人交易中获利

辨别投机性内部人的具体方法如下:在每月末,对于所有当月发生交易且过去三年至少发生过一笔交易的内部人,如果过去三年中至少有两笔交易发生在相同的月份,就定义该内部人为常规性内部人(即"史密斯先生"),如果没有交易发生在相同的月份,就定义该内部人为投机性内部人(即"约翰先生")。由于辨别投机性内部人的方法对样本的要求较为苛刻,只有大约1/3的内部人交易符合要求。在符合条件的内部人交易中,大约有55%被划分为常规性内部人交易,45%被划分为投机性内部人交易。但总体来看,子样本仍然具有较高的代表性。

现在可以构建投资策略了。本文根据内部人交易方向和内部人类型构建了4组投资组合:常规买入组、常规卖出组、投机买入组、投机卖出组。投资组合在每月末构建并持有1个月,测试样本为1989—2007年的美国上市公司。结果发现(见表10.3),投机买入组的月收益(1.79%)显著高于常规买入组的月收益(1.27%),投机卖出组的月收益(0.72%)显著低于常规卖出组的月收益(1.00%)。买入投机买入组并卖空投机卖出组,可以获得1.08%的月超额收益,且经风险调整后仍然显著;而买入常规买入组并卖空常规卖出组,月超额收益率只有0.27%,且经风险调整后不再显著。需要特别指出的是,上述组合月收益率是按市值加权计算的,大盘股所占权重更大。投机性套利组合的结果说明,基于投机性内部人交易的超额收益并不局限于小盘股,在大盘股中仍然有效。

表10.3展示了常规性内部人交易和投机性内部人交易的投资组合收益。

表 10.3 常规性内部人交易和投机性内部人交易的投资组合收益

	Opportunistic Buys	Routine Buys	L/S Buys	Opportunistic Sells	Routine Sells	L/S Sells	Opportunistic (Buys−Sells)	Routine (Buys−Sells)
Panel A: 等权								
Average returns	2.33	1.65	0.68	0.77	1.41	−0.63	1.55	0.25
Standard dev.	4.95	4.06	3.03	5.97	6.01	2.64	4.91	4.67
CAPM alpha	1.51***	0.92***	0.59***	−0.30	0.32	−0.61***	1.81***	0.60**
	(5.89)	(4.34)	(2.98)	(−1.31)	(1.44)	(−3.47)	(5.86)	(2.25)
Fama-French alpha	1.20***	0.64***	0.56***	−0.21	0.43***	−0.65***	1.41***	0.20
	(4.99)	(2.00)	(3.39)	(−2.09)	(2.75)	(−4.52)	(4.98)	(−0.06)
Carhart alpha	1.45***	0.82**	0.63***	−0.19	0.38**	−0.57***	1.64***	0.44*
	(6.82)	(4.92)	(3.03)	(−1.18)	(2.32)	(−3.11)	(5.86)	(1.89)
DGTW Char Adj	1.24***	0.40***	0.83***	−0.27**	0.42***	−0.69***	1.51***	−0.02
	(5.49)	(3.78)	(2.74)	(−1.34)	(2.72)	(−3.60)	(5.04)	(−0.87)
5-Factor alpha	1.58***	0.87***	0.70***	−0.23	0.45***	−0.67***	1.80***	0.43*
	(7.03)	(5.00)	(3.18)	(−1.30)	(2.59)	(−3.48)	(6.07)	(1.73)
Panel B: 市值加权								
Average returns	1.79	1.27	0.52	0.72	1.00	−0.29	1.08	0.27
Standard dev.	5.96	5.02	5.27	5.70	6.16	2.92	5.88	5.97
CAPM alpha	0.87***	0.45*	0.42	−0.34*	−0.09	−0.25	1.22***	0.55
	(2.88)	(1.73)	(1.20)	(−1.73)	(−0.39)	(−1.29)	(3.14)	(1.44)
Fama-French alpha	0.64**	0.18	0.46	−0.08	0.28	−0.36	0.72**	−0.09
	(2.16)	(0.75)	(1.27)	(−0.46)	(1.35)	(−1.83)	(2.06)	(−0.29)
Carhart alpha	0.52*	0.09	0.43	−0.09	0.17	−0.26	0.62*	−0.07
	(1.73)	(0.37)	(1.16)	(−0.50)	(0.80)	(−1.29)	(1.71)	(−0.22)
DGTW Char Adj	0.57**	0.26	0.31	−0.18	0.06	−0.24	0.75**	0.21
	(2.35)	(1.26)	(1.04)	(−1.29)	(−0.31)	(−1.46)	(2.48)	(0.72)
5-Factor alpha	0.72**	0.09	0.63	−0.10	0.29	−0.39*	0.82***	−0.20
	(2.27)	(0.34)	(1.61)	(−0.49)	(1.32)	(−1.84)	(2.15)	(−0.57)

注：***、**、* 分别表示 1%、5% 和 10% 的显著性水平。

Opportunistic Buys 表示投机买入组，Routine Buys 表示常规买入组，L/S Buys 表示投机买入组与常规买入组之差，Opportunistic Sells 表示投机卖出组，Routine Sells 表示常规卖出组，L/S Sells 表示投机卖出组与常规卖出组之差，Opportunistic(Buys－Sells) 表示投机买入组与投机卖出组之差，Routine(Buys－Sells) 表示常规买入组与常规卖出组之差。Average returns 表示投资组合的平均收益，Standard dev 表示标准差，CAPM alpha 表示资本资产定价模型下的 Alpha 收益，Fama-French alpha 表示三因子模型下的 Alpha 收益，Carhart alpha 表示四因子模型下的 Alpha 收益，DGTW Char Adj 表示特征基准组合法下的 Alpha 收益，5-Factor alpha 表示五因子模型下的 Alpha 收益。

更深入的解码

在确认投机性内部人交易更有信息含量之后，我们不禁还要问：这些有价值的信息具体包括哪些内容？投机性内部人到底是谁？带着这些疑问，本文对这些内部信息进行更深入的解码。

一是信息的具体内容。本文具体考察公司的相关新闻、卖方分析师发布的公司研报、管理层发布的重要报告(如管理层预测、并购和增发)三类信息，并剖析这些信息和内部人交易之间的关联。研究结果显示，在这些信息发布的前一个月，投机性内部人交易数量显著增加，而常规性内部人交易数量则没有明显变化。这说明内部人交易的有价值的信息既可能来自新闻，也可能来自卖方分析师或者公司管理层发布的报告。

二是内部人的具体类型。本文将投机性内部人分为本地人(居住地和上市公司总部在一个州)、高管(担任公司首席执行官、首席财务官或董事会主席)、内部非独立董事(在公司内部任职的董事)、外部独立董事(独立于股东且不在公司内部任职的董事)四组，并比较不同类型投机性内部人对公司信息的反应。研究结果显示，在这四类投机性内部人中，只有本地人的内部人交易数量在公司信息发布前一个月显著增加。这说明最有信息含量的内部人交易很可能是居住在上市公司当地的投机性内部人所执行的交易。这些更深入的解码再度证实，本文提出的辨别投机性内部人的方法能够找到真正有信息含量的内部人交易。

10.2.3 投资笔记

投资逻辑

并非所有的内部人交易都有信息含量。当内部人交易属于投机类型时，其更可能反映公司私有信息。外部投资者可以通过分析内部人交易的时点是否有规律,辨别出常规性内部人和投机性内部人,买入投机性内部人买入的股票,卖空投机性内部人卖出的股票,从而在未来获取超额收益。

核心指标

投机性内部人:截至每月末,当月发生交易的内部人在过去三年至少发生过一笔内部人交易,并且没有交易发生在相同月份,即定义为投机性内部人。

策略及表现

期间:1989—2007 年

市场:美国股票市场

选股策略:每月底,买入投机性内部人买入的股票,卖空投机性内部人卖出的股票,构建市值加权的投资组合并持有 1 个月后调仓,平均可以获得 1.08% 的月超额收益。

细节提示

(1) 基于投机性内部人交易的投资策略,在大盘股中依然有效。

(2) 辨别投机性内部人要求该内部人在过去三年至少发生一笔内部人交易,样本的筛选条件较为苛刻,对指标覆盖度有一定影响。

(3) 居住在上市公司当地的投机性内部人所做的交易可能最有信息含量。

10.3　如果内部人突然静默

标题:The Information Content of Sudden Insider Silence
作者:Claire Yurong Hong, Frank Weikai Li
来源:*Journal of Financial and Quantitative Analysis*,2019,Vol.54,No.4

内部人的突然静默,同样包含有价值的信息

10.3.1　概述

缺席是一种重要的信息,并且在我们的生活中扮演着重要角色:一份简历没有提及的,可能是面试者刻意回避的信息;一家空空如也的餐馆,可能已经包含顾客对食物味道不满的信息。尽管缺席如此常见,但是心理学研究表明,人们在面对缺席时,往往难以识别其场景和内涵,从而低估缺席信息所带来的影响。

在股票市场上,同样存在一类缺席的场景:内部人突然静默。这种缺席的背后到底有什么信息含量呢?本文基于1997—2013年美国内部人交易数据,详细分析内部人突然静默的价值。突然静默是指一个以往每年都有规律地在同一个月进行交易的内部人突然停止交易。根据内部人突然静默,我们不仅能够预测公司未来的基本面信息,还能够预测股票未来收益。对于外部投资者而言,如果能够设法系统地捕捉内部人突然静默,据此构建的多空策略可以获得6%～10%的超额收益。

10.3.2 应用指南

与一般的缺席场景不同,内部人静默的特殊性体现在它本身可以被直接观察。内部人会出于流动性需要或分散风险而交易自己公司的股票,而为了避免给市场造成波动或引起监管部门注意,内部人往往会长期、定期进行交易,并且每笔交易都会以公开披露的形式留痕。当内部人突然停止交易股票时,外部投资者便能够直接观察到这种缺席现象,有利于其后续投资组合的构建。

然而,具体要怎样衡量内部人突然静默,这种缺席现象的背后真的有信息含量吗?如果有,又有哪些市场参与者能够加以利用?下面将逐一解答。

内部人突然静默的衡量指标

如何衡量内部人突然静默?本文提出一个简单实用的方法:对比历史和当前的内部人交易信息,以确定内部人是否突然静默。具体来说,首先在内部人层面进行分组,在第 t 月末,统计所有内部人过去三年间的交易信息,把过去两年都在同一月份(第 $t-12$ 月和第 $t-24$ 月)买入公司股票但在第 t 月没有买入公司股票的组别定义为买入静默组(PPN组),把过去两年都在同一月份(第 $t-12$ 月和第 $t-24$ 月)卖出公司股票但在第 t 月没有卖出公司股票的组别定义为卖出静默组(SSN组)。接下来,将内部人层面的定义转化为公司层面的定义:如果至少有一个内部人被划入买入静默组或卖出静默组,其所在公司也被划入相应的组别。例如,当A公司内部人K在2020年1月和2021年1月卖出A公司股票,但在2022年1月没有进行交易,那么内部人K和A公司在2022年1月都被划入卖出静默组(SSN=1)。

由于定义较为苛刻,内部人突然静默衡量指标的覆盖范围较小。在所有的内部人交易中,约15%的样本连续两年在同一月份进行交易。而在连续两年同一月份卖出的内部人交易中,约67%的样本在第三年的同一月份停止卖出,被划入卖出静默组;在连续两年同一月份买入的内部人交易中,约66%的样本在第三年的同一月份停止买入,被划入买入静默组。加总到公司层面之后,买入静默组和卖出静默组的内部人交易公司分别占样本公司数量的0.96%和2.77%。

利用内部人突然静默获利

如果内部人突然静默是缘于内部人得知公司私有信息,那么我们利用内部人突然静默指标,应当能够预测公司的基本面情况。内部人卖出静默显示公司有好消息,使得内部人停止卖出;内部人买入静默显示公司有坏消息,使得内部人停止买入。通过回归分析,本文发现内部人卖出静默(SSN)的确能够显著预测公司盈利能力。当公司存在内部人卖出静默时,同季度公司的总资产收益率(ROA)将提升0.33%;内部人买入静默(PPN)虽然与公司盈利能力负相关但不显著,这说明内部人买入静默行为可能包含与公司基本面信息无关的噪声。

进一步地,如果市场未能及时理解内部人突然静默的价值,外部投资者就可以利用内部人突然静默,构建可以获利的投资组合。由于每个月被划分为内部人静默组的公司数量较少,本文采用日历时间组合方式构建投资组合。具体来说,在每个月末,内部人买入静默组合中的1/3为当月被划分为买入静默公司,1/3为上月被划分为买入静默公司,1/3为前两个月被划分为买入静默公司。内部人卖出静默组合的构建方法与之类似。在这种组合构建方法下,每个月仅调整组合的1/3仓位,平均每个样本公司的持有期为3个月。

投资组合的测试结果显示,买入静默组(PPN组)经风险调整月收益率为-0.37%,卖出静默组(SSN组)经风险调整月收益率为0.31%,套利组合(买入卖出静默组并卖空买入静默组)经风险调整月收益率为0.68%。图10.1展示了套利组合经风险调整累计收益,1997年1月至2013年12月的17年间,套利组合累计收益率达到130%。不过需要额外指出的是,这些投资组合是按等权构建的,而市值加权投资组合的超额收益不显著,这说明内部人突然静默的投资价值集中于小盘股。

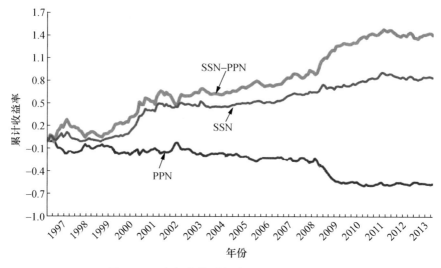

图 10.1 内部人静默投资组合的累计收益

10.3.3 投资笔记

投资逻辑

当得知公司私有信息后,内部人会中断之前的持续买入或卖出交易,从而突然静默。外部投资者可以分析内部人交易记录,找到突然静默的内部人,买入内部人卖出静默组公司的股票、卖空内部人买入静默组公司的股票,从中获取超额收益。

核心指标

突然静默的内部人:每月末,对于在过去三年有交易记录的内部人,观察其交易的具体月份。若一个内部人在一年前和两年前的同一月份均有卖出交易,但在当月没有卖出交易,则被定义为卖出静默内部人(SSN);若一个内部人在一年前和两年前的同一月份均有买入交易,但在当月没有买入交易,则被定义为买入静默内部人(PPN)。对于至少有一个买入静默内部人的公司,定义为买入静默公司;对于至少有一个卖出静默内部人的公司,定义为卖出静默公司。

策略及表现

期间:1997—2013 年
市场:美国股票市场

选股策略:每月底,买入内部人卖出静默组(SSN 组),卖空内部人买入静默组(PPN 组),持有 1 个月后调仓。其中,内部人买入静默组中的 1/3 为当月被划分为买入静默公司,1/3 为上月被划分为买入静默公司,1/3 为前两个月被划分为买入静默公司。内部人卖空静默组的构建方法与之类似。据此构建的等权投资组合,平均每月可以获得 0.68% 的经风险调整超额收益。

细节提示

(1) 内部人静默信息的出发点是寻找当期没有交易的内部人,这与之前基于当期内部人交易的指标有显著差异,具有良好的互补性。

(2) 由于定义静默内部人需要较为苛刻的条件,最终得出的内部人静默公司的数量较少,作为选股指标的样本覆盖范围有限。

(3) 当以市值作为权重时,基于内部人静默信息的投资组合无法获取显著的超额收益,说明该指标对于大盘股的选股效果不佳。

10.4 基于内部人交易的投资策略:中国实践部分

本章以基于内部人交易的投资策略为主线,分别探讨跟随内部人进行交易、识别不同场景下的内部人交易、内部人突然静默(不交易)与股票收益可预测性的关系。以上研究均基于美国市场数据开展,中国投资者关心的问题是:在中国股票市场上也存在类似的现象吗?基于本章文献构建的投资策略,在中国股票市场上也能获得超额收益吗?下面我们将对基于中国市场的研究进行梳理。

10.4.1 中国相关研究

内部人交易与股票收益

内部人交易在美国上市公司中十分普遍。Lakonishok and Lee(2001)关注其中重要且直观的一项内容——内部人交易信息披露。他们基于美国股市的数据进行研究,发现内部人交易的确有信息含量,但是外部投资者并没有对内部人交易信息及时做出反应。基于内部人交易信息,外部投资者通过市场择时(在内部人净买入时进入市场,在内部人净卖出时退出市场)和选股(在同一时点,买入内部人净买入的股票,卖空内部人净卖出的股票)构造投资策略,在未来一年可以获得超额收益。

自我国 2006 年实施的《中华人民共和国公司法》允许公司董事、监事、高级管理人员在任职期间每年转让不超过其所持有本公司股份总数 25% 的股份后,我国资本市场上开始出现内部人交易。2006 年至 2007 年 6 月底,沪深两市公开披露的上市公司内部人交易数已逾 1000 笔(曾庆生,2008)。

曾庆生(2008)利用我国 2006 年至 2007 年 7 月的交易数据,发现我国的公司内部人也拥有信息优势,内部人交易能够获得超额收益,并且董事长和总经理获得的超额收益低于监事和独立董事。朱茶芬等(2011)利用我国 2008 年至 2010 年 6 月的高管交易数据研究发现,高管卖出和高强度买入对未来股票走势具有很强的预测能力。高管卖出和高强度买入充分利用了自身的估值判断优势,投资者模仿交易,在接下来的 6 个月可获得显著的超额收益;并且,小公司高管交易的可获利性高于大公司。这表明我国外部投资者也能够从公开披露的内部人交易中获利。

内部人非常规交易与股票收益

并非所有的内部人交易都具有信息含量。Cohen et al. (2012)从内部人的交易动机出发,认为只有当内部人是投机性交易者而非常规性交易者时,内部人交易才更可能反映公司私有信息。他们对 1989—2007 年美国股票市场数据进行分析,发现外部投资者可以通过分析内部人交易时点是否有规律,辨别出常规内部人和投机性内部人,并根据投机性内部人交易构建市值加权投资组合,持有 1 个月后调仓,平均可以获得 1.08% 的月超额收益。

Tong et al. (2013)对中国上市公司的内部人交易进行研究,发现机构投资者作为企业内部人,会在股权分置改革发布日的前两个交易日大量购买公司股票。晏艳阳和赵大玮(2006)也证明在股权分置改革前存在内部人交易,而外部投资者的适度跟进有助于获取超额收益。这说明在中国市场上,尤其是在公司公告发布之前,存在大量的投机性内部人交易。但是,如何利用系统的方法判断哪些内部人交易是投机性的、哪些是常规性的,尚未有中国市场证据给出明确的答案。

内部人静默与股票收益

生活中你一定听过这样一句话:"不回应,也是一种回应。"那么在资本市场上,当一个以往每年都有规律地在同一月份进行交易的内部人突然停止交易时,这种突然静默是否有信息含量呢？Hong and Li(2019)基于 1997—2013 年美国内部人交易数据进行详细分析,结果表明内部人突然静默不仅能够预测公司未来基本面,还能够预测公司股票未来收益。外部投资者同样可以利用内部人突然静默构建多空策略,在接下来的一个月可获得丰厚的超额收益。

曾庆生等(2018)基于中国 A 股非金融类公司 2007—2014 年报进行研究,发现年报语调越积极,公司高管在年报公布后一段时间内越有可能卖出股票,由此认为公司高管编制年报时存在"口是心非"的操纵嫌疑。据此推测,若某一年高管的这种卖出行为没有大规模发生,则说明年报中的积极语调可能反映企业真实的好业绩,外部投资者可以利用这种"静默"信息进行投资决策,进而获得超额收益。可惜的是,目前还没有基于中国市场的实证研究能够证实相关的推测。

我国学者虽然关注内部人交易为资本市场带来的新信息含量,但目前尚未有学者关注到内部人"不交易"也可为资本市场带来增量信息,该领域仍存在较大的研究空间。

10.4.2 "中国特色"研究

内部人交易与股票收益

Lakonishok and Lee(2001)对美国股市 1975—1995 年的数据进行研究,发现无论是买入交易还是卖出交易,内部人交易披露后的短期累计超额收益都小到没有经济学意义,由此判断美国市场无法及时对内部人交易信息做出反应。与美国市场不同,我国公司股票价格对内部人交易几乎不存在延迟反应。朱茶芬等(2011)利用我国高管交易数据研究发现,高管卖出交易的短期累计超额收益呈现先升后降的倒 V 形,高管买入交易的累计超额收益呈现先降后升的 V 形,并且这种交易后的股价逆转很大部分是由外部投资者的市场模仿交易引起的,即对于高管交易传达的信息,市场认可并及时予以反应。曾庆生(2008)也发现在内部人交易后的 20 天里,中国股市存在显著的超额收益效应。由此可以看出,我国市场上的外部投资者对内部人交易的认可程度和关注程度高于美国市场,这可能是由信息不透明程度较高导致的。

Lakonishok and Lee(2001)针对美国市场的研究发现,内部人买入交易比卖出交易具有更高的信息含量。而朱茶芬等(2011)对中国市场的研究发现,高管卖出交易的信息含量较大,但高管买入交易的长期获利性有限;进一步考察交易决策和信息优势的关系后发现,高管卖出充分利用了自身的估值判断优势以及长时效的私有信息,而高管买入主要利用了业绩预测优势,不过大额买入也能在交易 6 个月后产生显著的超额收益。

由于特殊的股权结构，我国存在监事会、大股东和国有控股等特殊的内部人。曾庆生（2008）对我国2006—2007年市场交易数据进行研究并发现，在卖出股票时，监事与独立董事的超额收益显著高于董事长和总经理，但显著低于除董事长和总经理外的内部董事与经理。而朱茶芬等（2011）发现，监事买入的获利性弱于董事和经理层。曾庆生（2008）进一步研究发现，国有控股公司内部人的超额收益高于其他公司内部人。蔡宁（2012）利用2006年6月至2009年6月沪深两市上市公司数据进行研究并发现，大股东会在业绩预告披露前后进行内部人交易。晏艳阳和赵大玮（2006）证实，股权分置改革前存在内部人交易，而外部投资者的适度跟进有助于获取超额收益。

内部人非常规交易与股票收益

Cohen et al.（2012）利用美国上市公司的数据进行研究，支持投机性内部人交易的信息含量更大，能给投资者带来更多的超额收益。中国资本市场尚不发达，鲜有"固定投资时点"的常规性投资者，投机性内部人占绝大多数。因此，对投机性内部人交易和常规性内部人交易的区分不适用于中国投资市场的研究，但这并不意味着中国市场所有的内部人交易信息含量都是一致的。

基于国有控股这样特有的中国制度环境，大小股东的代理问题更为严重，所有权和控制权的分离产生壕堑效应，难以保护外部中小投资者的利益。He and Rui（2016）针对中国市场短期超额收益的研究发现，当两权（所有权和控制权）分离程度越高或者企业第一大股东为国有控股时，内部人交易的信息含量会降低；而当被国际四大会计师事务所审计时，企业能通过提高信息披露质量保护中小股东利益，进而提高内部人交易的信息含量；进一步的研究还发现，内部人自己的交易行为要比其亲属的交易行为具有更高的信息含量。

内部人静默与股票收益

在中国市场上难以开展针对内部人静默的研究，这是因为缺少内部人对企业的"常规"投资。一方面，股票市场仍处于欠发达的初级发展阶段，低质量的信息披露无法较好地反映公司实际运营状况，再加上非理性投资者居多，导致投机行为远多于理性的价值投资行为；另一方面，公司治理仍处于起步阶段，公司平均寿命较短，很少有内部人会定期、长期地投资自己公司的股票。由于鲜有"常规"投资，也就无法根据"常规"投资推测内部人静默行为。

赵子夜（2014）探讨了内部人角色之一——独立董事的另一种静默行为。受中华传统文化的长期熏染，中国人逐渐形成了含蓄的表达特点——直言夸赞或委婉批评,本土的独立董事往往借助文字情感而非否定意见来履行职责。因此,即使没有出具否定意见,文字情感中夸赞的"静默"也为资本市场带来了新的信息。赵子夜(2014)指出,中国的独立董事很少对关联交易出具否定意见,但他们出具的清洁意见明显地存在"无过"和"有功"两种情感。进一步地,他对2005—2009年独立董事出具的所有针对关联交易的意见进行研究,发现相对于"有功"意见,独立董事出具的"无过"意见会在短窗口内带来负向事件溢酬——负向的市场反应。综合结果表明,全样本清洁意见在这段窗口期内的事件反应均值为0,文字情感则恰好将之分为两个显著非0的组别,包括"无过"组的-0.3%和"有功"组的+0.4%。

10.4.3 总结与展望

根据有效市场假说,投资者能够获得市场上的所有信息并进行有效解读,做出及时而理性的投资反应,推动股价快速上涨或下跌。但是,受各种噪声的影响,现实往往达不到这样的理想状态。已有大量的研究证明,投资者收集和处理市场信息的能力是有限的、对市场的反应也不够及时和充分,导致股价响应滞后,给部分投资者利用某些特定信息获取超额收益提供了可能。本章主要关注"内部人交易"这一特定信息。

在中国当前尚不成熟的资本市场中,鉴于信息披露不充分、不完善,内部人掌握的有关公司发展的未公开信息就显得尤为重要,投资者会更加依赖内部人交易进行投资决策,内部人交易研究在中国具有更重要的实践意义。由此,在未来的学术研究和投资实践中,我们提出如下展望:

第一,尽管如前文所述,内部人交易在中国市场上具有更深远的实践意义,但内部人交易信息对于外部投资者的利用价值及其在获取股票超额收益中担当的重要角色,并没有得到研究者的充分重视和关注。这一方面是因为学者尚未意识到内部人交易信息的重要性,另一方面也与中国市场对内部人交易的管制尚不规范有关。我们呼吁研究者和监管者提高对内部人交易的关注,规范上市公司的信息披露。

第二,目前国内对内部人交易的研究,多以规范内部人交易行为为导向,认为内部人交易增加了内部人的额外利益、损害了资本市场的有效运作。我们认为,企业内部人员包括多种角色,由此内部人具备多种性质,其动机和后果也就有所不同。在未来的研究中,我们应积极寻找内部人交易行为背后更多的动机,以及内部人交易行为和公司业绩、利益相关者利益和市场反应等的联动关系,站在外部投资者的视角,以利用内部人交易行为构建投资决策从而提高超额收益为目标,开展广泛的学术研究。

第三,大数据技术的不断发展为海量、非格式化数据的处理提供了可能,也为我们更好地研究内部人交易行为提供了有力工具。内部人除了直接进行市场交易,也会通过其他途径向各利益相关者、外部投资者传递信息,如业绩预告、交易报告等。在未来的学术研究和投资实践中,我们可以积极关注信息技术变革给解读内部人行为信息带来的便利,以帮助市场更好地了解内部人行为和内部人交易。

参考文献

[1] 蔡宁. 2012. 信息优势、择时行为与大股东内幕交易[J]. 金融研究, 5:179—192.

[2] 晏艳阳, 赵大玮. 2006. 我国股权分置改革中内幕交易的实证研究[J]. 金融研究, 4:101—108.

[3] 曾庆生. 2008. 公司内部人具有交易时机的选择能力吗?来自中国上市公司内部人卖出股票的证据[J]. 金融研究, 10:121—139.

[4] 曾庆生, 周波, 张程, 等. 2018. 年报语调与内部人交易:"表里如一"还是"口是心非"[J]. 管理世界, 34(9):143—160.

[5] 赵子夜. 2014. "无过"和"有功":独立董事意见中的文字信号[J]. 管理世界, 5:131—141.

[6] 朱茶芬, 姚铮, 李志文. 2011. 高管交易能预测未来股票收益吗[J]. 管理世界, 9:141—152.

[7] Cohen, L., C. Malloy, L. Pomorski. 2012. Decoding inside information[J]. The Journal of Finance, 67(3): 1009—1043.

[8] He, Q., O. M. Rui. 2016. Ownership structure and insider trading: evidence from China[J]. Journal of Business Ethics, 134(4): 553—574.

[9] Hong, C. Y., F. W. Li. 2019. The information content of sudden insider silence[J]. Journal of Financial and Quantitative Analysis, 54(4): 1499—1538.

[10] Lakonishok, J., I. Lee. 2001. Are insider trades informative[J]. Review of Financial Studies, 14(1): 79—111.

[11] Tong, W. H., S. Zhang, Y. Zhu. 2013. Trading on inside information: evidence from the share-structure reform in China[J]. Journal of Banking and Finance, 37(5): 1422—1436.

第 11 章
卖空交易

11.1 卖空者、基本面分析和股票收益

标题:Short-Sellers, Fundamental Analysis, and Stock Returns
作者:Patricia Dechow, Amy Hutton, Lisa Meulbroek, Richard Sloan
来源:*Journal of Financial Economics*, 2001, Vol.61, No.1

跟随卖空者交易可获得不错的收益

11.1.1 概述

基本面比率对股票未来收益具有重要的预测作用。低基本面比率公司的股票未来会有更低的收益。由于卖空者的主要目标是发现市场上被高估的股票并通过卖空而获益,因此卖空者会尽力挖掘被市场高估的股票,在这类公司的股票上开空仓,然后等待它们被市场正确定价后调仓。

本文分析美国股票市场上的卖空行为,得出卖空者持有股票的特征、投资策略及其对投资策略的调整行为。在股票特征方面,卖空者会选择低基本面比率的股票作为卖空标的。在投资策略方面,卖空者会分析公司低基本面比率的原因,卖空价格被高估导致低基本面比率的股票;并且,卖空者会为了减少交易成本、获取最大投资收益而改进交易策略。

11.1.2 应用指南

为了理解卖空交易的套利机制,我们有必要了解卖空行为的各个方面。

卖空者的成本与收益情况如何？卖空者如何进行交易？是否存在低基本面比率公司的卖空交易更多的现象？卖空者是否具备其他选股能力和存在其他择时行为？本文分析了美国股票市场上的卖空行为，展现了卖空者的实际交易行为、卖空投资特征及其对卖空投资策略的选择和调整。

卖空机制

卖空者在交易前并不拥有某只股票，他们向持有该股票的机构借入股票并卖出，到期从市场中买入股票并归还。在这个过程中，卖空交易者从股票价格下跌中赚取差价。卖空者承担的风险较高。这种高风险一方面体现为卖空的最大收益固定（不高于股票现有价格）而最大损失无限，另一方面体现为借出股票的机构可能要求提前归还股票，导致卖空者承担流动性风险。

为了防止卖空行为加剧市场上的股价操纵行为，卖空活动在美国被严格管制，并且在其他很多国家，卖空活动也是被禁止的。截至2021年，我国的卖空活动仅限于融资融券业务，并且对卖空者的资质及卖空行为进行严格的管制。

卖空者持有股票的特征

本文选取1976—1993年在纽交所和美交所上市交易的公司为样本进行分析。根据基本面比率与股票未来收益的关系，本文预期低基本面比率公司的股票收益更低，卖空者将偏好基本面比率更低的公司，进行更多的卖空操作。本文使用每个公司被卖空股票股数与所有流通股股数的比值衡量公司流通股的卖空比例，预期低基本面比率公司会有更高的空头净额。

本文将卖空比例小于等于0.5%的公司归类为低卖空比例公司，将卖空比例大于0.5%的公司归类为高卖空比例公司，选取现金流量市值比（cash-flow-to-price）、盈利市值比（earnings-to-price）、账面市值比（book-to-market）和股权面值市值比（value-to-market）作为公司基本面的衡量指标——基本面比率，根据指标值对每个指标进行十等分。组合1为指标值最小的股票类别，组合10为指标值最大的股票类别。数据显示，低基本面比率公司的空头净额显著大于高基本面比率公司，这意味着卖空者倾向于选择低基本面比率的股票作为卖空标的。

卖空机构投资策略的考虑因素

有的时候,面对低基本面比率的公司,卖空者并不一定会出手。执行卖空操作还要考虑以下两个重要因素:(1)卖空的交易成本。当公司股票的流动性较高时,比如机构持股比例较高的高市值公司,卖空者面临的提前偿还股票风险较小,此时卖空的交易成本较低。(2)股价是否被高估。

卖空交易成本

卖空存在交易成本,会对投资者的卖空决策产生影响。市值越高、机构投资者持股比例越高、股利发放率越低公司的股票流动性越强,交易成本越低。本文实证检验卖空者受到卖空交易成本的影响,发现在基本面比率相同的股票中,卖空者偏好高市值和高机构持股比例的股票。

低基本面比率的成因探析

对于基本面比率较低的部分股票,卖空者并不一定会出手。除交易成本的影响外,还有一个重要影响因素:卖空者需要认真思考股票基本面比率较低的成因。低的基本面比率可能来自被高估的股价,也可能来自本身就较差的公司基本经营情况。

通过描述性统计和双变量 T 检验可知(见表11.1):在卖空者没有布置足量空头(low short)的低基本面比率公司中,公司下一年的经营基本面情况得到明显改善;在卖空者布置了足量空头(high short)的低基本面比率公司中,公司基本面变动情况相对较小。上述结果表明,卖空者对公司基本面数据有一定的识别能力,如果是基本面较差导致低基本面比率,那么卖空者不会因循守旧地继续使用空头策略。因此,是否对一只股票执行卖空操作不仅取决于基本面比率,还要考虑低基本面比率的成因是否为股价被高估。

本文从四个角度考察卖空比例的影响。在表 11.1 中,High short 表示卖空比例在 0.5%以上(含)的投资组合,Low short 表示卖空比例小于 0.5%的投资组合。按照基本面比率将公司从小到大排序并等分成 10 组,Portfolio 1 表示基本面比率最低的投资组合,Portfolio 10 表示基本面比率最高的投资组合。基本面比率包括 CF/P(现金流量市值比)、E/P(盈利市值比)、B/M(账面市值比)、Value/M(股权面值市值比)。

表 11.1 卖空选择的成因分析

Portfolio	卖空比例	当年度基本面比率 CF_t/P_t		下一年度基本面比率 CF_{t+1}/P_{t+1}		一年内基本面变化量 $\Delta CF_{t+1,t}/P_t$		一年内股价变化量 Abnormal return	
		Mean	Std. error	Mean	Std. error	Mean	Std. error	Mean	Std. error
1	Low short	0.042	0.003	0.181	0.007	0.095	0.010	−0.059	0.015
	High short	0.042	0.003	0.139	0.012	0.054	0.007	−0.166	0.022
	P-value	0.981		0.009		0.004		0.000	
10	Low short	0.782	0.021	0.521	0.020	−0.251	0.020	0.057	0.015
	High short	0.790	0.026	0.525	0.029	−0.237	0.032	−0.013	0.034
	P-value	0.767		0.849		0.710		0.080	
		E_t/P_t		E_{t+1}/P_{t+1}		$\Delta E_{t+1,t}/P_t$		Abnormal return	
1	Low short	0.044	0.005	0.095	0.007	0.017	0.005	−0.060	0.015
	High short	0.045	0.005	0.089	0.007	0.021	0.007	−0.118	0.026
	P-value	0.786		0.607		0.614		0.046	
10	Low short	0.548	0.025	0.461	0.022	−0.016	0.016	0.064	0.014
	High short	0.593	0.024	0.157	0.023	0.420	0.026	0.006	0.025
	P-value	0.202		0.508		0.009		−0.027	
		B_t/M_t		B_{t+1}/M_{t+1}		$\Delta B_{t+1,t}/M_t$		Abnormal return	
1	Low short	0.234	0.018	0.313	0.019	0.074	0.006	−0.070	0.027
	High short	0.225	0.016	0.311	0.020	0.091	0.006	−0.111	0.021
	P-value	0.763		0.968		0.081		0.273	
10	Low short	2.350	0.115	2.018	0.100	−0.082	0.025	0.012	0.018
	High short	2.460	0.124	2.068	0.129	−0.135	0.040	−0.061	0.036
	P-value	0.518		0.763		0.296		0.102	
		$Value_t/M_t$		$Value_{t+1}/M_{t+1}$		$\Delta Value_{t+1,t}/M_t$		Abnormal return	
1	Low short	0.176	0.024	0.382	0.018	0.179	0.011	−0.101	0.020
	High short	0.176	0.023	0.345	0.021	0.144	0.010	−0.158	0.017
	P-value	0.950		0.234		0.026		0.046	
10	Low short	2.003	0.097	1.651	0.091	−0.030	0.027	0.038	0.014
	High short	2.059	0.113	1.569	0.085	−0.051	0.043	−0.032	0.038
	P-value	0.663		0.595		0.733		0.112	

11.1.3 投资笔记

投资逻辑

本文主要对卖空者的投资决策行为进行实证研究,但未直接提出交易策略。然而,我们依旧可以通过卖空者已有行为来推断并模仿,执行卖空操作。较低的基本面比率意味着相对于公司基本面价值,公司股价有可能被高估,但同时需要排除公司基本面处于短暂低位的可能,还要重点考虑卖空的交易成本和交易风险。在能够执行卖空操作的市场里,以较低基本面比率为起点,权衡基本面状况与交易成本,并选择流动性较好的股票标的,可获得相应的卖空收益。

核心指标

基本面比率的主要度量指标有:现金流量市值比(CF/P)、盈利市值比(E/P)、账面市值比(B/M)和股权面值市值比(Value/M)。许多文献证实了基本面比率与股票未来收益的正向关系。卖空的标的要选取低基本面比率的股票。

交易成本的主要替代指标有:公司市值、机构投资者持股比例、股利发放率。

策略及表现

期间:1976—1993 年

市场:美国股票市场(纽交所和美交所)

选股策略:针对卖空行为进行研究,投资者可以从中模仿学习,但未提及具体的交易策略。

细节提示

(1) 使用现金流量市值比(CF/P)指标筛选卖空标的,根据此类指标进行低基本面比率公司的基本面分析,筛选工作可能更为简单。

(2) 不同资本市场对卖空的限制不同,投资者应因地制宜,考虑交易成本等因素的变化。

(3) 难以排除卖空者特定交易策略所获得的收益是来自风险上升的可能。因此,使用本文提出的卖空策略,投资者可能会暴露在一种新的风险因子中。

11.2 卖空比例信息具有投资价值

标题：The Good News in Short Interest
作者：Ekkehart Boehmer, Zsuzsa Huszar, Bradford Jordan
来源：Journal of Financial Economics, 2010, Vol.96, No.1

根据卖空比例构建投资策略，投资者可以获取超额收益

11.2.1 概述

有效资本市场的重要组成要素之一是卖空机制。卖空者找到被高估的股票，通过卖空交易从股价下跌中获益。作为有效资本市场的重要主体——卖空者，其交易行为本身也有信息含量，可以体现出市场参与者之间观点的一致性。比如，市场上各只股票的卖空交易程度差异很大，很多股票的卖空比例很低或基本为零。若一只股票无卖空限制却没有卖空者问津，则表明卖空者认为这只股票没有负面消息，即市场参与者一致认为该股票没有被高估；相反，若一只股票的卖空交易程度较高，则说明投资者对这只股票未来的走势意见并不统一。投资者关心的问题是：市场能够及时捕捉到卖空者行为中包含的信息吗？如果这部分信息没有及时反映在股价中，那么投资者能够据此做出更好的投资决策吗？如果市场不能完全反映此类信息（市场并不是有效的），那么买入卖空比例较低股票、卖空卖空比例较高股票而构建的投资组合能够获得超额收益。

本文利用美国1988—2005年的数据进行研究，发现那些流动性强、交易频繁且卖空比例很低的股票，往往存在股价被低估的情况，买入此类股票能带来超额收益，且无论是在统计意义还是在经济意义上均显著。具体而言，买入卖空比例较低的股票、卖出卖空比例较高的股票的交易策略可以获得2.6%的月超额收益。在改变组合权重、改变组合构建时间、改变上市地点、纳入1988—2000年新上市公司后，超额收益依然存在。

11.2.2 应用指南

卖空者具备优秀的选股能力已经成为学界共识。每只股票的卖空比例可以作为衡量投资者对股票价格是否存在高估的观点一致性的指标。但是，学界对于股票的卖空比例是否有信息含量并没有达成统一的认知。那么,卖空指标是否有信息含量,能否带来超额收益?如果卖空指标有信息含量,那么外部投资者能否及时理解卖空比例所包含的信息,并利用这部分信息进行投资交易?卖空信息属于公开信息,投资者获取卖空信息的成本较低,而且市场上不存在套利限制。那么,我们利用公开的卖空比例信息构建的投资策略,是否可以获取超额收益?下面将逐一解答。

根据卖空信息构建投资策略

在美国市场上,卖空的重要性逐年提高,主要表现在低卖空比例的股票逐渐减少,卖空交易总量不断增长。本文选取 1988 年 6 月至 2005 年 12 月纽交所、美交所和纳斯达克有关卖空的月度数据为样本,使用的具体指标包括月收益率、月交易量、月末价格和流通股股数,研究范围限定于美国国内的普通股且上市满一年,并剔除指标值缺失的样本。

卖空比例指标设定为被卖空股票数量与所有流通股数量的比值。在第 t 月初,以第 $t-1$ 月的卖空比例为标准,按照卖空比例对股票进行排序(从低到高),然后将股票分为低卖空比例组和高卖空比例组,分别构建投资组合。将股票按卖空比例分成 6 组:低卖空比例 3 组(第 $t-1$ 月卖空比例分别在 1%、5% 和 10% 以下)和高卖空比例 3 组(第 $t-1$ 月卖空比例分别在 99%、95% 和 90% 以上),并采用四因子模型测算投资组合的月超额收益。

首先,卖空比例对未来股价具有预测作用,高卖空比例股票具有负超额收益(第 $t-1$ 月卖空比例在 99% 以上时,第 t 月的超额收益率为 -1.2%),低卖空比例股票具有正超额收益(第 $t-1$ 月卖空比例在 1% 以下时,第 t 月的超额收益率为 1.4%)。从绝对值看,卖空比例为 99% 的投资组合超额收益要小于卖空比例为 1% 的投资组合。经过 6 个月的追踪,本文发现两类卖空对股票收益仍具有预测能力。

其次,买入卖空比例在 1% 以下股票,卖空卖空比例在 99% 以上股票,可获得约 2.6% 的月超额收益(见表 11.2)。值得注意的是,该投资策略与市场风险因子负相关,这在投资异象中是一个有趣的现象,意味着这一策略可在较低风险暴露的情况下获得超额收益。进一步的分析发现,低卖空比例股票构成的投资组合的超额收益往往会大于高卖空比例股票构成的投资组合,甚至仅买入低卖空比例股票便可获得超额收益。

表 11.2 等权投资组合下各策略的超额收益

Portfolios/# Stocks	Raw ret.	Excess ret.	Intercept	RMRF	SMB	HML	MOM
SIR 99%	−0.001	−0.005	−0.012	1.359	1.239	−0.202	−0.282
#45 Stocks			<0.001	<0.001	<0.001	0.041	<0.001
SIR 95%	0.004	0.000	−0.005	1.303	1.102	−0.144	−0.387
#221 Stocks			0.002	<0.001	<0.001	0.019	<0.001
SIR 90%	0.005	0.002	−0.004	1.298	1.001	−0.087	−0.381
#441 Stocks			0.007	<0.001	<0.001	0.084	<0.001
SIR 1%	0.021	0.017	0.014	0.563	0.701	0.383	−0.319
#232 Stocks			<0.001	<0.001	<0.001	<0.001	<0.001
SIR 5%	0.020	0.017	0.013	0.592	0.722	0.415	−0.282
#302 Stocks			<0.001	<0.001	<0.001	<0.001	<0.001
SIR 10%	0.020	0.017	0.013	0.607	0.769	0.412	−0.251
#473 Stocks			<0.001	<0.001	<0.001	<0.001	<0.001
SIR 1%−SIR 99%	0.022		0.026	−0.796	−0.538	0.585	−0.037
			<0.001	<0.001	<0.001	<0.001	0.581
SIR 5%−SIR 95%	0.017		0.019	−0.710	−0.380	0.558	0.105
			<0.001	<0.001	<0.001	<0.001	0.026
SIR 10%−SIR 90%	0.015		0.016	−0.690	−0.233	0.499	0.130
			<0.001	<0.001	<0.001	<0.001	0.002

注：RMRF 表示市场风险因子，SMB 表示市值风险因子，HML 表示账面市值比风险因子，MOM 表示动量因子，Portfolios 表示投资组合，#Stocks 表示股票数量，Raw ret 表示原始收益，Excess ret 表示超额收益，Intercept 表示截距，SIR 99%（95%，90%）及以下股票卖空比例在 1%（5%，10%）以下的投资组合，SIR 1%（5%，10%）及以下股票卖空比例在 99%（95%，90%）的投资组合，SIR1%−SIR99% 表示买入卖空比例在 1% 以下股票同时卖空卖空比例在 99% 以上股票的投资组合，SIR5%−SIR95% 表示买入卖空比例在 5% 以下股票同时卖空卖空比例在 95% 以上股票的投资组合，SIR10%−SIR90% 表示买入卖空比例在 10% 以下股票同时卖空卖空比例在 90% 以上股票的投资组合。

投资策略超额收益的分样本稳健性

第一，本文探讨了股票上市交易地点是否会成为影响股票超额收益的因素。本文将样本分成两组：在纳斯达克上市组、在纽交所和美交所上市组。总样本中近 2/3 的股票在纳斯达克上市，纳斯达克股票样本的回归结果与总样本相近。纽交所和美交所样本数量比较少，高卖空比例及低卖空比例对投资组合收益的预测能力都比较低，但是构建买入低卖空比例股票、卖空高卖空比例股票的投资组合仍能带来显著的超额收益。因此，上市交易所的选择并不影响卖空交易的信息有效性，而纽交所和美交所样本中股票的交易量和公司规模较小，导致卖空比例的预测能力较低。

第二，本文探究上述结果是否受到所处时间段的影响，即探究卖空比例的预测能力随时间会发生怎样的变化。本文继续使用同样的分析方法，采用等权方式，分析卖空比例为 10% 和卖空比例为 90% 的两种投资组合 4 年间收益。研究表明，卖空比例为 10% 的投资组合 4 年月均收益率为 1.50%，相对稳定；卖空比例为 90% 的投资组合月均收益率则波动明显。由此可以推断，低卖空比例股票的收益基本不受时间段的影响。

11.2.3 投资笔记

投资逻辑

卖空比例较低股票的负面信息较少，股票未来具有正向收益。对于卖空比例较高的股票，卖空者普遍认为其股价被高估，股票未来具有负向收益。然而，市场并没有完全反映此类信息，导致根据卖空比例构建的多空组合策略可以获得稳定且显著的超额收益。

核心指标

卖空比例(short interest rate, SIR)：被卖空股票数量/所有流通股数量
高卖空比例(highly shorted)股票：卖空比例分别高于 99%、95%、90% 的股票
低卖空比例(lightly shorted)股票：卖空比例分别低于 1%、5%、10% 的股票
构建频率：月度

策略及表现

期间：1988—2005 年

市场：美国股票市场

筛选标准：美国国内股票，已上市一年（排除 IPO 的影响）。

策略构建：根据第 $t-1$ 月各股卖空比例水平，将股票分为高卖空比例股票和低卖空比例股票，在第 t 月初买入低卖空比例股票、卖空高卖空比例股票，构建投资组合。可使用等权或市值加权两种方法配比资金。

策略表现：以等权投资组合的月收益为例。投资于低卖空比例（1%）组合的月收益率为 2.1%，超额收益率为 1.4%；投资于高卖空比例（99%）组合的月收益率为 0.1%，超额收益率为 1.2%；投资于按 1% 卖空比例和 99% 卖空比例构建的对冲投资组合的月收益率为 2.2%，超额收益率为 2.6%。

细节提示

（1）在根据本文的逻辑构建策略时，主要使用等权方法。这是因为市值加权方法的优点在于可以得到平均化的策略效果，缺点在于市值加权与我们所需的卖空股票价值不匹配，很有可能赋予一只高卖空比例股票一个较小的权重。

（2）本文提出的策略能够产生投资收益，与市场的制度安排有关。使用卖空信息进行交易首先要注意是否存在卖空限制。在拥有卖空信息且不存在卖空限制的情形下，才可参照本文构建的策略。

（3）本文提出的策略能够产生投资收益与市场中的投资者情况有关。不同市场投资者的学习能力不同、理性程度不同，因此在不同市场运用该投资策略时应进行前期数据回测，成功后再投入实践。

11.3 卖空供给限制：卖空者和股票收益

标题：In Short Supply: Short-Sellers and Stock Returns

作者：Messod Beneish, Charles Lee, Cahoon Nichols

来源：*Journal of Accounting and Economics*，2015，Vol. 60，No. 2

卖空供给限制可能是一些卖空投资策略未能成功的原因

11.3.1 概述

市场有效性在投资中是一个非常重要的话题。现在普遍认为并不存在一个真正有效的市场，我们有必要关注一些会影响市场有效性的因素，比如可使定价效率提升的市场制度设计。过去的研究证明，作为股票市场成熟的、具备较强信息处理能力的投资者，卖空者对证券价格发现和市场有效性起到举足轻重的作用，能够提高市场定价效率。卖空者在执行具体的卖空操作时，必须从市场中借入股票，并到期归还。那么，在卖空股票的借贷市场上，借贷供给和借贷需求将显著影响卖空活动。一旦限制卖空供给，就会在一定程度上限制市场上的负面消息被完全反映在股票价格中，从而降低市场的有效性。

本文利用美国卖空市场10年的数据进行研究，发现如果可借出股票的供给具有限制，卖空供给就是预测股票未来收益率的主要因素。并且，可借出股票的卖空供给随预期借贷成本的升高而增加，同时随财务报表数据所反映的股票价值被高估程度的升高而降低。进一步考察卖空供给对卖空投资策略收益的影响后发现，市场异象仅使难以借入的股票有超额收益，这意味着这些异象能够获得收益主要是因为市场上存在卖空供给限制。总体上，本文的证据强调了在卖空股票供给市场中，可借出股票的卖空供给发挥着核心作用。

11.3.2 应用指南

过去的研究在考察卖空行为和股票市场效率之间的关系时，大多使用非常粗略的代理变量来描述股票借贷市场的需求和供给情况，比如仅使用股票卖空量占流通股股数的卖空比例(SIR)衡量卖空行为。然而，卖空操作需要一个以股票为主体的借贷市场，从他人处借入股票，操作卖空后再买回股票并归还。因此，这个借贷市场的供给、需求、成本等因素也会对卖空操作和卖空收益产生重要影响。然而，卖空供给和卖空需求如何衡量？借贷成本高于卖空收益是否导致卖空操作被显著抑制？在考虑借贷市场上的限制之后，原本存在的市场异象是否仍具有超额收益？这些问题尚未有相关文献。

市场卖空供给限制的指标构建

DXL数据库覆盖了用于卖空的股票借贷数据，记录了诸多机构投资者对所持有股票的借贷行为。卖空比例(SIR)是在卖空供给不受限制的情况下衡量卖空需求的常用指标，一旦有供给限制，SIR就不再是需求、供给和借贷成本的均衡结果。所以，本文进一步使用 DXL 数据库构建了借贷成本(DCBS)、卖空供给(BOIQ)、卖空需求(BOLQ)等其他指标，以及根据基础指标衍生出的分类指标。

SIR＝卖空股票股数/流通股股数。[①]

DCBS＝日借贷成本评分，衡量每只股票的借贷成本。对每只股票前 7 天的借贷成本进行分析，评分从 1 至 10，借贷成本逐渐升高。DCBS 为 1 分和 2 分的股票被认为容易借到、供给限制小，归类为普通股票(General Collateral)；DCBS 为 3 分及以上的股票被认为较难借到、供给限制大，归类为特殊股票(Special)。

BOIQ＝可从出借人处借出的股票数量/流通股股数，用来衡量 DXL 数据库中的可借出股票供给限制情况。

BOLQ＝已借出股票数量/流通股股数，用来衡量 DXL 数据库中借入者从借出者处实际借出的股票需求量。

Utilization＝BOLQ/BOIQ，股票需求与供给的比例，代表可借出的股票中有多少比例被卖空者实际借入。

本文认为，只有考虑了市场上的卖空供给限制，原有简单的 SIR 指标才可以代表卖空需求。根据日借贷成本评分指标 DCBS，本文将股票划分为普通股票和特殊股票，DCBS 小于等于 2 的股票为普通股票，借贷成本低；其他股票则为特殊股票，在有卖空供给限制时，特殊股票可以代表目前面临卖空供给限制的股票。

本文认为 DCBS、Special、BOIQ、BOLQ、Utilization 等指标能够代表市场上的借贷限制。第一，DXL 数据库的覆盖面较广，记录了超过半数的被卖空股票的借贷情况。第二，本文构建的卖空约束指标值增大时，借贷成本也迅速增加，这意味着本文所构建指标的准确性。第三，相关指标的描述性统计结果与其经济含义一致，具有显著的预测能力。比如 Special 组的股票使用率(Utilization)为 50%，高于 General Collateral 组的 20%。

卖空股票供给的决定因素

影响卖空股票供给的因素主要有：(1) 借入股票的成本；(2) 股票市场情况，如规模、流动性、成长性、风险性等；(3) 与会计相关的市场异象，如盈利性、投资、财务风险等。因此，本文将可借出股票的供给对相应变量进行回归

[①] SIR 指标数据来自 Compustat 数据库，其余指标根据 DXL 数据库构建。

并发现：首先，可借出股票的供给和借贷成本之间存在双向关系，股票供给随借贷成本的升高而增加，而借贷成本又会随股票供给的升高而降低。虽然上升的股票借贷成本有助于缓解股票卖空供给限制，但是那些被高估的股票是最吸引投资者的，难以在借贷市场上借到。其次，股票供给会随财务报表所反映的股票价值被高估程度的升高而降低。最后，股票借贷市场的供给限制是相当普遍的，这可能是股票市场定价效率提升的严重障碍。

卖空借贷情况与未来收益

卖空借贷市场如何影响未来投资收益？本文将未来投资收益对卖空借贷市场指标进行回归，发现高卖空比例(SIR)股票的未来收益更低，且该现象在特殊股票(Special)中更显著(见表11.3)。在卖空股票的供给和需求方面，卖空供给越多，未来投资收益越高；卖空需求越多，未来投资收益越低，且在特殊股票中更为显著。

表 11.3 卖空借贷情况与未来投资收益

	Model 1	Model 2	Model 3	Model 4	Model 5	Model 6	Model 7
Intercept	0.5%	0.7%	0.5%	0.5%	0.1%	0.5%	0.5%
	(4.41)	(5.99)	(3.92)	(4.35)	(0.63)	(3.02)	(3.44)
SIR	−0.9%	−0.8%	−0.4%			−0.5%	
	(−3.58)	(−3.40)	(−1.93)			(−1.96)	
Special		−1.5%					
		(−7.16)					
Special×SIR			−2.3%			−2.9%	
			(−7.03)			(−6.89)	
TDQ				−0.5%			−0.6%
				(−2.36)			(−2.56)
Special×TDQ				−2.3%			−3.1%
				(−7.17)			(−6.72)
BOIQ					0.2%	0.1%	0.1%
					(0.84)	(0.24)	(0.27)
Special×BOIQ					−3.2%	2.1%	2.6%
					(−5.36)	(3.11)	(3.58)
Adj. R^2	0.30%	0.68%	0.66%	0.61%	0.35%	0.84%	0.80%

注：括号内为 t 值。

表11.3展示了股票收益率与对已实现的卖空比例进行回归的结果，本表

包含的卖空比例有：① SIR＝卖空股票股数/流通股股数，衡量市场中的卖空比例；② TDQ＝借出给卖空者的股票数量/流通股股数，衡量卖空股票的需求量；③ BOIQ＝可从出借人处借出的股票数量/流通股股数，衡量卖空股票的供给限制情况。

市场异象中的卖空收益

买入—卖空交易能够从以往研究的市场异象中获益，而卖空收益是这种收益的重要部分。那么，卖空借贷市场是否会影响卖空收益，进而导致某些异象消失？本文分析了各个异象策略的卖空收益，在区分了特殊股票和普通股票之后发现，在特殊股票组别中，许多异象(收益性、成长性、应计项、财务困境等)的收益都是负向且显著的，这意味着股票的可借入性将成为卖空收益的重要限制。另外，在调整借贷成本后，特殊股票组别中毛利率、应计项、成长性、M-Score策略的收益不再有统计意义。这也表明借贷成本可以解释以往文献中大部分投资异象的空头端收益。

11.3.3 投资笔记

投资逻辑

股票的借贷成本与股票的需求显著正相关；当股票的借贷成本较高时，股票借贷市场在一定程度上抑制了市场上的负面消息被完全反映在股票价格中，以致股票价值更容易被高估，从而产生更低的未来收益。因此，当根据借贷成本高低识别较难借入、供给限制大的特殊股票之后，随着卖空比例的增大，股票未来收益的下降会更加凸显；同时，容易借入、供给限制小的普通股票价值容易被低估，由此未来更可能产生正向收益。

核心指标

SIR＝卖空股票股数/流通股股数
DCBS＝日借贷成本评分(评分从1至10，借贷成本逐渐升高。DCBS为3分及以上的股票被认为较难借入、供给限制大，归为特殊股票)
BOIQ＝可从出借人处借出的股票数量/流通股股数
BOLQ＝已借出股票数量/流通股股数
Utilization＝BOLQ/BOIQ

策略及表现

期间:2004—2013年

市场:美国股票市场

策略构建:每月根据卖空比例将全部公司排序,由高到低划分为10组,买入卖空比例最低组中容易借入、供给限制小的普通股票,卖空卖空比例最高组中较难借入、供给限制大的特殊股票。

业绩表现:卖空比例最低组(容易借入、供给限制小的普通股票)未来一个月经规模调整收益率为0.8%(t值为4.88),卖空比例最高组(较难借入、供给限制大的特殊股票)未来一个月经规模调整收益率为-1.8%(t值为-4.17),套利组合月收益率为2.6%(在5%的统计水平上显著)。总体而言,卖空比例最低组月收益率比最高组高出1.1个百分点;当将股票拆分为较难借入、供给限制大的特殊股票和容易借入、供给限制小的普通股票之后,t值更加显著。其中,较难借入、供给限制大的特殊股票的收益随卖空比例升高而下降,其卖空比例最低组月收益率为0.5%(t值为-1.16),比最高组高出1.3个百分点,在10%的统计水平上显著;容易借入、供给限制小的普通股票的收益随卖空比例升高而下降,其卖空比例最低组月收益率比最高组高出0.8个百分点,在5%的统计水平上显著。

细节提示

(1) 中国欠缺卖空机制,且难以获得类似DXL数据库的相关数据信息。

(2) 在计入借贷费用之后,基于各项定价异象的交易策略的收益效应基本上变为不显著。借贷费用是按历史借贷成本而非实际成本估计的,这说明相应策略的实际操作空间可能较小。

11.4 卖空策略与卖空制度:中国实践部分

本章探讨了卖空交易和卖空制度等议题,比如卖空者基于何种逻辑进行交易,卖空者能否获取券源进行交易并取得一定的卖空策略收益。上述文献是基于美国市场制度与美国市场数据进行的实证分析,由于我国证券市场的卖空制度设计仍较为初级,卖空市场发展缓慢,相关研究结论可能难以直接应用于中国资本市场。下面梳理我国和国际有关卖空的研究,并探讨我国卖空市场的发展。

11.4.1 中国相关研究

卖空活动的股票收益

卖空者会制定怎样的交易策略？卖空者的主要目标就是发现市场上被高估的股票并通过卖空而获利。基本面比率作为重要的指标，对股票未来收益具有重要的预测作用。低基本面比率公司的股票整体上未来会有更低的收益率，卖空者会选择低基本面比率的股票作为卖空标的（Dechow et al., 2001）。卖空者在权衡卖空收益与成本后，对价格高估导致低基本面比率的股票执行卖空交易，然后等待这些股票被市场正确定价后调仓。

市场上的卖空活动能否获得超额收益？Boehmer et al. (2010)发现那些流动性好、交易频繁且卖空比例很低的股票，往往存在股价被低估的情况，买入此类股票能带来超额收益，且无论是在统计意义还是在经济意义上均显著。他们发现简单的模仿卖空者的策略（买入卖空比例较低的股票、卖空卖空比例较高的股票）也具有超额收益，可以获得2.6%的月超额收益。这意味着，一方面，卖空者的确具备一定的预测能力，其看空的股票未来下跌的可能性较大，卖空活动能获得超额收益；另一方面，卖空者的卖空比例是一个公开信息，依据卖空比例进行交易能获得收益。这样的结果意味着市场仍不能完全反映所有公开信息，即市场并不是完全有效的。

俞红海等（2018）利用中国市场数据，考察了卖空行为的收益可预测性。他们使用我国2011—2015年融资融券标的股票数据，以日度融资买入额（融券卖出额）/当日成交额表示融资交易行为，发现我国融资融券账户投资者多采取"追涨杀跌"的投资策略；并且，融资融券交易行为具有收益可预测性，融资交易能预测正的未来收益，而融券交易能预测负的未来收益。这与Boehmer et al. (2010)的结果相符，即当市场上有更多人对股票持负面看法时，该股票未来会有负的收益。

卖空限制与股票定价

相关研究表明，作为股票市场成熟的、具备较强信息处理能力的投资者，卖空者对证券的价格发现和市场有效性起到举足轻重的作用，能够提高市场定价效率。卖空者在执行卖空操作时，需从市场借入股票，并到期归还。那么，在卖空股票的借贷市场上，卖空股票供给和卖空股票需求将显著影响卖空活动。限制卖空股票供给将在一定程度上阻碍市场上的负面消息被完全反映在股票价格中，从而降低市场的有效性(Miller,1977)。因此，我们有必要关注卖空限制这一影响金融市场定价效率的制度设计。

Beneish et al.(2015)发现，当可借出股票的供给存在限制时，卖空供给是预测股票未来收益率的主要因素；并且，可借出股票的卖空供给随预期借贷成本的升高而增加，同时随财务报表数据所反映的股票价值被高估程度的升高而减少。进一步探究卖空供给对策略收益的影响后发现，已有研究中发现的较为知名的市场异象仅能给难以借入的股票带来超额收益，这意味着这些异象能够获得收益主要源于市场上存在卖空供给限制。总体上，Beneish et al.(2015)的证据强调了在卖空股票供给市场上，可借出股票的卖空供给发挥着核心作用。

我国虽实行了融资融券制度，但是在执行过程中，仍存在严重的卖空限制，即部分股票列入可融资融券范围，而部分股票未能列入可融资融券范围。李科等(2014)用白酒行业塑化剂这一事件为冲击，卖空白酒行业可融券组股票，买入白酒行业不可融券组股票。在塑化剂事件发生之前，他们根据卖空限制性质构建的对冲投资组合的收益率围绕 0 上下波动。在负面事件发生之后，由于不可融券组股票存在卖空限制，因此负面信息难以反映在股价中。在塑化剂事件后 3 个月内，该交易策略可得到平均 0.5% 的日超额收益，并且基于 Fama-French 三因子模型回归后仍具有显著的 Alpha 收益。这意味着作为一种重要的金融摩擦因素，卖空限制若继续存在，将导致股票被高估。适当的卖空限制有助于修正被高估的股价，从而提高市场定价效率。

卖空管制与市场崩盘

对卖空活动的管制，将在一定程度上限制市场上的负面消息被完全反映在股票价格中。这不仅会带来股价被高估的市场定价效率问题，也会带来股价崩盘的市场稳定性问题。卖空限制阻碍了市场中看空投资者的交易行为，直到市场下跌，看空投资者才进行交易，将自己的看法转化为市场反应，从而导致累积的大量隐匿负面信息集中释放，激化市场崩盘(Chen et al.,2001)。

陈国进和张贻军(2009)检验了中国市场上卖空管制这一弊病。2011 年之前，在融券这一卖空机制缺失的背景下，我国股市暴跌现象频繁发生。卖空机制的缺失导致悲观预期难以进入市场，累积的隐匿信息在市场下跌的过程中集中释放，这可能是中国股市多次暴跌的病根；并且，投资者看法的异质程度越高，市场发生暴跌的可能性越大。因此，引入卖空机制、放松卖空管制是提高资本市场运行效率的重要举措。

李志生等(2015)基于2009年4月至2013年12月我国股票市场数据,考察融资融券制度对股票价格波动的影响。他们将股票区分为融资融券标的股票和非标的股票,发现融资融券标的股票的波动率显著低于非标的股票,股票被列入和剔出融资融券标的前后的价格波动也呈现这一特征。因此,融资融券交易机制的推出能有效提高我国股票价格的稳定性,有助于改善市场中的暴涨暴跌和过度投机现象,有助于形成稳定的市场环境和市场预期。

11.4.2 "中国特色"研究

融资融券制度推出的其他影响

我国的卖空制度起步较晚,2006年6月,证监会发布《证券公司融资融券业务试点管理办法》和《证券公司融资融券业务试点内部控制指引》,对融资融券交易的主体与客体、交易制度等做出初步规定。2010年3月31日,我国融资融券交易试点启动,随后融资融券经历了多次标的扩容。对于融资融券制度的研究,国内文献大多采用事件冲击的方式探讨卖空制度变迁对市场的影响。

其一,卖空制度作为一种市场压力对微观企业行为产生影响。卖空压力能够有效促使管理层披露非强制信息和坏消息,提高管理层业绩预告的及时性和准确性(李志生等,2017)。卖空压力迫使内部/外部将负面信息更好地反映在股价中,有效降低信息不对称程度,进而促进企业增加创新数量、提高创新质量(郝项超等,2018);并且,在企业内部,经理人为防范业绩短期波动,会回避承担风险,导致企业风险行为减少(倪骁然和朱玉杰,2017)。

其二,卖空制度对资本市场的信息环境同样具有治理作用,能显著减小证券分析师对目标公司的盈余预测偏差,缓解股价特质性波动(李志生等,2017)。然而,融资融券为内部人交易提供了套利途径。融资融券启动后,标的公司中发生内部人交易的可能性显著增大,助长了内部人的套利行为(张俊瑞等,2016)。

融资融券交易的非对称性

我国的融资融券分为融资与融券,兼具杠杆和卖空交易的特征。卖空制度在发展的过程中,存在严重的非对称性问题。《证券公司融资融券业务试点管理办法》针对融券提出诸多限制。例如,融资融券标的数量有限且集中于绩优股,券源仅能来自证券公司所持证券,融券利率仅能由证券公司设定。这些限制导致长期以来融券在融资融券中占比较低,融资交易主导中国股票市场融资融券业务的发展。

褚剑和方军雄(2016)检验 2011 年融资融券制度的实施对资本市场崩盘风险的影响,他们使用 2006—2014 年沪深两市数据,发现融资融券制度的实施实际上增加了股价崩盘风险。原因之一在于,融券标的的限定标准使得标的股票本身绩效较好,难以实现释放市场负面信息的作用;原因之二在于,融资机制为非理性投资者提供了跟风追涨的渠道,火热的融资交易助推了分析师的乐观盈余预测(褚剑等,2019)。整体而言,严重非对称的融资融券交易加剧了股价崩盘风险。

11.4.3 总结与展望

基于中国数据的实证研究表明,在我国进行卖空交易具有一定的收益前景。我国的卖空制度从 2011 年开始逐步发展,但是仍然不够完善,融券功能远远未能有效抑制市场上的投机风气、提升金融市场的定价效率。

卖空制度难以有效实行的原因在于:第一,我国金融市场存在政策市特性,导致做空受到管制、融券标的不丰富。融券标的多为体量较大的股票,下跌风险较小。第二,券源供给方的融券利息是固定的。对于优质的融券标的,多由券商自营部门持有,而非持券待融。由此,制度和市场的不完善,导致卖空供给难以匹配市场上的卖空需求,融券制度难以达到提升市场定价效率的效果。

针对以上提到的卖空制度发展的局限性,我们对中国资本市场的卖空制度提出以下期望:第一,为券商持券待融的卖空供给行为提供市场化激励。融券利率的市场化定价一方面有利于卖空活动的开展,另一方面可部分缓冲大量砸盘引致的市场波动。第二,在充分衡量风险的前提下,为市场提供更多的融券标的。

参考文献

[1] 陈国进,张贻军.2009.异质信念、卖空限制与我国股市的暴跌现象研究[J].金融研究,4:80—91.

[2] 褚剑,方军雄.2016.中国式融资融券制度安排与股价崩盘风险的恶化[J].经济研究,51(5):143—158.

[3] 褚剑,秦璇,方军雄.2019.中国式融资融券制度安排与分析师盈利预测乐观偏差[J].管理世界,35(1):151—166+228.

[4] 郝项超,梁琪,李政.2018.融资融券与企业创新:基于数量与质量视角的分析[J].经济研究,53(6):127—141.

[5] 胡聪慧,刘玉珍,吴天琪,等.2015.有限注意、行业信息扩散与股票收益[J].经济学(季刊),14(3):1173—1192.

[6] 李科,徐龙炳,朱伟骅.2014.卖空限制与股票错误定价——融资融券制度的证据[J].经济研究,49(10):165—178.

[7] 李志生,杜爽,林秉旋.2015.卖空交易与股票价格稳定性——来自中国融资融券市场的自然实验[J].金融研究,6:173—188.

[8] 李志生,李好,马伟力,等.2017.融资融券交易的信息治理效应[J].经济研究,52(11):150—164.

[9] 倪骁然,朱玉杰.2017.卖空压力影响企业的风险行为吗？来自A股市场的经验证据[J].经济学(季刊),16(3):1173—1198.

[10] 俞红海,陈百助,蒋振凯,等.2018.融资融券交易行为及其收益可预测性研究[J].管理科学学报,21(1):72—87.

[11] 张俊瑞,白雪莲,孟祥展.2016.启动融资融券助长内幕交易行为了吗？来自我国上市公司的经验证据[J].金融研究,6:176—192.

[12] Beneish, M. D., C. M. C. Lee, D. C. Nichols. 2015. In short supply: short-sellers and stock returns[J]. Journal of Accounting and Economics, 60(2—3):33—57.

[13] Boehmer, E., Z. R. Huszar, B. D. Jordan. 2010. The good news in short interest[J]. Journal of Financial Economics, 96(1):80—97.

[14] Chen, J., H. Hong, J. C. Stein. 2001. Forecasting crashes: trading volume, past returns and conditional skewness in stock prices[J]. Journal of Financial Economics, 61(3):345—381.

[15] Dechow, M. P., A. P. Hutton, L. Meulbroek, R. G. Sloan. 2001. Short-sellers, fundamental analysis, and stock returns[J]. Journal of Financial Economics, 61(1):77—106.

[16] Miller, E. M. 1977. Risk, uncertainty, and divergence of opinion[J]. The Journal of Finance, 32:1151—1168.

第 12 章
价格动量

12.1 动量策略的收益：对股票市场有效性的反映

标题：Returns to Buying Winners and Selling Losers: Implications for Stock Market Efficiency
作者：Narasimhan Jegadeesh, Sheridan Titman
来源：The Journal of Finance, 1993, Vol.48, No.1

采用中期动量策略，投资者可以获得超额收益

12.1.1 概述

股票的历史收益率与股价未来走势存在一定的相关关系，学者们可以针对这一相关关系设计不同的投资组合策略并获得超额收益。目前存在两种相互对立的观点：一派认为买入过去表现差的股票在未来能够获得超额收益，即采用反转策略能获得超额收益；另一派认为买入过去表现好的股票能够获得更高的收益，即采用动量策略能获得超额收益。

本文检验买入历史收益率高、卖空历史收益率低的股票并持有 3—12 个月的交易策略的收益情况，发现这种交易策略能获得超额收益，而且这种超额收益不是源于投资策略的系统性风险或股价对共同因素的延迟反应。然而，基于过去 6 个月收益率构建的动量策略投资组合未来 12 个月内产生的平均累计收益率为 9.5%，之后一直降至第 36 个月末的 4%。

12.1.2 应用指南

新闻记者、心理学家和经济学家普遍认为人们会对信息反应过度，De Bondt and Thaler(1985,1987)将这一观点延伸到股票价格对信息的过度反应上，并发现反转策略(即买入过去表现差的股票、卖空过去表现好的股票)能获得超额收益。但是一些学者认为反转策略获得的超额收益可能来自系统性风险和规模效应，而非股价对信息的过度反应。

近年来，虽然越来越多的人关注反转策略，但早期关于市场有效性的文献主要针对相对强弱策略(relative strength portfolios,RSP 策略)，也称价格动量策略或动量策略。在实务中，大多数共同基金也会选择过去几个季度中股价呈上升趋势的股票。

既然大量研究已证实依据反转策略构建的投资组合可以获得超额收益，为什么依然有共同基金以动量因子作为选股标准之一，并从中获得收益。一种解释是实务工作者采用价格动量策略获得的超额收益是偶然的，与股票过去表现的趋势无关；另一种解释是两种策略适用的时间范围不同，反转策略适用于短期(1 周或 1 个月)和长期(3—5 年)，动量策略适用于中期(3—12 个月)。本文研究了中期(3—12 个月的时间跨度)情形下动量策略能否产生超额收益，进而反映股票市场的有效性。

买入赢家组合、卖空输家组合能否获得超额收益

如果股价对信息存在反应过度或反应不足，那么基于股票历史收益率构建投资组合的策略就具有可行性。

第一步，通过剖析投资组合策略的盈利能力来考察股票市场效率。本文根据股票过去 1/2/3/4 个季度的股票收益率情况分别选取四组股票，然后将每组股票分别持有 1/2/3/4 个季度，组成 16 个投资组合。此外，为了消除买卖差价、价格压力及滞后反应的影响，本文按历史收益率选股区间与组合持有区间间隔一周，重新组成另外的 16 个投资组合，共形成 32 个投资组合。

第二步，进一步构建持有区间重叠的 J/K 策略，即根据过去 J 个月的收益率构建投资组合并持有 K 个月。每月初，将股票过去 J 个月的收益率从低到高排序并平均分为 10 组，收益率最低的第 1 组为输家组合，收益率最高的第 10 组为赢家组合。然后，每月买入赢家组合、卖空输家组合(动量策略)并持有 K 个月。

本文以 1965—1989 年美国上市公司的市场交易数据为样本，采用上述方法构建投资组合,并观察每组收益率情况。如表 12.1 所示,除无间隔的 3/3 (J＝3,K＝3)策略之外,所有策略的收益率都显著大于 0。其中,12/3 策略 (J＝12,K＝3)的收益率最高,无间隔时月收益率高达 1.31％,间隔一周的月收益率高达 1.49％。总体而言,买入赢家组合、卖空输家组合的 J/K 动量策略能获得正向超额收益。

表 12.1　J/K 动量策略的收益情况

J		无间隔				间隔一周			
	K=	3	6	9	12	K=	3	6	9	12
3	Sell	0.0108	0.0091	0.0092	0.0087		0.0083	0.0079	0.0084	0.0083
		(2.16)	(1.87)	(1.92)	(1.87)		(1.67)	(1.64)	(1.77)	(1.79)
3	Buy	0.0140	0.0149	0.0152	0.0156		0.0156	0.0158	0.0158	0.0160
		(3.57)	(3.78)	(3.83)	(3.89)		(3.95)	(3.98)	(3.96)	(3.98)
3	Buy-sell	0.0032	0.0058	0.0061	0.0069		0.0073	0.0078	0.0074	0.0077
		(1.10)	(2.29)	(2.69)	(3.53)		(2.61)	(3.16)	(3.36)	(4.00)
6	Sell	0.0087	0.0079	0.0072	0.0080		0.0066	0.0068	0.0067	0.0076
		(1.67)	(1.56)	(1.48)	(1.66)		(1.28)	(1.35)	(1.38)	(1.58)
6	Buy	0.0171	0.0174	0.0174	0.0166		0.0179	0.0178	0.0175	0.0166
		(4.28)	(4.33)	(4.31)	(4.13)		(4.47)	(4.41)	(4.32)	(4.13)
6	Buy-sell	0.0084	0.0095	0.0102	0.0086		0.0114	0.0110	0.0108	0.0090
		(2.44)	(3.07)	(3.76)	(3.36)		(3.37)	(3.61)	(4.01)	(3.54)
9	Sell	0.0077	0.0065	0.0071	0.0082		0.0058	0.0058	0.0066	0.0078
		(1.47)	(1.29)	(1.43)	(1.66)		(1.13)	(1.15)	(1.34)	(1.59)
9	Buy	0.0186	0.0186	0.0176	0.0164		0.0193	0.0188	0.0176	0.0164
		(4.56)	(4.53)	(4.30)	(4.03)		(4.72)	(4.56)	(4.30)	(4.04)
9	Buy-sell	0.0109	0.0121	0.0105	0.0082		0.0135	0.0130	0.0109	0.0085
		(3.03)	(3.78)	(3.47)	(2.89)		(3.85)	(4.09)	(3.67)	(3.04)
12	Sell	0.0060	0.0065	0.0075	0.0087		0.0048	0.0058	0.0070	0.0085
		(1.17)	(1.29)	(1.48)	(1.74)		(0.93)	(1.15)	(1.40)	(1.71)
12	Buy	0.0912	0.0179	0.0168	0.0155		0.0196	0.0179	0.0167	0.0154
		(4.63)	(4.36)	(4.10)	(3.81)		(4.73)	(4.36)	(4.09)	(3.79)
12	Buy-sell	0.0131	0.0114	0.0093	0.0068		0.0149	0.0121	0.0096	0.0069
		(3.74)	(3.40)	(2.95)	(2.25)		(4.28)	(3.65)	(3.09)	(2.31)

动量策略的超额收益来自哪里

本文构建了两个模型将上述超额收益进行分解,并探究它们的重要来源。第一个模型假设股价对共同因素即时反应,表达式为:

$$r_{it} = \mu_i + b_i f_t + e_{it}$$

其中，r_{it} 是股票 i 的收益率，μ_i 是股票 i 的绝对预期收益率，b_i 是股票 i 的因子敏感度（Beta），f_t 是因子模拟组合的绝对收益率，e_{it} 是第 t 期的非系统性因素收益率。

该模型将超额收益分解为三个部分：横截面期望收益率的离差、潜在的时间因素、非系统性因素的平均序列协方差。其中，横截面期望收益率的离差和潜在的时间因素与系统性风险有关，而非系统性因素的平均序列协方差与公司的特定收益相关，只有在市场无效的情形下才会对超额收益有贡献。超额收益若来自前两个部分，则表明市场有效；若来自第三个部分，则表明市场无效。

为评估第一个部分的作用，本文使用了两个衡量系统风险的常用指标：Beta 值和平均市值。验证结果表明，极端股（赢家组合和输家组合）的 Beta 值高于整体平均 Beta 值，且零成本组合（买入赢家组合、卖空输家组合）的 Beta 值为负；同时，极端股的市值也小于整体平均市值，且输家组合市值小于赢家组合市值。由此可见，超额收益不是由第一个部分导致的。接着，本文检验并发现 6 个月收益率的序列协方差为负（-0.0028），也就是超额收益减少了，由此排除市场无效的解释，即第三个部分的作用。总体来看，残差的平均序列协方差为正（0.0012），说明超额收益很可能来自股票对非系统性信息反应不足，但也可能由领先—滞后效应导致。

第二个模型与第一个模型的不同之处在于它允许股价对共同因子过度反应或反应不足，但应假设因子模拟组合收益序列不相关，它主要考虑的是动量策略获得的超额收益是否来自股价的领先—滞后效应。本文检验并发现，领先—滞后效应并不是超额收益的来源，其真正的来源应该是股价对公司特质信息反应不足，其表达式为：

$$r_{it} = \mu_i + b_{1i} f_t + b_{2i} f_{t-1} + e_{it}$$

为了评判样本特殊性带来的影响，本文将样本分别按规模（小、中、大）和 Beta 值（低、中、高）进行分组，检验 6/6 相对强弱策略的获利能力。检验结果显示，子样本的超额收益水平与整体样本基本相当，但大规模股票相比其他两组的超额收益较低，同时低 Beta 股票的超额收益也低于另外两组。这些结果表明，超额收益不是由系统性风险所导致，而是由非系统性因素的序列相关性所决定，且动量策略不受限于任何特殊样本。

动量策略的超额收益能持续多久

为了检验时间与季节因素对动量策略的影响，本文区分不同时期进行分析,发现除在1月份发生亏损之外,其余月份均能实现超额收益,且1月份的收益率与企业规模负相关。

本文进一步检验每个组合在构建之后36个月的收益率。研究发现,除1月份外,前12个月的月平均收益率均为正,但第12—31个月的月平均收益率均为负值,之后接近于0。累计收益率在第12个月末达到最大值(9.5%)后,一直下降至第36个月末的4%。

本文对动量策略进行回测,证实该策略在3—12个月的选股区间和持有区间能够实现超额收益,但在超过12个月持有区间的收益率呈下降趋势。这表明价格动量策略的超额收益主要源于股价对非系统性信息的滞后反应。

12.1.3 投资笔记

投资逻辑

股价在一定的时间区间内具有动量(惯性)趋势,即历史收益率较高股票的价格未来仍将上涨,而历史收益率较低股票的价格未来仍将持续下跌。因此,买入过去收益最好的股票并卖空过去收益最差的股票能够获得高于市场平均收益率的超额收益,而且这种动量效应在季度盈余公告期间也适用。

核心指标

在J/K策略(J为按历史收益率排序的选股区间,K为组合持有区间)中,关键是按照过去J个月内各只股票的收益率排序选股并计算持有K个月的股票收益率。具体而言,计算样本公司在第t月初过去J个月的收益率,升序排列后,每个投资组合有间隔或无间隔地分别持有K个月。

策略及表现

期间:1965—1989年

市场:美国股票市场

策略及表现:在每月初,将所有样本股票按照过去J个月的收益率从低到高排列,买入收益率最高前10%的股票并卖空收益率最低后10%的股票,持有3—12个月可获得超额收益。

细节提示

(1) 根据本文的研究结果,动量效应普遍存在于中期(3—12个月),所以动量策略仅适用于中期投资者。长期来看(股票持有时间超过 12 个月),动量策略的收益会发生反转,不适用于长期投资者。

(2)如前所述,市场上的投资者也会采取反转策略(买入过去表现差的股票、卖空过去表现好的股票),因此反向交易可能会对动量策略的收益效应产生影响。

(3)由于动量策略主要根据股票历史收益率进行选股,因此当市场波动较大、政策环境不稳定时,动量策略可能不太适用。

(4)动量策略存在选择性偏差,倾向于选择风险较大的股票,投资者应考虑自身的风险偏好程度,在获利性和稳定性之间合理权衡。

12.2　价格动量与交易量

标题:Price Momentum and Trading Volume
作者:Charles Lee, Bhaskaran Swaminathan
来源:The Journal of Finance,2000,Vol.55,No.5

将交易量引入动量策略,可以更好地预测股票未来收益

12.2.1　概述

学者和实务工作者发现过去交易量可以反映股票的许多重要信息,但是已有研究始终没有总结出一套统一的分析方法,对过去交易量与历史收益之间相互作用的了解更是少之又少。

本文发现,过去交易量为"动量交易策略"和"价值交易策略"搭建了沟通的桥梁。具体来说,过去换手率较高公司的未来收益率更低。过去交易量不仅可以预测价格动量的大小,还可以预测价格动量的持续性。具体而言,价格动量效应会在接下来的五年内反转,尤其是高交易量赢家组合和低交易量输家组合会反转得更快。总体来说,过去交易量能协调中期的反应不足和长期的反应过度。早期动量策略(买入低交易量赢家组合、卖空高交易量输家组合)可以获得更高的收益,而且具有更好的持续性。此外,本文还提出动量生命周期假说,投资者可以通过股票交易量判断股票所处的生命周期阶段以及投资者对股票的追捧或冷落程度,并将交易量与动量相结合,预测股票在未来一段时间内的收益。

12.2.2 应用指南

与 Blume et al.(1994)提出的观点相同,股票收益率和交易量是由同样的市场驱动力决定的,理论上也紧密相关,但是人们通常将二者分开研究。那么,能根据股票收益率和交易量的关系预测股票未来收益率吗?这种预测在不同时间段内有什么不同?本文考察了过去交易量和历史收益率对股票未来的中期收益率和长期收益率的共同预测作用,在中期"动量"和长期"价值"策略之间建立了联系。

基于过去交易量的价格动量策略能否更准确地预测股票未来收益

本文采用实证方法检验已有文献中对于价格动量的研究结果,并将事件窗口期拓展至 5 年,发现在长期(4—5 年)会出现明显的价格反转,且历史收益率的估算期越长,价格反转发生得越快。

本文结合价格动量与交易量构建投资组合的过程如下:每月初,将股票过去 J 个月的收益率从低到高排序并平均分为 10 档,构建 10 个投资组合(R1—R10),R1 表示收益率最低的输家组合……R10 表示收益率最高的赢家组合;又根据过去 J 个月的交易量从低到高排序,分为 3 档(V1—V3),V1 表示交易量最低的组合……V3 表示交易量最高的组合;将 10 个收益率组合和 3 个交易量组合进行排列组合,这样一共构成 30 个价格动量—交易量组合。分别检验这些投资组合在未来 K 个月(K=3、6、9、12)的股票月收益率。表 12.2 记录了这两种组合的交叉投资组合获得的收益。首先,在控制价格动量(即历史收益率一定)的情况下,低交易量股票在未来 12 个月内的表现通常优于高交易量股票;其次,股票价格动量在交易量大的公司中表现得更为明显,即交易量大(V3)公司的 R10—R1 收益率高于交易量小(V1)公司的 R10—R1 收益率。

本文对上述实证结果的稳健性进行了检验。检验结果表明,上述实证结果并不局限于投资组合的分类,且在不同样本范围内呈现统一的规律,即低交易量股票的收益总体上比高交易量股票的收益要高。

由交易量与价格动量联合构建的投资组合的长期收益

本文在较长时间范围内对基于交易量的价格动量策略进行了测评,基于过去 6 个月的股票收益率,按照表 12.2 的方法将 10 个价格动量组合和 3 个交易量组合形成 30 个交易策略,将时间范围扩大到 1—5 年。

表 12.2　基于价格动量和交易量构建的投资组合的月收益率

J	Portfolio	K=3 V1	K=3 V2	K=3 V3	K=3 V3−V1	K=6 V1	K=6 V2	K=6 V3	K=6 V3−V1	K=9 V1	K=9 V2	K=9 V3	K=9 V3−V1	K=12 V1	K=12 V2	K=12 V3	K=12 V3−V1
3	R1	1.24 (3.17)	0.96 (2.32)	0.19 (0.44)	−1.05 (−5.11)	1.19 (3.06)	0.87 (2.16)	0.25 (0.59)	−0.93 (−5.14)	1.21 (3.12)	0.89 (2.24)	0.34 (0.81)	−0.86 (−5.02)	1.17 (3.06)	0.81 (2.06)	0.36 (0.85)	−0.81 (−4.98)
	R5	1.41 (5.62)	1.45 (5.02)	1.20 (3.40)	−0.20 (−1.28)	1.42 (5.62)	1.38 (4.77)	1.23 (3.48)	−0.19 (−1.20)	1.40 (5.54)	1.34 (4.62)	1.19 (3.38)	−0.21 (−1.36)	1.40 (5.54)	1.31 (4.50)	1.14 (3.23)	−0.26 (−1.72)
	R10	1.25 (4.12)	1.61 (4.93)	1.45 (4.05)	0.20 (1.09)	1.43 (4.68)	1.59 (4.87)	1.36 (3.77)	−0.07 (−0.45)	1.54 (4.97)	1.65 (5.05)	1.41 (3.87)	−0.13 (−0.80)	1.59 (5.03)	1.65 (5.02)	1.37 (3.71)	−0.23 (−1.38)
	R10−R1	0.01 (0.03)	0.66 (2.78)	1.26 (5.69)	1.26 (6.09)	0.25 (1.25)	0.73 (3.56)	1.11 (5.42)	0.86 (5.71)	0.33 (1.83)	0.76 (4.10)	1.06 (5.88)	0.73 (5.52)	0.43 (2.57)	0.85 (5.24)	1.01 (6.20)	0.58 (5.07)
6	R1	1.16 (2.80)	0.77 (1.82)	0.03 (0.06)	−1.14 (−5.22)	1.12 (2.74)	0.67 (1.61)	0.09 (0.20)	−1.04 (−5.19)	1.03 (2.58)	0.67 (1.66)	0.16 (0.36)	−0.88 (−4.82)	1.09 (2.70)	0.74 (1.82)	0.30 (0.67)	−0.79 (−4.54)
	R5	1.37 (5.50)	1.34 (4.64)	1.19 (3.39)	−0.18 (−1.10)	1.36 (5.37)	1.34 (4.63)	1.15 (3.28)	−0.21 (−1.33)	1.38 (5.44)	1.35 (4.65)	1.16 (3.32)	−0.22 (−1.41)	1.39 (5.44)	1.32 (4.53)	1.13 (3.19)	−0.26 (−1.72)
	R10	1.63 (5.12)	1.82 (5.55)	1.57 (4.28)	−0.06 (−0.31)	1.67 (5.30)	1.78 (5.41)	1.55 (4.16)	−0.12 (−0.67)	1.72 (5.52)	1.85 (5.59)	1.56 (4.18)	−0.16 (−0.89)	1.66 (5.35)	1.75 (5.34)	1.42 (3.82)	−0.23 (−1.34)
	R10−R1	0.47 (1.64)	1.05 (3.79)	1.55 (5.78)	1.07 (4.68)	0.54 (2.07)	1.11 (4.46)	1.46 (5.93)	0.91 (4.61)	0.69 (2.93)	1.17 (5.28)	1.41 (6.28)	0.71 (4.18)	0.57 (2.59)	1.00 (4.72)	1.13 (5.20)	0.56 (3.60)
9	R1	1.16 (2.68)	0.65 (1.51)	−0.14 (−0.31)	−1.30 (−5.87)	0.99 (2.35)	0.54 (1.31)	−0.04 (−0.08)	−1.02 (−5.06)	1.01 (2.42)	0.69 (1.66)	0.15 (0.34)	−0.86 (−4.50)	1.09 (2.59)	0.77 (1.82)	0.32 (0.71)	−0.77 (−4.13)
	R5	1.39 (5.44)	1.33 (4.63)	1.04 (2.89)	−0.35 (−2.10)	1.37 (5.41)	1.31 (4.55)	1.09 (3.04)	−0.28 (−1.77)	1.40 (5.53)	1.33 (4.61)	1.13 (3.16)	−0.27 (−1.75)	1.41 (5.56)	1.31 (4.52)	1.10 (3.08)	−0.31 (−2.01)
	R10	1.91 (5.81)	2.09 (6.20)	1.73 (4.59)	−0.17 (−0.85)	1.92 (5.85)	2.00 (5.89)	1.67 (4.36)	−0.26 (−1.31)	1.86 (5.78)	1.94 (5.80)	1.57 (4.11)	−0.29 (−1.54)	1.75 (5.50)	1.79 (5.40)	1.39 (3.65)	−0.35 (−1.96)
	R10−R1	0.74 (2.31)	1.44 (4.87)	1.87 (6.75)	1.13 (4.72)	0.94 (3.20)	1.46 (5.57)	1.70 (6.62)	0.77 (3.49)	0.85 (3.11)	1.25 (4.95)	1.42 (5.72)	0.57 (2.90)	0.66 (2.54)	1.02 (4.18)	1.07 (4.46)	0.41 (2.24)
12	R1	0.92 (2.20)	0.47 (1.13)	−0.21 (−0.46)	−1.13 (−5.20)	0.95 (2.25)	0.58 (1.37)	0.00 (0.01)	−0.94 (−4.61)	1.04 (2.44)	0.73 (1.69)	0.24 (0.53)	−0.80 (−4.03)	1.10 (2.59)	0.81 (1.88)	0.41 (0.90)	−0.69 (−3.56)
	R5	1.28 (5.09)	1.33 (4.56)	1.07 (3.03)	−0.21 (−1.28)	1.36 (5.38)	1.35 (4.68)	1.10 (3.10)	−0.26 (−1.58)	1.40 (5.57)	1.38 (4.77)	1.12 (3.15)	−0.29 (−1.84)	1.43 (5.62)	1.34 (4.61)	1.08 (3.04)	−0.35 (−2.30)
	R10	1.94 (5.81)	2.09 (6.07)	1.74 (4.53)	−0.20 (−0.95)	1.91 (5.82)	1.89 (5.61)	1.57 (4.08)	−0.33 (−1.71)	1.82 (5.66)	1.84 (5.53)	1.45 (3.78)	−0.37 (−1.92)	1.71 (5.37)	1.67 (5.04)	1.31 (3.39)	−0.40 (−2.16)
	R10−R1	1.02 (3.33)	1.62 (5.58)	1.95 (7.10)	0.92 (3.82)	0.96 (3.24)	1.31 (5.83)	1.57 (5.83)	0.61 (2.74)	0.78 (2.73)	1.11 (4.06)	1.21 (4.64)	0.43 (2.06)	0.60 (2.17)	0.86 (3.21)	0.90 (3.52)	0.29 (1.47)

注:括号内为 t 值。

表 12.3 按照 J=6 的 10 个价格动量策略(R1—R10)和 3 个交易量(V1—V3)组合成 30 个交易策略,Year 1、Year 2、Year 3、Year 4 和 Year 5 分别表示在投资组合形成后的 5 年内每个投资组合的各年收益率。

如表 12.3 所示,动量效应在 12 个月之后消失了。此外,在历史收益率一定的情况下(控制价格动量),低交易量输家组合在 1—5 年内的收益率通常优于高交易量赢家组合。然而,低交易量股票的收益率想要超过高交易量股票的收益率需要一段时间,高交易量和低交易量赢家组合的收益率在第 1 年相差不大,直到第 2 年低交易量赢家组合的收益率才会超过高交易量赢家组合。同时,本文也证明了交易量对股票收益率的影响与公司规模和行业效应没有关系。

价格动量反转

由表 12.3 的结果可以看出,价格反转在低交易量输家组合(R1V1)和高交易量赢家组合(R10V3)中更为显著,而价格动量在高交易量输家组合(R1V3)和低交易量赢家组合(R10V1)中更为显著。基于上述发现,本文归纳并比较了由交易量与价格动量联合构建的三种投资策略:简单动量策略是买入赢家组合(R10)、卖空输家组合(R1);早期动量策略是买入低交易量赢家组合(R10V1)、卖空高交易量输家组合(R1V3);晚期动量策略是买入高交易量赢家组合(R10V3)、卖空低交易量输家组合(R1V1)。

各投资策略的市场表现如图 12.1 所示,早期动量策略不仅在第 1 年相对另外两种策略拥有更好的收益,而且在未来 5 年内具有更好的持续性。

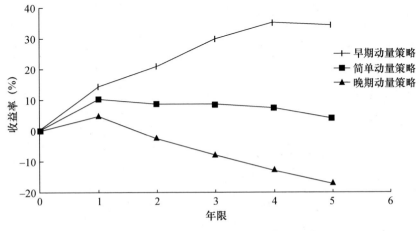

图 12.1　经行业调整的买入—持有超额收益

表 12.3 基于价格动量和交易量构建的投资组合的年收益率

投资组合	V1					V2					V3					V3−V1				
	Year 1	Year 2	Year 3	Year 4	Year 5	Year 1	Year 2	Year 3	Year 4	Year 5	Year 1	Year 2	Year 3	Year 4	Year 5	Year 1	Year 2	Year 3	Year 4	Year 5
Panel A: 初始收益率																				
R1	12.35	18.50	17.55	18.19	17.29	9.38	17.37	17.38	16.56	15.75	3.93	13.39	12.36	13.37	14.93	−8.42	−5.11	−5.19	−4.82	−2.36
	(2.36)	(4.15)	(3.74)	(4.08)	(4.70)	(1.71)	(3.31)	(3.26)	(3.74)	(4.15)	(0.85)	(2.75)	(2.76)	(2.95)	(3.80)	(−5.24)	(−2.64)	(−2.90)	(−2.60)	(−1.58)
R5	17.74	17.57	16.67	16.13	16.26	17.34	17.60	15.61	14.82	14.95	15.43	15.09	14.21	12.64	14.44	−2.31	−2.47	−2.46	−3.49	−1.82
	(5.28)	(5.83)	(5.13)	(5.26)	(5.50)	(4.76)	(4.85)	(4.47)	(4.34)	(4.64)	(3.54)	(3.44)	(3.53)	(3.32)	(3.89)	(−1.04)	(−1.16)	(−1.91)	(−2.73)	(−1.28)
R10	20.64	19.58	18.21	14.89	14.82	23.44	17.47	17.04	13.91	14.25	19.20	13.14	13.64	11.86	12.52	−1.44	−6.44	−4.57	−3.03	−2.31
	(4.99)	(4.14)	(4.63)	(4.59)	(4.18)	(5.18)	(3.80)	(4.31)	(3.78)	(3.33)	(4.03)	(2.86)	(3.41)	(2.95)	(2.96)	(−0.65)	(−3.15)	(−2.46)	(−1.84)	(−1.48)
R10−R1	8.28	1.08	0.66	−3.30	−2.47	14.06	0.10	−0.34	−2.66	−1.50	15.26	−0.25	1.28	−1.51	−2.42	6.98	1.33	0.62	1.79	0.05
	(2.48)	(0.51)	(0.27)	(−1.31)	(−1.77)	(4.17)	(0.05)	(−0.13)	(−1.39)	(−0.95)	(−7.13)	(−0.15)	(0.72)	(−0.86)	(−1.92)	(2.50)	(0.58)	(0.32)	(0.69)	(0.04)
Panel B: 经行业调整收益率																				
R1	−3.07	1.97	1.83	3.01	2.15	−5.77	0.95	1.88	1.62	0.51	−11.33	−3.35	−3.09	−1.21	−0.34	−8.27	−5.31	−4.92	−4.22	−2.49
	(−1.54)	(1.19)	(1.11)	(2.10)	(1.97)	(−2.53)	(0.54)	(0.93)	(1.37)	(0.62)	(−10.44)	(−2.83)	(−2.78)	(−1.11)	(−0.43)	(−5.83)	(−3.29)	(−3.08)	(−2.75)	(−1.90)
R5	1.34	0.94	1.08	1.23	0.70	0.85	0.95	−0.16	0.15	−0.16	−1.22	−1.39	−1.28	−1.94	−0.52	−2.56	−2.32	−2.36	−3.17	−1.22
	(1.34)	(0.95)	(1.70)	(2.00)	(1.21)	(1.48)	(1.57)	(−0.38)	(0.33)	(−0.37)	(−1.60)	(−2.00)	(−2.01)	(−3.62)	(−0.91)	(−1.59)	(−1.50)	(−2.49)	(−3.39)	(−1.23)
R10	3.00	3.10	1.95	0.29	0.05	5.60	1.23	1.16	−0.65	−0.62	1.62	−2.88	−2.09	−2.30	−2.45	−1.38	−5.89	−4.05	−2.59	−2.50
	(2.39)	(2.10)	(1.34)	(0.29)	(0.05)	(4.17)	(1.35)	(1.15)	(−0.93)	(−0.67)	(1.44)	(−3.20)	(−3.02)	(−3.32)	(−3.13)	(−0.80)	(−3.29)	(−2.56)	(−1.85)	(−1.84)
R10−R1	6.07	1.14	0.12	−2.72	−2.10	11.37	0.28	−0.72	−2.27	−1.13	12.95	0.46	1.00	−1.09	−2.11	6.89	−0.67	0.88	1.63	−0.01
	(2.30)	(0.71)	(0.07)	(−1.36)	(−1.58)	(3.90)	(0.17)	(−0.35)	(−1.67)	(−0.91)	(7.99)	(0.32)	(0.74)	(−0.97)	(−2.37)	(2.95)	(−0.34)	(0.48)	(0.72)	(−0.01)
Panel C: 经公司规模调整收益率																				
R1	−4.35	0.16	−0.19	1.70	1.14	−7.62	−0.53	0.39	1.08	0.32	−13.04	−3.92	−3.81	−1.32	−0.27	−8.70	−4.08	−3.63	−3.03	−1.41
	(−3.56)	(0.12)	(−0.16)	(1.62)	(1.16)	(−4.62)	(−0.45)	(0.25)	(0.91)	(0.45)	(−10.89)	(−3.55)	(−3.03)	(−0.85)	(−0.30)	(−7.06)	(−2.47)	(−2.61)	(−1.88)	(−1.03)
R5	1.93	1.44	1.18	1.32	0.81	1.20	1.59	0.40	0.58	0.15	−1.59	−1.60	−1.21	−1.62	−0.45	−3.52	−3.04	−2.39	−2.94	−1.26
	(1.81)	(1.41)	(1.60)	(1.68)	(1.10)	(2.41)	(3.77)	(1.00)	(1.62)	(0.36)	(−1.96)	(−2.19)	(−1.68)	(−3.03)	(−0.69)	(−2.02)	(−1.83)	(−1.89)	(−2.48)	(−0.98)
R10	3.45	2.74	1.35	−0.43	−0.50	6.14	0.57	0.74	−0.69	−0.65	2.04	−3.60	−2.20	−2.44	−2.43	−1.41	−6.34	−3.55	−2.01	−1.92
	(2.57)	(1.64)	(0.92)	(−0.36)	(−0.52)	(4.36)	(0.62)	(0.77)	(−0.94)	(−0.80)	(1.43)	(−3.47)	(−2.19)	(−2.82)	(−2.54)	(−0.79)	(−3.02)	(−1.95)	(−1.21)	(−1.23)
R10−R1	7.80	2.58	1.54	−2.13	−1.64	13.76	1.10	0.35	−1.76	−0.96	15.05	0.32	1.62	−1.11	−2.15	7.28	−2.26	0.08	1.02	−0.51
	(3.44)	(1.34)	(0.83)	(−1.16)	(−1.28)	(5.46)	(−0.72)	(−0.18)	(−1.08)	(−0.84)	(7.28)	(0.24)	(1.04)	(−0.63)	(−2.04)	(3.16)	(−1.05)	(0.05)	(0.46)	(−0.32)

图 12.1 是依据以 J＝6 的 10 个动量策略（R1—R10）和 3 个交易量（V1—V3）组合形成的 30 个交易策略来体现三种不同的价格动量策略，记录了经行业调整的买入—持有超额收益。本文发现经公司规模调整的超额收益与图 12.1 具有相同的趋势，并证明了交易量所包含的信息与公司规模和行业效应无关。

动量生命周期假说

为了将价格动量、价格反转和交易量整合到一个框架中，本文提出动量生命周期假说，认为股票交易所处阶段可以分为投资者追捧期和投资者冷落期。如图 12.2 所示，高收益率股票（赢家组合）处于左侧象限，低收益率股票（输家组合）处于右侧象限。呈上升趋势的成长型股票会受到投资者的追捧而沿着箭头方向顺时针旋转（上行），但当价格升至足够高时，收益率会下降，股票被投资者逐渐冷落而继续沿着箭头方向顺时针旋转（下行）；走势不好的股票会受到投资者的冷落导致收益率下降，但当价格降至足够低时，便会吸引反向投资者而成为受追捧的股票，从而进入新的循环。

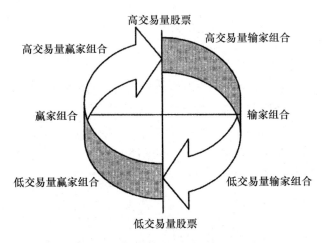

图 12.2 价格动量与交易量的关系

总体而言，当股票受投资者追捧时，它的交易量自然会上升；反之亦然。图 12.2 表明，我们可以通过股票交易量判断这只股票所处的生命周期阶段，进而判断投资者对该股票的追捧或冷落程度，也就是在特定时间点市场情绪对股票的偏爱程度。

12.2.3 投资笔记

投资逻辑

以往的动量策略主要基于股票历史收益率,只适用于中期(3—12个月)投资。本文发现引入交易量的价格动量策略能够更好地预测股票未来收益,并且无论是在中期还是在长期,价格动量效应在高交易量股票中都更加显著。具体而言,买入低交易量高收益率(赢家组合)的投资组合并卖空高交易量低收益率(输家组合)的投资组合可以获得超额收益,同时价格动量反转是可以根据交易量进行预测的。

核心指标

交易量:用投资组合形成期间平均日换手率来度量,即每天股票交易数量与总流通股票数量的比值。

策略及表现

期间:1965—1995年

样本:所有在纽交所和美交所上市的公司

投资策略:按照$J=6$的10个价格动量组合(R1—R10)和3个交易量组合(V1—V3)形成30个交易策略,构建并比较价格动量与交易量联合构建的投资策略,分别为简单动量策略、早期动量策略和晚期动量策略。结果表明,早期动量策略不仅在第1年相对另外两种策略具有更好的收益率,而且在未来5年内有更好的持续性。

细节提示

(1)部分实证研究得出的规律和现象在理论上尚未得到完全解释,仍在探索的过程中。例如,价格反转在赢家组合和输家组合之间的时间不对称性以及动量生命周期假说中的循环过程尚未得到完善的解释。

(2)本文的发现主要针对投资组合层面,对单家公司或单只股票可能不完全适用,投资者在投资个股时应结合个股特质信息进行分析。

12.3 动量策略的崩盘时刻：动量策略的优化

标题：Momentum Has Its Moments

作者：Pedro Barroso，Pedro Santa-Clara

来源：*Journal of Financial Economics*，2015，Vol.116，No.1

> 控制并管理动量策略风险，可以有效地减小暴跌风险并提高夏普比率

12.3.1 概述

相比于 Fama-French 三因子（市场、价值和规模），动量能够给投资者带来最高的夏普比率。但与此同时，动量带来的暴跌也是最猛烈的，这使得它对那些厌恶负偏态和负峰态的投资者来说并不具有吸引力。本文发现，动量策略风险的可变性很强但可预测，通过动量的风险管理，基本上可以消除暴跌的可能性，并且可以获得几乎双倍的夏普比率。不过与原始动量相比，风险管理后的动量要复杂得多。

12.3.2 应用指南

动量策略能给投资者带来令人惊讶的超额收益，并且具有很高的夏普比率，但也可能在短期内就将过去几十年所获的收益全部亏空。这种巨大的暴跌风险极大地限制了动量策略的应用。

本文经过检验发现，动量因子的风险波动率极大但非常容易预测。本文提出了一个全新的控制动量策略风险的方法，构建了新的动量策略，极大地降低了投资组合的最大回撤率，进而改善了夏普比率。

动量策略的长期收益

本文探究了动量策略的长期收益，结果如表 12.4 所示。长期动量投资组合（WML）平均能够实现 14.46% 的年化收益，并且其夏普比率明显高于 Fama-French 三因子的夏普比率。在控制了市场、价值和规模三个因素之后，长期动量投资组合（WML）仍具有 1.75% 的月超额收益。

表 12.4 动量策略的长期收益

投资组合	最大收益率	最小收益率	年均收益率	波动率	峰度	偏度	夏普比率
RMRF	38.27	−29.04	7.33	18.96	7.35	0.17	0.39
SMB	39.04	−16.62	2.99	11.52	21.99	2.17	0.26
HML	35.48	−13.45	4.50	12.38	15.63	1.84	0.36
WML	26.18	−78.96	14.46	27.53	18.24	−2.47	0.53

本文基于1927年3月至2011年12月纽交所、美交所和纳斯达克所有股票的月收益率数据,构建长期动量投资组合(WML),并将长期动量投资组合(WML)与市场因子组合(RMRF)、规模因子组合(SMB)和价值因子组合(HML)进行对照。

动量策略的时变风险

本文进一步探究超额峰度(excess kurtosis)的形成,认为其中一个原因便是动量的时变风险。本文将长期动量投资组合(WML)、市场因子组合(RMRF)、规模因子组合(SMB)和价值因子组合(HML)的实际方差进行一阶自回归,结果如表12.5所示。1963年7月至2011年12月期间长期动量投资组合(WML)的波动率最大,并且风险持续性最高(自回归系数ρ高达0.77)。同时,1927年3月至2011年12月期间样本外方差达到57.82%,这意味着超过一半的动量风险可以被预测,这在所有风险因子中是最高的。与市场因子组合不同的是,动量策略的风险和收益明显负相关,因此动量因子的夏普比率在很大程度上取决于过去的风险。

表 12.5 不同投资策略的时变风险

Portfolio	α (t-statistic)	ρ (t-statistic)	R^2	OOS R^2 (%)	$\bar{\sigma}$	σ_σ
Panel A:1927年3月至2011年12月						
RMRF	0.0010 (6.86)	0.60 (23.92)	36.03	38.81	14.34	9.97
WML	0.0012 (5.21)	0.70 (31.31)	49.10	57.82	17.29	13.64

(续表)

Portfolio	α (t-statistic)	ρ (t-statistic)	R^2	OOS R^2 (%)	$\bar{\sigma}$	σ_σ
Panel B：1963年7月至2011年12月						
RMRF	0.0009	0.58	33.55	25.46	13.76	8.48
	(5.65)	(17.10)				
SMB	0.0004	0.33	10.68	−8.41	7.36	3.87
	(8.01)	(8.32)				
HML	0.0001	0.73	53.55	53.37	6.68	4.29
	(4.88)	(25.84)				
WML	0.0009	0.77	59.71	55.26	16.40	13.77
	(3.00)	(29.29)				

风险管理后动量策略

本文使用动量风险的估计值衡量动量策略的风险敞口,并在一段时间内保持风险不变,从而构建出新的动量投资策略。如表12.6所示,风险管理后的动量策略(WML*)在年化收益率、波动率方面改善明显,其夏普比率是无调整策略的近两倍,信息比率也高达0.78。更显著的改善体现在高阶矩方面,峰度从18.24降至2.68,偏度从−2.47升至−0.42,极大地降低了尾部风险——暴跌的可能。

表12.6 风险管理后动量策略的业绩表现

投资组合	最大收益率	最小收益率	年均收益率	波动率	峰度	偏度	夏普比率	信息比率
WML	26.18	−78.96	14.46	27.53	18.24	−2.47	0.53	—
WML*	21.95	−28.40	16.50	16.95	2.68	−0.42	0.97	0.78

表12.6显示了风险管理后动量策略与管理前动量策略的比较。以风险管理前动量策略(WML)作为标杆,风险管理后动量策略(WML*)使用投资组合形成前六个月的已实现方差来衡量动量策略的风险敞口。

风险管理后动量策略在不同场景下是否依然适用

本文进一步检验了动量策略在全球市场的有效性,分别比较了法国、德国、日本和英国市场的WML与WML*(风险管理后长期动量投资组合)的表现,发现风险管理后动量策略在全球市场上普遍有效,尤其是对降低高阶矩风险具有明显的作用。数据显示,风险管理后这四个国家的超额峰度都有所降低,偏度负值减少甚至转变为正值。

本文还探究了风险管理后的动量策略在市场相对平稳时期的有效性。结果表明,在任何时期内(即使是经济萧条时期),风险管理都可以有效降低高阶矩风险。总而言之,无论是在全球市场还是在不同时期,风险管理后的动量策略均能提高夏普比率、降低高阶矩风险,是比原始动量策略更为稳健的策略。

12.3.3 投资笔记

投资逻辑

动量策略在带来超额收益的同时也可能带来股价暴跌,因此人们试图预测风险并控制它。本文发现,动量策略的波动率持续存在且具有较强的可预测性,投资者可以基于前 6 个月的组合波动率估计未来的波动率,并调整多头/空头仓位,保持动量策略的风险敞口始终恒定,同时有效减小市场剧烈波动带来的下行风险。

核心指标

基于前 6 个月的组合波动率估计风险,并根据估计的动量风险按比例调整头寸。动量策略的核心指标包括原始长期动量投资组合(WML)的动量收益,以及按比例管理风险后的长期动量投资组合(WML*)的动量收益。

策略及表现

期间:1927 年 3 月—2011 年 12 月

样本:在纽交所、美交所和纳斯达克上市的所有股票

策略及表现:将长期动量投资组合(WML)、市场因子组合(RMRF)、规模因子组合(SMB)和价值因子组合(HML)的实际方差进行一阶自回归,发现动量因子的风险波动率最大且较容易预测。进一步对比风险管理前动量策略(WML)与风险管理后动量策略(WML*),发现风险管理后动量策略(WML*)在年化收益率、波动率方面得到明显改善,夏普比率也有所提高。

细节提示

(1) 选取的目标波动率为 12%,主要依据经验判断,在不同市场和不同时

期可能存在不适用的情况。

（2）采用过去 6 个月的波动率估计未来的波动率,长期效应显著,短期效应可能不存在。

12.4 动量投资策略：中国实践部分

本章围绕动量策略,在简单动量策略的基础上引入交易量,并对动量策略进行风险评估和优化。以上研究结果是基于美国市场数据得到的,那么问题出现了：中国市场是否也存在类似的现象和规律？中国投资者采用相同的投资策略,能否获得超额收益并有效预测股票未来收益？下面我们将对基于中国市场的研究进行梳理。

12.4.1 中国相关研究

简单动量策略与股票收益

股票历史收益率与未来股价走势存在一定的相关关系,Jegadeesh and Titman(1993)针对这一关系设计并检验了"买入高历史收益率股票、卖空低历史收益率股票并持有 3—12 个月"交易策略的收益情况,发现这种交易策略能获得超额收益,但第 1 年产生的超额收益在随后的两年中会被抵消。

周琳杰(2002)运用与 Jegadeesh and Titman(1993)相同的方法,对 1995—2000 年深沪两市上市公司股票进行验证,发现在卖空机制存在的假定下,动量策略能带来收益,且一个月期动量策略的超额收益最大。不过,中国股市动量策略的收益效应要立足于卖空机制存在的假设,买入单纯的赢家组合策略并不会带来显著的收益。朱战宇等(2003)在周琳杰(2002)等研究的基础上进行拓展,将检验周期分为周度和月度两种(中国股票交易较国外更频繁,周度比月度更具合理性),并包含股市上升和股市下降的完整周期。研究结果表明,月度周期动量策略并没有取得明显的收益,但周度周期动量策略能产生一定的动量收益。类似地,王永宏和赵学军(2001)实证检验沪深两市 1993 年以前上市的所有股票,没有发现明显的收益惯性现象,但发现沪深股市存在明显的收益反转现象。与他们的发现一致,鲁臻和邹恒甫(2007)发现中国股市的反转效应相对于惯性效应更明显,除了中期惯性与长期反转,还存在超短期惯性与短期反转。刘博和皮天雷(2007)发现 A 股市场基本上不存在惯性现象,但存在显著的反转现象,并认为风险补偿理论可以一定程度地解释这一现象。

部分学者认为,中国市场有相当数量的投资者采用动量策略。例如,攀登等(2003)在研究中国股票市场中的投资行为时发现,超过 1/3 的投资者在交易时采用动量投资策略。但是,国内学者对于动量效应是否存在始终没有得出统一的结论,动量策略是否适用于我国资本市场还有待验证。

引入交易量的动量策略与股票收益

过去交易量可以反映证券的许多重要信息,但是人们对过去交易量与历史收益率之间的相互作用并不了解。Lee and Swaminathan(2000)发现,过去交易量不仅可以预测价格动量的大小,还可以预测价格动量的持续性。他们将交易量与价格动量结合起来,构建了三种动量投资组合,其中早期动量策略(买入低交易量赢家组合、卖空高交易量输家组合)不仅在第 1 年取得最好的收益,而且在未来 5 年具有更好的持续性。此外,他们还提出动量生命周期假说,通过股票交易量判断股票所处的生命周期阶段,进而判断投资者对股票的追捧或冷落程度,并预测股票在未来一段时间内的收益及其变动情况。

潘莉和徐建国(2011)基于 1995—2008 年的 A 股数据,发现个股的动量效应仅在超短期的日收益率和特定时段的周收益率上存在,而且在很大程度上受到交易量的影响。沈可挺和刘煜辉(2006)选择 1995—2002 年的股票数据考察中国股市动量效应的情况及其收益。为了检验引入交易量的动量策略在中国市场上的有效性,他们将股票按历史收益率分为 10 档并按交易量分为 3 档,结果显示买入高交易量赢家组合并卖空低交易量输家组合(即晚期投资策略)为最优策略,与 Lee and Swaminathan(2000)的结果正好相反。鲁臻和邹恒甫(2007)比较大成交量股票和小成交量股票的惯性与反转的差异,发现大成交量股票相对于小成交量股票的惯性运动趋势较弱,更容易发生反转。他们将股票的月成交量定义为股票当月成交额与月末流通市值的比值。

沈可挺和刘煜辉(2006)认为,半年期内执行惯性策略较为成功,而超过半年期执行反转策略的获利性显著。他们认为这种差异可能与中国股市中机构庄家的信息及资金优势强大、散户投资者占比大、股票换手率高、卖空机制缺失等特征有关。此外,在中国证券市场中,单纯的动量策略存在获利性,在加入组合形成期的市场与个股特征因素后,其收益效应更加显著。

风险管理后的动量策略与股票收益

动量策略能给投资者带来令人惊讶的超额收益,并且具有很高的夏普比率,但同时也可能在短期内将过去几十年所获的收益全部亏空。这种巨大的暴跌风险极大地限制了动量策略的应用。Barroso and Santa-Clara(2015)基于动量策略的风险敞口和动量收益率的时间变化进行分析,结果表明超过一半的动量风险可以被预测,这在所有风险因子(Fama-French 三因子中的市场风险溢价因子、市值因子和账面市值比因子)中是最高的。动量策略的风险和收益显著负相关,因此动量因子的夏普比率在很大程度上取决于过去的风险。经检验,风险管理后动量策略在年化收益率、波动率方面得到明显改善,实现的夏普比率是风险管理前动量策略的近两倍,同时极大地降低了尾部风险,即暴跌的可能性。

我国很多学者已经意识到动量策略存在暴跌的现象并对其尾部风险展开研究,在中国股票市场上运用马尔科夫模型验证动量策略在美国市场上呈现的规律,但结果并不理想。可能的原因是中国股市并不成熟,且在一定程度上受政策的影响明显,Barroso and Santa-Clara(2015)的研究结论并不一定适用于中国市场。同时,我国针对动量策略风险管理的研究和实践很少,此领域还有很大的提升空间。

12.4.2 "中国特色"研究

简单动量策略与股票收益

中国政府出台的各项政策对资本市场发挥着重要的作用。近年来,中国证监会正在逐步加强对证券市场的监管和对投资者的教育与规范,但是账户信息仍然是难以获取的非公开资料。我国对投资者交易行为中动量策略的研究并不多,并且这些研究着重讨论和考察动量效应在中国市场是否存在。基金是我国股市投资的主力机构,其交易行为对证券市场影响很大,由此受到较多的关注。徐捷和肖峻(2006)选取 1998 年 6 月至 2004 年 6 月中国股市证券投资基金季报重仓股组合为样本,考察基金交易行为中动量策略的表现,其结果与国外类似研究有较大区别:基金总体上并不表现为动量交易者,其在基金建仓和买入股票时是动量交易者,在清仓和卖出股票时则是显著的反转交易者;相比于成长型基金,价值型基金的动量交易行为更加强烈。这一结果显示,基金并不是市场一般预期的"追涨杀跌"的正反馈交易者。

统计发现,我国证券市场交易主体中个人投资者较多。史永东等(2009)按每个账户月末平均持股市值,将个人投资者分成"小个人组""中个人组"和"大个人组"三类,考察每类个人投资者的交易行为并与机构投资者进行对比。研究结果显示,由于"小个人"投资者占个人投资者的大多数,因此个人投资者的整体交易策略与"小个人组"类似,而"中个人组"和"大个人组"的交易行为与机构投资者极其相似。"小个人组"在买入股票时,短期内采用反转策略,长期内则采用动量策略,在卖出股票时均采用反转策略;"中个人组""大个人组"和机构投资者无论是从长期还是从短期来看,在买入股票时均采用反转策略,在卖出股票时均采用动量策略。

引入交易量的动量策略与股票收益

Lee and Swaminathan(2000)选取1965—1995年美国市场数据考察过去交易对动量效应的影响,发现交易量越大,动量效应越强劲。沈可挺和刘煜辉(2006)认为,相比于国外较成熟市场,中国市场中股票收益率与交易量的关系表现出更为复杂的模式,被上升阶段交易量放大的个股收益率的持续性很强,而被下跌阶段交易量放大的个股收益率的反转性则更强。如果考虑公司规模,那么买进公司规模小的赢家组合可以确保获利;如果考虑各公司的市盈率及净值市值比,那么在高市盈率公司及低净值市值比公司中,执行动量策略的获利将较为显著。

潘莉和许建国(2011)认为,相对于国外成熟市场,我国股市的股票换手率很高、价格波动大,投资者更看重短期收益。基于以上学者的结论,翟爱梅和罗伟卿(2013)选取2005—2011年A股市场的全样本数据,检验A股市场是否普遍存在动量效应及其发生的时间频率,同时在一定程度上验证动量效应和反转效应的成因。实证结果表明,股票市场的动量效应和反转效应在中国A股市场上普遍存在;并且,A股市场上存在显著的反转效应,而动量效应仅在超高频率下存在。

风险管理后动量策略与股票收益

极端变化带来的尾部风险会给投资者的决策行为带来显著的影响,而尾部风险在动量策略中表现得极为明显,以至于动量策略在带来极高的超额收益的同时也带来极大的暴跌风险。为了减小投资者对股票价格的认知偏差并增强市场的稳定性,邢红卫等(2017)考察了尾部风险的度量方法并分析了尾部风险的定价能力。他们选择1997年1月1日至2015年6月30日中国沪深两市A股除创业板之外的所有股票为样本,以极值理论为基础,研究发现尾部风险可以预测股票收益,而且这种预测能力具有时间连续性且不受规模、交易量等因素的影响;但是,如何有效规避尾部风险和预防尾部风险中的自由风险仍是研究者未来努力的方向。

12.4.3 总结与展望

新闻记者、心理学家和经济学家普遍认为人们会对未预期到的重大信息反应过度,因而传统的有效市场理论中"股票收益在统计上不具有记忆性,投资者无法根据股票的历史价格预测其未来走势"的观点受到质疑,并且市场还存在价格反转现象。Jegadeesh and Titman(1993)最先在美国股票市场发现,买入高历史收益率股票、卖空低历史收益率股票并持有3—12个月的交易策略可以获得超额收益,这种惯性是源于股票市场的反应不足而不是反应过度。投资者利用这两种投资异象可以设计不同的投资方案以获取超额收益,由此形成动量策略。多年来,人们不断地完善动量策略的相关研究,但是动量策略在中国市场是否得到有效应用的问题尚未得到统一的结论,我国对于动量策略的改进和风险管理都存在较大的空白。

因此,在未来的学术研究和投资实践中,我们提出如下展望:

一方面,我国应不断加大对社会保障基金、企业年金等专业机构投资者的支持力度,规范私募基金;同时,随着监管部门相关政策的逐渐完善,更多的个人投资者会选择更加专业的投资机构执行投资交易,个人投资行为会更加理性。

另一方面,随着我国股票市场逐渐成熟,高质量且全面的账户信息可以被获得并运用到研究中,从而有助于更准确地分析投资者的交易行为,减少结论的片面性,进一步验证动量效应在中国是否存在以及动量策略在中国的适用效果。相关研究者会根据中国股市的波动性特征,选择合适的方法检验动量效应,并时刻关注动量策略的发展动态。动量策略和反转策略在未来可以被投资者广泛应用于投资实践,进而获得更多的超额收益。

参考文献

[1] 刘博,皮天雷. 2007. 惯性策略和反转策略:来自中国沪深A股市场的新证据[J]. 金融研究,8:154—166.

[2] 鲁臻,邹恒甫. 2007. 中国股市的惯性与反转效应研究[J]. 经济研究,9:145—155.

[3] 潘莉,徐建国. 2011. A股个股回报率的惯性与反转[J]. 金融研究,1:149—166.

[4] 攀登,施东晖,曹敏. 2003. 中国个人投资者采用股价趋势交易策略的经验研究[J]. 世界经济,11:71—77+80.

[5] 沈可挺,刘煜辉.2006.中国股市中惯性与反向投资策略的获利模式[J].管理科学学报,6:43—52.

[6] 史永东,李竹薇,陈炜.2009.中国证券投资者交易行为的实证研究[J].金融研究,11:129—142.

[7] 王永宏,赵学军.2001.中国股市"惯性策略"和"反转策略"的实证分析[J].经济研究,6:56—61+89.

[8] 邢红卫,刘维奇,王汉瑛.2017.尾风险度量与定价能力分析[J].管理科学,306:65—78.

[9] 徐捷,肖峻.2006.证券投资基金动量交易行为的经验研究[J].金融研究,7:113—122.

[10] 翟爱梅,罗伟卿.2013.惯性反转效应是市场的偶然还是普遍规律[J].统计研究,30(12):100—109.

[11] 周琳杰.2002.中国股票市场动量策略赢利性研究[J].世界经济,8:60—64.

[12] 朱战宇,吴冲锋,王承炜.2003.不同检验周期下中国股市价格动量的盈利性研究[J].世界经济,8:62—67.

[13] Barroso, P., P. Santa-Clara. 2015. Momentum has its moments[J]. Journal of Financial Economics,116(1):111—120.

[14] Jegadeesh, N., S. Titman. 1993. Returns to buying winners and selling losers: implications for stock market efficiency[J]. The Journal of Finance,48(1):65—91.

[15] Lee, C., B. Swaminathan. 2000. Price momentum and trading volume[J]. The Journal of Finance,55(5):2017—2069.

第13章
市场情绪

13.1 投资者情绪与股票收益的横截面效应

标题：Investor Sentiment and the Cross-Section of Stock Returns
作者：Malcolm Baker, Jeffrey Wurgler
来源：The Journal of Finance，2006，Vol.61，No.4

根据投资者情绪及股票特征构造交易策略，能够获得超额收益

13.1.1 概述

经典金融理论认为股票价格等于预期未来现金流量的合理折现值，投资者情绪并不会影响股票价格。但当基于情绪的投机需求及套利限制在各股票之间存在差异时，投资者情绪可能会对不同股票的价格产生不同的作用，即横截面效应。那些对投机需求更敏感、估值主观性更强的股票往往是套利风险更大、套利成本更高的，因而受到投资者情绪的影响也会更大。具体而言，那些成立不久、规模较小、波动性较大、没有盈利、无股利支付、陷入困境或增长潜力极高的公司，其股票可能更容易受到投资者情绪变化的影响。既然投资者情绪在横截面上具有一定的信息含量，那么理性的投资者是否可以利用投资者情绪构造更好的投资策略呢？

本文对1961—2002年(包括互联网泡沫期间)美国市场上投资者情绪数据进行分析，发现投资者情绪对股票横截面收益的影响具有可循的规律。在此基础上，本文基于1963—2001年美国所有非金融类公司的普通股数据进行

实证分析,论证了投资者情绪对股票的横截面收益会产生重大影响,规模较小、成立时间较短、风险较高、没有盈利、无股利支付、极端增长以及处于困境的股票更容易受到投资者情绪的影响。本文还发现,当期初投资者情绪低迷时,后续股票收益率相对较高;当期初投资者情绪高涨时,后续股票收益率相对较低。

13.1.2 应用指南

投资者情绪可以被定义为投资者的投机倾向或者对股票总体的乐观或悲观反应。由于情绪能够驱动投机性投资的相对需求,即使各股票的套利限制相同,投资者情绪也会引起横截面效应。一些股票更容易受到投机倾向的影响,比如那些刚成立的、尚未盈利的或者极端增长的企业。这些股票更难以进行估值,同时也存在更大的套利风险,套利难度较大。此外,套利限制会形成未预见的需求端冲击,从而导致错误定价。因此,从需求端冲击和套利限制这两个渠道来看,投资者情绪会对市场上特定股票产生相对更大的影响,从而存在横截面效应。然而,经典金融理论认为投资者情绪并不会对股票价格产生影响。本文回答了有关投资者情绪是否会影响股票表现的横截面差异以及如何影响的问题。

投资者情绪指标

现有研究提出了许多衡量投资者情绪的指标,但尚未确定一致的或被广泛认可的指标。本文选取了六个潜在投资者情绪因子——封闭式基金折价率(CEFD)、纽交所股票成交量(TURN)、IPO 数量(NIPO)、IPO 首日平均收益率(RIPO)、新股发行份额(S)、股利溢价(P^{D-ND}),构造了投资者情绪综合指数(SENTIMENT),其中新股发行份额(S)为每月股票发行总数占当月股票发行总数和债券发行总数之和的比例。

$$\text{SENTIMENT}_t = -0.241\text{CEFD}_t + 0.242\text{TURN}_{t-1} + 0.253\text{NIPO}_t + 0.257\text{RIPO}_{t-1} + 0.112S_t - 0.283P^{D-ND}_{t-1}$$

本文还运用主成分分析法构造了正交化后的投资者情绪综合指数 $\text{SENTIMENT}^{\perp}_{t-1}$,即为 t 时期的投资者情绪指标:

$$\text{SENTIMENT}^{\perp}_t = -0.198\text{CEFD}^{\perp}_{t-1} + 0.225\text{TURN}^{\perp}_{t-1} + 0.234\text{NIPO}^{\perp}_t + 0.263\text{RIPO}^{\perp}_{t-1} + 0.211S^{\perp}_t - 0.243P^{D-ND,\perp}_{t-1}$$

投资者情绪对股票收益的横截面影响

根据理论分析,投资者情绪对不同特征的股票会产生不同的影响。本文选取1963—2001年美国公司为样本,根据每个月初公司的规模(ME)、成立时长(Age)、整体风险(σ)、净资产收益率(E/BE)、净资产派息率(D/BE)、固定资产/总资产(PPE/A)、研发支出/总资产(RD/A)、账面市值比(BE/ME)、外源融资/总资产(EF/A)、营业收入增长率(GS)这10个公司特征变量将样本公司分别排序并分成10组,构建10个等权的投资组合,在每组内根据上一年年末的投资者情绪指标($\text{SENTIMENT}_{t-1}^{\perp}$)进行条件(乐观和悲观)划分,计算每个投资组合的等权月均收益率并根据各组月均收益率的条件差确定横截面效应的时间序列变化。

如表13.1所示,当投资者情绪($\text{SENTIMENT}_{t-1}^{\perp}$)悲观(Negative)时,公司规模(ME)最低十分位组股票的月均收益率为2.37%,公司规模(ME)最高十分位组股票的月均收益率为0.92%,后者与前者之差达到-1.45%。从月收益率的条件差来看,公司规模较小组在投资者情绪分别为乐观(Positive)和悲观两种情况下的月收益率差异更大,这意味着规模小的股票更容易受到投资者情绪的影响。通常来讲,当投资者情绪乐观时,投资者对新发行股票的需求更大;而当投资者情绪悲观时,投资者更倾向于投资较为成熟的股票。例如,当投资者情绪悲观时,成立时间(Age)最长十分位组公司的月收益率比成立时间最短十分位组公司的月收益率低0.53%;但是,当投资者情绪乐观时,前者的收益率将比后者高0.85%。从公司风险来看,当投资者情绪高涨时,风险(σ)较高的股票会获得较低的收益;而当投资者情绪低落时,风险较高的股票会获得较高的收益。当投资者情绪乐观时,盈利股票的月收益率比没有盈利股票的月收益率高0.61%,有股利支付股票的月收益率比没有股利支付股票的月收益率高0.75%;而当投资者情绪悲观时,盈利股票相比没有盈利股票的月收益率低0.95%,有股利支付股票相比没有股利支付股票的月收益率低0.89%。另外,无形资产较多的公司对投资者情绪波动更为敏感。从账面市值比(BE/ME)、外源融资/总资产(EF/A)和营业收入增长率(GS)来看,平均月收益率的条件差(乐观和悲观)存在U形关系。这表明在这三个衡量企业增长的指标中,指标值位于两个极端的公司组合对投资者情绪的反应比指标值位于中间的公司组合对投资者情绪的反应更大。企业增长指标值高表明公司通常是高速增长的,而指标值低则表明公司通常是销售萎缩陷入困境的,相对于中等增长(指标值位于中间)的企业,极端企业的估值更难,因而对投资者情

表 13.1 1963—2001 年按投资者情绪指标和公司特征划分的股票未来收益

		Decile											Comparisons			
SENTIMENT$_{t-1}$		≤0	1	2	3	4	5	6	7	8	9	10	10-1	10-5	5-1	>0-≤0
ME	Positive	0.35	0.73	0.74	0.85	0.83	0.92	0.84	1.06	0.99	1.02	0.98	0.26	0.06	0.02	
	Negative	2.59	2.37	1.68	1.66	1.51	1.67	1.35	1.26	1.25	1.05	0.92	−1.45	−0.75	−0.70	
	Difference	−2.25	−1.65	−0.93	−0.81	−0.68	−0.75	−0.51	−0.20	−0.26	−0.03	0.06	1.71	0.81	0.90	0.61
Age	Positive	0.44	0.25	0.83	0.94	0.95	1.18	1.19	0.96	1.18	1.09	1.11	0.85	−0.07	0.93	
	Negative	2.32	1.77	1.88	1.97	1.68	1.70	1.68	1.38	1.34	1.36	1.24	−0.54	−0.46	−0.08	
	Difference	−1.88	−1.52	−1.05	−1.03	−0.74	−0.51	−0.49	−0.42	−0.16	−0.27	−0.13	1.39	0.39	1.00	−0.95
σ	Positive	1.31	1.44	1.41	1.25	1.20	1.24	1.08	1.01	0.88	0.75	0.30	−1.14	−0.94	−0.20	
	Negative	1.26	1.01	1.17	1.26	1.37	1.52	1.61	1.65	1.83	2.08	2.41	1.40	0.89	0.51	
	Difference	0.05	0.43	0.24	−0.01	−0.16	−0.28	−0.53	−0.65	−0.95	−1.33	−2.11	−2.54	−1.84	−0.71	1.56
E/BE	Positive	0.80	0.68	0.85	0.86	0.89	0.92	0.88	0.92	1.05	1.10	0.93	0.24	0.01	0.24	
	Negative	1.63	2.24	2.10	2.26	1.82	1.65	1.79	1.62	1.59	1.43	1.57	−0.67	−0.08	−0.59	
	Difference	−0.83	−1.56	−1.25	−1.40	−0.93	−0.73	−0.91	−0.70	−0.54	−0.34	−0.65	0.91	0.09	0.82	0.75
D/BE	Positive		1.06	1.09	1.29	1.11	1.24	1.17	1.31	1.24	1.19	1.15	0.07	−0.09	0.16	
	Negative		1.87	1.63	1.59	1.51	1.38	1.30	1.20	1.12	1.16	1.18	−0.69	−0.19	−0.49	
	Difference		−0.79	−0.54	−0.30	−0.40	−0.14	−0.14	0.11	0.12	0.03	−0.03	0.76	0.11	0.65	−0.89
PPE/A	Positive		0.48	0.66	0.74	0.81	1.04	0.90	0.79	0.87	1.04	1.05	0.57	0.02	0.56	
	Negative		1.93	1.96	1.90	1.87	1.82	1.89	1.66	1.56	1.29	1.62	−0.31	−0.20	−0.11	
	Difference		−1.45	−1.31	−1.17	−1.07	−0.78	−0.99	−0.87	−0.69	−0.25	−0.56	0.88	0.22	0.67	1.64
RD/A	Positive		1.21	1.04	1.37	1.37	1.34	1.22	1.24	1.29	1.39	1.38	0.17	0.04	0.13	−0.53
	Negative		1.57	1.47	1.58	1.73	1.66	1.81	1.97	2.04	2.13	2.44	0.87	0.78	0.09	0.55
	Difference		−0.36	−0.43	−0.22	−0.36	−0.32	−0.60	−0.73	−0.75	−0.74	−1.05	−0.69	−0.74	0.04	0.43

(续表)

		SENTIMENT$_{t-1}^1$	Decile											Comparisons			
			≤0	1	2	3	4	5	6	7	8	9	10	10-1	10-5	5-1	>0−≤0
BE/ME	Positive		0.03	0.61	0.82	0.87	0.96	1.09	1.17	1.18	1.29	1.27	1.24	0.31	0.93	
	Negative		1.41	1.43	1.46	1.54	1.61	1.69	1.87	1.94	2.18	2.45	1.04	0.84	0.20	
	Difference		−1.38	−0.81	−0.64	−0.67	−0.65	−0.60	−0.70	−0.76	−0.88	−1.18	0.20	−0.53	0.73	
EF/A	Positive		1.08	1.04	1.25	1.18	1.19	1.17	1.02	0.92	0.75	−0.01	−1.09	−1.20	0.11	
	Negative		2.43	2.09	1.85	1.75	1.59	1.53	1.51	1.51	1.71	1.53	−0.90	−0.06	−0.84	
	Difference		−1.35	−1.05	−0.59	−0.57	−0.40	−0.35	−0.49	−0.60	−0.96	−1.54	−0.18	−1.14	0.96	
GS	Positive		0.70	1.07	1.19	1.15	1.21	1.18	1.22	1.10	0.81	0.05	−0.65	−1.16	0.51	
	Negative		2.49	1.78	1.61	1.54	1.47	1.57	1.68	1.78	1.68	1.69	−0.80	0.22	−1.02	
	Difference		−1.79	−0.71	−0.42	−0.40	−0.26	−0.39	−0.46	−0.68	−0.87	−1.64	0.15	−1.38	1.53	

绪更加敏感。

根据表 13.1 的数据绘制图 13.1，其中黑色实心柱表示投资者情绪乐观情况下的收益率，空心柱表示投资者情绪悲观情况下的收益率，根据二者之差描绘曲线。从这些曲线中可以直观地看到，那些规模较小、成立时间较短、风险较高、没有盈利、无股利支付、极端增长及陷于困境的股票更容易受到投资者情绪的影响。

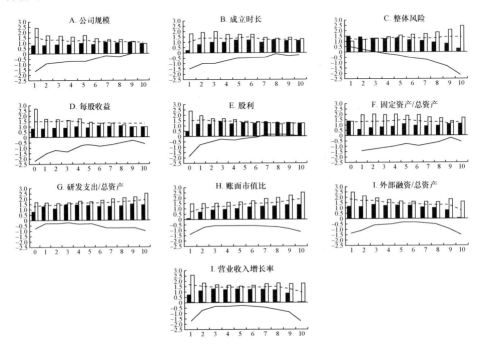

图 13.1　双向分类：1963—2001 年按投资者情绪指标和公司特征划分的股票未来收益

13.1.3　投资笔记

投资逻辑

投资者情绪对难以估值、套利难度大的股票影响较大。对于规模小、成立时间短、总体风险高、没有盈利、不派息、极端增长和陷入困境的股票来说，当投资者情绪低落时，其价值会被严重低估，这类股票后续会产生超额收益；而当投资者情绪高涨时，其后续收益相对较低。

核心指标

选取封闭式基金折价率(CEFD)、纽交所股票成交量(TURN)、IPO 数量(NIPO)、IPO 首日平均收益率(RIPO)、新股发行份额(S)、股利溢价(P^{D-ND})六个情绪因子,基于一组宏观经济指标(包括工业产值增速、耐用品实际增速、非耐用品实际增速、服务消费量、就业率增速等),对每个情绪因子进行回归,将各个回归残差作为处理后的情绪指标;再运用主成分分析法构造投资者情绪综合指数($SENTIMENT_t^\perp$)。本文构造的投资者情绪指标也称 BW 指数。

策略及表现

期间:1963—2001 年

市场:美国股票市场

选股策略:基于投资者情绪综合指数,选择受投资者情绪影响较大的股票(规模小、成立时间短、总体风险高、没有盈利、不派息、异常高增长和陷入困境的股票)进行交易。当投资者情绪低落时,买入这类股票;当投资者情绪高涨时,卖空这类股票。这样的交易策略可带来超额收益。

细节提示

(1) 计算每年的投资者情绪综合指数(SENTIMENT)。由于该指数的计算模型可能随着时间和市场的变化而发生变化,还应当根据具体市场情况优化投资者情绪综合指数计算模型。

(2) 情绪因子的主要作用是参与构造套利策略,其在弱有效市场的环境下可能会很快失效。

(3) 本策略需要进行卖空,而卖空成本具有很大的不确定性,从而放大了风险。

13.2 投资者情绪对股票市场整体收益的预测

标题:Investor Sentiment Aligned: A Powerful Predictor of Stock Returns
作者:Dashan Huang, Fuwei Jiang, Jun Tu, Guofu Zhou
来源:*The Review of Financial Studies*,2015,Vol.28,No.3

根据本文构造的新投资者情绪指标,能够预测市场收益

13.2.1 概述

关于投资者情绪影响资产定价的研究起步很早,基于众所周知的心理学事实,即情绪高(低)的人倾向于做出过于乐观(悲观)的判断和选择。但在资产定价方面,关于投资者情绪重要性的研究面临的一个挑战是投资者情绪并不是可以直接观察的,Baker and Wurgler(2006,2007)构造了一个投资者情绪指数,发现投资者情绪能够在横截面上预测某些特征股票的收益率。这也意味着投资者情绪仅能对部分股票进行预测。那么,究竟投资者情绪能否预测股票市场的整体表现呢?

本文基于 Baker and Wurgler(2006,2007)的六个投资者情绪变量,构造了一种新的更有效的可用于预测股票市场整体表现的投资者情绪指数。由于消除了情绪指标中的常见噪声部分,新指数在样本内和样本外都比现有的情绪指数表现出更好的预测能力,而且这种预测效果在统计学和经济学上都是显著的。研究发现,投资者情绪的预测驱动力来自投资者对未来现金流的有偏估计,即投资者情绪高涨似乎代表着投资者对未来现金流的过分乐观,导致其后股票市场的整体收益偏低。

13.2.2 应用指南

虽然投资者情绪无法被直接观察,但 Baker and Wurgler(2006,2007)构造了独特的投资者情绪综合指数(BW 指数)。BW 指数基于六个投资者情绪变量,运用主成分分析法提取第一主成分衡量投资者情绪。但是,这种方法会存在一定的估计误差。与预测股票市场收益的目的一致,本文只选取变量中最相关的共有部分,并使用偏最小二乘回归(PLS)构建一致投资者情绪指数(aligned sentiment index)。这一指数能够预测股票市场整体收益率,并在月频率上表现出显著的统计学和经济学意义。

投资者情绪指数

本文认为,BW 指数存在估计误差,即六个投资者情绪变量中存在与真实投资者情绪无关的部分。为了剔除这些误差的影响,本文建立了一系列模型,并利用偏最小二乘回归尝试构造更精确的投资者情绪指数。本文基于 1965

年 7 月到 2010 年 12 月共 546 个月的数据,用标准普尔 500 指数月收益率减去无风险利率表示市场整体的超额收益,利用偏最小二乘回归得到的一致投资者情绪指数为:

$$S^{PLS} = -0.22\text{CEFD} + 0.16\text{TURN} - 0.04\text{NIPO} + 0.63\text{RIPO} + 0.07\text{PDND} + 0.53\text{EQTI}$$

上式涉及的六个投资者情绪变量分别为:封闭式基金折价率(CEFD)、纽交所股票成交量(TURN)、IPO 数量(NIPO)、IPO 首日平均收益率(RIPO)、股利溢价(PDND)和新发行股票数量(EQTI)。

投资者情绪指数对股票市场整体收益的预测

本文运用预测回归模型考察投资者情绪指数的预测能力,即以市场超额收益率(标准普尔 500 指数月收益率减去无风险利率)R_{t+1}^m 为被解释变量,以投资者情绪指数 S_t 为解释变量并进行回归。依照金融学理论,若投资者情绪指数具有很强的预测能力,则 S_t 的回归系数应该显著小于 0。

$$R_{t+1}^m = \alpha + \beta S_t + \varepsilon_{t+1}$$

本文分别考察了 BW 投资者情绪指数、简单投资者情绪指数(naive investor sentiment index)、一致投资者情绪指数、单独的投资者情绪指标(individual investor sentiment proxies)对市场收益率的预测效果。表 13.2 中的 Panel A 为 Baker and Wurgler(2006,2007)使用主成分分析法得到的 BW 投资者情绪指数的预测效果;Panel B 为对六个投资者情绪变量进行等权平均得到的简单投资者情绪指数的预测效果;Panel C 为一致投资者情绪指数的预测效果;Panel D 为单独使用六个投资者情绪变量的结果。以上三个投资者情绪指标的回归系数均为负,其中一致投资者情绪指数回归系数的绝对值最大(系数绝对值为 0.58),显著性最强(t 值为 -3.04),且回归的 R^2 最高。这说明一致投资者情绪指数能够有效剔除代理变量中的共同噪声成分进而提高预测效果。从经济意义上讲,回归系数表明一致投资者情绪指数增加 1 个标准偏差会使下月的市场预期超额收益率下降 0.58%,即未来一年的收益将减少 6.96%。

表 13.2　投资者情绪与市场收益

	$\beta(\%)$	t-stat	$R^2(\%)$	$R^2_{up}(\%)$	$R^2_{down}(\%)$	$R^2_{high}(\%)$	$R^2_{low}(\%)$
Panel A：BW 投资者情绪指数							
S^{BW}	−0.24	−1.21	0.30	0.12	0.51	0.90	−0.67
Panel B：简单投资者情绪指数							
S^{EW}	−0.27*	−1.39	0.38	0.21	0.74	1.05	−0.74
Panel C：一致投资者情绪指数							
S^{PLS}	−0.58***	−3.04	1.70	1.54	2.11	2.74	−0.00
(OLS forecast)							
	−0.59***	−3.08	1.70	1.53	2.12	2.75	−0.02
(Stambaugh bias-adjusted forecast)							
	−0.57**	−2.24	1.21	0.77	2.40	1.96	−0.15
(Look-ahead bias-free forecast)							
Panel D：单独的投资者情绪指标							
CEFD	0.16	0.89	0.14	0.00	0.42	0.45	−0.40
TURN	−0.13	−0.69	0.08	−0.05	0.39	0.38	−0.39
NIPO	0.04	0.18	0.01	0.01	0.00	−0.06	0.13
RIPO	−0.47**	−2.35	1.16	1.61	0.25	2.09	−0.34
PDND	−0.05	−0.27	0.02	0.03	0.00	−0.12	0.24
EQTI	−0.40**	−2.26	0.80	0.41	1.69	0.70	0.98
Kitchen sink			3.02	2.11	5.07	3.48	2.21

注：其中，样本期间为 1965 年 7 月至 2010 年 12 月。CEFD 表示封闭式基金折价率，TURN 表示纽交所股票成交量，NIPO 表示 IPO 数量，RIPO 表示 IPO 首日平均收益率，PDND 表示股利溢价，EQTI 表示新发行股票数量。*、**、*** 分别表示 10%、5% 和 1% 的显著性水平。

13.2.3　投资笔记

投资逻辑

具有高涨(低落)情绪的投资者倾向于做出过于乐观(悲观)的判断和决策。本文构造了一致投资者情绪指数，并据此对股票市场整体收益进行预测。投资者可以根据本文构造的一致投资者情绪指数，对相关市场指数进行买卖交易以获取超额收益。

核心指标

选取封闭式基金折价率(CEFD)、纽交所股票成交量(TURN)、IPO 数量

(NIPO)、IPO首日平均收益率(RIPO)、股利溢价(PDND)和新发行股票数量(EQTI)六个投资者情绪变量,并使用偏最小二乘回归构造一致投资者情绪指数,数据区间为1965年7月至2010年12月,偏最小二乘回归得到的结果如下:

$$S^{PLS} = -0.22\text{CEFD} + 0.16\text{TURN} - 0.04\text{NIPO} + 0.63\text{RIPO} + 0.07\text{PDND} + 0.53\text{EQTI}$$

策略及表现

利用一致投资者情绪指数预测股票市场整体月收益率(对数形式),运用经典的均值方差分析法,在大盘指数和无风险资产之间进行资产配置(假设风险厌恶系数为1),每月调仓一次。在不考虑交易成本的情形下,一致投资者情绪指数能够产生的年化等价收益率为4.39%,夏普比率为0.18。

细节提示

由于情绪的影响更多地体现在市场整体或者某些行业股票整体层面,因此本策略只适用于股指投资,不适用于个股选股。

13.3 管理层情绪与股票收益

标题:Manager Sentiment and Stock Returns
作者:Fuwei Jiang, Joshua Lee, Xiumin Martin, Guofu Zhou
来源:*Journal of Financial Economics*,2019,Vol.131,No.1

可以基于管理层情绪预测股票收益

13.3.1 概述

现有很多文献探讨投资者情绪对股票收益的影响,认为投资者情绪会使得股票价格偏离其基本面价值。然而,很少有文献探讨管理层情绪对股票收益的影响。但实际上,管理层比外部投资者更有信息优势,且管理层同样会产生行为偏差(比如过度乐观或者过度悲观),而且投资者情绪也可能会受到管理层情绪的影响。本文对管理层情绪能否预测股票收益进行了研究。

本文根据公司财务报表和电话会议中汇总的文本语调构建管理层情绪指

数,利用美国资本市场的数据检验管理层情绪与股票收益的关系。结果发现,管理层情绪是未来股市总收益的强有力的负向预测因子,月度的样本内和样本外拟合优度(R^2)分别为 9.75% 和 8.38%,预测能力远高于以往研究提出的其他宏观经济变量。管理层情绪指数的预测能力在经济上是可比的,并且在信息含量层面补充了已有的投资者情绪指标。当管理层情绪高涨时,总未预期盈余减少,总投资增长加快。此外,管理层情绪对股票横截面收益率具有负向预测作用,特别是对那些难以估值且套利成本高昂的公司。

13.3.2 应用指南

本文构建了一个可测的宏观经济预测因子——管理层情绪指数,并分析了该因子对市场整体收益及个股收益的预测效应。在美国资本市场上,管理层情绪指数具有不错的解释能力和分析潜力。

管理层情绪指数

首先,根据 Loughran and McDonald(2011)的金融领域情感词典,统计月度公布的电话会议记录中出现的积极词语与消极词语的次数,计算积极词语数量与消极词语数量的差值,并除以会议记录的总词汇数,对市场所有公司的数据进行简单平均得到电话会议情绪因子(S^{CC})。

其次,统计管理层每年、每季度公布的年度报告(10-K)和季度报告(10-Q)中出现积极词语与消极词语的次数,计算积极词语数量与消极词语数量的差值,并除以 10-K 和 10-Q 的总词汇数,之后进行 4 个月的移动平均以熨平季度性波动,得到财务报告情绪因子(S^{FS})。

最后,本文关注的核心因子——管理层情绪指数(S^{MS})是电话会议情绪因子(S^{CC})与财务报告情绪因子(S^{FS})的平均值($S^{MS}=0.5S^{CC}+0.5S^{FS}$)。

管理层情绪对股票市场整体收益的影响

回归结果表明,管理层情绪是未来股市总收益的强负向预测因子。表 13.3 报告了管理层情绪指数对股票市场整体收益的预测效果,展示了标准预测回归模型中 α、β 和 R^2 的普通最小二乘法估计结果,其中 β 系数均显著为负,月度样本内 R^2 为 9.75%。

$$R^m_{t \to t+h} = \alpha + \beta S^{MS}_t + \varepsilon_{t \to t+h}$$

其中,$R^m_{t \to t+h}$ 是从 h 个月后(第 t 月至第 $t+h$ 月)的累计超额市场收益占月度整体超额市场收益的百分比。样本区间为 2003 年 1 月至 2014 年 12 月。

表 13.3 管理层情绪指数与股票市场整体收益

Horizon	α(%)	t-stat	β(%)	t-stat	R^2(%)
1	0.76	2.39**	−1.26	−3.57***	9.75
3	2.35	2.82***	−3.85	−4.11***	24.92
6	4.59	2.67***	−6.03	−3.21***	25.80
9	6.69	2.58***	−7.73	−2.97***	27.15
12	8.47	2.40**	−8.58	−2.54**	25.39
24	15.27	1.92**	−11.64	−2.11**	20.41
36	20.17	1.56*	−12.43	−2.50**	16.18

注：*、** 和 *** 分别表示 10%、5% 和 1% 的显著性水平。

管理层情绪对个股收益的影响

本文进一步探讨管理层情绪对个股收益的横截面影响，回归结果如表 13.4 所示。表 13.4 第(1)列的被解释变量为 4 天 [0,3] 事件期买入—持有超额收益，第(2)—(6)列分别是事件后 1/2/6/9/12 个月的长期买入—持有超额收益。解释变量 S^{MS} 是从 10-K、10-Q 和电话会议的文本文件中摘录的管理层情绪指数，还包括其他控制变量。管理层情绪指数与事件期的累计超额收益显著正相关，但与长期买入—持有超额收益显著负相关。这意味着从长期来看，管理层情绪对个股收益有着负向预测作用。

表 13.4 管理层情绪与个股收益

变量	(1) [0,3]	(2) 1 month	(3) 2 months	(4) 6 months	(5) 9 months	(6) 12 months
S^{MS}	0.004	−0.002	−0.004	−0.008	−0.010	−0.012
	(20.38)	(−8.16)	(−7.86)	(−9.41)	(−8.46)	(−7.60)
log(Size)	0.001	−0.002	−0.008	−0.018	−0.024	−0.031
	(6.17)	(−9.79)	(−15.14)	(−14.70)	(−13.30)	(−12.65)
log(BM)	0.002	0.002	0.007	0.013	0.017	0.021
	(7.95)	(5.39)	(8.47)	(8.18)	(7.26)	(6.71)
log(Turn)	−0.004	0.001	−0.004	−0.007	−0.014	−0.017
	(−14.05)	(3.41)	(−4.08)	(−3.69)	(−4.97)	(−4.41)

（续表）

变量	(1) [0.3]	(2) 1 month	(3) 2 months	(4) 6 months	(5) 9 months	(6) 12 months
Alpha	0.693	0.751	0.844	−0.186	−2.779	−8.061
	(4.55)	(2.89)	(1.56)	(−0.17)	(−1.91)	(−4.26)
Institute	0.012	0.007	0.030	0.059	0.091	0.125
	(17.24)	(7.26)	(13.74)	(13.47)	(13.87)	(14.29)
Nasdap	0.000	−0.001	−0.007	−0.019	−0.026	−0.035
	(0.42)	(−1.27)	(−4.53)	(−5.81)	(−5.23)	(−5.22)
R^2	0.006	0.003	0.007	0.010	0.012	0.014

13.3.3 投资笔记

投资逻辑

由于上市公司管理层相比普通投资者拥有更多的信息，观察管理层情绪可以得到比观察普通投资者情绪更好的预测效果。管理层情绪则可以通过管理层每年、每季度公布的 10-K 报告、10-Q 报告和不定时发布的电话会议记录中积极词语与消极词语的出现次数来刻画。基于此，我们既可以得到市场的整体月度情绪，也可以得到对每家公司而言的相对情绪。

由于美国股票市场并未达到强式有效，依然存在信息不对称的问题且可能对股票的正确定价造成影响，因此观察管理层情绪可以更好地理解资产定价。同时，由于管理层往往先于市场整体了解到经济周期变化，市场整体的管理层情绪对于市场乃至宏观经济变化都具有解释能力和预测能力。

核心指标

基于 10-K 报告、10-Q 报告及电话会议记录中积极词语和消极词语出现的次数构造管理层情绪指数 S^{MS}，等于电话会议情绪因子 S^{CC} 与财务报告情绪因子 S^{FS} 的平均值。

策略及表现

买入管理层情绪指数低的股票、卖空管理层情绪指数高的股票，投资者可以获得显著的超额收益。

月度的样本内和样本外的 R^2 分别为 9.75% 和 8.38%,表明管理层情绪指数的预测能力远高于以往研究提出的其他宏观经济变量。

细节提示

(1) 利用市值加权建立的管理层情绪因子虽然可以分散或剔除个体噪声,但不能消除公共噪声。

(2) 为了构建管理层情绪因子,需要先对文本数据进行定义和划分,但划分方式存在一定的随意性和主观性。

(3) 由于资本市场成熟度存在差异,管理层情绪指数在中国资本市场上的适用性有待检验。

13.4 基于市场情绪的投资策略:中国实践部分

本章以基于市场情绪的投资策略为主线,分别探讨了投资者情绪与股票收益的横截面效应、投资者情绪对整体股票市场的预测作用,以及管理层情绪与股票收益的关系。以上研究都是基于美国市场数据开展的,而中国投资者关心的问题是:基于以上理论构建的投资策略,在中国股票市场上能否获得超额收益?下面我们将对基于中国市场的研究进行梳理。

13.4.1 中国相关研究

投资者情绪与股票收益的横截面效应

投资者情绪可以被简单定义为投资者对股票市场的总体乐观或悲观反应,或者是投资者的投机倾向所引致的投机性投资的相对需求。投资者情绪对股票价格的影响主要体现在两个方面:一是对股票市场产生的总体影响,二是对不同股票产生的异质性影响——横截面效应。Baker and Wurgler(2006)主要考察后者,他们基于美国数据发现:投资者情绪对规模较小、成立时间较短、风险较高、没有盈利、无股利支付、极端增长及陷入困境的股票影响更大。此外,当期初的投资者情绪低落时,后续股票收益率相对较高;当期初的投资者情绪高涨时,后续股票收益率相对较低。

蒋玉梅和王明照(2010)以我国 1997—2008 年沪深 A 股上市公司为样本,参考 Baker and Wurgler(2006)的方法构造投资者情绪指数并发现:就投资者情绪对股票市场的总体影响而言,投资者情绪与短期市场收益正相关,与长期市场收益负相关。从横截面效应的角度分析,不同股票的收益效应对投资者情绪的敏感度存在差异,股利率、有形资产率、价格、市净率、市盈率、波动率、户均持股比例等特征值低的股票,更容易受到投资者情绪的影响;资产负债率高的股票,受投资者情绪的影响更大。当情绪表现为乐观(悲观)时,股利率、有形资产率、价格、市盈率、市净率、户均持股比例、波动率等特征值较低(高)股票的投资组合在当期或滞后一期具有超额收益;当情绪表现为乐观(悲观)时,资产负债率高(低)股票的投资组合具有超额收益。这表明投资者情绪对于这种超额收益具有一定的解释能力和预测作用。当情绪表现为悲观时,高股利率、高有形资产率等低投机性的"债券型"股票以及较高投机性的"冒险型"股票反而存在风险溢价,获得的收益更高。上述实证结果与国外研究相比既有相同点也有差异,甚至有矛盾之处。他们认为,这一方面是由于行为因素和市场诚信度的差异会导致各国投资者情绪与市场收益的关系存在横截面差异,另一方面也与投资者情绪的研究仍处于初级阶段,理论分析和实证检验尚待进一步深化有关。

投资者情绪与股票市场整体收益

投资者情绪对股票市场整体收益具有预测作用,Huang et al.(2015)改进了 Baker and Wurgler(2006)构造的投资者情绪综合指数,发现具有高涨(低落)情绪的投资者倾向于做出过于乐观(悲观)的判断和决策,投资者情绪高涨后股票市场整体收益低。由此,我们可以构造投资者情绪指数,并据此对市场整体收益进行预测。

余佩琨和钟瑞军(2009)对我国个人投资者情绪能否预测市场收益进行了研究,认为个人投资者情绪无助于市场收益的预测。而蒋玉梅和王明照(2010)却发现投资者情绪与短期市场收益正相关,与长期市场收益负相关。类似地,许海川和周炜星(2018)借鉴 Baker and Wurgler(2006,2007)构造的投资者情绪综合指数,加入新的情绪代理变量——中国波动率指数(iVX),发现投资者情绪指数与市场收益呈负向关系,与 Huang et al.(2015)的研究结论一致;然而,这种依赖关系在当期并不显著,但对滞后三周的市场收益有较显著的负向预测作用,而中国波动率指数的加入能够明显增强这种预测效果。许海川和周炜星(2018)还分析了情绪效应的不对称性,发现正向投资者情绪指数对未来收益的影响要远远大于负向投资者情绪指数。这可能与中国股民在行情高涨时的盲目乐观和行情低迷时的过度悲观有关,这种非理性造成了投资者情绪效应的不对称性。

管理层情绪与股票收益

管理层比外部投资者更有信息优势,外部投资者的乐观反应和悲观反应往往与管理层情绪有关,而管理层也会产生过度乐观或过度悲观的行为偏差。但是,大量针对投资者情绪与股票收益之间关系的研究忽视了管理层情绪的作用。Jiang et al. (2019)利用美国资本市场的数据,根据公司财务报表和电话会议记录中的汇总文本语调构造了管理层情绪指数,发现管理层情绪是未来股市总收益的强负向预测因子,并对投资者情绪的现有指标进行了补充。当管理层情绪高涨时,总体未预期盈余减少,总体投资增长加快。此外,管理层情绪对股票横截面收益具有负向预测作用,特别是对于那些难以估值且套利成本高昂的公司。

虽然国内的研究广泛关注投资者情绪对股票市场整体收益及个体收益的影响,但目前尚未有文献关注国内管理层情绪与股票收益的关系,本领域存在较大空白。

13.4.2 "中国特色"研究

投资者情绪与股票收益的横截面效应

作为新兴资本市场之一,中国资本市场具有独特的制度背景和市场微观结构。中国股票市场上个人投资者的交易活跃度要高于机构投资者,而且个人投资者的数量十分惊人,其贡献了超过80%的证券交易手续费和印花税。与机构投资者不同,个人投资者更关注短期收益,其在进行投资决策时往往是从过去的股价变动中寻找简单规律,很少全面地进行分析,容易受小道消息的影响而产生"冲动型"投资。鉴于个人投资者与机构投资者存在本质差异,我国学者分别探讨了个人投资者和机构投资者的情绪对股票收益的影响。

刘维奇和刘新新(2014)以2005—2011年上海证券交易所A股公司为研究对象,对比分析个人投资者情绪和机构投资者情绪的影响,以明确两种情绪在市场中扮演的角色。研究表明:机构投资者情绪可以正向预测个人投资者情绪,而个人投资者情绪无法预测机构投资者情绪;在同期市场上,个人投资者情绪起主导作用;机构投资者情绪具有预测后市的能力,滞后的机构投资者情绪与市场收益率呈正相关关系。进一步的研究发现,投资者关注度越高的股票,其收益对投资者情绪变化的敏感度越高,这种现象无论是对个人投资者还是对机构投资者的情绪变化敏感度均表现出一致性。

投资者情绪与股票市场整体收益

投资者的非理性行为会导致股票市场表现出经济基本面所无法解释的剧烈波动,而投资者情绪立足于投资者的非理性角度,能够较好地解释我国 A 股市场的大涨大跌现象。近年来,关于投资者情绪与股票市场互动关系的研究层出不穷,研究重点不再局限于判断情绪能否预测收益水平,进而扩展至如何衡量投资者情绪并加以量化,以考察其更广泛的影响效应。

我国信息化发展迅速,互联网是基础设施,大数据是生产资料,智能化是转化成果。从信息化时代的特点看,网络平台具备信息创造的即时性、信息内容的多元性、信息传播的交互性等优势。借助这一优势,学者开始利用数据挖掘技术获取股票社交平台上的文本数据,运用情感分析方法构建日内高频投资者情绪指标,并考察高频投资者情绪对股票盘中收益率的预测作用。利用数据挖掘技术从网络信息平台提取投资者情绪因子,不仅有助于提高高频情绪数据的可得性,也有助于深入分析市场情绪与股票市场运行的互动关系。尹海员和吴兴颖(2019)抓取上证指数股吧的实时发帖,通过文本语义分析构建日内高频投资者情绪指标,发现中国股票市场的日内投资者情绪能正向预测股票市场走势,这种预测作用在下午交易时段表现得更显著。尽管投资者情绪的预测作用独立于收益率自身的盘中动量效应,但其显著性程度较前期收益率和波动率的预测作用要弱。在牛市,投资者情绪对日内收益率的预测作用强于对滞后收益率的预测作用;在熊市则相反。在暴涨或暴跌的极端市场环境中,投资者情绪对日内收益率的影响程度比对滞后收益率等的影响程度更为显著;隔夜投资者情绪的释放会显著影响次日上午的市场收益率,但存在时滞性;午间休市期间的投资者情绪会与上午的市场收益率一起正向影响下午的市场表现。此外,噪声交易是投资者情绪影响股票收益率的重要驱动力量。戴德宝等(2019)运用文本挖掘技术和情感分析方法对东方财富网股吧帖子的内容进行分析,构造了投资者情绪指数,并采用了机器学习预测模型,提升了股指走势预测的准确性。

管理层情绪与股票收益

Jiang et al. (2019)是首篇研究管理层情绪与个股收益的论文。我国目前尚未有研究涉及这一话题,但近年来有学者运用文本分析方法探究与管理层语调相关的话题。基于有效市场理论,市场可以通过管理层语调信息影响资产价格来实现资本市场的资源配置,由此管理层语调信息在资本市场资源配置效率方面发挥着重要作用。

谢德仁和林乐(2015)基于我国上市公司年度业绩说明会的文本数据,考察公司管理层语调(积极词语对应正面语调,消极词语对应负面语调)是否有助于预测公司未来业绩。他们利用2005—2012年在全景网召开年度业绩说明会的文本数据,发现第t年管理层净正面语调与公司第$t+1$年业绩显著正相关,第t年管理层正(负)面语调与公司第$t+1$年业绩显著正(负)相关。这些结果表明,业绩说明会上的管理层语调能够提供关于公司未来业绩的增量信息。林乐和谢德仁(2016)基于2005—2012年我国上市公司年度业绩说明会互动平台的相关文本信息,发现管理层净正面语调会增大分析师更新荐股报告的可能性及增加参与更新人数,提高分析师荐股评级水平并增大其变动;由于分析师乐观性偏差的存在,管理层正面语调对分析师荐股评级水平及其变动具有显著的正向影响,而负面语调则没有显著影响。

甘丽凝等(2019)以2010—2015年创业板上市公司为样本,对全景网披露的创业板上市公司业绩说明会文件进行文本分析,发现管理层语调具有定价功能,提高管理层净积极语调比例有助于降低权益资本成本。此外,会计信息质量越高,管理层语调的定价效率越显著;当管理层有动机操纵语调信息时,比如企业大股东减持、增持或增发股票,管理层语调与权益资本成本之间的关系显著弱化。

13.4.3 总结与展望

现有研究表明,经典金融理论下的"股票价格等于预期未来现金流量的合理折现值,投资者情绪并不会影响股票价格"这一论断并不正确。投资者情绪会对股票收益产生横截面影响,同时对股票市场整体收益具有预测作用,因此利用投资者情绪与股票收益的关系构造投资组合能够获得超额收益。近期的研究表明,除了投资者情绪,管理层情绪同样能够预测个股收益。这是由于管理层比投资者更具备信息优势,而且投资者情绪往往会受到管理层情绪的影响。因而,关注管理层情绪有助于构造可带来超额收益的投资策略。

在未来的学术研究和投资实践中,我们提出如下展望:

一方面,关于管理层情绪与个股收益的研究刚刚起步,尚有较大的研究空间。目前的实证证据主要基于美国资本市场的数据,而我国资本市场与美国资本市场存在较大的差异,那么在我国,管理层情绪能否提供关于个股收益的增量信息呢?这一问题尚无实证证据予以解答,有待学者进一步探究。

另一方面,文本分析、机器学习等计算机技术的发展为更准确地衡量投资者情绪和管理层情绪提供了可能。传统的投资者情绪指标有的是基于问卷,有的是基于多项市场、财务等指标,并通过主成分分析而得出的。而现在,我们可以利用丰富的结构化和非结构化数据,采用文本分析、机器学习等分析技术,运用大数据方法更准确地衡量投资者情绪和管理层情绪,修正现有指标可能存在的测量误差,从而得出更准确的结论。

参考文献

[1] 戴德宝,兰玉森,范体军. 2019.基于文本挖掘和机器学习的股指预测与决策研究[J]. 中国软科学,340(4):171—180.

[2] 甘丽凝,陈思,胡珉,等. 2019.管理层语调与权益资本成本——基于创业板上市公司业绩说明会的经验证据[J]. 会计研究,6:27—34.

[3] 蒋玉梅,王明照. 2010.投资者情绪与股票收益:总体效应与横截面效应的实证研究[J]. 南开管理评论,3:152—162.

[4] 林乐,谢德仁. 2016.分析师荐股更新利用管理层语调吗?基于业绩说明会的文本分析[J]. 管理世界,11:125—145.

[5] 刘维奇,刘新新. 2014.个人和机构投资者情绪与股票收益——基于上证A股市场的研究[J]. 管理科学学报,17(3):70—87.

[6] 谢德仁,林乐. 2015.管理层语调能预示公司未来业绩吗?基于我国上市公司年度业绩说明会的文本分析[J]. 会计研究,2:20—27.

[7] 许海川,周炜星. 2018.情绪指数与市场收益:纳入中国波指(iVX)的分析[J]. 管理科学学报,21(1):88—96.

[8] 尹海员,吴兴颖. 2019.投资者高频情绪对股票日内收益率的预测作用[J]. 中国工业经济,8:80—98.

[9] 余佩琨,钟瑞军. 2009.个人投资者情绪能预测市场收益率吗[J]. 南开管理评论,12(1):96—101.

[10] Baker, M., J. Wurgler. 2006. Investor sentiment and the cross-section of stock returns[J]. The Journal of Finance, 61(4): 1645—1680.

[11] Huang, D., F. Jiang, J. Tu, G. Zhou. 2015. Investor sentiment aligned: a powerful predictor of stock returns[J]. The Review of Financial Studies, 28(3): 791—837.

[12] Jiang, F., J. Lee, X. Martin, G. Zhou. 2019. Manager sentiment and stock returns[J]. Journal of Financial Economics, 131(1):123—149.

[13] Loughran, T., B. McDonald, 2011. When is a liability not a liability? Textual analysis, dictionaries, and 10-Ks[J]. The Journal of Finance, 66(1): 35—65.

第 14 章
公司间关联

14.1 经济关联与可预测收益

标题：Economic Links and Predictable Returns
作者：Lauren Cohen, Andrea Frazzini
来源：*The Journal of Finance*, 2008, Vol.63, No.4

关注上下游关联公司股票收益率，投资者可从中获得丰厚的超额收益

14.1.1 概述

公司之间存在广泛的经济关联。在各种经济关联中，供应商和客户之间的经济关联是一种与企业真实活动紧密联系的、必须公开披露的重要关联。这种关联关系会对未来的现金流和股价产生影响，因而投资者应予以充分关注。如果市场是有效的，那么一旦重要客户的业务受到某种冲击，其对上市公司的影响就会即刻反映在股价上。但由于投资者的注意力和认知能力是有限的，同时市场上存在海量的信息，投资者对于客户—供应商这种经济关联的关注度不足，公司股价变动会产生可预测的滞后。如果上下游关联公司的股票收益率有信息含量，投资者就可以利用上下游关联公司的股价信息构建投资组合，从而获取超额收益。

本文利用 1980—2004 年美国股市数据进行研究，发现上下游关联公司的股票收益率确实有信息含量，但投资者没有对关联公司股票收益率所包含的信息及时做出反应。第 t 月初买入第 $t-1$ 月客户股票收益率最高 20% 的关

联公司股票并卖空客户股票收益率最低20%的关联公司股票,所构建的套利组合可产生超过150个基点的月度超额收益,这样的投资策略在未来一年能够获得18.6%的超额收益。

14.1.2 应用指南

股票市场上存在海量的信息。对于那些公司公开披露的、对投资至关重要的信息,投资者应给予充分的关注。根据美国SFAS No.131的规定,上市公司必须在季报、年报等中期财务报告中公开披露销售额占比10%以上客户的信息。鉴于客户—供应商关联关系会对未来的现金流量和股票收益产生实际影响,在进行投资决策时,投资者应该对客户—供应商关联关系给予充分的关注。

大量的研究表明,注意力是一种稀缺资源,个人对一项事务的注意力是以牺牲对另一项事务的注意力为代价的。从20世纪80年代开始,学界开始关注投资者的有限注意力所导致的投资异象问题。虽然客户—供应商关联关系能够提供重要的信息,但投资者的注意力是有限的。那么,投资者能否及时、全面地解读客户—供应商关联关系所带来的价格信号?投资者又能否从公开披露的上下游关联公司价格信号中获利?其中的机制又是什么?以下将逐一解答。

被忽视的上下游关联公司信息

我们首先通过一个真实案例,看看投资者能否及时、全面地解读客户—供应商关联关系所带来的价格信号。

Coastcast是一家业内领先的高尔夫球杆头的制造商,Callaway是一家专营高尔夫设备的零售企业。从1993年起,Callaway公司就是Coastcast公司的重要客户。Coastcast公司2001年销售额中对Callaway公司的销售占比达到50%。2001年6月7日,Callaway公司被一位跟踪分析师下调了评级。在6月8日的媒体发布会上,Callaway公司将第二季度的预期收入从原来的3亿美元下调至2.5亿美元。在6月7日和6月8日两天内,Callaway公司股价下跌30%;在接下来的一周,分析师推荐"买入"Callaway建议的比例从77%降至50%。

然而,令人感到惊讶的是,Callaway公司的负面信息对Coastcast公司当期股价没有产生任何影响。Coastcast公司的预期每股收益和股票买入建议没有丝毫改变;并且在随后的两个月内,新闻媒体报道和财经杂志并未提及任何有关 Coastcast 公司的消息。2001 年 7 月 19 日,Coastcast 公司的每股收益从原来的 2 美元降至 1.6 美元;在之后的两个月内,Coastcast 公司股价持续下跌。由此可见,在 Callaway 公司预告发布两个月之后,Coastcast 公司股价才发生调整,投资者并不能及时、全面地解读客户—供应商关联关系所带来的价格信号。如果在 Callaway 公司预告发布后,投资者卖空 Coastcast 公司股票,在之后的两个月就可以获得 20% 的收益。本文认为,类似 Callaway-Coastcast 这样的"客户—供应商"重大公开信息传导失灵的例子比比皆是——客户公司股价变动会缓慢地传导到供应商的股价。

利用上下游关联公司的股票收益率信息获利

如果关联公司的股票收益率有信息含量,并且当前股价并没有反映这些信息,那么这些信息只能在未来的股票收益中体现,投资者也就能够利用关联公司的股票收益率信息获取超额收益。本文重点研究"客户动量"(customer momentum),即利用客户和供应商的实质性业务关联,通过客户公司股价变化预测其供应商公司的股价,并利用市场投资者的反应不足获取超额收益。

利用"客户动量"构建投资策略的方法如下:首先,利用公开披露的客户信息,识别上市公司之间存在的客户—供应商关联关系。根据识别出的客户—供应商关联关系,在第 t 月初根据第 $t-1$ 月客户公司的股票收益率,将对应的供应商公司按升序排列并均分为 5 组。其中,所有股票在每个组合中均按市值加权(或等权),并且每个月重新调整组合以保持权重。其次,构造"客户动量"投资策略,即买入客户收益率最高 20% 的股票并卖空客户收益率最低 20% 的股票,构建套利组合。最后,对 1980—2004 年的交易数据进行回测,得到各类别套利组合月收益率均超过 100 基点。"客户动量"投资策略在接下来的一年能获得 4.73% 的累计超额收益,可预测的正向收益维持约一年后消失。

表 14.1 展示了所构建投资组合的超额收益。每月初,将上市公司按其上月末主要客户的股票收益率从低到高排序,然后将样本等分为 5 组。在每组中,将组内所有股票按市值加权(或等权)构造投资组合,并且每月调整投资组合以保持市值加权(或等权)。统计范围包括构建投资组合时价格超过 5 美元/股的所有可购买股票。Alpha 是滚动策略下每月超额收益的回归截距项;解释变量是 Fama-French 三因子模型、加入动量因子的四因子模型以及再加入流动性因子的五因子模型的投资组合的月度收益率。Q1—Q5 分别表示客户股票收益率由低到高的 5 组,L/S 表示买入 Q5 并卖出 Q1 的投资组合所带来的超额收益。

表 14.1 "客户动量"投资策略的超额收益

	Q1(Low)	Q2	Q3	Q4	Q5(High)	L/S
Panel A：市值加权						
Excess returns	−0.596	−0.157	0.125	0.313	0.982*	1.578*
	(−1.42]	(−0.41)	(0.32)	(0.79)	(2.14)	(3.79)
Three-factor Alpha	−1.062*	−0.796*	−0.541*	−0.227	0.493*	1.555*
	(−3.78)	(−3.61)	(−2.15)	(−0.87)	(1.98)	(3.60)
Four-factor Alpha	−0.821*	−0.741*	−0.488	−0.193	0.556*	1.376*
	(−2.93)	(−3.28)	(−1.89)	(−0.72)	(1.99)	(3.13)
Five-factor Alpha	−0.797*	−0.737*	−0.493	−0.019	0.440	1.237*
	(−2.87)	(−3.04)	(−1.94)	(−0.07)	(1.60)	(2.99)
Panel B：等权						
Excess returns	−0.457	0.148	0.385	0.391	0.854*	1.311*
	(−1.03)	(0.38)	(1.01)	(1.01)	(2.04)	(4.93)
Three-factor Alpha	−1.166*	−0.661*	−0.446*	−0.304	0.140	1.306*
	(−5.27)	(−3.89)	(−2.74)	(−1.76)	(0.71)	(4.67)
Four-factor Alpha	−0.897*	−0.482*	−0.272	−0.224	0.315	1.212*
	(−4.20)	(−2.89)	(−1.70)	(−1.28)	(1.61)	(4.24)
Five-factor Alpha	−0.939*	−0.549*	−0.239	−0.041	0.420*	1.359*
	(−4.611)	(−3.27)	(−1.38)	(−0.23)	(2.11)	(4.29)

注：收益率以百分数形式表示，括号内数值为 t 统计量，* 表示在 5% 的统计水平上显著。Excess returns 表示超额收益，Three-factor Alpha 表示采用三因子模型计算得到的超额收益，Four-factor Alpha 表示采用四因子模型计算得到的超额收益，Five-factor Alpha 表示采用五因子模型计算得到的超额收益。

本文进一步分析并指出，"客户动量"投资策略的超额收益主要由负面消息导致，并且供应商公司股价对相关客户公司的负面（或正面）信息反应不足，会相应产生负面（或正面）的后续价格漂移。价格漂移在大公司和小公司中的大小相同，但持续时间不同，大公司股价根据客户信息而调整的速度要快于小公司。整体而言，客户公司信息发布对供应商公司股价带来的影响约有 60% 会在信息发布当月得以体现，剩余 40% 的影响会在未来 6 个月内陆续体现在供应商公司股价中。对于大公司而言，客户信息发布给供应商公司股价带来的影响约有 68.9% 会在当月得以体现，留至未来 6 个月体现的比例仅为 31.1%；而对于小公司而言，客户信息发布给供应商公司股价带来的影响在当月体现的比例仅为 34.8%，却有高达 65.2% 的比例将在未来 6 个月内逐步得到体现。

更深入的分析

在确认上下游关联公司的股票收益率有信息含量之后,我们不禁还要问:上下游关联公司的信息是如何影响目标公司的股票价格的?其中的机制是什么?带着这些疑问,本文对其中的作用机制进行更深入的分析。

本文通过对比样本中与同一公司有关联公司和无关联公司的时间序列变化进行验证。实证结果显示,相比于没有关联关系的公司,当公司之间存在客户—供应商关联关系时,公司之间各项财务业绩指标(如营业收入、销售额等)的关联度相应增强。对于两家有关联关系的公司,第 t 期客户信息对第 $t+1$ 期供应商实际营业活动具有显著的可预测性;对于两家没有关联关系的公司,第 t 期客户信息无法预测第 $t+1$ 期供应商实际营业活动。因此,当公司之间存在客户—供应商关联关系时,第 t 期客户公司信息会对第 $t+1$ 期供应商公司的股票收益率产生预测作用。

14.1.3 投资笔记

投资逻辑

上下游关联公司的股票收益率有信息含量,但是市场没有及时对上下游关联公司的信息做出反应。投资者可以利用公开可得的上下游关联公司的股票收益率信息构造投资策略,在未来获取超额收益。对于投资实践而言,"客户动量"旨在提醒投资者关注公司上下游的相关信息并及时做出反应,从而提出一种有效且收益较高的投资策略。"客户动量"投资策略不受标准的交易风险因子的影响,是对传统估值因子的有力补充。

核心指标

采用"客户动量"投资策略,选取样本中公司的客户公司上月股票收益率作为核心指标,对供应商公司进行排序并构建投资策略。

策略及表现

期间:1980—2004 年

市场:美国股票市场

选股策略:第 t 月初,根据第 $t-1$ 月主要客户公司股票收益率将供应商公司升序排列并均分为5组,若存在多个客户公司则按营业收入占比加权平均。投资组合的构造方法分为两种,即所有股票在每个组合中按等权或者所有股票在每个组合中按市值加权;在构造组合时剔除股价过低的股票(本文以5美元/股为下限)。"客户动量"策略是指,买入客户公司股票收益率最高组,卖空客户公司股票收益率最低组。这种多空策略的月收益率为1.55%,年化收益率高达18.6%。

细节提示

(1) 客户公司的负面信息比正面信息具有更高的信息含量。
(2) 市值较大公司股价根据客户信息调整的速度要快于市值较小公司。

14.2 多元化企业

标题:Complicated Firms
作者:Lauren Cohen,Dong Lou
来源:*Journal of Financial Economics*,2012,Vol.104,No.2

构建基于"虚拟多元化企业"的投资策略,投资者可以获得超额收益

14.2.1 概述

信息的收集和解读对于投资者运用不同模型进行资产定价并进行交易起到至关重要的作用。有效市场假说认为,在理想证券市场中,价格对信息的反应过程是及时、充分、完整的。但在现实中,市场并不总是有效的,由于投资者收集、解读信息的资源和能力是有限的,股价对信息的反应过程往往是不及时、不充分的,信息需要逐步地反映到股价中。在不完全有效的证券市场中,导致资产错误定价的原因之一就是多元化阻碍了企业信息融入股价。相比于专业化企业,投资者处理多元化企业信息的难度明显更高。投资者关心的问题是:公司多元化程度不同引起的信息处理难度差异是否会导致股价对信息的反应速度不同?投资者能否借助这种差异做出更好的投资决策?

本文利用1977—2009年的美国股票市场数据,构建"虚拟多元化企业"(pseudo-conglomerate)开展研究,发现信息处理的复杂程度确实会对股票收益产生影响。在第t月初买入第$t-1$月股票收益率最高10%的"虚拟多元化企业"，卖空股票收益率最低10％的"虚拟多元化企业"，每月可以产生95个基点的市值加权收益，年化超额收益率约11.4％；投资组合相应的等权收益为每月118个基点，年化超额收益率超过14％。

14.2.2　应用指南

已有研究表明，投资者对信息的反应往往是滞后的、有偏误的。正是因为投资者收集和解读信息的能力有限才导致这种滞后与偏误。对于多元化企业，投资者所处理的信息的复杂程度要明显高于专业化企业。如果信息处理的复杂程度确实会影响股票收益，那么在同时受到对产业有影响力的一个信息冲击时，专业化企业的股价会首先进行调整，而信息处理复杂程度高的多元化企业的股价调整相对缓慢。现实情况是否确实如此？投资者如何借助信息处理的复杂程度差异来获利？其中的作用机制又是什么？以下将逐一解答。

构建"虚拟多元化企业"

首先了解一下多元化企业和专业化企业的区别，再通过一个示例学习构建"虚拟多元化企业"的方法。

专业化企业是指仅在单一行业经营的公司。与专业化企业对应的多元化企业是指在多于一个行业经营的公司。根据美国SFAS No.14和SFAS No.131的规定，上市公司必须公开披露占其年度总销售额10％以上的行业分部的相关财务信息，因此投资者有机会从公开渠道获取这些资料。以C公司和CTB公司为例予以说明。C公司是一家专门生产巧克力的制造商，即C公司是一家专业化企业。CTB公司是一家同时生产巧克力、墨西哥玉米薄饼和灯泡的公司，即CTB公司是一家多元化企业。假设一项新的研究表明，吃巧克力能够延年益寿。可以预期的是，这则消息对C公司的股价会产生直接且明确的影响。但对于CTB公司，想要准确预测其未来的股价变动需要更复杂的分析过程，因而其股价预测更为困难。

对于CTB公司，我们可以构建一个"虚拟多元化企业"与之配对。假定CTB公司的巧克力分部在总销售额中的占比为40％，墨西哥玉米薄饼分部在总销售额中的占比为30％，灯泡分部在总销售额中的占比同样为30％。我们可以在各分部对应的行业中找出所有专业化企业，然后根据各分部在总销售额中的占比加权，从而构建一个"虚拟多元化企业"。CTB公司的"虚拟配对公司"就等于"0.4×所有专业生产巧克力的企业组合＋0.3×所有专业生产墨西哥玉米薄饼的企业组合＋0.3×所有专业生产灯泡的企业组合"。

利用"虚拟多元化企业"获利

如果信息融入股价是一个渐进的过程,并且会受到企业多元化程度的影响,那么一则消息首先会对专业化企业产生影响,并使专业化企业的股价发生变化。由于多元化企业的信息处理机制更为复杂,多元化企业的股价调整会存在时滞。如果我们利用对行业信息反应更及时、更充分的"虚拟多元化企业"股票收益率构建投资策略,就会带来超额收益。

投资策略的构建方法如下:第一步,为每一家多元化企业构建相应的"虚拟多元化企业",根据上一会计年度的总销售额占比确定各分部的权重。第 t 月初,根据第 $t-1$ 月"虚拟多元化企业"的股票收益率升序排列并等分为 10 组。其中,所有股票在每个组合中均按市值加权(或等权),并且每个月重新调整组合以保持权重。第二步,构建基于"虚拟多元化企业"的投资策略,即买入"虚拟多元化企业"股票收益率排前 10% 的股票并卖空"虚拟多元化企业"股票收益率排后 10% 的股票,以此构建套利组合。第三步,对 1977—2009 年的交易数据进行回测,在不考虑交易成本的前提下,得到等权套利组合的超额收益为 118 个基点,市值加权套利组合的超额收益为 95 个基点,具体的月收益率数据如表 14.2 所示。

表 14.2 利用"虚拟多元化企业"构建投资策略的超额收益

Decile	Excess returns	1-Factor Alpha	3-Factor Alpha	4-Factor Alpha	5-Factor Alpha
Panel A:等权					
1(Low)	0.14%	−0.47%	−0.71%	−0.61%	−0.65%
	(0.43)	(−2.83)	(−4.80)	(−4.01)	(−4.39)
2	0.08%	−0.50%	−0.73%	−0.64%	−0.68%
	(0.28)	(−3.57)	(−5.94)	(−5.35)	(−5.90)
3	0.50%	−0.03%	−0.25%	−0.18%	−0.20%
	(1.85)	(−0.25)	(−2.30)	(−1.63)	(−1.85)
4	0.67%	0.14%	−0.09%	0.00%	−0.01%
	(2.48)	(1.11)	(−0.82)	(0.01)	(−0.09)
5	0.85%	0.34%	0.11%	0.18%	0.19%
	(3.26)	(2.83)	(1.16)	(1.90)	(1.96)
6	0.85%	0.32%	0.08%	0.15%	0.15%
	(3.20)	(2.72)	(0.84)	(1.54)	(1.50)

（续表）

Decile	Excess returns	1-Factor Alpha	3-Factor Alpha	4-Factor Alpha	5-Factor Alpha
7	0.90%	0.37%	0.13%	.15%	0.16%
	(3.38)	(3.11)	(1.36)	(1.43)	(1.57)
8	0.97%	0.44%	0.21%	0.22%	0.24%
	(3.63)	(3.67)	(2.15)	(2.00)	(2.20)
9	0.99%	0.46%	0.24%	0.24%	0.25%
	(3.66)	(3.61)	(2.23)	(2.12)	(2.12)
10(High)	1.31%	0.74%	0.48%	0.47%	0.47%
	(4.34)	(4.63)	(3.63)	(3.30)	(3.09)
L/S	**1.18%**	**1.21%**	**1.18%**	**1.08%**	**1.12%**
	(5.51)	(5.52)	(5.30)	(4.48)	(4.50)
Panel B：市值加权					
1(Low)	−0.10%	−0.69%	−0.78%	−0.68%	−0.77%
	(−0.29)	(−3.42)	(−3.65)	(−2.91)	(−3.35)
2	0.19%	−0.33%	−0.39%	−0.32%	−0.36%
	(0.68)	(−2.31)	(−2.74)	(−2.25)	(−2.55)
3	0.39%	−0.11%	−0.16%	−0.13%	−0.14%
	(1.45)	(−0.75)	(−1.07)	(−0.80)	(−0.87)
4	0.43%	−0.06%	−0.10%	−0.08%	−0.09%
	(1.69)	(−0.42)	(−0.75)	(−0.55)	(−0.62)
5	0.54%	0.06%	0.04%	0.06%	0.08%
	(2.14)	(0.44)	(0.34)	(0.47)	(0.57)
6	0.78%	0.28%	0.21%	0.24%	0.28%
	(3.02)	(2.32)	(1.81)	(1.74)	(2.16)
7	0.64%	0.17%	0.12%	0.07%	0.10%
	(2.59)	(1.36)	(0.93)	(0.53)	(0.75)
8	0.77%	0.28%	0.25%	0.15%	0.24%
	(2.94)	(1.97)	(1.67)	(0.99)	(1.67)
9	0.78%	0.28%	0.18%	0.21%	0.25%
	(2.84)	(1.75)	(1.19)	(1.37)	(1.62)
10(High)	0.85%	0.32%	0.25%	0.28%	0.27%
	(2.83)	(1.74)	(1.37)	(1.54)	(1.41)
L/S	**0.95%**	**1.01%**	**1.03%**	**0.97%**	**1.04%**
	(3.18)	(3.35)	(3.32)	(2.85)	(3.01)

注：括号内数值为 t 统计量，粗体表示在5%的统计水平上显著。

表 14.2 展示了投资组合的超额收益,统计范围包括在构建投资组合时所有价格超过 5 美元/股的可购买股票。每月初,将多元化企业按其上月末"虚拟多元化企业"股票收益率从小到大排序,然后将样本等分为 10 组。在每组中,将组内所有股票按市值加权(或等权)构建投资组合,并且每月调整投资组合以保证其仍然按市值加权(或等权)。Alpha 是滚动策略下月度超额收益的回归截距项。解释变量是 Fama-French 三因子模型、加入动量因子的四因子模型、再加入流动性因子的五因子模型的投资组合的月度收益率。Panel A 是按等权构建投资组合的检验结果,Panel B 是按市值加权构建投资组合的检验结果。1 至 10 分别表示按"虚拟多元化企业"股票收益率由低到高排序并等分的 10 组。L/S 表示买入第 10 组并卖空第 1 组的投资组合带来的超额收益。Excess returns 表示超额收益,1-Factor Alpha、3-Factor Alpha、4-Factor Alpha、5-Factor Alpha 分别表示加入 1/3/4/5 个因素作为解释变量之后计算出的超额收益。

本文对投资策略的交易成本进行了测算。对于规模为 1 000 万美元的投资组合,等权套利组合的净收益为 106 个基点,市值加权套利组合的净收益为 84 个基点。当投资组合的规模达到 5 000 万美元时,交易成本对净收益的影响更为明显,等权套利组合的净收益下降到 72 个基点,市值加权套利组合的净收益下降到 49 个基点,交易成本几乎占超额收益的一半。

更深入的分析

在确认"虚拟多元化企业"股票收益率有信息含量之后,我们不禁还要问:其中的作用机制是什么?之前的分析均是基于投资者处理信息的资源和能力有限的前提,是否有证据支持这一机制?带着这些疑问,本文对其中的作用机制进行了更深入的分析。

如果确实是由于投资者处理信息的资源和能力有限导致多元化企业股价调整滞后,那么我们应该可以观察到:配对公司的多元化程度越高,股价对信息做出反应的滞后程度就越严重,那么"虚拟多元化企业"上期股票收益率对配对公司当期股票收益率的预测效果就会越好。本文的实证结果支持这一假设。

本文还考察从专业化企业转变为多元化企业这部分特殊样本,分析企业性质变更前后三年的表现。研究结果表明,只有多元化企业的股价对信息的调整才存在滞后性,进一步证实了投资者处理信息的资源和能力有限这一机制。

从更深的层面上看,多元化企业与专业化企业的区分实际上是投资者归类思考(categorical thinking)的一种表现形式。现有关于归类思考与投资者情绪的文献表明,公司需要的归类思考过程越复杂,其受投资者情绪的冲击越小。相较于多元化企业,投资者对专业化企业的归类思考过程更简单,因而专业化企业对投资者情绪更敏感。实证结果表明,面对投资者情绪的冲击,多元化企业股价受到的影响确实小于专业化企业。

14.2.3 投资笔记

投资逻辑

由于投资者收集和解读信息的能力有限,同样的信息对专业化企业股价的影响和对多元化企业股价的影响是不同的,多元化企业的股价调整较为滞后。我们可以构建"虚拟多元化企业",将各分部所属的专业化企业的股票收益率进行加权组合,预测多元化企业未来的股票收益率,构建投资策略并从中获取超额收益。

核心指标

为每家多元化企业构建相应的"虚拟多元化企业",选取"虚拟多元化企业"月股票收益率作为核心指标,对多元化企业进行排序并构建投资策略。

策略及表现

期间:1977—2009 年

市场:美国股票市场

选股策略:为每家多元化企业构建相应的"虚拟多元化企业",根据上一会计年度的总销售额占比确定各分部的权重。第 t 月初,根据第 $t-1$ 月"虚拟多元化企业"股票收益率,将企业按照升序排列并等分为 10 组。在构建组合时剔除价格过低的股票(以 5 美元/股为下限),每月重新调整组合以保持权重。买入"虚拟多元化企业"股票收益率最高 10%的股票并卖空"虚拟多元化企业"股票收益率最低 10%的股票,形成套利组合。在不考虑交易成本的前提下,持有等权套利组合 1 个月后调仓,平均可以获得 1.18%的月超额收益。

细节提示

(1) 多元化企业的个体异质性风险越高,预测效果越好,套利空间越大。

(2) 市值越小的多元化企业,预测效果越好,套利空间越大。

14.3 科技关联度:提升预期收益的新工具

标题:Technological Links and Predictable Returns
作者:Charles Lee, Stephen Teng Sun, Rongfei Wang, Ran Zhang
来源:Journal of Financial Economics,2019,Vol.132,No.3

关注公司之间的科技关联度,投资者可以获得丰厚的超额收益

14.3.1 概述

在知识经济时代,科技实力已经成为一家公司短期盈利和长期生存的重要因素。世界上的科技巨头,如谷歌、苹果、亚马逊、特斯拉等公司,它们所处的行业和所生产的产品可能截然不同,但在科技层面却有着千丝万缕的联系。一方面,企业的科技研究过程往往不是闭门造车,企业之间在研发过程中存在广泛的合作;另一方面,科技创新会存在知识溢出效应,一项创新的科技成果可能带来若干行业的产品革新。科技上的关联超越了传统的行业界限,而且投资者难以从财务报告中识别这类信息。投资者关心的问题是:公司之间的科技关联度是否有信息含量?投资者能否借助科技关联度信息做出更好的投资决策?

本文利用1963—2012年的美国股票市场数据,构建科技关联度的度量指标,并利用科技关联度指标和关联公司历史收益率计算出目标公司的科技关联收益率。本文发现,公司之间的科技关联度确实具有信息含量,科技关联公司的股票收益率可以用于预测目标公司的股票收益率。基于科技关联收益率构建的多空组合投资策略可以获得的月超额收益率为1.17%(年化收益率为14%左右)。因此,科技关联收益率是一个优秀的Alpha因子,这种领先—滞后关系也被称作"科技动量"。

14.3.2 应用指南

在美国,投资者可以从美国专利与商标局(United States Patent and Trademark Office,USPTO)直接获取企业的专利文件信息;同时,谷歌专利数据库和美国国家经济研究局(NBER)提供专利汇总信息,使得投资者的数据分析更为便利。虽然关于专利的信息是可以公开获取的,但已有研究表明在进行投资决策时,投资者更依赖于自身的信念和先验信息,对于企业公开发布的信息往往关注不足。同时,大量研究表明,投资者的注意力是有限的,因而股价对新信息的反应往往不及时、不充分,信息需要逐步地反映到股价中。那么,投资者能否及时、全面地解读科技关联信息带来的价格信号?投资者能否从公开披露的专利信息中获利?其中的作用机制又是什么?下面将逐一解答。

计算公司之间的科技关联度

要实施"科技动量"策略,首先要计算公司之间的科技关联度。为此,本文使用谷歌专利数据库提供的专利数据,将公司所有的授权专利对应到美国专利与商标局设定的 427 种专利分类。在任一时点,计算两家公司过去 5 年间所获授权专利在不同专利分类中的布局,进而计算出专利布局向量的相关系数,得到公司两两之间的科技关联度,最小为 0,最大为 1。两家公司的专利布局越相似,科技关联度越高。使用这样的方法,可以计算任一时点目标公司与其他公司之间的科技关联度。

图 14.1 展示了两家公司(Regeneron 和 Illumina)2002—2006 年的专利布局情况。Regeneron 是一家制药公司,而 Illumina 生产生命科学检测仪器并提供基因分析服务。这两家公司处于完全不同的行业,在供应链方面也没有什么联系。但是,我们可以从全新的科技关联角度揭示它们之间的联系——两家公司在 425 专利分类(分子生物学和微生物学)上均拥有很多专利,它们之

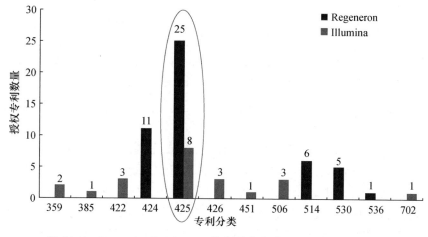

图 14.1　Regeneron 和 Illumina 的专利布局情况(2002—2006 年)

间的科技关联度高达 0.71。由此可见,科技关联度可以揭示被行业及上下游产业链忽视的公司之间的联系,而且这种关联度在选股方面大有可为。

利用科技关联度获取超额收益

找到存在科技关联的公司之后,就可以利用科技关联公司过去的股票收益率,预测目标公司未来的股票收益率,也就是所谓的"科技动量"。本文构建如下投资策略:第 t 月初,找到目标公司所有的科技关联公司,以科技关联度作为权重对科技关联公司的股票收益率进行加权平均,获得科技关联收益率(TechRet);然后根据第 $t-1$ 月科技关联收益率,对目标公司按升序排列并等分为 10 组;最后构建"科技动量"投资策略——买入第 $t-1$ 月科技关联收益率排前 10% 的目标公司股票,卖空第 $t-1$ 月科技关联收益率排后 10% 的目标公司股票。据此构建的等权(或市值加权)投资组合在第 t 月可以获得 1.17%(或 0.69%)的超额收益,具体的月收益率数据如表 14.3 所示。在控制行业、供应链等公司间动量效应以及其他常见的市场异象后,"科技动量"超额收益仍然稳健存在。

表 14.3 基于"科技动量"构建投资策略的超额收益

Decile	Excess returns(%)	CAPM Alpha(%)	3-Factor Alpha(%)	4-Factor Alpha(%)	5-Factor Alpha(%)	6-Factor Alpha(%)
1(Low)	0.42	−0.16	−0.33	−0.13	−0.27	−0.12
	(1.46)	(−1.04)	(−2.66)	(−1.09)	(−2.17)	(−0.99)
10(High)	1.59	1.05	0.93	0.95	1.10	1.09
	(5.38)	(5.37)	(6.41)	(6.36)	(8.11)	(7.97)
L/S(等权)	**1.17**	**1.22**	**1.26**	**1.08**	**1.37**	**1.21**
	(5.47)	(5.70)	(5.88)	(4.98)	(6.49)	(5.76)
L/S(市值加权)	**0.69**	**0.74**	**0.80**	**0.65**	**0.86**	**0.73**
	(3.19)	(3.40)	(3.62)	(2.91)	(3.81)	(3.24)

注:括号内数值为 t 统计量,粗体表示在 5% 的统计水平上显著。

表 14.3 展示了投资组合的超额收益,统计范围包括在构建投资组合时所有价格超过 1 美元/股的可购买股票。每月初,将目标公司按其上月末科技关联收益率从小到大排序,然后将样本等分为 10 组(Decile),1(Low)表示收益率最低组,10(High)表示收益率最高组。在每组中,将组内所有股票按等权或市值加权构建投资组合,每月调整投资组合以保持权重。Excess return 是投资组合收益率超过无风险利率的部分。Alpha 是每月超额收益率与因子收益

率回归得到的截距项。因子模型包括：CAPM 模型、Fama-French 三因子模型（3-Factor）、在三因子模型基础上加入动量因子的四因子模型（4-Factor）、Fama-French 五因子模型（5-Factor），以及在五因子模型基础上加入动量因子的六因子模型（6-Factor）。L/S 是通过买入科技关联收益率最高 10% 的目标公司股票并卖空科技关联收益率最低 10% 的目标公司股票而形成的零成本投资组合所得到的超额收益。

本文发现，买入并持有 1 个月的策略收益最好，超额收益会随着投资组合持有期的延长而逐渐减少，并在未来不会出现反转。这表明"科技动量"是一个价格发现过程，随着投资者逐渐认识到科技关联公司的新信息，股价也逐渐得到完全反映。

更深入的分析

在确认公司之间的科技关联度有信息含量之后，我们不禁要问：具有科技关联性的公司之间的股价为何会存在联动关系？公司自身的哪些特性会带来更强的"科技动量"？其中的作用机制是什么？带着这些疑问，本文进行更深入的横截面分析。

首先，本文从科技密度和科技专用度两个维度，考察企业特征与"科技动量"的关系。科技密度表现为研发投入或专利数量，科技专用度则表现为专利可适用的行业数量。研究结果表明，科技密度越高以及科技专用度越高的公司，"科技动量"的表现越强劲。由于高科技密度、高科技专用度的公司与科技相关的信息量更大，投资者更容易出现对科技信息关注不足的问题，因而高科技密度、高科技专用度公司的股价对信息的反应更加滞后，价格根据新信息进行调整的过程也更为缓慢。

其次，本文进一步考虑投资者的有限注意力这一机制。研究发现，投资者关注度低的公司——市值小、分析师跟踪少、机构投资者占比小、媒体报道少的公司，"科技动量"的表现更加强劲。这表明"科技动量"的产生确实源于投资者的有限注意力，投资者对公司之间的科技关联信息没有给予充分的关注。

最后，本文从套利成本的角度进行探索。已有研究表明，套利成本越高的公司——股价波动越剧烈的公司和有坏消息发布的公司，股价根据信息进行调整的过程越缓慢。本文的结果显示，套利成本越高的公司，"科技动量"的表现越强劲，这也为股价调整滞后于信息发布这一机制提供了证据。

14.3.3 投资笔记

投资逻辑

科技关联公司的股票收益率有信息含量,但是市场没有及时对科技关联收益信息做出反应。外部投资者可以利用公开可得的科技关联信息构建投资策略,未来可从中获取超额收益。对于投资实践而言,"科技动量"可以提醒投资者关注公司之间的科技关联信息并及时做出反应,进而提出一个有效且获利性较高的投资策略。

核心指标

寻找每家公司的科技关联公司,分别计算公司两两之间的科技关联度,并根据科技关联度对关联公司的历史收益率进行加权,计算科技关联收益率。选取公司的科技关联收益率作为核心指标,对目标公司升序排列,构建投资策略。

策略及表现

期间:1963—2012 年

市场:美国股票市场

选股策略:第 t 月初,根据第 $t-1$ 月科技关联收益率,将目标公司按照升序排列并等分为 10 组。在构建组合时剔除价格低于 1 美元/股的股票;每个月重新调整组合以保持权重。构建基于"科技动量"的投资策略,即买入科技关联收益率排前 10%的股票并卖空科技关联收益率排后 10%的股票,形成套利组合。持有等权套利组合 1 个月后调仓,平均可以获得 1.17%的月超额收益。

细节提示

(1) 高科技密度、高科技专用度的公司,科技关联度的预测效果更好。
(2) 投资者关注度低的公司,科技关联度的预测效果更好。
(3) 套利成本高的公司,科技关联度的预测效果更好。

14.4 基于公司间关联的投资策略:中国实践部分

本章以公司间关联的投资策略为主线,分别探讨了经济关联、业务复杂度(衡量多元化程度)、科技关联度与可预测股票收益率的关系。以上研究均基于美国市场数据开展,而中国投资者关心的问题是:中国股票市场也存在类似的现象吗?基于以上理论构建的投资策略,在中国股票市场上也能获得超额收益吗?下面我们将对基于中国市场的研究进行梳理。

14.4.1 中国相关研究

经济关联与股票收益

公司之间存在广泛的经济关联,Cohen and Frazzini(2008)关注其中重要的一种——供应商和客户的经济关联。他们基于美国的数据,发现上下游关联公司的股票收益率确实有信息含量,但投资者没有对关联公司股票收益率所包含的信息及时做出反应。根据上下游公司经济关联构建投资策略,可以获得超额收益。

魏明海等(2018)利用2008—2014年沪深A股中供应商和客户均为上市公司的数据进行研究,发现我国的行业供应链中同样存在显著的客户盈余信息传递效应。当客户发布盈余公告时,事件日客户公司投资者的市场反应与供应商公司投资者的市场反应存在显著的正向相关关系,即客户公司与供应商公司之间存在信息传导效应;供应商对客户的经济依赖程度越高,客户发布盈余信息带来的信息传导效应越强。这表明我国投资者能够在一定程度上识别出供应商和客户之间的经济关联。

罗一麟等(2020)研究我国资本市场中个人投资者是否具备解读和获取同行业企业信息的能力。他们以投资者在雪球网的日讨论频率描述投资者的信息获取能力,以行业内每季度首次盈余公告为研究事件。研究发现,行业内首次盈余公告窗口期内,未公告企业的投资者对该企业的讨论显著增加。此外,当未公告企业所处的信息环境较差以及未公告企业和公告企业间的经济关联较强时,个人投资者对同行业企业信息的依赖程度更高。这说明我国的个人投资者在一定程度上是理性的,也证明信息技术发展下信息获取方式的多元化有助于提升市场的信息传播效率。

业务复杂度与股票收益

由于投资者收集、解读信息的能力有限,股价对信息的反应过程往往是不及时、不充分的,信息需要逐步地反映到股价中。在不完全有效的证券市场中,导致资产错误定价的原因之一就是目标公司的多元化程度不同。面对在多个行业经营的多元化企业,投资者处理信息的难度要明显高于面对只在一个行业经营的专业化企业的情况。Cohen and Lou(2012)发现,公司的业务复杂度确实会对投资者的信息处理能力产生影响,进而影响资产定价。因此,基于"虚拟多元化企业"构建投资策略,可以获得超额收益。

胡聪慧等(2015)借鉴Cohen and Lou(2012)的研究思路和策略构建方法,检验其策略在中国市场的执行效果。他们以2001—2010年中国沪深两市A股上市公司作为样本进行研究,将上市公司按所属行业数量划分为单一公司和集团化公司。集团化公司是指主营业务涉及两个或两个以上的行业且没有任何一个行业的销售收入大于集团公司总收入80%的上市公司。同样,为每一家集团化公司构建相应的"虚拟集团化公司"进行配对,根据每个行业分部在集团中的销售额占比确定各行业分部的权重。每月初,将所有集团公司根据它们对应的"虚拟集团化公司"上月收益率排序并等分成5组,买入"虚拟集团化公司"收益率最高20%的集团公司,卖空"虚拟集团化公司"收益率最低20%的集团公司,每月调仓一次。按等权方式构建的对冲组合平均每月获利1.42%,按市值加权方式构建的对冲组合每月获利1.38%。在不考虑交易成本的情形下,所构建的套利组合未来一年能够获得10%～15%的超额收益。实证结果显示,该对冲策略在中国市场同样有效。

胡聪慧等(2015)还对其中的作用机制展开检验。结果表明投资者关注度越低的股票,信息融入股价的速度越慢,收益的可预测性越强。同时,投资者的信息处理能力也会影响股票收益率的可预测性。信息处理越复杂的公司,信息的延迟反应越严重,从而收益的可预测性越强。

科技关联度与股票收益

企业之间在科技层面往往存在广泛的关联关系。一方面,企业的科技研究过程往往不是闭门造车,企业之间在研发过程中会进行广泛的合作;另一方面,科技创新往往存在知识溢出效应,一项创新的科技成果可能引发若干行业的产品革新。Lee et al.(2019)利用美国股市数据,研究发现公司之间在科技上的关联程度确实有信息含量,目标公司股票收益率与其科技关联度相近公司前期收益率存在一种滞后—领先关系。使用科技关联度指标构建的多空投资策略可以获得超额收益。

段丙蕾等(2022)使用2008—2017年中国A股上市公司数据,利用中国国家统计局发布的投入产出表识别每个行业的供应商行业与客户行业以构建客户行业收益率、供应商行业收益率,发现客户收益率和供应商收益率具有周度的预测能力。这表明投资者没有及时识别出客户和供应商之间的基本面溢出效应,使得经济关联股票收益率产生领先—滞后效应。

段丙蕾等(2022)使用2008—2017年中国A股上市公司数据,借鉴Lee et al.(2019)的科技关联度指标构建投资策略,检验该策略在中国市场的执行效果,并进一步探究其内在机制。他们发现,与美国股票市场的月度预测能力不同,中国股票市场中科技关联因子仅能预测目标公司未来1—3周的股票收益。因此,他们构建周度科技关联投资策略:每周初,对所有公司按科技关联收益率($TECHRET_{t-1}$)排序并等分为5组,买入科技关联收益率最高组的投资组合,卖空科技关联收益率最低组的投资组合,每周调仓一次。据此策略构建的等权投资组合可以获得0.16%的周收益,按市值调整后的等权投资组合可以获得0.17%的周收益;超额收益的统计t值为2.59~2.81,在5%的统计水平上显著异于零,这表明利用科技关联度构建投资组合可以获得超额收益。

段丙蕾等(2022)还对科技关联背后的作用机制进行检验。结果显示,科技关联因子的预测能力与散户规模、投资者关注度、科技信息复杂度及市场摩擦有关。科技关联因子在中国股票市场上的预测期较短的独特规律可能源于大量有博彩倾向的散户——他们的追涨杀跌行为加速了科技关联信息融入股价的过程。另外,在国有企业中和2010年《全国专利事业发展战略(2011—2020)》颁布后,科技关联因子对股票收益率的预测能力更强,即中国支持创新政策的颁布显著强化了企业间由专利信息形成的科技关联。

14.4.2 "中国特色"研究

经济关联与股票收益

由于我国存在"关系型社会"的文化特征,同时市场和法律等正式制度仍处于发展、完善阶段,在中国情境下,经济关联的表现形式更为多样。魏明海等(2018)重点探讨关联方关系和基于国有产权纽带形成的关系网络并发现,当上下游企业存在关联方关系时,客户发布盈余信息带来的信息传导效应较强;当上下游企业均为国有企业时,客户发布盈余信息带来的信息传导效应较强;供应商对客户的信任程度越高,客户发布盈余信息带来的信息传导效应越强。段丙蕾等(2022)关注了更加广义的经济关联与股票收益率的关系,比较了行业关联、区域关联、供应链关联、科技关联等四类经济关联因子的预测能力和预测周期。研究者发现,中国股票市场上经济关联因子呈现与美国股票市场不同的规律,与美国在月度层面显著的经济关联动量有所不同,中国股票市场仅行业关联动量在月度层面显著,大部分经济关联动量在周度层面显著。

他们进一步通过机制检验探究科技关联因子,发现中国股票市场预测周期较短的独特规律可能源于大量有博彩倾向的散户——他们的追涨杀跌行为加速了科技关联信息融入股价的过程。

另一种特殊的经济关联形式为上市公司与所属企业集团之间的关联关系。基于我国特有的制度背景,绝大多数上市公司上市前往往隶属于政府或民营企业家控制的企业集团,当部分资产被剥离上市后,其所属企业集团的最终控制人仍会直接或间接地控制上市公司,母子公司间在购销交易、融资等方面产生各种经济联系。李增泉等(2011)考察我国2004—2007年首次发行股票上市的民营企业,发现民营上市公司与其企业集团的关联度会对民营上市公司的信息披露质量产生影响。具体而言,民营上市公司与其企业集团的关联度越强,它们之间会发生越多的关联方交易,而关联方交易会降低双方公开交易信息的需求,导致上市公司缺乏足够动机向外界公开披露高质量的信息,使得外部投资者在解读上市公司信息时更加困难。信息质量的下降使得股价所包含的公司特质信息减少,公司股票价格与市场股票价格的波动同步性增强。

业务复杂度与股票收益

Cohen and Lou(2012)的研究表明,相比于在单一行业经营的专业化企业,投资者处理跨行业经营的多元化企业信息的难度更大,因而投资者更难以解读行业信息对多元化企业的影响。向诚和陈逢文(2019)认为,多元化企业的信息处理难度更大,投资者需要集中更多的注意力解读盈余信息。因而,公司的多元化程度越高,股价根据公司盈余公告信息进行调整的反应过程越缓慢,即盈余公告的滞后反应越强或盈余惯性越强。向诚和陈逢文(2019)以2002—2015年我国A股上市公司为样本的研究结果证实了这一推论。他们发现,多元化公司的盈余滞后反应率较专业化公司显著高出约10%,公司业务复杂度对盈余惯性的影响能够维持至少两个月。

科技关联度与股票收益

企业之间存在科技关联关系的理论基础之一是知识溢出效应。叶静怡等(2019)从知识溢出效应的视角,考察国有企业和民营企业在我国国民经济中发挥的作用。他们使用Lee et al.(2019)的方法度量企业之间的科技关联度;不同的是,鉴于我国特有的制度背景,他们区分了国有企业和非国有企业对上市公司产生的总体知识溢出影响。叶静怡等(2019)以我国2007—2011年至少取得一件专利授权的制造业上市公司作为样本,研究国有企业的知识溢出对私有企业创新产出的影响。研究结果显示,国有企业研发投入所形成的知识溢出影响显著大于私有企业,这种差异来自基础性研究与应用性研究的外部性差异。由于国有企业要实现行政和经济的双重目标,国有企业会更多地承担知识溢出效应更大的基础性研究任务,因而国有企业研发投入形成的知识溢出影响显著大于私有企业。国有企业在创新溢出方面的差异还体现在科技关联因子的预测能力。段丙蕾等(2022)检验产权性质对科技关联因子预测能力的影响,发现国有企业中科技关联因子的预测能力更强。这主要是由于国有企业的定价更复杂、套利限制更大,国有企业的科技关联企业信息更难以迅速地反映到目标企业中,使得科技关联收益率的预测能力更强。此外,他们还探究了政府创新支持政策颁布的影响。2010年我国政府颁布的《全国专利事业发展战略(2011—2020年)》显著推动了市场对企业科技创新信息的关注。实证结果显示,在2010年发展战略颁布后,科技关联企业未预期盈余的预测能力显著提升,科技关联收益率对股票预期收益率的预测能力也显著增强。这表明在政府颁布政策大力促进专利事业发展后,科技领域相近企业间的合作更加密切,相关生产要素对企业绩效的驱动作用更强,导致科技溢出效应更强,从而科技关联收益率对目标公司股票预期收益率的影响也相应地显著增强。

彭向和蒋传海(2011)重点考察产业集聚带来的区域内知识溢出对地区产业创新的影响。区域内知识溢出可以区分为同一产业内知识溢出和不同产业间知识溢出两类,彭向和蒋传海(2011)利用我国1999—2007年30个地区21个工业行业数据,研究表明产业内知识溢出与产业间知识溢出都会对地区产业创新产生促进作用,同时产业间知识溢出对创新的推动作用更大。

14.4.3 总结与展望

已有研究表明,由于收集、解读信息的能力有限,投资者对信息的反应是滞后的。公司之间存在千丝万缕的联系,进而带来盈余、现金流、投融资及研发等诸多方面的联系,但是投资者往往无法及时、全面地解读公司间关联信息,进而导致股价调整的滞后性,这就为我们构建投资策略并获取超额收益带来了可能。

在未来的学术研究和投资实践中,我们提出如下展望:

一方面,随着我国经济的快速发展和科技水平的不断提高,企业之间的合作互动不断增强、合作方式更为多样,除供应链关系、产业关联关系和科技关联关系之外,企业之间还存在其他许多方面的关联关系,学者和投资者可以围绕企业(公司)间关联,寻找更多的动量因子。比如,随着市场经济的不断发展,我国呈现出产业集聚业态,区域产业集聚会导致知识溢出效应,从而产生一种新型的企业关联关系。

另一方面,大数据、人工智能和云计算等技术的不断发展为企业之间开展深度合作提供了新的契机,同时也为我们寻找新的动量因子提供了更有力的工具。在未来的学术研究和投资实践中,我们应当更多地关注技术变革带来的全新的企业关联关系,同时积极使用新的技术手段展开研究与投资。

参考文献

[1] 段丙蕾,汪荣飞,张然. 2022. 南橘北枳:A股市场的经济关联与股票回报[J]. 金融研究,2:171—188.

[2] 胡聪慧,刘玉珍,吴天琪,等. 2015. 有限注意、行业信息扩散与股票收益[J]. 经济学(季刊),14(3):1173—1192.

[3] 李增泉,叶青,贺卉. 2011. 企业关联、信息透明度与股价特征[J]. 会计研究,1:44—51+95.

[4] 罗一麟,洪剑峭,倪晨凯,等. 2020. 个人投资者能否识别经济关联?基于行业内首次盈余公告的分析[J]. 会计研究,12:71—84.

[5] 彭向,蒋传海. 2011. 产业集聚、知识溢出与地区创新——基于中国工业行业的实证检验[J]. 经济学(季刊),10(3):913—934.

[6] 魏明海,衣昭颖,李晶晶. 2018. 中国情境下供应链中客户盈余信息传递效应影响因素研究[J]. 会计研究,6:19—25.

[7] 向诚,陈逢文. 2019. 投资者有限关注、公司业务复杂度与盈余惯性[J]. 管理评论,31(11):212—223.

[8] 叶静怡,林佳,张鹏飞,等. 2019. 中国国有企业的独特作用:基于知识溢出的视角[J]. 经济研究,54(6):40—54.

[9] Cohen, L., A. Frazzini. 2008. Economic links and predictable returns[J]. The Journal of Finance, 63(4):1977—2011.

[10] Cohen, L., D. Lou. 2012. Complicated firms[J]. Journal of Financial Economics, 104(2):383—400.

[11] Lee, C., S. T. Sun, R. Wang, R. Zhang. 2019. Technological links and predictable returns[J]. Journal of Financial Economics, 132(3):76—96.

第 15 章
文本分析

15.1 公司定期报告中前瞻性阐述的信息含量：贝叶斯机器学习方法

标题：The Information Content of Forward-looking Statements in Corporate Fillings: A Naïve Bayesian Machine Learning Approach

作者：Feng Li

来源：*Journal of Accounting Research*, 2010, Vol.48, No.5

管理层讨论与分析的语调与应计项的不一致可帮助投资者获取超额收益

15.1.1 概述

1980 年，美国证券交易委员会首次强制要求上市公司在年报中披露"管理层讨论与分析"这个部分，并要求公司在此部分披露公司的流动性、资本资源与经营情况。证券交易委员会此举的目的在于为投资者提供更多可用于预测公司未来经营情况的前瞻性信息。自此以后，为了进一步提高年报的决策有用性，美国证券交易委员会针对公司年报和季报中前瞻性阐述的规定与要求逐渐增多。但是，为了避免错误披露带来的诉讼风险以及过度披露带来的商业秘密泄露风险，管理层有时并不愿意在"管理层讨论与分析"部分披露有用信息。基于上述讨论，"管理层讨论与分析"对预测公司未来股价是否具有信息含量？这个问题尚未有定论。

本文利用美国股市 1994—2007 年的数据进行研究，发现在控制影响公司未来业绩的其他因素后,前瞻性阐述的语调与公司未来盈余正相关;同时,前瞻性阐述的语调缓解了应计异象[①],即当前瞻性阐述的语调为积极(消极)且应计项为负(正)时,应计项不能预测未来股价。投资者可以利用朴素贝叶斯的机器学习方法计算得出的前瞻性阐述的语调,找出语调积极且应计项高于中位数的公司和语调消极且应计项低于中位数的公司。对于这些公司,投资者在每月初构建选股策略,即买入应计项最低10%的公司,卖空应计项最高10%的公司。在市场未认识到前瞻性阐述的语调的信息含量时,投资者可运用这一选股策略获得丰厚的超额收益。

15.1.2 应用指南

随着监管部门进一步规范财报中"管理层讨论与分析"的内容,此部分包含的可预测公司未来经营业绩的有效信息逐渐增多,也为投资者提供了新的信息来源。基于美国数据的研究发现,在卖方分析师眼中,年报中最有价值的部分就是"管理层讨论与分析"。监管部门允许管理层在披露此部分内容时拥有部分自由裁量权,并且允许审计师自愿审计此部分,因此"管理层讨论与分析"的准确性仍未可知。同时,因为管理层在披露信息时通常会存在泄露商业秘密以及不够准确的信息披露可能导致诉讼风险的担忧,所以管理层可能会选择降低这一部分的信息含量。有观点认为,很少公司在"管理层讨论与分析"中提供有用且准确的预测。总体而言,关于"管理层讨论与分析"内容在预测公司未来股价上有无信息含量尚未形成一致的看法。

前瞻性阐述的语调的信息含量

2003年,美国证券交易委员会认为"管理层讨论与分析"的目的是:其一,为投资者提供财务数据的叙述性解释;其二,提高公司的整体披露水平;其三,提供关于盈余、现金流量的质量及其潜在变化趋势的信息。进一步地,美国证券交易委员会也鼓励公司在存在重大趋势、事件、承诺和不确定性等情况下披露前瞻性信息。如果监管有效,那么公司在"管理层讨论与分析"中披露的前瞻性阐述应该具有预测公司未来盈余与股价的信息含量。

除了"管理层讨论与分析",应计项也是管理层向外界提供与未来经营业绩

---

① 在有效市场假说的前提下,公司股价应该在盈余报告发布后立刻产生相应的价格波动,但对财务报表内应计项部分的反应小于对现金流量部分的反应,因为应计项部分的相对持续性较低。但实际上,市场反应有悖于有效市场假说,市场会高估应计项、低估现金流量,即产生应计异象。投资者据此构建买入低应计项公司、卖空高应计项公司的投资组合可获得超额收益。

有关的信息的一条途径。应计项代表了盈余与现金流量之间的不对称性,包含盈余中不持续的部分。当公司应计项较高时,公司未来业绩普遍偏低。但是,前人的研究发现,市场往往会高估应计项的持续性,导致应计项被错误定价。因此,买入低应计项公司的股票并卖空高应计项公司的股票,投资者可从中获得超额收益。

本文认为,如果公司管理者能正确理解应计项对未来公司业绩的影响,而且选择公允地表述公司未来业绩,那么应计项与财报中前瞻性阐述的语调负相关,即应计项越高(低),前瞻性阐述的语调越消极(积极)。然而,由于管理层过度自信或存在想要误导投资者的动机,他们可能会在应计项较高(低)时使用积极(消极)的语调阐释公司前景。此时,前瞻性阐述的语调会误导市场。在市场未意识到这种误导的情形下,投资者可以利用财报中前瞻性阐述的语调,从中筛选出未在前瞻性阐述中正确警告投资者的公司,在每月初构建选股策略(买入低应计项公司的股票、卖空高应计项公司的股票),从而在未来获取超额收益。

测度前瞻性阐述的语调

本文采用文本分析方法,整合年报与季报"管理层讨论与分析"中具有前瞻性的阐述,构造出量化的前瞻性阐述的语调。

本文从 1994—2007 年美国上市公司的所有年报与季报中截取"管理层讨论与分析"部分,将该部分分解成单句的形式,并截取前瞻性阐述的句子。

为了构造训练集,本文从 10-Q 文件的"管理层讨论与分析"(MD&A)部分随机选取 30 000 个前瞻性阐述的句子,人工对随机选取的句子按语调(积极、中性、消极和不确定)进行分类。然后,将这些句子作为训练数据,使用朴素贝叶斯算法,对 10-Q 文件和 10-K 文件中其他前瞻性阐述进行分类,得到每句前瞻性阐述语调的分类结果,并对分类结果赋值。其中,积极语调赋值为 1,中性语调赋值为 0,消极语调及语调不确定赋值为 −1。每份财报的语调等于该份财报中所有前瞻性阐述句子的语调的算术平均值。

利用前瞻性阐述的语调预测公司盈余

本文考察前瞻性阐述的语调能否预测公司盈余,具体做法是测试本季度前瞻性阐述的语调与未来四个季度的 EARN[①] 的关系。回归结果显示,相较于前瞻性阐述语调消极公司,前瞻性阐述语调积极公司未来第一季度的 EARN 平均上升 1.2%,未来第二季度的 EARN 平均上升 1.0%,未来第三季

---

① EARN 等于本季度盈余除以总资产账面价值。

度的 EARN 平均上升 0.8%；前瞻性阐述语调消极公司与前瞻性阐述语调积极公司未来第四季度的 EARN 无显著差异。有研究发现,当期业绩更好、应计项更少、规模更小、市账比更低、收益波动性更小、成立时间更长、MD&A 的 Fog 指数更低的公司,往往有更积极的前瞻性阐述;而且即使在控制了影响未来业绩的其他因素后,前瞻性阐述的平均语调也与未来盈余和流动性正相关。还有研究发现,尽管旨在增加"管理层讨论与分析"披露的法规不断强化,但"管理层讨论与分析"的信息内容并未随时间的推移而发生系统性变化。

利用前瞻性阐述的语调与应计项预测公司股价

本文还探讨前瞻性阐述的语调能否影响应计项的错误定价。首先,计算出公司—月度层面的前瞻性阐述的语调;类似地,利用滚动窗口期(当月之前最近的四个季度)的财报数据计算出公司—月度层面的应计项,并根据当月之前最近四个季度的应计项总和,将公司股票等分成 10 组。其次,根据"管理层是否正确地通过语调警告投资者"将公司分为两类。若某公司的应计项低于所有公司的中位数且前瞻性阐述的语调低于所有公司的中位数,或者某公司的应计项高于所有公司的中位数且前瞻性阐述的语调高于所有公司的中位数,则认为该公司的管理层未正确地警告投资者(WARN=0);反之,则认为该公司的管理层正确地警告投资者(WARN=1)。最后,测试基于应计项构建的投资组合的当月超额收益(见表 15.1)。

表 15.1 基于应计项构建的投资组合的月超额收益

	All Firms			WARN=0 Firms			WARN=1 Firms		
	D1	D10	D1−D10	D1	D10	D1−D10	D1	D10	D1−D10
Panel A：1994—2007 年									
Excess returns	0.93	−0.64	1.58	1.42	0.19	1.22	0.10	−0.57	0.67
T-statistic	1.74	−1.81	2.48	2.79	0.51	2.25	0.26	−1.01	0.47
Panel B：1994—2000 年									
Excess returns	1.86	−0.70	2.57	3.60	0.62	2.98	0.34	−0.70	1.04
T-statistic	2.48	−0.99	2.87	3.39	0.74	2.44	0.45	−0.60	0.71
Panel C：2001—2007 年									
Excess returns	0.08	−0.51	0.59	−0.21	−0.47	0.26	−0.42	0.13	−0.55
T-statistic	0.11	−1.31	0.69	−0.48	−0.77	0.33	−0.62	0.37	−0.68

注：All Firms 显示的是在全部上市公司中执行选股策略的超额收益,WARN=0 Firms 显示的是在管理层未正确警告投资者的公司中执行选股策略的超额收益,WARN=1 Firms 显示的是在管理层正确警告投资者的公司中执行选股策略的超额收益。

由表 15.1 可知,若在全部样本中执行选股策略(在月初,买入应计项最低 10% 的股票、卖空应计项最高 10% 的股票),则平均每月可获得 1.58% 的超额收益;若在管理层未正确警告投资者[当应计项低于(高于)中位数时,"管理层讨论与分析"部分的语调为消极(积极)]时执行选股策略,则平均每月可获得 1.22% 的超额收益;若在管理层正确警告投资者[当应计项高于(低于)中位数时,"管理层讨论与分析"部分的语调为消极(积极)]时执行选股策略,则平均每月可获得 0.67% 的超额收益。也就是说,只有当管理层未正确警告投资者的情况下,应计异象才具有统计意义。从时间趋势的角度看,1994—2000 年,在管理层未正确警告投资者的公司中执行选股策略,可获得的月超额收益最高,为 2.98%;到 21 世纪初,该选股策略已不能为投资者带来显著的超额收益。

15.1.3 投资笔记

投资逻辑

应计项代表了盈余与现金流量之间的不对称性,如果公司管理层能正确理解应计项对未来公司业绩的影响且选择公允地表述公司未来的业绩,那么应计项与财报中前瞻性阐述的语调负相关,即应计项越高(低),前瞻性阐述的语调越消极(积极)。然而,由于过度自信或存在想要误导投资者的动机,管理层可能会在应计项较高(低)时使用积极(消极)的语调阐述公司前景。此时,前瞻性阐述的语调会误导市场。因此,当市场未意识到这种误导时,投资者可以利用财报中前瞻性阐述的语调,在月初构建选股策略(买入低应计项公司的股票、卖空高应计项公司的股票),未来可从中获取超额收益。

核心指标

前瞻性阐述的语调:先从过去四个季度的财报中截取阐述公司前景的句子,随机选取部分句子并通过人工阅读进行语调分类,然后利用朴素贝叶斯机器学习方法计算最近四个季度的前瞻性阐述的语调。

应计项:过去四个季度的应计项总和=(净利润−经营性现金流量)/总资产。

管理层警告(WARN):若某公司的应计项低于所有公司的中位数且前瞻性阐述的语调低于所有公司的中位数,或某公司的应计项高于所有公司的中位数且前瞻性阐述的语调高于所有公司的中位数,则认为该公司的管理层未正确警告投资者(WARN＝0);反之,则认为该公司的管理层正确警告投资者(WARN＝1)。

策略及表现

期间:1994—2007年

市场:美国股票市场

选股策略:在月初,计算所有股票最近四个季度的前瞻性阐述的语调、应计项与管理层警告这三个指标。在管理层未正确警告投资者的公司中,买入应计项最低10%的股票,卖空应计项最高10%的股票。在1994—2000年,此投资策略可获得2.98%的月超额收益;在2001—2007年,此投资策略可获得0.26%的月超额收益。

细节提示

由于美国证券交易委员会进一步规范公司报表中的前瞻性阐述以及市场有效性的不断完善,美国股票市场上的应计异象逐渐消失。在2000年后的美国股票市场上,该投资策略失去有效性。

15.2 何时"负债"并非消极词语:文本分析、词典和公司年报

标题:When Is a Liability Not a Liability? Textual Analysis, Dictionaries, and 10-Ks
作者:Tim Loughran, Bill McDonald
来源:*The Journal of Finance*, 2011, Vol.66, No.1

年报的语调可帮助投资者获取超额收益

15.2.1 概述

分析年报是投资者获取公司信息的重要渠道。通过分析年报,投资者可便捷地了解公司的基本情况、财务、公司治理等决策有用的信息。然而,年报往往是冗长且复杂的,以往的投资者在分析与解读年报时主要关注公司的量化数据,包括三张报表中的财务数据。如今,随着文本分析技术的发展,投资者可运用更便捷、更高效的文本分析技术识别出年报中的文本特征,如语调的

正面程度与负面程度。但是,如何准确地识别年报语调?年报语调是否可以预测公司未来股价?投资者如何利用年报语调构建投资策略并获得超额收益?本文对这些问题进行讨论。

以往的研究使用"哈佛词典"(Harvard IV-4)来识别文本的语调特征,但该词典并不适用于金融文本分析且存在较大的错误分类噪声。本文开发了专门用于识别年报文本特征(包括负面语调、正面语调、不确定性、诉讼相关性、强语气、弱语气)的词汇字典[①],使用这个字典可更准确地捕捉金融领域英文文本的情感色彩与其他特征。本文还提出一种新的术语加权方法,使用这种方法可缓解单词误分类可能带来的度量偏差。运用上述的字典与术语加权方法,本文构造出年报文本特征变量(包括负面语调、正面语调、不确定性、诉讼相关性、强语气、弱语气六个维度),并发现这些年报文本特征变量大多与年报公布后的短期持有收益率、交易量、收益波动率、财务舞弊、重大缺陷以及未预期盈余相关。在年报公布后,利用文本分析法计算出负面词汇比例(负面词汇数量/年报词汇总数),买入负面词汇比例最低20%的股票,卖空负面词汇最高20%的股票。

15.2.2 应用指南

以往基于字典的文本分析法,使用最普遍的是 Harvard IV-4 单词列表。但是,这个产生于心理学与社会学领域的词汇列表并不能准确识别金融领域文本特征。由于英文词汇存在一词多义的现象,并且同一词汇在不同行业的年报中会呈现不同的情感色彩(例如,"癌症"一词大量出现在医药类公司年报中,但是它并不具有负面的含义)。"liability"包含"麻烦"的含义,在 Harvard IV-4 单词列表中属于负面词汇;但"liability"作为"负债"在年报中广泛存在,并非负面词汇。我们需要开发新的字典,以构造金融领域文本特征的量化指标,识别年报等文本的特征,并构建投资策略以帮助投资者获利。

构建新的字典

本文一共开发了六套字典,分别用来识别文本的负面语调、正面语调、不确定性、诉讼相关性、强语气和弱语气六个特征。为了开发字典,首先,下载 1994—2008 年所有美国上市公司的年报,剔除年报中的表格[②],并运用词

---

① 可从以下网址下载字典:http://www.nd.edu/~mcdonald/Word_Lists.html。
② 因为在美国年报(10-K)中,表格大多为模板,对分析报表的情感而言不具有信息含量,所以剔除所有表格。

袋模型[1]将所有的 10-K 报表分解为词汇向量;接着,筛选出包含该词汇的文件数量占全部文件数量的比例大于等于 5% 的所有词汇,仔细思考并确认它们在财务文件中最有可能的用法,以此判断相关词汇是否应该被归于某套字典;最后,将词汇的衍生词也纳入字典[2]。

构造公司层面的年报文本特征变量

本文构造出 12 个年报文本特征变量。首先,构造出 6 个比例加权[3]的年报文本特征变量。接着,又采用一种新的术语加权方法[4]构造出 6 个量化的年报文本特征变量。术语加权方法考虑以下三个组成部分:文档中某个术语的重要性(即术语频率)、文档长度的标准范式、一个术语在整个术语库中的重要性。这些变量都属于公司—年度层面,具体而言,在每个公司年报发布后,使用这套方法构造出公司上年度的 12 个年报文本特征变量。

为了构造比例加权的 6 个年报文本特征变量,首先剔除年报中的表格,并采用词袋模型将所有的 10-K 报表分解为词汇向量,然后计算每个字典中词汇出现的频率,构造出比例加权下报表文本的负面语调、正面语调、不确定性、诉讼相关性、强语气、弱语气 6 个文本特征变量。例如,对于负面语调,计算负面语调字典中所有词汇出现在一份年报中的频数,再加总所有词汇的频数,最后将频数总和除以这份年报中的词汇总数。

本文还构造了术语加权法下的 6 个年报文本特征变量。术语加权法包含三个要素:文本中某个单词的重要性(第 j 份年报中单词 i 的频数)、文本长度的标准化(第 j 份年报中所有单词的平均频数)、某个单词在全样本中的重要性(样本中年报总份数除以某术语至少出现一次的年报份数)。

利用年报文本特征预测公司股价

本文实证检验了 12 个文本特征变量能否预测公司股价。

---

[1] 词袋模型(bag of words)忽略文本的语法和语序等要素,仅仅将其看作若干个词汇的集合,文档中每个单词的出现都是独立的。
[2] 例如,如果认为 accident 是一个负面语调的词汇,那么 accidental、accidentally、accidents 也会被纳入负面语调字典。
[3] 比例加权按照某一单词的数量与出现在公司 10-K 文件中的总词数之比进行加权。
[4] 术语加权的计算公式为:

$$w_{i,j} = \begin{cases} \dfrac{1+\log(\mathrm{tf}_{i,j})}{1+\log(a_j)} \times \log \dfrac{N}{\mathrm{df}_i} & (\mathrm{tf}_{i,j} \geqslant 1) \\ 0 & (\text{其他}) \end{cases}$$

其中,$\mathrm{tf}_{i,j}$ 为第 j 份年报中单词 i 的频数,a_j 为第 j 份年报中所有单词的平均频数,df_i 为单词 i 至少出现一次的年报份数,N 为样本中年报总份数。

第一,测试以负面语调构建投资组合的短期超额收益。首先根据每个公司第 $t-1$ 年年报计算出以 Harvard IV-4 单词列表为基础的比例加权负面语调和以本文开发的字典为基础的比例加权负面语调,然后根据这两个指标将所有股票升序排列并划分为 5 组,最后计算出每组股票超额收益率[①]的中位数,超额收益率的计算以公司年报公布后四天[0,3]为窗口期(见图 15.1)。由图 15.1 可知,利用 Harvard IV-4 单词列表分组的超额收益率与文本负面语调不存在单调关系;利用本文开发的消极词语字典分组的超额收益率与文本负面语调呈单调反比关系,具体而言,消极词语含量最低投资组合的超额收益率中位数约为 -0.05%,而消极词语含量最高投资组合的超额收益率中位数约为 -0.31%。

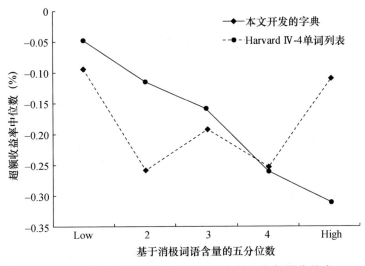

图 15.1 按负面语调构建的投资组合的短期超额收益率

第二,测试以"管理层讨论与分析"部分的负面语调构建投资组合的长期超额收益。首先在第 t 年 6 月(1997 年之后)计算每个公司第 $t-1$ 年年报中"管理层讨论与分析"部分以 Harvard IV-4 单词列表为基础的比例加权负面语调和以本文开发的字典为基础的比例加权负面语调,然后根据这两个指标将所有股票升序排列并划分为 5 组,最后使用 Fama-French 四因子模型计算持有这些股票的年超额收益率。结果显示,不同投资组合的超额收益率并不显著,在控制 Fama-French 四因子之后,"管理层讨论与分析"部分的负面语调并

---

① 超额收益率=4 天的买入—持有股票收益率-4 天的市场指数收益率。

不能指导投资者构建获取超额收益的投资策略,也就是说"管理层讨论与分析"部分不包含丰富的语调内容。

第三,测试本文构建的 12 个变量能否预测年报公布后 4 天的超额收益(见表 15.2)。结果显示,比例加权负面语调(不确定性/强语气/弱语气)每增加 1 个单位,年报公布后 4 天的超额收益率平均降低 19.538(42.026/149.658/60.230)个百分点;术语加权负面语调(正面语调/不确定性/诉讼相关性/强语气/弱语气)每增加 1 个单位,年报公布后 4 天的超额收益率平均降低 0.003(0.011/0.022/0.001/0.065/0.080)个百分点。以上结果均在统计意义上显著,其余文本特征变量则不显著。这说明本文构建的文本特征变量(特别是术语加权的文本特征变量)与年报公布后的股票收益率具有很强的相关性。

表 15.2 文本特征变量与年报公布后 4 天的超额收益

文本特征	与超额收益显著相关的文本特征变量									
	比例加权				术语加权					
	负面语调	不确定性	强语气	弱语气	负面语调	正面语调	不确定性	诉讼相关性	强语气	弱语气
超额收益	−19.538	−42.026	−149.658	−60.230	−0.003	−0.011	−0.022	−0.001	−0.065	−0.080

15.2.3 投资笔记

投资逻辑

年报文本内容特征具有信息含量。投资者可以利用年报的负面语调,在年报发布后构建选股策略(卖空语调较为负面的股票,买入语调较为正面的股票),未来可从中获得超额收益。

核心指标

利用本文开发的字典而构造的文本特征变量,包括比例加权和术语加权的负面语调、正面语调、不确定性、诉讼相关性、强语气、弱语气指标。例如负面语调,是指利用本文开发的消极词语字典计算出的消极词语出现的频率。

策略及表现

期间:1994—2008 年

市场：美国股票市场

选股策略：在年报公布后，计算公司年报中消极词语出现的比例以构建投资组合，发现消极词语比例较低的 20% 股票的超额收益率中位数约为 －0.05%，消极词语比例较高的 20% 股票的超额收益率中位数约为 －0.31%。

细节提示

（1）本文选股策略适用于短期，不适用于持有 1 年及更长的时间。
（2）采用术语加权法量化文本特征变量可能更有效。
（3）可考虑更多的文本特征，例如不确定性、诉讼相关性、强语气和弱语气。
（4）对于本文选股策略而言，年报比"管理层讨论与分析"部分具有更高的预测价值。

15.3 推特是否有助于预测公司盈余和股票收益

标题：Can Twitter Help Predict Firm-level Earnings and Stock Returns
作者：Eli Bartov, Lucile Faurel, Partha Mohanram
来源：*The Accounting Review*，2018，Vol.93，No.3

盈余公告之前的推特综合观点可帮助投资者获取丰厚的超额收益

15.3.1 概述

近年来，随着社交媒体（如推特）的迅猛发展与大规模应用，它们逐渐对资本市场产生重大影响。以往，个人投资者主要依靠分析师、财经媒体、财务顾问、审计师与卖空投资者等信息中介获取及时、有价值的有关股票前景的信息。而随着互联网的发展，社交媒体成为大众分享有关股票观点的平台，越来越多的个人投资者通过社交媒体分享他们对股票的了解与观点，导致推特逐渐成为个人投资者的信息共享渠道。但是，由于推特允许用户匿名发言且没有受到严格监管，推文能否为投资者提供决策有用的信息仍未有定论。

本文利用美国股市 2009—2012 年的数据进行研究，发现集合众多推文而形成的关于某只股票的综合观点有助于预测公司未来盈余与股票收益，从而为投资者提供了获取公司信息的新渠道。本文先收集每只股票在季度盈余公告发布之前[-10,-2]窗口期的所有推文,再用文本分析方法计算出每只股票每个季度的"推特综合观点",比较季度盈余公告发布前不同股票的"推特综合观点",在盈余公告发布前卖空负面程度最高的股票、买入负面程度最低的股票,投资者可从中获得丰厚的超额收益。

15.3.2 应用指南

随着互联网的发展,公司开始通过社交媒体平台与投资者交流沟通,有研究发现这种沟通可以缓解投资者与公司之间的信息不对称。同时,投资者开始关注互联网(特别是以推特为代表的社交媒体)上发布的消息。现有研究发现,推特上信息的情绪与数量可预测股票市场的整体走势,社交媒体(包括推特和Stocktwits)上的信息交流活跃行为可缓解盈余公告后价格漂移现象[①](post earnings announcement drift,PEAD)。然而,推特信息的有效性与价值相关性,以及推特信息能否预测公司盈余与股价,投资者能否依靠这些信息获利,仍然是学界与业界讨论和关注的主题。

推特信息在资本市场上发挥的作用

推特是美国一家社交网站,是全球访问量十大网站之一,类似于中国的微博。用户可以在推特上发布不超过140个字符的推文,还可以使用美元符号($)和股票简称组成的特殊标签(也称金钱标签)代表某只股票。例如,当用户想要发布与星巴克公司有关的推文时,可以使用"$SBUK"[②]进行标注。

推特的个人用户发布与股票相关推文的频次有多高呢?本文发现在2006年3月21日至2012年12月31日的推文中,包含罗素3 000指数[③]成分股的金钱标签的推文共有10 894 037条,涉及4 733家公司。这说明在推特上,用户对于股票的讨论是非常普遍的,而且所讨论公司的范围非常广。

我们关注个人用户在推特上发布的信息是否可靠且有价值。首先,来自多元化且独立的个人用户的推文信息能够发挥群体智慧的作用,相较于少数

---

① 盈余公告后价格漂移现象也称盈余惯性(earnings momentum),是指在盈余公告发布后,若未预期盈余为正(负),则股票价格将持续正(负)向漂移。在盈余公告发布后,股价并不能迅速、完全地反映公告中的信息;相反,股价需要一定时间来完全吸收公告中的盈余信息。
② 星巴克的股票简称为SBUK。
③ 罗素3 000指数(Russell 3 000 Index)是由弗兰克-洛克(Frank Russell)公司创设的一种股票市场指数,包含美国3 000家最大市值的公司股票,采用加权平均方法来编制。

专家的预测,集合众多非专业个人的信息进行预测可获得更高的准确率;其次,推特个人用户的多样化背景能削弱从众心理可能带来的负面影响;最后,推特对推文字数的限制(不多于140字符)与便捷的搜索方式(比如金钱标签的使用)可以提高投资者获取信息的及时性。在计算出"推特综合观点"之后,本文发现公司在盈余公告之前的"推特综合观点"与盈余公告的未预期盈余正相关,公司在盈余公告之前的"推特综合观点"与盈余公告后的超额收益率正相关。因此,个人用户在推特上发布的信息的确具有信息含量,有助于投资者进行决策。

构建公司层面的"推特综合观点"

本文采用文本分析方法,整合推特上个人用户发布的信息,构造出两个量化的"推特综合观点"指标。这两个指标属于公司—季度层面,对于每家公司的每一季度,使用滚动窗口期(季度盈余公告发布之前[−10,−2])的推文数据计算每个指标。本文将样本限制为带有金钱标签的推文,保证了推文与公司价值的相关性。

第一种方法为朴素贝叶斯算法。朴素贝叶斯算法将每条推文视为一个整体,将每条推文划分为负面、正面与中性的其中一类,并提供每个分类的可靠性概率(50%～100%)。首先,基于可靠性概率给每条推文赋以权重;其次,使用信息发布者的推特粉丝数来衡量发布者观点的重要性,使用$1+[\log(1+粉丝数)]$计算式给每条推文再赋以权重;最后,计算正面观点的推文的加权值与负面观点的推文的加权值的差值,再用差值除以(1+可靠性概率之和)得出最终的"推特综合观点"(也称贝叶斯观点)。

第二种方法为字典法。字典法通过三个字典计算出分指标,再根据因子分析法形成综合指标。这三个字典分别为Loughran and McDonald(2011)词库、Harvard IV-4词库和Hu and Liu(2004)词库。首先利用三个词库分别进行文本分析,将每条推文中负面词的数量以$1+[\log(1+粉丝数)]$为权重加权平均;然后用−1乘以[−10,−2]窗口期内所有推文负面词的加权值,再除以(1+负面词数+正面词数);最后,使用因子分析法计算三个词库指标的综合指标,得到"推特综合观点"(也称字典观点)。

利用"推特综合观点"预测公司盈余

本文进一步检验"推特综合观点"指标能否预测公司盈余,测试季度盈余公告发布之前[−10,−2]窗口期的"推特综合观点"与季度未预期盈余的关系。回归结果显示,贝叶斯观点每增加1个单位,公司未预期盈余平均提高2.75个百分点;字典观点每增加1个单位,公司未预期盈余平均提高31.38个百分点。从推文内容的角度来看,无论推文内容是包含原创信息还是传播现有信息,"推特综合观点"均可预测公司未来盈余;提供与公司基本面和股票交易直接相关的信息的推文的预测效果更好。

利用"推特综合观点"预测股票价格

本文进一步检验"推特综合观点"指标能否预测公司股价,测试季度盈余公告发布之前[-10,-2]窗口期的"推特综合观点"与季度盈余公告之后[-1,+1]窗口期的超额收益率的关系。回归结果显示,贝叶斯观点每增加1个单位,超额收益率平均提高5.99个百分点;字典观点每增加1个单位,超额收益率平均提高23.60个百分点。从推文内容的角度来看,无论推文内容是包含原创信息还是传播现有信息,无论推文是否提供与公司基本面和股票交易直接相关的信息,"推特综合观点"均可预测未来股票价格。当公司处于信息不对称程度较高的环境①时,"推特综合观点"对未来股票价格的预测效果更好。

15.3.3 投资笔记

投资逻辑

推特信息具有信息含量,但是市场没有及时对推特信息做出反应。投资者可以利用推特个人用户对每只股票的观点形成"推特综合观点",在季度盈余公告发布之前构造选股策略(卖空观点较为负面的股票,买入观点较为正面的股票),未来可从中获取超额收益。

核心指标

推特综合观点:使用季度报告发布之前[-10,-2]窗口期的推文数据,运用文本分析方法(包括朴素贝叶斯算法和字典法)构造推特个人用户对公司前景的综合观点。

策略及表现

期间:2009—2012 年

---

① 本文定义分析师预测准确度较差、机构投资者持股比例较低或者传统媒体报道较少的公司为处于信息不对称程度较高的环境的公司。

市场:美国股票市场

选股策略:在季度盈余公告发布之前,计算罗素3 000指数成分股在朴素贝叶斯算法(字典法)下的"推特综合观点",卖空观点负面程度排前25%的股票,买入观点负面程度排后25%的股票,持有3天可获得0.094%(0.304%)的累计超额收益,年化收益率达8.2%(29%)。

细节提示

(1) 无论推文内容是包含原创信息还是传播现有信息,"推特综合观点"均可有效预测未来股票价格。

(2) 无论推文是否提供与公司基本面和股票交易直接相关的信息,"推特综合观点"均可有效预测未来股票价格。

(3) 选股策略在信息不对称程度较高、信息环境较差的公司中更有效。

(4) 朴素贝叶斯算法与字典法各有优缺点,在本文的应用中,基于字典法构造的文本指标的预测能力更强。

15.4 基于文本分析的投资策略:中国实践部分

本章以基于文本分析的投资策略为主线,分别探讨管理层文本、社交媒体文本与未来股票收益的关系。以上研究都是基于美国市场数据开展的,而中国投资者关心的问题是:中国股票市场上也存在类似的现象吗？基于以上理论构建的投资策略,在中国股票市场上也能获得超额收益吗？下面我们将对基于中国市场的研究进行梳理。

15.4.1 中国相关研究

管理层文本与股票收益

作为拥有信息优势的内部人,管理层披露的信息是外部投资者进行价值评估与投资决策的重要依据。Li (2010)关注美国上市公司年报与季报"管理层讨论与分析"中的前瞻性阐述,运用朴素贝叶斯算法量化前瞻性阐述的语调,发现前瞻性阐述的语调具有信息含量。基于前瞻性阐述语调与应计项的负相关关系构建投资策略,可以从中获得超额收益。Loughran and McDonald (2011)也关注美国上市公司年报文本的语调,运用字典法量化年报文本的语调,发现年报文本的语调具有信息含量,使用年报文本语调构建的投资策略可获得超额收益。

谢德仁和林乐(2015)关注全景网上公司年度业绩说明会中管理层回答投资者问题的相关文本,运用分词技术及文本分析方法确定业绩说明会的管理层语调,发现管理层语调能预测公司未来业绩,即管理层正面(负面)语调与公司下年业绩显著正(负)相关。这表明在我国,年度业绩说明会上的管理层文本具有信息含量。

曾庆生等(2018)关注我国上市公司年报文本的语调,运用字典法量化年报文本的语调,发现年报语调越积极,公司高管在年报公布后一定期间内卖出的股票规模越大,净买入的股票规模越小。他们还单独关注年报中的"管理层讨论与分析"文本,得到类似的结果。这表明中国上市公司年报的语调可能存在操纵行为,投资者不应完全信任年报文本的语调。

田高良等(2019)关注我国上市公司年报附注中描述公司基本经营情况的文本。他们通过文本分析,构造公司经营业务竞争强度指标,发现公司经营业务竞争强度越大,下年的公司股票收益率越高。他们还利用经营业务竞争强度将上市公司分为5组,发现随着投资组合经营业务竞争强度的增大,组合收益率呈上升趋势。这表明年报附注中描述公司经营业务的文本传递了有关公司未来投资回报的信息。

上述三篇基于中国情景的文献通过分析年报与业绩说明会中的文本信息发现:年度业绩说明会上的管理层文本可预示公司未来业绩,年报附注中描述公司经营业务的文本具有信息含量,而年报文本中可能存在管理层操纵,投资者可依据这些文本构建管理层语调指标、公司经营业务竞争强度指标以获取超额收益。总体而言,这些研究表明在我国,不同来源的管理层文本所具有的信息含量是不同的,投资者只有先甄别管理层文本的真实性,才能通过文本分析构建有效的投资策略。

社交媒体文本与股票收益

随着社交媒体的兴起,更多的投资者在社交媒体上获取并交流金融资讯,投资领域也开始关注社交媒体文本的信息含量。Bartov et al. (2018)利用推特文本与美国上市公司数据,考察推特信息对公司盈余与股票价格的预测作用。他们运用朴素贝叶斯算法与字典法量化盈余公告发布之前推特个人用户对公司的看法,发现季度盈余公告发布之前[-10,-2]窗口期的"推特综合观点"与季度盈余公告之后的超额收益率正相关。进一步的回测结果发现,基于量化的推特观点构建投资策略可帮助投资者获取超额收益。

在我国,新浪微博是与推特类似的社交媒体平台。程琬芸和林杰(2013)关注新浪微博上五个有关证券的认证机构用户的微博和评论,通过文本分析构造基于微文的投资者涨跌情绪指数,发现投资者涨跌情绪指数与证券市场指数收益率显著正相关。黄润鹏等(2015)关注新浪微博上包含用户情绪信息的所有微博,通过情感分析构造基于微文的情绪倾向,发现情绪倾向可预测4日后的上证指数收盘价,微博情绪信息反映的社会整体情绪倾向能够影响并预测股票市场整体价格走势的变化。

李岩等(2018)从东方财富股吧论坛中抓取股票的历史讨论数据,借助机器学习和文本分析法对论坛帖子所持情感进行分类处理,并构造投资者情绪指标。他们的研究表明,短期内投资者情绪会影响情绪交易者对股价的判断并经情绪交易者的交易融入股价,致使投资者情绪与股票收益率呈正相关关系。

15.4.2 "中国特色"研究

管理层文本与股票收益

由于我国资本市场制度尚未完善,管理层面临较弱的内外部约束,存在为了自身利益而损害信息披露质量的动机。管理层有可能为提高自身薪酬或企业估值而操纵文本的披露,导致文本信息偏离真实情况。曾庆生等(2018)发现,在发布语调更为积极的年报后,高管更有可能卖出股票。这表明投资者不应完全信任上市公司年报的文本信息。

由于我国要求上市公司披露投资者实地调研数据,也有学者利用财务报告可读性与实地调研数据构造有效的对冲策略。逯东等(2019)发现,投资者实地调研会加剧财务报告可读性所导致的信息不对称。具体而言,实地调研会提高财务报告可读性较高公司的信息披露效率,使得这些公司的投资者能够更有效地获取信息并进行决策;同时,实地调研也会降低财务报告可读性较低公司的信息披露效率,使得这些公司的投资者无法有效获取增量信息,甚至误解信息。但是,由于市场不能及时对财务报告可读性与实地调研频率所包含的信息做出反应,投资者可以根据财务报告可读性与实地调研频率构造选股策略以获取超额收益。逯东等(2019)利用2012—2016年中国上市公司的数据进行回测,发现若在当年5月买入财务报告可读性排前20%且实地调研频率大于市场中位数公司的股票,卖空财务报告可读性排后20%且实地调研频率小于市场中位数公司的股票,持有1年投资者可获得9.9%~12.5%的年化收益。

社交媒体文本与股票收益

由于我国当下的股市是转型经济中的新兴资本市场,投资者主体仍然是散户,而散户更可能利用社交媒体收集、交流股票资讯,因此社交媒体文本可能会对中国的证券市场产生较大的影响。但同时,由于社交媒体用户发言质量的不确定性,社交媒体文本对证券市场的影响尚有待考察。

程琬芸和林杰(2013)利用新浪微博上专业(认证)机构用户的微博和评论构建情绪指数,发现情绪指数对市场指数走势无预测作用。然而,黄润鹏等(2015)利用新浪微博上所有用户的微博构建情绪指数,发现情绪指数可预测市场指数走势。上述两篇有关中国的文献通过分析新浪微博上的社交媒体文本,发现仅包含专业机构微博与评论的社交媒体文本无法预测市场指数收益,但包含所有用户情绪的社交媒体文本可预测市场指数走势。这表明,在中国利用社交媒体文本预测市场指数走势可能更需要关注全平台用户的情绪。

还有学者关注微信公众号热文对市场指数走势的预测作用。石善冲等(2018)关注与股市相关的公众号的微信热文文本,通过情感分析构造基于微信热文的投资者消极情绪指标,发现1—5天前的投资者消极情绪变化可预测上证指数收盘价的变化。这表明微信热文也具有一定的信息含量,可以反映投资者的情绪。李岩等(2018)利用东方财富股吧论坛中的历史讨论数据构造投资者情绪指标,发现可以利用投资社交平台信息预测股票收益。

15.4.3 总结与展望

随着文本分析技术的进步,管理层文本、社交媒体文本与新闻文本等不同来源的文本信息都可应用于金融投资领域。由于市场往往无法及时、全面地解读海量文本包含的信息,因此我们可通过文本分析构建投资策略,从中获取超额收益。

在未来的学术研究和投资实践中,我们提出如下展望:

第一,在社交媒体文本领域,现有研究都是从市场层面检验社交媒体文本对市场指数走势的预测作用,而较少从公司层面检验社交媒体文本对公司盈余与股票价格的预测作用。未来,学者和投资者可以围绕社交媒体文本构建不同的动量因子。

第二,在基于业绩说明会信息的研究中,学者与投资者大多根据业绩说明会上的文本信息进行文本分析,较少关注业绩说明会上的音频与视频内容。由于管理层在业绩说明会上的音量、语调、语速、表情与动作都可能传递有效的增量信息,我们可以拓宽管理层信息分析范围,利用新技术从中提取有效信息。

第三,随着社交投资平台的兴起,投资者有了新的搜索信息、交流消息与交易股票的渠道,分析社交投资平台文本将有助于了解投资者的情绪与行为。未来,学者与投资者可以关注并分析社交投资平台上的文本信息,从中获得新的动量因子。

参考文献

[1] 程琬芸,林杰. 2013. 社交媒体的投资者涨跌情绪与证券市场指数[J]. 管理科学,26(5):111—119.

[2] 黄润鹏,左文明,毕凌燕. 2015. 基于微博情绪信息的股票市场预测[J]. 管理工程学报,29(1):47—52+215.

[3] 李岩,李思龙,金德环. 2018. 网络社交媒体提升了股票市场流动性吗?基于投资者互动视角的研究[J]. 金融论坛,7:35—49.

[4] 逯东,余渡,杨丹. 2019. 财务报告可读性、投资者实地调研与对冲策略[J]. 会计研究,10:34—41.

[5] 石善冲,朱颖楠,赵志刚,等. 2018. 基于微信文本挖掘的投资者情绪与股票市场表现[J]. 系统工程理论与实践,38(6):1404—1412.

[6] 田高良,田皓文,吴璇,等. 2019. 经营业务竞争与股票收益——基于财务报告文本附注的分析[J]. 会计研究,10:78—84.

[7] 谢德仁,林乐. 2015. 管理层语调能预示公司未来业绩吗?基于我国上市公司年度业绩说明会的文本分析[J]. 会计研究,2:20—27+93.

[8] 曾庆生,周波,张程,等. 2018. 年报语调与内部人交易:"表里如一"还是"口是心非"[J]. 管理世界,34(9):143—160.

[9] Bartov, E., L. Faurel, P. S. Mohanram. 2018. Can twitter help predict firm-level earnings and stock returns[J]. The Accounting Review, 93(3): 25—57..

[10] Hu, M., B. Liu. 2004. Mining and summarizing customer reviews[C]. Proceedings of the ACM SIGKDD International Conference on Knowledge Discovery & Data Mining.

[11] Li, F. 2010. The information content of forward-looking statements in corporate filings: a naive Bayesian machine learning approach[J]. Journal of Accounting Research, 48(5): 1049—1102.

[12] Loughran, T., B. McDonald. 2011. When is a liability not a liability? Textual analysis, dictionaries, and 10-Ks[J]. The Journal of Finance, 66(1): 35—65.

第16章
大数据

16.1 大众盈余预测信息有价值吗

标题：The Value of Crowdsourced Earnings Forecasts
作者：Russell Jame, Rick Johnston, Stanimir Markov, Michaelc Wolfe
来源：*Journal of Accounting Research*, 2016, Vol.54, No.4

大众盈余预测能够帮助投资者获取超额收益

16.1.1 概述

为了获取超额收益，投资者常常会预测公司未来发展前景。同时，为了保证预测的准确性，投资者也会参考其他人的预测，比如专业分析师或者其他市场参与者——关心股市发展的普通大众。

相比于专业投资分析师，大众市场参与者提供的盈余预测会更加客观、准确和及时。一方面，他们与被预测公司通常没有直接的利益关系，不会与公司内部人勾结而提供有偏的预测数据；另一方面，由于数量众多和背景多元化，他们能够从更多的视角对公司进行分析，更好地利用群体智慧进行盈余预测。对于外部投资者而言，除了盈余预测的无偏性和准确性，他们还共同关注另一个问题：如果大众预测真的更加及时、准确，那么这种预测能否得到市场的认可呢？换句话说，大众群体创造和传播的投资信息有价值吗？

本文利用美国市场在2012年和2013年发布的盈余预测数据，发现Estimize平台上的大众预测具有信息含量。具体来说，大众预测能够提高盈余预测的准确度,衡量市场的期望盈余,进而给投资者带来超额收益。同时,参与预测的人越多,大众预测提高盈余预测准确度的能力越强;当大众预测进行修正时,投资者根据修正方向调整投资策略(向上修正时买入股票,向下修正时卖出股票),能够在两天窗口期获得超额收益。

16.1.2 应用指南

一方面,随着科技尤其是互联网技术的不断发展,人们的信息交流成本不断下降,从而改变了投资者获取相关信息的方式。有调查显示,三分之一的美国公众会通过社交媒体报道获取投资建议。另一方面,投资者想要从资本市场上获利,此时对股市和盈余的预测就会变得十分重要。由此,如何利用网络在线参与者的群体智慧来更好地预测盈余状况和市场反应,逐渐受到投资机构的关注。在网络上交流信息后,大众到底是变得更聪明还是更愚蠢?是"众人拾柴火焰高"还是"乌合之众"?如果人人都可以预测短期股市走势,那么这样的预测结果可信吗?外部投资者能否相信大众的盈余预测并从中获利?这些问题还没有清晰的答案。

被忽视的群体智慧

在回答上述问题之前,我们先来了解众包和资本市场上的群体智慧。

众包是指一个公司或机构把本来由内部员工执行的工作,通过互联网公开召集的方式,外包给网络社区的一群人去完成。比如,维基百科的内容是由大量的志愿者共同编辑的,而不只是少量专业编辑人员的工作成果。

传统的机构预测往往是几名卖方分析师经过专业分析,发布投资研究报告和股票行情预测,然后买方根据所获得的信息进行投资决策。但这样的预测方式逐渐显现出不足之处:几名分析师所能完成的研究总是有限的,而且卖方常常是非独立机构,所传递的可能是被操纵的有偏信息,并且信息发布时间也有可能被刻意操纵。

基于投资者的需求,为了创建更多、更好的盈余预测方法,市场上出现多种替代预测方式。比如 Whisper 网站采用各种方式收集信息,经内部人员分析形成 Whisper 预测,但由于分析过程是一个"黑箱子",没有真正利用群体智慧,Whisper 预测并没有得到机构投资者的认可。关于 Whisper 预测能否给市场带来增量信息,学者也没有得出一致的结论。Seeking Alpha 平台针对投资研究而非收益预估,有研究发现该平台上发表的评论基调能够预测股票收益率,具有信息含量;而其他类似的网站(如 StockTwits)上的评论却没有信息含量。

本文的研究对象 Estimize 平台与上述专业平台有什么不同呢？Estimize 平台充分体现了群体中个体的想法，形成大众预测；而其他社交媒体平台（比如 Seeking Alpha、StockTwits 等）只提供非结构化数据，如大众评论。Estimize 平台通过众包的方式，利用群体智慧量化投资情绪，提供盈余预测。预测参与者包括独立个人分析师、买方分析师、卖方分析师，以及个人投资者和学生。

图 16.1 显示了大众预测（Estimize）和机构预测（IBES）的分布。横坐标为预测期，纵坐标为各预测期占比。其中，预测期指盈余预测发布日到盈余公告日的间隔时间。由图 16.1 可以看出，大众预测的预测期集中在 10 天以内；而机构对不同期间的预测则较为平均，大部分预测期在 60 天以上。这说明大众预测和机构预测可以分别作为短期预测和长期预测的信息来源，二者能够为投资者提供互补信息。

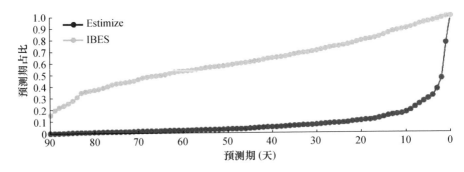

图 16.1 大众预测和机构预测的分布

利用群体智慧更准确地预测公司盈余

如果大众预测真的能够提供增量信息，那么投资者在获得机构预测的基础上结合大众预测，能够做出更好的投资决策。这体现为两个方面：一是投资者在获得大众预测这一增量信息后，能够做出更准确的公司盈余预测；二是投资者根据所获得的大众预测信息，改变投资决策（即重新选股），能够在资本市场上获得超额收益。

第一个问题是，大众预测能否提高预测准确度？

本文利用大众（Estimize）和机构（IBES）的预测偏差 PMAFE（proportional mean absolute forecast error）衡量盈余预测的相对准确度。PMAFE 的计算方法为：用大众（机构）的预测偏差绝对值减去针对该公司的全部（同时包括大众和机构）预测偏差绝对值的平均值，再除以针对该公司的全部预测偏差绝对值的平均值,得到 Estimize PMAFE(IBES PMAFE)。因此,PMAFE 越小(即相对于平均水平,一致预测偏差越小),预测的相对准确度越高。

表 16.1 展示了大众预测偏差(Estimize PMAFE)、机构预测偏差(IBES PMAFE)、综合预测(综合大众预测和机构预测)偏差(Combined PMAFE)在不同预测期的表现。Combined-IBES 表示 IBES PMAFE 与 Combined PMAFE 的差值;%(Combined<IBES)是哑变量,当 Combined PMAFE 小于 IBES PMAFE 时取值为 100%,否则取值为 0%。表 16.1 显示,在距离盈余公告发布 60 天前的预期期内(即 Horizon 为-60),大众预测(Estimize PMAFE)的准确性显著低于机构预测(IBES PMAFE)的准确性,这表明在预测公司长期盈余方面,大众智慧不如机构分析师。但是,在不同的预测期内,综合预测(Combined PMAFE)的准确性高于机构预测(IBES PMAFE)的准确性,且在超过 57.44% 的样本中,Combined PMAFE 战胜了 IBES PMAFE。这表明大众智慧提升了盈余预测的准确性,大众预测能够提供增量信息。此外,随着预测期越靠近盈余公告日,综合预测的准确性越高于机构预测的准确性,Combined PMAFE 战胜 IBES PMAFE 的样本覆盖率从 57.44% 提升到 64.05%,这也符合图 16.1 所呈现的情况,即大众智慧在短期内能提供更有用的信息。

表 16.1 不同期间内的一致预测准确性

Horizon	Obs.	Estimize PMAFE	IBES PMAFE	Combined PMAFE	Combined-IBES	%(Combined<IBES)
-60	430	0.28***	-0.07***	-0.10***	-0.03**	57.44***
		(5.11)	(-2.91)	(-4.48)	(-2.22)	(2.82)
-30	941	0.16***	-0.07***	-0.11***	-0.04***	59.72***
		(5.07)	(-3.94)	(-7.55)	(-4.06)	(5.81)
-10	1 856	0.02	-0.13***	-0.18***	-0.05***	60.83***
		(0.79)	(-9.51)	(-18.51)	(-6.98)	(8.46)
-5	2 493	-0.03**	-0.13***	-0.20***	-0.06***	61.85***
		(-2.02)	(-11.89)	(-25.29)	(-8.62)	(10.57)
-1	4 568	-0.15***	-0.15***	-0.24***	-0.08***	63.86***
		(-15.02)	(-19.79)	(-45.57)	(-13.65)	(17.44)
0	5 002	-0.17***	-0.16***	-0.25***	-0.09***	64.05***
		(-18.37)	(-27.51)	(-56.85)	(-18.26)	(20.70)

注:*、**、*** 分别表示 10%、5% 和 1% 的显著性水平。

本文进一步构建模型以去除机构预测值偏差(以实际盈余为被解释变量、预测盈余为解释变量构建模型,取模型拟合值为去偏差后的机构预测值),重复以上分析过程,结果不变。

利用群体智慧获得超额收益

第二个问题是,能否利用大众预测信息在资本市场上获取超额收益?

首先来看盈余公告日的市场反应。在表16.2中,回归(1)的结果显示,大众一致预测偏差(Estimize Consensus Error)的盈余反应系数为2.14($t=11.53$),这表明大众一致预测信息能够衡量市场对盈余的预期;回归(4)的结果显示,大众一致预测偏差(Estimize Consensus Error)和机构一致预测偏差(IBES Consensus Error)的盈余反应系数都显著大于0,且大众一致预测偏差的系数大于机构一致预测偏差的系数,这表明大众一致预测衡量市场盈余预期的准确度不低于机构一致预测衡量市场盈余预期的准确度;回归(5)的结果显示,Estimize Consensus Error×EC的系数显著大于0,这表明大众一致预测衡量市场盈余预期的准确度随着预测人数的增加而增强。综上所述,大众一致预测信息能够更准确地衡量市场对公司盈余的预期。

表16.2 盈余预测的市场反应

	(1)	(2)	(3)	(4)	(5)
Intercept	0.25**	−0.26**	−0.16	0.00	0.55
	(2.05)	(−2.01)	(−1.22)	(0.02)	(1.30)
Estimize Consensus Error	2.14***			1.39***	1.07
	(11.53)			(5.35)	(1.53)
IBES Consensus Error		2.04***		0.98***	2.05***
		(11.44)		(4.06)	(3.25)
Combined Consensus Error			2.16***		
			(11.44)		
Estimize Consensus Error×EC					0.68**
					(2.25)
IBES Consensus Error×EC					−0.44*
					(−1.74)
Estimize Consensus Error×IC					−0.05
					(−0.18)
IBES Consensus Error×IC					−0.36
					(−1.46)
Log(Estimize Contributors)×(EQ)					−0.10
					(−0.70)
Log(IBES Contribulors)×(IC)					−0.20
					(−1.08)
Observations	3 429	3 429	3 429	3 429	3 429
R^2	7.40%	6.74%	7.51%	8.05%	8.62%

注:*、**和***分别表示10%、5%和1%的显著性水平。

表 16.2 展示的是市场对未预期盈余代理变量的反应。市场反应被定义为盈余公告前后 3 天经规模调整的累计超额收益。未预期盈余代理变量包括：Estimize Consensus Error 表示实际盈余与 2 天前的 Estimize 盈余预测的差值，且予以标准化；IBES Consensus Error 表示实际盈余与 2 天前的 IBES 卖方分析师盈余预测的差值，且予以标准化；Combined Consensus Error 表示实际盈余与 2 天前的一致盈余预测的差值，且予以标准化。EC 表示参与预测的大众的数量，IC 表示分析师的数量。

其次来看大众预测盈余修正的市场反应。盈余修正是指当新消息来临时，预测者对之前的盈余预测进行调整。表 16.2 已经证明大众一致预测能够准确衡量市场对盈余的预期。因此，当大众对盈余预测进行修正时，股价会对此做出反应。向上修正说明预测者对盈余表现更加乐观，而向下修正说明预测者对盈余表现更加悲观，投资者据此可以买卖股票以获取超额收益。具体做法是：当大众向上修正盈余预测时，投资者当天买入股票，第二天卖出股票；当大众向下修正盈余预测时，投资者当天卖空股票，第二天买入股票。

表 16.3 展示了市场对大众一致预测修正 Estimize（Rev/Price）的反应。模型以预测修正当天和第二天为窗口期[0,1]，被解释变量为 2 天窗口期内的经规模调整累计超额收益率；Estimize（Rev/Price）为修正当天大众一致预测与前天大众一致预测的差值，再除以上季度末股价，并进行标准化处理。回归(1)的结果显示，Estimize（Rev/Price）向上增加 1 个标准差，投资者可以在 2 天内获得 0.15％的超额收益且统计显著。在回归(3)中，Estimize Large Upward 是一个哑变量，当 Estimize（Rev/Price）处于向上修正观测值中的上半部分时取值为 1，否则取值为 0；Estimize Large Downward 也是一个哑变量，当 Estimize（Rev/Price）处于向下修正观测值中的下半部分时取值为 1，否则取值为 0。回归(3)的结果显示，大众一致预测向上修正最大的公司可以使投资者获得 0.26％的收益，大众一致预测向下修正最大的公司可以使投资者损失 0.15％的收益。因此，买入预测向上修正最大公司的股票、卖空预测向下修正最大公司的股票，投资者 2 天内可以获得 0.41％的超额收益。

表 16.3　大众一致预测修正的市场反应

	(1)	(2)	(3)	(4)
截距项	0.04	−0.07	0.00	−0.04
	(0.72)	(−1.03)	(0.07)	(−0.59)
Estimize（Rev/Price）	0.15**			−0.03
	(2.31)			(−0.28)

(续表)

	(1)	(2)	(3)	(4)
Estimize Upward		0.19**		
		(2.32)		
Estimize Large Upward			0.26**	
			(2.30)	
Estimize Large Downward			−0.15	
			(−1.40)	
Low Coverage				−0.01
				(−0.06)
Estimize × Low Coverage				0.27**
				(2.40)
Short Horizon				0.13
				(1.43)
Estimize × Short Horizon				0.17
				(0.90)
Differing Actuals				0.03
				(0.21)
Estimize × Differing Actuals				0.09
				(0.48)
Observations	4 488	4 488	4 488	4 488
R^2	0.30%	0.12%	0.28%	0.63%

注：*、**、*** 分别表示 10%、5% 和 1% 的显著性水平。

16.1.3 投资笔记

投资逻辑

大众盈余预测具有信息含量,但是市场没有及时对大众盈余预测信息做出反应。外部投资者可以利用大众预测信息,在大众预测修正日执行投资策略(买入大众一致预测向上修正公司的股票、卖空大众一致预测向下修正公司的股票),未来2天可以获得超额收益。

核心指标

$$\text{PMAFE} = \frac{\text{绝对预测误差} - \text{全样本绝对误差均值}}{\text{全样本绝对误差均值}} \tag{1}$$

其中,PMAFE指标衡量盈余预测的相对准确度;绝对预测误差表示大众(机构)的一致预测偏差绝对值;全样本绝对误差均值表示,针对该公司的全部(同时包括大众和机构)预测偏差绝对值的平均值。

$$\text{Estimize Consensus Error} = 实际盈余 - 2\text{ 天前的 Estimize 盈余预测} \quad (2)$$

其中,Estimize Consensus Error 表示大众一致预测偏差,实际盈余表示盈余公告日上市公司公布的盈余,2 天前的 Estimize 盈余预测表示在盈余公告 2 天前的大众一致盈余预测。

$$\text{Estimize (Rev/Price)} = \frac{\text{第 } t \text{ 天 Estimize 预测值} - \text{第 } t-1 \text{ 天 Estimize 预测值}}{\text{上季度末的股票价格}} \quad (3)$$

其中,Estimize (Rev/Price)表示大众一致预测修正,第 t 天 Estimize 预测值表示盈余修正当天的大众一致预测,第 $t-1$ 天 Estimize 预测值表示盈余修正 1 天前的大众一致预测。

策略及表现

期间:2012—2013 年

市场:美国股票市场

众包场所:Estimize

择时策略:关注大众预测,计算一致预测值,即求平均值。当大众预测进行盈余修正时,计算修正值与股价的比值,向上修正则买入、向下修正则卖空。做多向上修正未来 2 天可获得 0.26% 的平均累计超额收益,做空向下修正未来 2 天可获得 0.15% 的平均累计超额收益。

细节提示

(1) 大众预测向上修正比向下修正具有更高的信息含量。
(2) 大众预测参与人数较多比大众预测参与人数较少具有更高的信息含量。
(3) 当跟踪预测的机构相对较少时,大众预测具有更高的信息含量。

16.2 客户评价意见有投资价值吗

标题:The Customer Knows Best: The Investment Value of Consumer Opinions
作者:Jiekun Huang
来源:Journal of Financial Economics,2018,Vol.128,No.1

根据客户对产品的评价意见进行投资,能够获得超额收益

16.2.1 概述

对企业来说,当新开发产品被投放到市场后,接下来产品价值的重要决定因素就在于客户对产品的评价。比如在淘宝上购物时,大家会去关注"买家秀",此时用户评价很大程度地决定产品销量,进而决定企业的盈利和市场价值。因此,客户对产品的评价意见,在资本市场上往往被认为有信息含量。目前,越来越多的各类客户体验调研为评价意见的收集和量化提供了可能性。而外部投资者关心的问题是:如果客户对产品的评价意见真的有信息含量,那么外部投资者能否借助公开披露的客户产品评价做出更好的投资决策?

本文利用2004—2015年亚马逊网站上的客户产品评价数据,发现客户评价的确具有信息含量。利用客户评价信息,外部投资者可以构造投资策略——买入高异常客户评分的股票、卖空低异常客户评分的股票,这样的投资策略未来1个月能够获得0.557%~0.730%的超额收益。

16.2.2 应用指南

随着互联网的发展,消费者表达意见的平台和方式越来越多,这使得消费市场的信息不对称水平大大降低。那么,当客户对企业的产品做出积极评价时,企业在资本市场上也会有良好的表现吗?直观上看,可能很难得出确定的答案。

一方面,客户对产品做出的评价有时并不是真实客观的。想象一下,你在使用华为手机的时候收到了华为公司的产品体验问卷,接下来的系统升级会依据所有客户的问卷调查结果进行。那么,你会拿出半个小时认真地填写问卷吗?可能未必。因为只要有其他客户提出改进意见,你就可以从中受益,这种搭便车的心理使得你没有动力去花费时间和精力填写问卷。再者,客户不具备评价一个产品是否有市场竞争力的专业能力。客户体验通常是主观的,而且客户的评价意见并不是一个产品好坏、一个企业价值高低的唯一指标。

另一方面,客户的确有动机认真地进行产品评价,因为想要获得同伴的认同或者对产品真的非常在意。客户意见能够提供关于企业产品的信息,影响其他客户的购买决策,进而影响企业的销售和利润水平。同时,把每个客户关于产品问题的信息汇总在一起,能够抵消个性化的客户偏见,形成"群体智慧"。

那么,公司股票价格对客户评价意见的反应是否滞后,投资者又是否真的能从公开披露的客户产品评价中获利?这个问题目前还没有清晰的答案。

被忽视的客户意见

互联网的兴起为普通客户分享与获取信息提供了重要平台,客户不但会在网络上阅读与产品相关的信息,而且会在网络上发表自己对产品的评价。

客户对产品发表评价意见的现象有多普遍呢?本文采集的样本(只包括一个月内有10条以上客户评价且财务等信息均可得的公司)显示,美国亚马逊网站在2004年7月至2015年12月一共披露了超过1400万条关于346家上市公司近27万种产品的评论。2015年,著名市场监测和数据分析公司Nielsen针对全球广告的信任调查显示,66%的客户信任在线客户评价,其中的69%表示他们总是或有时会根据这些意见采取行动。这表明客户评价包含关于公司产品的有用信息,并能够在很大程度上影响客户的购买决策。由此可以看出,客户评价意见是普遍和重要的,能够对客户的购买决策产生影响。

如果市场能够及时对客户的产品评价意见信息做出反应,那么在产品评分发生异常变化时,外部投资者就应该能够根据评分变化做出相应的投资决策,从而在产品评分变化窗口期获取显著的超额收益。

利用客户评价意见进行投资决策

如果客户评价意见确实具有信息含量,并且能够体现在股票价格中,那么投资者就能利用客户评价意见信息获取短期(持有1个月后卖出)超额收益。

本文构建了"异常客户评分"指标,等于某上市公司当月的平均客户评分减去前12个月的平均客户评分,并按照"异常客户评分"对样本公司进行降序排列。具体做法为:针对每一家上市公司,先在亚马逊网站上抓取上市公司每个产品的评价(根据产品和品牌名称进行搜索),再计算所有产品的平均评分,作为该上市公司的平均客户评分,然后减去前12个月客户评分的平均值。在接下来的1个月,买入异常客户评分最高的股票并卖空异常客户评分最低的股票,可以获得0.557%~0.730%的月度超额收益。

针对具体的投资策略,本文根据权重设定方式的不同,构建了两种投资组合。第一种是以"评论数量"为权重构建投资组合。选择这种加权方式的原因是:当人数较多且评价意见较多时,"评论数量"能够更好地发挥"群体智慧"的优势,提供更精确的信息。第二种是平均分配权重。

由表16.4可以看到,以"评论数量"为权重买入异常客户评分最高的股票并卖空异常客户评分最低的股票,可以获得0.730%的月度超额收益。按平均分配权重买入异常客户评分最高的股票并卖空异常客户评分最低的股票，可以获得0.557%的月度超额收益。这种投资组合的超额收益并不是由其他风险因子所导致，说明异常客户评分能够反映企业的个体信息和个体风险。

表16.4 投资组合的超额收益

投资组合		Market	SMB	HML	UMD
Panel A：以"评论数量"为权重构建投资组合					
T1(low abnormal rating)(%)	−0.198	1.124	0.482	0.132	−0.308
	(0.74)	(15.69)***	(3.83)***	(1.11)	(4.91)***
T2(%)	−0.014	1.245	0.246	0.022	−0.188
	(0.06)	(19.90)***	(2.24)**	(0.21)	(3.43)***
T3(high abnormal rating)(%)	0.532	1.051	0.179	0.165	−0.134
	(1.98)**	(14.50)***	(1.41)	(1.37)	(2.11)**
Long/Short(high-low)(%)	0.730	−0.073	−0.303	−0.033	0.174
	(2.17)**	(0.81)	(1.90)*	(0.22)	(2.19)**
Panel B：平均分配权重的投资组合					
T1(low abnormal rating)(%)	−0.024	1.006	0.513	0.003	−0.239
	(0.15)	(22.19)***	(6.44)***	(0.04)	(6.01)***
T2(%)	0.264	1.081	0.385	0.152	−0.090
	(1.52)	(23.09)***	(4.68)***	(1.96)*	(2.19)**
T3(high abnormal rating)(%)	0.533	0.956	0.636	−0.115	−0.361
	(2.52)**	(16.74)***	(6.34)***	(1.21)	(7.20)***
Long/short(high-low)(%)	0.557	−0.050	0.123	−0.118	−0.121
	(2.66)***	(0.88)	(1.24)	(1.26)	(2.45)**

注：*、**和***分别表示10%、5%和1%的显著性水平。

在表16.4中，Market、SMB、HML和UMD分别表示在控制市场、规模、价值、动量这4个Fama-French-Carhart风险因子的情形下，相应投资组合所获得的超额收益。T1、T2、T3分别表示投资"异常客户评分"最低组、中等组、最高组在接下来的1个月所能获得的超额收益；Long/short (high-low)表示买入异常客户评分最高的股票、卖空异常客户评分最低的股票，在接下来的1个月所能获得的超额收益。

进一步的分析发现，对于套利成本越高和投资者关注越有限的股票，这种超额收益会越明显。其一，套利成本会限制知情投资者利用信息进行套利，从而导致公司股价不能及时向价值回归；其二，投资者关注有限，会导致股价不能及时反映企业价值。因此,精明的投资者可以根据"异常客户评分"的变化择时投资以获取超额收益。并且,套利成本越高或者投资者对股票的关注越有限,超额收益越大。具体可分为以下三种情况:

一是特异性波动,针对特异性波动更大的股票构建投资组合的效果更好。以"评论数量"为权重(或平均分配权重)构造的基于高特异性波动股票的"客户评价"对冲策略,其 Fama-French-Carhart 四因子模型的 Alpha 值为 1.366%(或 1.030%)且在 5%的统计水平上显著;以"评论数量"为权重(或平均分配权重)构造的基于低特异性波动股票的"客户评价"对冲策略,相应的 Alpha 值为 -0.015%(或 0.131%)且不显著。这表明套利策略能够影响"客户评价"对股票收益的预测能力。

二是分析师跟踪,针对分析师跟踪较少的股票构建投资组合的效果更好。以"评论数量"为权重(或平均分配权重)构造的基于分析师跟踪较少股票的"客户评价"对冲策略,其 Fama-French-Carhart 四因子模型的 Alpha 值为 1.480%(或 0.734%)且在 5%的统计水平上显著;以"评论数量"为权重(或平均分配权重)构造的基于分析师跟踪较多股票的"客户评价"对冲策略,相应的 Alpha 值为 0.190%(或 0.393%)且不显著。这表明有限关注能够调节"客户评价"对股票收益的预测能力。

三是公司市值,针对小市值公司而非大市值公司构建投资组合的效果更好。以"评论数量"为权重(或平均分配权重)构造的基于小市值公司股票的"客户评价"对冲策略,其 Fama-French-Carhart 四因子模型的 Alpha 值为 1.162%(或 1.181%)且至少在 5%的统计水平上显著;以"评论数量"为权重(或平均分配权重)构造的基于大市值公司股票的"客户评价"对冲策略,相应的 Alpha 值为 0.597%(或 0.412%)且在 10%的统计水平上显著。虽然二者没有显著差异,但仍能说明有限关注会影响"客户评价"对股票收益的预测能力。

利用客户评价意见预测收入和盈余

本文还发现客户评价意见能够预测收入和盈余。

检验结果表明,公司异常客户评分越高,公司的意外收入和未预期盈余越大。这些发现证明客户评价意见和企业的基本面财务表现息息相关,即客户评价意见能够对企业产品销售产生影响,能够提供与企业未来现金流量相关的新信息。而企业的基本面信息往往是投资者做出投资决策的主要依据。

16.2.3　投资笔记

投资逻辑

客户对产品的评价意见具有信息含量。由于套利成本和投资者关注有限,市场针对客户评价意见信息做出的反应往往是不充分、不及时的。投资者可以利用客户评分的异常变化,在评分异常变化发生时构建投资组合,买入异常客户评分最高的股票、卖空异常客户评分最低的股票,未来 1 个月可获得超额收益。

核心指标

"异常客户评分"是指,相较于之前 12 个月的客户一致评价,当月客户对产品的平均评分的变化。具体计算方法为:

异常客户评分 = 当月平均客户评分 − 前 12 个月的平均客户评分

策略及表现

期间:2004—2015 年

市场:美国股票市场

客户评价意见平台:Amazon.com(亚马逊网站)

投资策略:每月底登录 Amazon.com,对每只股票(即公司)所有产品对应的客户评分进行统计和分析。先计算当月所有股票的平均客户评分(先抓取每只股票每个产品的客户评分,再根据所有产品的客户评分计算出总的平均客户评分),然后计算每只股票前 12 个月的平均客户评分(同样依据每只股票所有产品的客户评分),二者相减得到每只股票的"异常客户评分",并按照"异常客户评分"对所有股票进行降序排列,买入排前 33% 的股票并卖空排后 33% 的股票,1 个月后平仓,可获得 0.557%～0.730% 的超额收益。

细节提示

(1) 一般来说,以"评论数量"(即给出评价意见的客户数量)为权重构建的投资组合比平均分配权重的投资组合能够获得更高的超额收益。

(2) 股票的特异性波动越大,客户评价意见的信息含量越高。

(3) 股票的分析师跟踪越少,客户评价意见的信息含量越高。

(4) 相对于大市值公司,小市值公司的客户评价意见具有更高的信息含量。

(5) 根据客户评价意见构建投资组合的盈利模式,长期内不会发生逆转。

16.3 员工对雇主的评价有信息价值吗

标题：Crowdsourced Employer Reviews and Stock Returns
作者：Clifton Green, Ruoyan Huang, Quan Wen, Dexin Zhou
来源：*Journal of Financial Economics*，2019，Vol.134，No.1

> 根据员工对雇主的评价信息进行投资，能够获得超额收益

16.3.1 概述

企业的经济状况会影响企业绩效，而企业绩效、治理情况等会影响员工的薪酬水平、福利和士气，自然而然地就会影响员工满意度。同时，作为企业的内部人员，员工能最直接地观察到企业内部真实的经营和治理情况。因此，企业员工对雇主的评价在一定程度上可以反映企业过去及未来的发展状况，可以作为衡量公司基本面状况和企业价值的重要信息来源，能够为资本市场提供额外的信息。而外部投资者关心的问题是：如果员工对雇主的评价意见真的具有信息含量，那么能否借助公开披露的相关评价信息做出更好的投资决策？

本文利用 2008—2016 年 Glassdoor 网站上 1 238 家企业的 16 602 条公司—季度观测值和 100 多万条员工评价数据，发现员工对雇主评价上升公司的表现要显著优于员工对雇主评价下降公司的表现。利用员工对雇主的评价信息，外部投资者可以进行投资决策——买入员工评价上升的公司、卖空员工评价下降的公司。这样的投资策略未来 1 个月能够获得 0.74%～0.88%的超额收益。

16.3.2 应用指南

越来越多的研究发现，"群体智慧"能够揭示公司基本面状况、预测公司价值。另外，由于套利成本和投资者关注有限会导致市场对信息的反应不充分、不及时，市场上存在获取超额收益的机会。已有研究发现，融合大量投资者的社交媒体帖子(Chen et al.，2014)、散户交易(Kelley and Tetlock，2013)、大众盈余预测(Jame et al.，2016)、消费者的评价(Huang，2018)、在线评论(Duan et al.，2008；Zhu and Zhang，2010)等信息，都有助于精明的投资者利用股价的延

迟反应获得超额收益。类似地,公司股票价格对员工评价雇主的信息是否也存在延迟反应呢?外部投资者又能否从公开披露的员工对雇主的评价信息中获利?这些问题尚未得到清晰的解答。

被忽视的员工评价信息

员工对雇主的评价为发现公司价值提供了另一种潜在的有用信息来源。一方面,员工作为企业的内部人员,拥有关于雇主的独有的信息,而雇主信息是外部投资者无法获得的;另一方面,出于公共利益的考虑,员工通常有动机提供诚实的评价。

Glassdoor 是一家 2008 年成立的雇主评价和招聘网站。它拥有一个员工评价数据库,现任员工和前任员工都可以在网站上自愿并匿名地对各自的公司、工资、面试经历、高级管理层和公司福利等做出评价。诚实地做出评价的人可以从共享信息中获得利益,类似于在 Amazon 上发布评论、在 Wikipedia 上提供词条内容。Glassdoor 的员工评价包括员工对公司的整体评价——从 1 颗星到 5 颗星,以及可以自愿对"职业发展机会、薪酬福利、工作—生活平衡、高级管理层、文化和价值观"等具体内容分别进行星级评分。除星级评分外,员工还可以输入不同的文字回答,如优点(分享在某公司工作的最佳理由)和缺点(分享在某公司工作的缺点)。Glassdoor 的使用指南规定,评价应当是关于公司的,不能是针对个人的。从 2012 年 9 月开始,Glassdoor 还增加了一个自愿性的有关商业前景的问题:你的公司的商业前景在未来 6 个月内会变得更好(5 分)、保持不变(3 分)还是更糟(1 分)?

如果市场能够对员工评价雇主的信息及时做出反应,那么在员工评分发生异常变化时,外部投资者应该能够根据评分变化做出相应的投资决策,从而在评分变化窗口期获取显著的超额收益。

利用员工评价信息进行投资决策

如果员工评价信息真的有信息含量,并且能够体现在股票价格中,那么外部投资者就能够利用员工评价信息取得短期(持有 3 个月后卖出)超额收益。

本文构建了"雇主评分变动"指标,等于本季度的平均雇主评分减去上季度的平均雇主评分,并按照"雇主评分变动"对样本公司进行降序排列。在接下来的 1 个季度,买入"雇主评分变动"最高 20% 的股票,卖空"雇主评分变动"最低 20% 的股票,可以获得 0.74%~0.88% 的月度超额收益。

针对具体的投资策略,本文根据权重设定方式的不同,构建了两种投资组合。第一种是平均分配权重;第二种是以"公司市值"为权重构建投资组合。分别计算两种投资组合的初始平均月收益率,并根据 Fama-French-Carhart 四因子模型的 Alpha 值计算平均月收益率。

由表 16.5 可以看到,在平均分配权重的投资组合下,买入"雇主评分变动"最高 20% 的股票,卖空"雇主评分变动"最低 20% 的股票,可以获得 0.84%～0.88% 的超额收益;在以"公司市值"为权重的投资组合下,买入"雇主评分变动"最高 20% 的股票,卖空"雇主评分变动"最低 20% 的股票,可以获得 0.74%～0.77% 的超额收益。由此可知,平均分配权重的投资组合比以"公司市值"为权重的投资组合获得的超额收益稍高一些——给小公司赋予更大的权重可获得更多的超额收益,说明这种超额收益效应在小公司中更加明显。在控制其他动量因子后,下季度的超额收益仍然显著存在,这说明雇主评分信息能够反映企业的个体特质、捕捉个体风险。

表 16.5 投资组合的超额收益

	等权		市值加权	
	Average Return	4-Factor Alpha	Average Return	4-Factor Alpha
Panel A:根据"雇主评分变动"构建的投资组合的未来收益				
Low ΔRating	0.83	−0.24	0.59	−0.38**
	(1.28)	(−1.15)	(1.03)	(−2.02)
Middle Group	1.06*	0.01	0.89*	0.02
	(1.77)	(0.07)	(1.83)	(0.21)
High ΔRating	1.66**	0.65***	1.33***	0.40*
	(2.50)	(2.62)	(2.62)	(1.81)
High−Low	0.84***	0.88***	0.74***	0.77***
	(2.67)	(2.70)	(3.03)	(3.26)
Panel B:投资组合的特征				
	ΔRating	β^{MKT}	Size(log)	BM	MOM
Low ΔRating	−0.50	1.24	22.91	0.63	7.63
Middle Group	0.00	1.21	23.52	0.66	11.08
Higt ΔRating	0.53	1.25	22.98	0.62	10.28

注:*、** 和 *** 分别表示 10%、5% 和 1% 的显著性水平。Low ΔRating 表示"雇主评分变动"最低 20% 的投资组合,High ΔRating 表示"雇主评分变动"最高 20% 的投资组合,Middle Group 表示"雇主评分变动"处于中间(占比为 60%)的投资组合。

在具体分析评价内容时,本文发现收益效应与员工对职业发展机会评价和高管评价的变动有关,与工作—生活平衡的内容无关。也就是说,当员工对职业发展机会的评分以及对高管的评分上升时,投资者进入市场交易相关股票,会获得显著的超额收益。

进一步分析发现:针对员工特性,这种股票收益效应主要集中于现任员工而非前任员工的评价,集中于在公司总部所在州工作的员工评价;针对评价的特点,当评价内容较长时,其员工评分变化更能预测超额收益,这是因为员工在做出较长的评价时会付出更多的认知努力,其评价会更认真、更贴合企业经营现状;这种股票收益效应在公司加入 Glassdoor 前三年的评价数据中表现得更明显,这是因为早期的评价会较少受到"普遍共识"的影响;针对被评价公司的特点,特异性波动较大和机构投资者持股比例较低的公司受到的投资者关注越少、套利成本越高,这种股票收益效应会更显著。

利用员工评价信息预测盈利

本文发现员工评价信息有助于预测公司盈利。

由表 16.6 可知,"雇主评分变动"能够预测同期盈余(ROA)和销售收入,并且可以帮助预测下季度的异常盈余。具体来看,当"雇主评分"上升时,企业的盈利(ROA)和销售收入也会上升。由第(5)、(6)列可知,当"雇主评分"上升时,分析师预测偏差也会增大。此外,当研究机构公布下季度盈余预测时,买入雇主评分上升 1 个单位的公司股票,接下来的 3 天可以获得约 0.146% 的累计超额收益。

在表 16.6 中,ΔReturn-on-assets 表示公司资产收益率的变化,Sales growth 表示销售收入增长,Analyst forecast errors 表示分析师盈余预测偏差,Announcement returns 表示盈余公告 3 天窗口期的累计超额收益。ΔRating 表示员工对雇主评价的变化;Size 表示权益市值的对数;Book-to-Market 表示账面市值比;$Return_{t-12;t-2}$ 表示第 $t-12$ 月到第 $t-2$ 月的累计收益率;Illiquidity 表示不流通性,等于价格变动绝对值/交易量;Turnover 表示换手率;ROA 表示资产收益率,即所要预测的盈余;Idio Volatility 表示特异性波动,通过回归得到 Fama-French 三因子模型,进而计算得到残差的波动率;Forecast Disp. 表示预测分歧度;Inst. Ownership 表示机构投资者持股比例;Fixed Effects 表示固定效应,其中 Time 为时间,Firm 为公司;Observations 表示样本量。

表 16.6 利用员工评价信息预测盈利与销售增长

	ΔReturn-on-assets		Sales growth		Analyst forecast errors		Announcement returns	
	(1)	(2)	(3)	(4)	(5)	(6)	(7)	(8)
ΔRating	0.088**	0.087*	0.301***	0.308***	0.021**	0.017**	0.165**	0.146*
	(2.44)	(2.02)	(3.07)	(3.29)	(2.42)	(2.33)	(2.11)	(1.97)
Size	−0.031	−0.951***	−0.188	0.829	0.031**	−0.062	−0.013	−1.363*
	(−0.65)	(−3.46)	(−0.91)	(1.43)	(2.27)	(−0.97)	(−0.12)	(−1.92)
Book-to-Market	−0.062	−0.345*	−2.156***	−1.176***	0.003	0.204**	−0.103	−0.128
	(−1.61)	(−1.85)	(−16.58)	(−5.27)	(0.11)	(2.29)	(−1.27)	(−0.49)
Return$_{t-12,t-2}$	0.397***	0.282***	2.263***	1.585***	0.039***	0.004	−0.153	−0.672***
	(4.22)	(2.84)	(7.25)	(7.39)	(2.95)	(0.23)	(−1.16)	(−3.94)
Illiquidity	0.020*	0.009	0.118	0.006	0.031	−1.005*	0.123***	0.008
	(2.03)	(0.57)	(1.70)	(0.09)	(0.12)	(−1.96)	(2.99)	(0.08)
Turnover	0.003	−0.124	0.390***	−0.082	−0.012	0.043*	0.183	0.395
	(0.07)	(−1.59)	(2.84)	(−0.42)	(−0.78)	(2.00)	(0.97)	(1.48)
ROA	−0.054*	−0.093**	−0.447***	−0.088	−0.011	−0.070***	0.007	−0.310
	(−1.95)	(−2.19)	(−4.07)	(−1.29)	(−1.37)	(−3.90)	(0.07)	(−1.41)
Forecast Disp.	−0.000	−0.038	−0.793***	−0.811	−0.656***	−0.598***	−0.114	0.170
	(−0.01)	(−0.26)	(−3.20)	(−0.93)	(−3.40)	(−3.38)	(−0.91)	(0.91)
Idio Volatility	−0.058	−0.132**	0.276	−0.865***	−0.077**	−0.018	−0.331*	0.095
	(−0.72)	(−2.63)	(1.18)	(−3.84)	(−2.53)	(−0.50)	(−1.92)	(0.51)
Inst. Ownership	0.009	−0.011	0.295**	−0.108	0.009	−0.022	0.086	0.012
	(0.27)	(−0.31)	(2.22)	(−1.23)	(1.32)	(−1.51)	(0.98)	(0.09)
Fixed Effects	Time	Time,Firm	Time	Time,Firm	Time	Time,Firm	Time	Time,Firm
Observations	10101	9907	9698	9511	8515	8356	9489	9315
R^2	0.028	0.120	0.111	0.502	0.060	0.336	0.008	0.140

注:括号内数值为基于年度、季度和公司层面的双向聚类 t 统计量;*** 表示 $p<0.01$,** 表示 $p<0.05$,* 表示 $p<0.1$。

16.3.3 投资笔记

投资逻辑

公司员工对雇主的评价具有信息含量,但是市场没有及时对员工评价信息做出反应。外部投资者可以利用"雇主评分变动",在评分发生变动时构建投资组合,买入"雇主评分变动"最高20%的股票,卖空"雇主评分变动"最低20%的股票,接下来的1个季度可以获得超额收益。

核心指标

雇主评分变动＝本季度的平均雇主评分－上季度的平均雇主评分

策略及表现

期间:2008—2016年

市场:美国股票市场

雇主评分发布平台:glassdoor.com

投资策略:在每个季度的雇主评分发布时,登录Glassdoor网站,统计和分析每家公司的员工对雇主评分。首先计算本季度的平均雇主评分,然后导出上季度的平均雇主评分,二者相减得到每家公司的"雇主评分变动",并按"雇主评分变动"对所有股票进行降序排列。买入"雇主评分变动"最高20%的股票,卖空"雇主评分变动"最低20%的股票,1个季度后平仓,当季度可获得0.74%～0.88%的月度超额收益。

细节提示

(1) 一般来说,相比市值加权组合,等权组合能获得更高的超额收益。

(2) 针对员工对雇主的具体评价内容,与"职业发展机会"和"公司高管"相关评价的信息含量较高,而与"工作—生活平衡"相关评价的信息含量较低。

(3) 现任员工对雇主的评价、在公司总部所在州工作的员工对雇主的评价具有更高的信息含量。

(4) 内容较长的评价、早期的Glassdoor员工对雇主的评价具有更高的信息含量。

(5) 当股票的特异性波动更大、机构投资者持股比例更低时,员工对雇主的评价具有更高的信息含量。

16.4 基于大众意见的投资策略：中国实践部分

本章围绕基于大众意见的投资策略，分别探讨大众盈余预测、客户对产品的评价意见、员工对雇主的评价与未来股票收益率之间的关系。以上研究都是基于美国市场数据开展的，而中国投资者关心的问题是：中国股票市场上也存在类似的现象吗？基于以上理论构建的投资策略，在中国股票市场上也能获得超额收益吗？下面我们将对基于中国市场的研究进行梳理。应当注意的是，由于中国资本市场的发展尚不成熟，大众投资者和消费者不发声、非理性发声的现象普遍存在，有序的发声平台还没有得到较好的开发，目前还难以利用大众意见在中国市场上获取超额收益。然而，我们并不能由此否认群体智慧和大数据应用的总体发展趋势，投资者应提前关注并做好准备。

16.4.1 中国相关研究

大众盈余预测与股票收益

为了获得超额收益，市场参与者常常会预测公司的未来盈余。除了受投资者广泛信任的专业分析师，Jame et al. (2016)探讨了普通大众的意见能否提供额外的信息。他们基于美国Estimize平台的数据，发现大众盈余预测确实具有信息含量，但是市场没有及时对大众盈余预测信息做出反应。综合利用机构预测和大众预测构建投资策略，可以从中获取超额收益。

相对于中国，美国的市场预测已经较为成熟，出现了很多为大众提供预测场所的网站，比如Estimize平台就包括独立个人分析师、买方分析师、卖方分析师，以及个人投资者和学生等预测参与者。中国目前无论是信息传播还是投资者对信息的利用方面都处在初级发展阶段，资本市场的有效性较弱，预测信息提供方主要是分析师。张然等(2017)利用2007—2014年共96个交易月的A股上市公司数据进行研究，发现分析师发布的盈余预测修正在我国资本市场上同样具有信息含量，能够显著预测公司未来的盈利能力；并且，由于投资者不能及时发现这一信息，根据分析师盈余预测修正构建套利组合能够获取超额收益。Feng and Johansson(2019)利用中国数据，发现拥有微博帐号的董事会主席能够向资本市场传播更详细的公司信息，说明中国资本市场的信息传播正在逐步向网络化、大众化发展。

客户评价意见与股票收益

一家上市公司会有很多的利益相关者,当一方利益相关者涉及数量众多的群体时,他们的发声就构成与该公司相关的大众意见。Huang(2018)关注其中重要一方利益相关者的意见——客户对产品的评价意见,发现当企业发布新产品并投放到市场后,客户评价的好坏会在很大程度上决定产品销量和产品价值。Huang(2018)基于美国亚马逊网站上的客户产品评价数据,研究发现客户评价意见的确具有信息含量,外部投资者利用客户评价意见信息进行投资决策,可以从中获取丰厚的超额收益。

近年来,我国学者也开始关注客户评价意见。针对具体的客户评价意见,陆娟等(2009)在理论推演的基础上,对中国市场进行了品牌联合实验研究。结果表明,品牌联合评价的感知质量维度决定购买意愿维度,为了获得较好的品牌联合效应,企业必须注意选择高质量的合伙品牌以保证高质量的品牌联合。针对客户评价意见对消费行为的影响,汪涛等(2012)收集和分析美国、印度两国消费者评价中国产品的评论帖子,发现消费者会基于来源国绩效形象[①]和制度形象,决定对该国产品采取何种态度和行为(购买、口传或抵制)。Tian et al.(2011)进一步发现,中国消费者倾向于将良好的企业社会责任记录转化为积极的产品评价和购买意愿。

相对而言,由于中国资本市场和信息交换的发展并不成熟,鲜有网站能够像亚马逊一样提供平台让客户对产品发表评价意见,即使淘宝网站有"用户评价"数据,但规范性和透明性的缺乏使其研究价值受限,目前仍未有学者利用这些数据开展与中国市场证券投资相关的学术研究,本领域存在较大空白。

员工评价与股票收益

企业绩效会影响员工的薪酬水平、福利和士气,进而会影响员工满意度。Green et al.(2019)关注企业另一方重要的利益相关者——员工对雇主的评价意见。员工作为企业的内部人员,能直接观察到公司内部真实的经营和治理情况。因此,员工对雇主的评价可以作为衡量公司基本面状况和企业价值的重要信息来源,为资本市场提供额外的信息。Green et al.(2019)基于美国雇主评分发布平台——Glassdoor网站上的数据,研究发现员工对雇主的评价意

[①] 绩效形象是指消费者对产品来源国的产品品质、价格优势、品牌形象和企业实力等的印象和认知。

见具有信息含量,员工对雇主评价上升公司的表现要显著优于员工对雇主评价下降公司的表现,投资者利用员工对雇主的评价信息构建投资策略可以获取超额收益。

我国学者很早就开始研究员工满意度,但通常采用问卷调查和访谈的形式,尚未有学者利用某一网站平台的员工评价信息研究相关的证券投资问题,该学术研究领域还存在较大空白。

16.4.2 "中国特色"研究

大众盈余预测与股票收益

相对于英美等成熟市场,我国资本市场上的投资者结构具有不同的特点,散户投资者占比显著更高,散户投资者情绪成为激活市场的重要因素。中国股票市场时常出现千股涨停、千股跌停、千股停牌数十个交易日的现象,非理性的暴涨暴跌、非理性的过度反应或反应不足似乎更为常见。

吴悠悠(2017)基于沪市 A 股 2006—2015 年共 120 个月的月度数据,运用主成分分析法构建中国资本市场的散户投资者与机构投资者的情绪指标,发现机构投资者情绪受散户投资者情绪的影响更为显著,机构投资者更重视观察散户投资者情绪以调整自身的情绪和投资策略。吴悠悠(2017)进一步将散户投资者与机构投资者的情绪分解为反映宏观因素和微观因素的投资者情绪并发现:反映微观因素的散户投资者情绪存在"愚钱效应"——资金流向高估值或投资收益很低的项目,进一步导致错误的高估值;反映微观因素的机构投资者情绪存在"智钱效应"——资金流向收益较高的基金或项目,进一步推升基金或项目的回报水平;而反映宏观因素的机构投资者情绪能起到市场稳定器的作用。

考虑到中国市场上存在大量的散户投资者,大众盈余预测能否客观、理性地反映公司的未来收益,仍是一个有待检验和分析的问题。

客户评价意见与股票收益

美国文化崇尚、追求个人主义,Huang(2018)发现投资者能够利用客户对产品的评价意见获取超额收益,并且这种收益效应与员工对职业发展机会评价和高管评价的变动有关,与工作—生活平衡的内容无关。与此不同,受传统文化的影响,中国人更强调集体主义和无私奉献的精神。王湘红等(2018)的研究发现,相关制度对消费者的保护力度越大,其消费量越高。由此可以推测,在中国市场上,消费者的购买量同样有可能受到客户对产品评价意见的影响,进而影响股票收益。

与此同时,随着中国经济步入新常态,数字经济已经成为中国经济发展的重要组成和动力。2003年淘宝、京东等电子商务平台崛起,标志着中国线上销售业务开启高速发展的二十年。一方面,线上销售信息即时可得,与传统财务报表数据相比,线上销售数据可以提供更及时且颗粒度更细的公司经营业绩信息;另一方面,电子商务在中国的发展时间仅二十年(截止2022年),线上销售信息具有获取难度大、成本高的特点,投资者对非财务信息的采集不足,未能充分理解线上销售信息的信息含量。基于此,张然等(2022)立足于数字经济蓬勃发展的时代背景,利用上市公司的电商平台销售数据,探究线上销售信息的投资价值。张然等(2022)利用2015年1月至2020年4月275家公司的线上销售数据,发现线上销售增长指标可以预测未来股票收益,并且线上销售数据的预测能力在投资者关注有限、线上销售占比高、套利成本高的股票中更加显著。投资价值来源分析表明,线上销售信息的投资价值源于投资者对公司未来基本面的预测;进一步的分析指出,同时利用线上销售指标和营业收入指标进行投资可以最大限度地获取超额收益。

员工评价与股票收益

员工对雇主评价的重要影响因素之一是员工的工作满意度,即员工对工作以及与工作有关活动的一种情绪体验。工作满意度能够反映企业的未来股票收益,一方面是因为员工对雇主的感受从侧面体现了员工对公司内部经营情况的了解程度;另一方面是因为工作满意度体现了公司招聘、激励和留住人才的能力,以及员工的工作满意度与工作绩效、劳动生产率和离职行为。叶仁荪等(2005)对499名国有企业员工进行问卷调查,并对调查结果进行实证分析,发现工作满意度对员工离职意向具有较强的解释能力。

基于我国特有的制度背景,才国伟和刘剑雄(2013)利用广东省成人调查数据,考察普通员工工作满意度的影响因素。其研究发现,国有企业员工、事业单位员工、国家机关人员的工作满意度要高于其他人员,流动人口、健康员工的工作满意度较高;相对于简单地提高工资,为员工购买各种保险、完善员工的社会保障,更有助于提高员工的工作满意度。这说明体制内和体制外的工作福利待遇仍有差距,而员工评价对工作满意度的反映能否进一步影响企业绩效和股票收益,以及这种影响在体制内和体制外是否有不同的作用机制等问题仍有待学者进一步研究检验。

16.4.3 总结与展望

根据有效市场假说,由于投资者收集、解读信息的能力有限,投资者对信息的反应往往是滞后、有偏的。有很多学者开展大量的实证研究证明了这一观点。随着社会信息交流的迅猛发展,群体智慧越来越受到认可,大数据推断越来越彰显其准确预测的魅力,基于大数据的预测方法成为未来发展的大势所趋。同时,企业要想在资本市场上存活,就必须协调好各方利益相关者,当一方利益相关者涉及数量众多的群体时,他们的发声就构成与该公司相关的大众意见。大众意见会从各个角度剖析公司的运营状况和价值潜力,进而预测公司业绩和投资收益。但是,投资者往往无法及时而全面地解读大众意见涵盖的信息,导致股价调整的滞后性,为构建投资策略并获取超额收益带来了可能。

在未来的学术研究和投资实践中,我们提出如下展望:

一方面,受限于我国当前的信息发展阶段,缺少利益相关者的实时反馈平台,难以为学术研究提供可靠的数据来源。因此,我们倡议学者主动寻求与相关信息公司合作或者自主搭建为大众提供有序发声的平台,并收集数据。例如,可以利用股吧收集投资者的预测数据,分析投资者情绪和投资倾向等。为了方便研究,可设置评分、选择题等量化的项目,有助于后期的数据清洗和数据分析。

另一方面,随着我国经济科技的快速发展,信息交流越来越即时和广泛,为大众意见的收集和群体智慧的发挥提供了新的契机,同时也为我们寻找新的动量因子提供了新的视角和有力的工具。统计应用程序的发展也为投资者利用大众意见获取超额收益提供了可能。在未来的学术研究和投资实践中,除了客户和员工,我们还可以关注上下游关联方、政府、媒体等其他利益相关者的话语;除了量化的评分,我们还可以关注利益相关者的大众情绪、信心度等文本分析或音频分析数据,积极使用新的技术和分析工具开展研究并构建有效的投资策略。

参考文献

[1] 才国伟,刘剑雄. 2013. 归因、自主权与工作满意度[J]. 管理世界,1:141—150.

[2] 陆娟,边雅静,吴芳. 2009. 品牌联合的消费者评价及其影响因素:基于二维结构的实证分析[J]. 管理世界,10:122—132.

[3] 汪涛,周玲,周南等. 2012. 来源国形象是如何形成的? 基于美、印消费者评价和合理性理论视角的扎根研究[J]. 管理世界,3:113—126.

[4] 王湘红,宋爱娴,孙文凯. 2018. 消费者保护与消费——来自国家工商总局投诉数据的证据[J]. 金融研究,456(6):127—141.

[5] 吴悠悠. 2017. 散户、机构投资者宏微观情绪:互动关系与市场收益[J]. 会计研究,11:86—92.

[6] 叶仁荪,王玉芹,林泽炎. 2005. 工作满意度、组织承诺对国企员工离职影响的实证研究[J]. 管理世界,3:128—131.

[7] 张然,汪荣飞,王胜华. 2017. 分析师修正信息、基本面分析与未来股票收益[J]. 金融研究,7:160—178.

[8] 张然,平帆,汪荣飞. 2022. 线上销售与未来股票收益[J]. 金融研究,6:189—206.

[9] Chen, H., P. De, Y. J. Hu, B. Hwang. 2014. Wisdom of crowds: the value of stock opinions transmitted through social media[J]. Review of Financial Studies, 27:1367—1403.

[10] Duan, W., B. Gu, A. Whinston. 2008. Do online reviews matter? an empirical investigation of panel data[J]. Decision Support Systems, 45:1007—1016.

[11] Feng, X., A. C. Johansson. 2019. Top executives on social media and information in the capital market: evidence from China[J]. Journal of Corporate Finance, 58:824—857.

[12] Green, T. C., R. Huang, Q. Wen, D. Zhou. 2019. Crowdsourced employer reviews and stock returns[J]. Journal of Financial Economics, 134(1):236—251.

[13] Huang, J. 2018. The customer knows best: the investment value of consumer opinions[J]. Journal of Financial Economics, 128(1):164—182.

[14] Jame, R., R. Johnston, S. Markov, M. C. Wolfe. 2016. The value of crowdsourced earnings forecasts[J]. Journal of Accounting Research, 54(4):1077—1110.

[15] Kelley, E., P. Tetlock. 2013. How wise are crowds? Insights from retail orders and stock returns[J]. The Journal of Finance, 68:615—641.

[16] Tian, Z., R. Wang, W. Yang. 2011. Consumer responses to corporate social responsibility (CSR) in China[J]. Journal of Business Ethics, 101(2):197—212.

[17] Zhu, F., X. Zhang. 2010. Impact of online consumer reviews on sales: the moderating role of product and consumer characteristics[J]. Journal of Marketing, 74:133—148.

第 17 章
多重信号

17.1 价值投资:利用历史财务报表信息区分赢家和输家

标题:Value Investing: The Use of Historical Financial Statement Information to Separate Winners from Losers
作者:Joseph Piotroski
来源:Journal of Accounting Research,2000,Vol.38,Supplement

> 在高账面市值比公司中,买入预期强势公司并卖空预期弱势公司可获得超额收益

17.1.1 概述

已有研究分析了高账面市值比投资策略的收益,发现高账面市值比公司的投资组合优于低账面市值比公司的投资组合。然而,分析师在形成买入/卖出建议时并不推荐高账面市值比公司,因为做多高账面市值比公司投资策略的成功依赖于少数公司的表现强势,但也要求投资者能同时容忍这些公司的糟糕表现。既然存在这种问题,那么是否有一种策略适用于高账面市值比公司投资组合?是否可以从一般的高账面市值比投资组合中剔除未来前景不佳的公司?能否改变投资者获得的收益分布?价值股容易被忽视、高账面市值比企业容易陷入财务困境等证据表明市场并未及时将历史财务信息完全反映在股价中。因此,只要投资者能够运用财务报表分析识别预期表现强势的公司,就可以构建基于账面市值比效应的高收益投资策略。

本文选取美国股市 1976—1996 年的数据，利用公司基本面信息，选择 9 个基本财务指标评估每家公司的财务状况，将 9 个指标的得分累加，得到公司的 F-Score 评分，再根据 F-Score 将公司升序排列，在高账面市值比公司组合的基础上做进一步细分。买入高 F-Score 评分的高账面市值比公司组合，相比直接买入全部高账面市值比公司组合能获得高出 7.5% 的超额收益；在高账面市值比公司中，买入预期强势公司股票同时卖空预期弱势公司股票的投资策略能产生 23% 的超额收益。

17.1.2 应用指南

自 20 世纪二三十年代以来，价值投资理念风靡欧美各国，其中高账面市值比投资策略是一种非常重要的价值成长型投资策略。其一，价值股容易被忽视，分析师很少跟踪这些价值股公司，投资者对其兴趣也较低；在缺乏关注的情形下，价值股公司无法获得分析师预测和选股建议。其二，价值股公司获得"非正式"信息传播渠道的机会有限，同时由于短期表现不佳，其自愿披露的信息可信度也不高，这使得财务报表成为这些公司最可靠和最易获得的信息来源。其三，高账面市值比公司往往会陷入财务困境，其估值侧重于会计基础，而这些基本特征最容易从历史财务报表中获得。综上所述，高账面市值比策略的有效性依赖于少数公司的出色业绩，而组合中大部分股票的收益很差甚至为负，会拖累策略的整体表现。因此，投资者也许可以基于历史财务表现，事前区分好公司和差公司，通过简单的筛选来创建更强大的价值股组合，以进一步获得超额收益。高账面市值比公司为采用简单的基本面分析方法鉴别公司价值提供了独特的研究机会。

构建 F-Score

高账面市值比公司往往会陷入财务困境，这种状况与利润率低、现金流短缺、流动性下降以及财务杠杆过高有关，这些公司特征可以通过财务报表信息予以反映。本文选择了 9 个基本信号衡量公司盈利能力、财务杠杆（或流动性）和运营效率三个方面，根据不同信号对未来股价和盈利能力的影响，将每个信号结果区分为"好"和"坏"，若信号结果为"好"（或"坏"），则信号的指示变量等于 1(或 0)。F-Score 评分为 9 个基本信号得分的累加和，旨在衡量公司的财务状况整体质量或实力。

利用 F-Score 构建投资组合

根据企业的 F-Score 形成投资组合：把 F-Score 评分最低的公司（F-Score 等于 0 或 1）归类为低 F-Score 公司，并预期这些公司后续的股票表现最差；把 F-Score 评分最高的公司（F-Score 等于 8 或 9）归类为高 F-Score 公司，并预期这些公司后续的股票表现最好。首先，在去除市场收益率后对股票收益率进行风险调整，买入高 F-Score 的高账面市值比公司组合，比直接买入全部高账面市值比公司组合可获得高出 7.5% 的超额收益，而且实现收益率的整体分布都会右移。其次，买入高 F-Score 的高账面市值比公司组合同时卖空低 F-Score 的高账面市值比公司组合的投资策略，可以获得 23% 的超额收益（见表 17.1）。

表 17.1 基于基本面信号的价值投资策略的买入—持有收益率

	Mean	10%	25%	Median	75%	90%	Positive(%)	n
All Firms	0.059	−0.560	−0.317	−0.061	0.255	0.708	0.437	14 043
F_SCORE								
0	−0.061	−0.710	−0.450	−0.105	0.372	0.766	0.386	57
1	−0.102	−0.796	−0.463	−0.203	0.087	0.490	0.307	339
2	−0.020	−0.686	−0.440	−0.151	0.198	0.732	0.374	859
3	−0.015	−0.691	−0.411	−0.142	0.186	0.667	0.375	1 618
4	0.026	−0.581	−0.351	−0.100	0.229	0.691	0.405	2 462
5	0.053	−0.543	−0.307	−0.059	0.255	0.705	0.438	2 787
6	0.112	−0.493	−0.278	−0.024	0.285	0.711	0.471	2 579
7	0.116	−0.466	−0.251	−0.011	0.301	0.747	0.489	1 894
8	0.127	−0.462	−0.226	0.003	0.309	0.710	0.504	1 115
9	0.159	−0.459	−0.265	−0.012	0.327	0.885	0.486	333
Low Score	−0.096	−0.781	−0.460	−0.200	0.107	0.548	0.318	396
High Score	0.134	−0.462	−0.236	0.000	0.316	0.757	0.500	1 448
High-All	0.075	0.098	0.081	0.061	0.061	0.049	0.063	—
t-Statistic (p-Value)	3.140	—	—	(0.000)	—	—	(0.000)	—
Bootstrap Result (p-Value)	2/1 000 (0.002)	0/1 000 (0.000)	0/1 000 (0.000)	0/1 000 (0.000)	2/1 000 (0.002)	126/1 000 (0.126)	—	—
High-Low	0.230	0.319	0.224	0.200	0.209	0.209	0.182	
t-Statistic (p-Value)	5.590	—	—	(0.000)	—	—	(0.000)	
Bootstrap Result (p-Value)	0/1 000 (0.000)	0/1 000 (0.000)	0/1 000 (0.000)	0/1 000 (0.000)	0/1 000 (0.000)	18/1 000 (0.018)	—	—

表 17.1 显示了买入强基本面信号的高账面市值比公司的投资策略的买入—持有收益率。F-Score 等于 9 个单独的 0—1 二值信号之和。其中,如果是关于未来公司绩效的好(坏)信号,那么每个二值信号等于 1(0)。低 F-Score 投资组合由 F-Score 评分为 0 或 1 的公司组成,高 F-Score 投资组合由 F-Score 评分为 8 或 9 的公司组成。

17.1.3 投资笔记

投资逻辑

在高账面市值比公司组合中,通过盈利能力、财务杠杆(或流动性)和运营效率三个方面的 9 个信号(见表 17.2)考察公司的财务状况,将 9 个信号得分值累加,从而得到公司的 F-Score 评分。根据 F-Score 评分,可以从一般的高账面市值比公司投资组合中区分未来前景不佳的公司。买入预期表现好的公司组合,或者买入预期强势公司同时卖空预期弱势公司,可以从中获得超额收益。

$$\text{F-Score} = \text{F\_ROA} + \text{F\_}\Delta\text{ROA} + \text{F\_CFO} + \text{F\_ACCRUAL} + \text{F\_}\Delta\text{MARGIN} + \text{F\_}\Delta\text{TURN} + \text{F\_}\Delta\text{LEVER} + \text{F\_}\Delta\text{LIQUID} + \text{F\_}\Delta\text{EQ\_OFFER}$$

表 17.2 核心指标

范畴	信号	信号值取 1 的条件
盈利能力	1. 资产收益率为正	ROA>0
	2. 经营性现金流量为正	CFO>0
	3. 本年度资产收益率高于上年	ΔROA>0
	4. 经营性现金流量高于同期盈利	CFO>NI(ACCRUAL<0)
财务杠杆/流动性	5. 长期负债与总资产之比回落	ΔLEVER<0
	6. 流动比率上升	ΔLIQUID>0
	7. 股票发行量没有增加	ΔEQ_OFFER=0
运营效率	8. 毛利率上升	ΔMARGIN>0
	9. 资产周转率上升	ΔTURN>0

策略及表现

期间:1976—1996 年

市场:美国股票市场

选股策略:在对股票收益率进行风险调整后,买入高 F-Score 的高账面市值比公司组合,比直接买入全部高账面市值比公司组合可获得高出 7.5% 的超额收益;买入高 F-Score 的高账面市值比公司组合同时卖空低 F-Score 的高账面市值比公司组合,可获得 23% 的超额收益。

细节提示

(1) 投资者可以利用公司相关历史财务信息,从高账面市值比公司组合中剔除未来前景不佳的公司。

(2) 本文没有尝试找到一组最佳的财务比率来评估个别"有价值"公司的业绩前景。

(3) 在高账面市值比公司组合中,财务报表分析(基本面)效应的超额收益主要集中于中小型公司、股票换手率较低的公司和没有分析师跟踪的公司。

(4) 相比于单个信号,F-Score 与超额收益具有更高的相关性。

17.2 五因子资产定价模型

标题:A Five-Factor Asset Pricing Model
作者:Eugene Fama, Kenneth French
来源:Journal of Financial Economics, 2015, Vol. 116, No. 1

五因子资产定价模型增加了盈利和投资两个因子,其表现优于三因子模型

17.2.1 概述

20 世纪 90 年代,Fama and French(1993)提出在资产定价领域影响甚广的三因子模型,在资本资产定价模型的基础上加入规模和价值(以账面市值比表征)两个因子。之后,Fama 和 French 一直在资产定价领域不断深入探索,吸收其他学者的观点和成果,完善自己的模型。2015 年,Fama 和 French 在三因子模型的基础上增加盈利和投资两个新因子,形成 Fama-French 五因子模型。相比于三因子模型,五因子模型能否更好地解释超额收益?

本文利用美国股市 1963 年 7 月到 2013 年 12 月共 606 个月的数据进行研究,发现在三因子模型中加入盈利和投资两个因子后可以更好地解释超额收益。本文分析了 25 种(5×5)规模—盈利投资组合、25 种(5×5)规模—投资投资组合、32种($2\times4\times4$)规模—账面市值比—盈利投资组合、32种($2\times4\times4$)规模—盈利—投资投资组合,发现这些组合对超额收益的解释能力都有所改进,其中改进最大的是规模—盈利—投资投资组合。

17.2.2 应用指南

Fama and French(1993)提出了著名的三因子模型,认为股票超额收益可以由市场风险因子、规模因子和价值因子共同解释。然而在随后的二十多年里,很多学者实证检验了这三个因子,发现三因子模型虽然解决了资本资产定价模型所揭示的很多异象,但又产生了新异象,比如应计项异象、盈余异象、股票净发行异象、动量异象等。于是,Fama and French(2015)提出了一个核心问题:是否存在比三因子模型更好的模型?本文在三因子模型的基础上增加了两个新因子——盈利和投资,形成了Fama-French五因子模型。

五因子模型是否优于三因子模型

如果市场风险因子、规模因子和价值因子能够完全解释投资资产所带来的超额收益,那么三因子模型[公式(1)]中的截距 a_i 应当趋向于0。然而很多学者对三因子进行实证检验,发现有些股票的 a_i 显著不为0,这就说明三因子模型是存在缺陷的。

$$R_{it} - R_{Ft} = a_i + b_i(R_{Mt} - R_{Ft}) + s_i\mathrm{SMB}_i + h_i\mathrm{HML}_t + e_{it} \quad (1)$$

五因子模型[公式(2)]在三因子模型的基础上增加了两个因子——盈利(RMW)和投资(CMA)。相比三因子模型和四因子模型,五因子模型的 a_i 更接近于0,其解释能力强于三因子模型和四因子模型。对于25个规模—账面市值比投资组合,五因子模型在平均绝对截距($A|a_i|$)方面产生了不到1个基点的微小改进;对于规模—盈利投资组合、规模—投资投资组合、规模—账面市值比—盈利投资组合和规模—账面市值比—投资投资组合,五因子模型的改进幅度更大,平均绝对截距分别产生了2.0~4.3个基点、1.8~2.7个基点、1.8~2.3个基点和3.8~4.7个基点的变化;规模—盈利—投资投资组合的改进幅度最大,截距项平均绝对值提升了6.9~8.2个基点。五因子模型无法解释规模—盈利—投资投资组合约20%的横截面预期收益方差,而三因子模型无法解释的相应部分为61%~69%。

$$R_{it} - R_{Ft} = a_i + b_i(R_{Mt} - R_{Ft}) + s_i\mathrm{SMB}_i + h_i\mathrm{HML}_t + r_i\mathrm{RMW}_t + c_i\mathrm{CMA}_t + e_{it}$$
$$(2)$$

规模—盈利—投资(2×4×4)投资组合的回归结果

本文利用美国股市1963年7月至2013年12月共606个月的数据进行研究,每年6月底,以纽交所股票市值的中位数将股票分为大规模、小规模两组,使用纽交所上市公司的盈利和投资四分位点,分别在大规模组和小规模组中将股票再分为4个盈利组和4个投资组,形成32种投资组合。然后,以32种投资组合的超额收益率作为被解释变量,用五因子对应的数据对32种投资组合的收益率分别进行回归,并根据统计量参数的显著性判断这些因子是否具有足够好的解释能力,以及对哪一类型的股票有更好的解释能力。

对于大规模股票和小规模股票,高盈利投资组合的RMW系数为正,低盈利投资组合的RMW系数为负,低投资投资组合的CMA系数为正,高投资投资组合的CMA系数为负。在三因子模型中,高盈利和低投资的小规模股票或大规模股票的投资组合产生了很强的正截距;但在五因子模型中,这些投资组合的高平均收益率被较强的、正的RMW和CMA系数吸收。这说明相比于三因子模型,五因子模型更好地解释了超额收益效应。

但是五因子模型在解释小规模股票上仍存在问题。如果小规模股票为高投资但盈利低,模型就不能很好地估计其低水平的平均收益。

表17.3展示了32种规模—盈利—投资的市值加权组合的回归分析,样本期间为1963年7月至2013年12月共606个月。每年6月底,以纽交所股票市值的中位数将股票分为大规模股票和小规模股票。使用纽交所上市公司的盈利和投资四分位点,分别将大规模组和小规模组的股票分成4个盈利组(从低盈利组到高盈利组)和4个投资组(从低投资组到高投资组)。三个因子的投资组合相互交乘产生32种规模—盈利—投资投资组合。32个回归等式的左侧变量是32个规模—盈利—投资投资组合的超额收益率,右侧变量是超额市场收益率($R_M - R_F$)、规模因子(SMB)、价值因子(HML)、盈利因子(RMW)和投资因子(CMA)或其正交形式,这些因子的构造是基于市值规模分别与账面市值比、盈利、投资形成的2×3独立分类。

表17.3 规模—盈利—投资的市值加权组合的回归分析

OP→	Small				Big			
	Low	2	3	High	Low	2	3	High
Panel A: 三因子(R_M-R_F, SMB and HML) 截距								
	a							
Low Inv	-0.09	0.11	0.32	0.34	-0.01	0.10	0.21	0.17
2	0.11	0.09	0.15	0.21	-0.25	-0.11	0.16	0.20
3	-0.24	0.18	0.17	0.28	-0.11	0.01	0.03	0.15
High Inv	-0.87	-0.23	-0.02	-0.05	-0.23	-0.27	-0.06	0.29
	t(a)							
Low Inv	-0.92	1.45	3.71	3.74	-0.07	1.12	2.39	1.97
2	1.37	1.51	2.72	2.87	-2.88	-1.40	2.22	2.53
3	-2.72	2.99	3.01	4.21	-1.25	0.19	0.40	1.86
High Inv	-8.45	-2.80	-0.40	-0.66	-2.34	-3.04	-0.71	3.24
Panel B: 三因子(R_M-R_F, SMB, HMLO, RMW and CMA) 系数								
	a							
Low Inv	0.05	0.00	0.11	0.11	0.05	-0.11	-0.03	-0.10
2	0.18	-0.03	0.03	-0.01	-0.18	-0.11	0.05	0.03
3	-0.14	0.15	0.06	0.09	0.07	-0.10	-0.05	-0.01
High Inv	-0.47	-0.23	-0.05	-0.13	0.12	-0.17	-0.01	0.36
	t(a)							
Low Inv	0.66	0.04	1.29	1.30	0.63	-1.36	-0.43	-1.27
2	2.59	-0.45	0.60	-0.21	-2.11	-1.29	0.75	0.33
3	-1.67	2.33	1.21	1.72	0.80	-0.11	-0.73	-0.09
High Inv	-5.89	-2.91	-0.96	-2.44	1.37	-1.88	-0.11	4.36
	r							
Low Inv	-0.65	0.15	0.38	0.51	-0.37	0.15	0.39	0.38
2	-0.43	0.25	0.33	0.57	-0.23	-0.11	0.17	0.37
3	-0.36	0.07	0.32	0.58	-0.36	0.10	0.22	0.43
High Inv	-0.89	0.18	0.22	0.48	-0.62	-0.06	0.12	0.15
	t(r)							
Low Inv	-18.43	3.88	9.37	11.88	-9.86	3.68	10.03	9.65
2	-12.40	8.92	12.53	18.64	-5.32	-2.75	4.97	9.71
3	-8.74	2.35	12.27	22.30	-8.62	2.47	6.48	11.62
High Inv	-22.84	4.65	8.10	19.02	-14.89	-1.43	2.88	3.77
	c							
Low Inv	0.23	0.65	0.69	0.66	0.48	0.74	0.67	0.59
2	0.26	0.59	0.50	0.52	0.33	0.38	0.27	0.25
3	0.11	0.24	0.34	0.27	0.23	0.23	0.05	-0.07
High Inv	-0.67	-0.12	-0.11	-0.21	-0.49	-0.34	-0.49	-0.77
	t(c)							
Low Inv	6.02	15.86	15.95	14.34	11.95	17.31	15.78	13.79
2	7.04	19.27	17.88	15.73	7.29	8.85	7.28	6.14
3	2.58	7.21	12.39	9.67	5.21	5.41	1.46	-1.62
High Inv	-15.95	-2.78	-3.61	-7.57	-11.04	-7.10	-10.97	-18.03

17.2.3 投资笔记

投资逻辑

Fama-French 五因子模型刻画了市场中系统性影响股票收益率的五个重要因素。在利用市场因子获取股票市场整体收益率的基础上,构建投资组合对规模因子、价值因子、盈利因子和投资因子产生风险暴露,可以获取相应的风险溢价。

核心指标

五因子模型的表达式为:

$$R_{it} - R_{Ft} = a_i + b_i(R_{Mt} - R_{Ft}) + s_i \text{SMB}_t + h_i \text{HML}_t + r_i \text{RMW}_t + c_i \text{CMA}_t + e_{it}$$

其中,$R_M - R_F$ 表示超额市场收益率,规模因子(SMB)表示小规模股票投资组合与大规模股票投资组合的收益率之差,价值因子(HML)表示高账面市值比股票投资组合与低账面市值比股票投资组合的收益率之差,盈利因子(RMW)表示高盈利公司投资组合与低盈利公司投资组合的收益率之差,投资因子(CMA)表示低投资公司投资组合与高投资公司投资组合的收益率之差。

策略及表现

期间:1963 年 7 月至 2013 年 12 月共 606 个月

市场:美国股票市场

选股策略:五因子模型在 25 种规模—盈利投资组合、25 种规模—投资投资组合、32 种规模—账面市值比—盈利投资组合、32 种规模—账面市值比—投资投资组合对超额收益的解释能力都有所改进,改进力度最大的是规模—盈利—投资投资组合。

细节提示

(1) 五因子模型比三因子模型能更好地解释股票超额收益。

(2) 五因子模型的解释效力对因子的定义方式不敏感。

(3) 五因子模型存在的问题是对高投资、低盈利、小规模股票的超额收益的解释能力不理想。

(4) 可以用 HML 对市场风险、SMB、RMW 和 CMA 等因子进行回归,将所得截距与误差相加,构建正交形式的 HML 因子(HMLO),用 HMLO 替代 HML 并加入五因子模型。

17.3 做多高质量股票和做空低质量股票

标题:Quality Minus Junk
作者:Clifford Asness, Andrea Frazzini, Lasse Heje Pedersen
来源:*Review of Accounting Studies*,2019,Vol.24,No.1

做多高质量股票和做空低质量股票能获得显著的超额收益

17.3.1 概述

科克伦(Cochrane)在美国金融协会做主席演讲时发问:什么时候金融经济学不再是"资产定价"而是"资产预期收益"? 市账比(market-to-book ratio)应该是我们试图解释的东西,而不是预期收益的分类特征。金融经济学中的资产定价文献研究的是收益的驱动因素,尽管收益和股价存在联系,但市场效率的经济后果最终取决于股价而非收益。以往研究发现,盈利能力强、风险低的股票具有较高的 Alpha,这些特征看似关系不大,但拥有一个共同点——都是高质量股票的表现形式。这就引发了以下问题:高质量公司的股价是否更高,以便这些公司能够为运营和投资提供充足的资金? 为了解决这个问题,本文提出高质量股票的概念,把高质量定义为在其他条件相同的情形下,投资者愿意为安全性高、盈利能力强、成长性好、管理良好的股票支付更高价格的特性。

本文利用 1957—2016 年的美国股票市场数据和 1989—2016 年的 24 个发达国家股票市场数据进行研究,发现高质量股票的平均价格较高,但与其他股票价格的差距幅度不够大。或许正因为这种质量对股价的解释能力有限,高质量股票能获得更高的超额收益。本文提出了质量分类投资组合,构建了 QMJ(Qulity-Minus-Junk)因子投资组合,通过做多高质量股票和做空低质量股票,在美国和全球 24 个国家都可以获得显著的超额收益。

17.3.2 应用指南

有关超额收益的研究大量涌现,不同学者发现盈利能力强的股票表现优异,低 Beta 与股票、债券、信贷和期货的高 Alpha 相关,低杠杆的公司具有高

Alpha,成长性良好公司的业绩优于成长性较差公司的业绩。本文认为,上述研究虽然看起来非常不同,但是这些不同方面的影响因素都是高质量股票的表现形式。

质量的价格

高质量股票的价格高于低质量股票的价格吗?为了回答这一问题,首先,基于动态模型,推导出股票质量如何影响股票的市账比,发现市账比与盈利性(应计调整后)、可持续成长性、股票安全性成正比;其次,选择适当的财务指标分别构建股票的盈利性、成长性和安全性指标,将这三个质量要素取平均值得到股票质量指标;最后,选取1957—2016年的美国市场股票和1989—2016年的24个发达国家市场股票为样本,发现高质量公司具有更高的股票价格(见表17.4)。

表17.4展示的是股票市账比对当期股票质量指标的Fama-MacBeth回归结果。被解释变量为样本期间每年6月公司市账比的自然对数,解释变量为本文构建的质量指标。Firm size为公司股票市值的自然对数;1-year return为上年公司股票收益率;Firm age为公司IPO当年至样本年份的总年数;Profit Uncertainty为公司净资产收益率模型残差的标准差;Dividend payer为虚拟变量,若公司上年发放股利则Dividend payer=1,否则Dividend payer=0。除虚拟变量外,所有指标均进行标准化处理。控制行业、国家、公司固定效应(Industry FE、Country FE、Firm FE)。Panel A为总体股票质量指标对股票市账比的回归结果,Panel B为三个分质量指标(盈利性、成长性、安全性)对股票市账比的回归结果,分别报告了美国(U.S.)股票样本的结果(样本期为1957年6月至2016年12月)以及全球(Global)股票样本的结果(样本期为1989年6月至2016年12月。)

质量分类投资组合

本文发现,质量只能在有限的程度上解释股价,很大一部分股价无法得到解释,其中一个原因是市场效率的有效性有限。在有限的市场效率下,由于资本市场对高质量这一特征的定价并不充分,因此高质量股票的超额收益率高于低质量股票的超额收益率。

本文将所有股票按质量指标排序并分为10组,关注各组的超额收益率及资本资产定价模型、三因子模型、四因子模型下的经风险调整收益率。实证结果表明,买入质量最高组股票同时卖空质量最低组股票,在美国市场和全球市场上均能获得一定的超额收益。在美国市场,每月可获得60～104个基点的

表 17.4 股票市账比对当期股票质量指标的 Fama-MacBeth 回归

Panel A	Long Sample (U.S., 1957.06—2016.12)						Broad Sample (Global, 1989.06—2016.12)					
	(1)	(2)	(3)	(4)	(5)	(6)	(7)	(8)	(9)	(10)	(11)	(12)
Quality	**0.23**	**0.24**	**0.24**	**0.22**	**0.23**	**0.24**	**0.17**	**0.19**	**0.17**	**0.15**	**0.17**	**0.19**
	(9.69)	(15.89)	(9.62)	(10.09)	(9.69)	(15.89)	(13.65)	(21.97)	(13.04)	(18.59)	(13.65)	(20.59)
Firm size		**0.32**		**0.32**		**0.32**		**0.33**		**0.33**		**0.31**
		(21.16)		(19.71)		(21.16)		(13.38)		(13.37)		(11.45)
1-year return		**0.21**		**0.22**		**0.21**		**0.26**		**0.26**		**0.26**
		(13.29)		(13.34)		(13.29)		(24.27)		(27.86)		(23.92)
Firm age		**−0.17**		**−0.16**		**−0.17**		**−0.12**		**−0.11**		**−0.12**
		(−7.33)		(−6.64)		(−7.33)		(−4.94)		(−4.72)		(−7.00)
Profit Uncertainty		**0.37**		**0.35**		**0.37**		**0.40**		**0.34**		**0.40**
		(14.91)		(14.22)		(14.91)		(29.45)		(20.50)		(29.01)
Dividend payer		**−0.15**		**−0.07**		**−0.15**		**−0.19**		**−0.09**		**−0.20**
		(−7.88)		(−3.31)		(−7.88)		(−6.97)		(−2.82)		(−4.83)
Profit Uncertainty× Dividend payer		**−0.20**		**−0.20**		**−0.20**		**−0.22**		**−0.20**		**−0.23**
		(−10.89)		(−7.70)		(−10.89)		(−15.24)		(−8.19)		(−14.04)
Average Adj. R^2	0.10	0.41	0.26	0.49	0.10	0.41	0.10	0.36	0.20	0.43	0.03	0.33
Nobs(years)	60	54	60	54	60	54	28	28	28	28	28	28
Industry FE			×	×					×	×		
Country FE									×	×		
Firm FE					×	×					×	×

(续表)

Panel B

	Long Sample(U.S., 1957.06—2016.12)					Broad Sample (Global, 1989.06—2016.12)				
	(1)	(2)	(3)	(4)	(5)	(6)	(7)	(8)	(9)	(10)
Profitability	**0.19**			**0.12**	**0.15**	**0.13**			0.08	**0.10**
	(10.15)			(7.11)	(12.53)	(15.51)			(6.18)	(21.20)
Growth		**0.16**		**0.10**	**0.10**		**0.11**		**0.06**	**0.07**
		(8.41)		(5.39)	(6.01)		(11.33)		(3.88)	(5.81)
Safety			**0.13**	**0.05**	**0.04**			**0.10**	**0.04**	**0.05**
			(7.95)	(4.51)	(3.80)			(8.85)	(4.20)	(4.22)
Firm size	**0.33**	**0.32**	**0.37**	**0.31**	**0.31**	**0.33**	**0.32**	**0.36**	**0.32**	**0.31**
	(17.74)	(20.92)	(22.85)	(19.81)	(20.24)	(12.13)	(14.22)	(14.67)	(13.18)	(10.98)
1-year return	**0.22**	**0.23**	**0.22**	**0.21**	**0.21**	**0.27**	**0.27**	**0.27**	**0.26**	**0.26**
	(12.96)	(13.24)	(14.15)	(12.89)	(12.91)	(27.48)	(26.53)	(28.74)	(28.45)	(24.56)
Firm age	**−0.18**	**−0.15**	**−0.20**	**−0.16**	**−0.17**	**−0.12**	**−0.10**	**−0.12**	**−0.11**	**−0.13**
	(−6.70)	(−6.26)	(−6.99)	(−7.47)	(−7.96)	(−4.78)	(−4.36)	(−5.13)	(−5.59)	(−7.44)
Profit Uncertainty	**0.31**	**0.31**	**0.35**	**0.34**	**0.35**	**0.32**	**0.31**	**0.35**	**0.34**	**0.40**
	(11.74)	(12.03)	(12.81)	(14.03)	(13.25)	(18.58)	(16.54)	(26.08)	(24.87)	(37.73)
Dividend payer	**−0.07**	−0.01	−0.06	−0.06	**−0.14**	**−0.10**	−0.05	**−0.09**	**−0.09**	**−0.19**
	(−3.73)	(−0.29)	(−2.79)	(−3.61)	(−6.93)	(−3.14)	(−1.67)	(−2.79)	(−3.21)	(−5.18)
Profit Uncertainty× Dividend payer	**−0.19**	**−0.21**	**−0.19**	**−0.21**	**−0.20**	**−0.20**	**−0.20**	**−0.20**	**−0.21**	**−0.24**
	(−6.62)	(−7.59)	(−6.35)	(−8.13)	(−11.29)	(−8.11)	(−7.48)	(−8.21)	(−8.47)	(−14.79)
Average Adj. R^2	0.48	0.47	0.45	0.49	0.43	0.42	0.42	0.41	0.43	0.34
Nobs(years)	54	54	54	54	54	28	28	28	28	28
Industry FE				×		×	×	×	×	
Country FE					×					
Firm FE										×

注:括号内数值为 t 统计量,粗体表示 5% 的显著性水平。

超额收益;在全球市场,超额收益率为 66~94 个基点(见表 17.5)。

表 17.5 展示的是根据质量指标排序的投资组合收益率。每月将每个国家的股票根据其质量分数升序排列,并将股票划分为 10 个投资组合,投资组合采用市值加权且每月更新。每个国家构建各自的投资组合,全球投资组合按各国投资组合以该国的股票总市值进行加权。H-L 报告的是买入质量最高组股票并卖空质量最低组股票的投资组合收益。解释变量为市场(收益)因子(MKT)、规模因子(SMB)、账面市值比因子(HML)和动量因子(UMD)的投资组合收益。Panel A 报告的是美国股票样本的回归结果,样本期为 1957 年 6 月至 2016 年 12 月;Panel B 报告的是全球股票样本的回归结果,样本期为 1989 年 6 月至 2016 年 12 月。

QMJ 因子

本文构建 QMJ 投资组合,先按规模排序分组,再按股票质量排序分组,买入小规模—高质量组、大规模—高质量组,同时卖空小规模—低质量组、大规模—低质量组。实证结果表明,QMJ 因子在美国与全球资本市场上均可获得一定的超额收益。在美国样本中,QMJ 因子每月分别提供 34 个基点、46 个基点和 57 个基点的资本资产定价模型、三因子模型和四因子模型下的超额收益;在全球样本中,QMJ 因子每月提供 49 个基点、58 个基点和 58 个基点的资本资产定价模型、三因子模型和四因子模型下的超额收益(见表 17.6)。

综上所述,本文在一个更具包容性和完整性的背景下,构建了质量分类投资组合和 QMJ 投资组合,并带来显著的超额收益。这一研究结果给资产定价提出了一个重要的难题:无法将质量因子收益与风险联系起来。投资者在使用这两种投资组合时,要注意这些细节,深入思考这一难题。

表 17.6 显示的是投资组合收益情况。QMJ 因子通过 6 个基于规模和质量的市值加权投资组合进行构造。每月末,股票基于其市值规模分为大规模投资组合与小规模投资组合。对于美国证券,依据纽交所股票市值的中位数进行分类;对于其他资本市场,分界点为 80% 分位数,先按规模排序分组,然后按质量排序分组。投资组合按市值加权,每月重新调整组合以保持权重。QMJ 因子收益等于两个高质量投资组合的平均收益减去两个低质量投资组合的平均收益。基于盈利性、成长性和安全性的投资组合以类似的方式构建。本文在每个国家形成一组投资组合,并根据每个国家的整体市场规模对每个国家的投资组合进行加权以计算全球投资组合。alpha 是月超额收益时间序列回归的截距。解释变量是市场(收益)因子(MKT)、规模因子(SMB)、账面

第 17 章 多重信号

表 17.5 根据质量指标排序的投资组合收益率

Panel A: Long Sample (U.S., 1957.06—2016.12)

	P1 (Low)	P2	P3	P4	P5	P6	P7	P8	P9	P10 (High)	H-L
Excess return	0.29	0.47	0.50	0.47	0.56	0.49	0.56	0.57	0.49	0.69	**0.40**
	(1.16)	(2.31)	(2.65)	(2.70)	(3.35)	(2.87)	(3.36)	(3.42)	(2.97)	(4.01)	(2.43)
CAPM alpha	**−0.41**	−0.12	−0.05	−0.05	0.07	−0.02	0.06	0.07	0.00	**0.19**	**0.60**
	(−3.48)	(−1.65)	(−0.80)	(−0.80)	(1.17)	(−0.31)	(1.20)	(1.41)	(−0.08)	(2.86)	(3.98)
3-factor alpha	**−0.53**	**−0.23**	**−0.14**	**−0.12**	0.00	−0.07	0.03	0.06	0.03	**0.30**	**0.84**
	(−5.82)	(−3.69)	(−2.36)	(−2.27)	(−0.08)	(−1.32)	(0.64)	(1.24)	(0.60)	(5.62)	(7.44)
4-factor alpha	**−0.57**	**−0.35**	**−0.25**	**−0.22**	**−0.12**	−0.11	−0.02	0.06	0.04	**0.47**	**1.04**
	(−5.81)	(−5.41)	(−3.94)	(−4.13)	(−2.06)	(−1.94)	(−0.36)	(1.07)	(0.83)	(8.66)	(8.83)
Beta	1.27	1.15	1.09	1.04	1.01	1.02	1.00	0.98	0.95	0.93	−0.34
Sharpe Ratio	0.15	0.30	0.34	0.35	0.43	0.37	0.44	0.44	0.38	0.52	0.31
Information Ratio	−0.82	−0.76	−0.55	−0.58	−0.29	−0.27	−0.05	0.15	0.12	1.22	1.24
Adj. R^2	0.87	0.91	0.90	0.92	0.90	0.91	0.91	0.92	0.91	0.91	0.55

（续表）

	P1 (Low)	P2	P3	P4	P5	P6	P7	P8	P9	P10 (High)	H-L
Panel B: Broad Sample (Global, 1989.06—2016.12)											
Excess return	0.13	0.35	0.42	0.43	**0.47**	**0.50**	**0.59**	**0.54**	**0.54**	**0.60**	**0.48**
	(0.37)	(1.22)	(1.55)	(1.69)	(1.96)	(2.09)	(2.59)	(2.39)	(2.48)	(2.64)	(2.36)
CAPM alpha	**−0.40**	−0.09	0.00	0.03	0.09	0.12	**0.23**	**0.19**	**0.20**	**0.26**	**0.66**
	(−2.50)	(−0.74)	(−0.04)	(0.31)	(1.02)	(1.38)	(2.72)	(2.10)	(2.22)	(2.40)	(3.90)
3-factor alpha	**−0.48**	−0.18	−0.06	−0.03	0.03	0.05	**0.20**	**0.18**	**0.24**	**0.36**	**0.85**
	(−3.32)	(−1.53)	(−0.59)	(−0.31)	(−0.35)	(−0.62)	(2.40)	(1.98)	(2.67)	(3.72)	(6.32)
4-factor alpha	**−0.40**	**−0.26**	−0.17	−0.11	−0.09	0.05	0.14	0.12	**0.22**	**0.54**	**0.94**
	(−2.50)	(−2.08)	(−1.55)	(−1.10)	(−0.94)	(−0.59)	(1.54)	(1.27)	(2.20)	(5.22)	(6.43)
Beta	1.20	1.06	1.03	0.96	0.92	0.90	0.87	0.86	0.83	0.80	−0.40
Sharpe Ratio	0.07	0.23	0.30	0.32	0.37	0.40	0.49	0.46	0.47	0.50	0.45
Information Ratio	−0.53	−0.44	−0.33	−0.23	−0.20	0.12	0.33	0.27	0.46	1.10	1.35
Adj. R^2	0.83	0.85	0.87	0.87	0.87	0.88	0.87	0.85	0.83	0.83	0.57

注：括号内数值为 t 统计量，粗体表示 5% 的显著性水平。

表 17.6 QMJ 投资组合的收益率

	Long Sample (U.S., 1957.06—2016.12)				Broad Sample (Global, 1989.07—2016.12)			
	QMJ	Profitability	Safety	Growth	QMJ	Profitability	Safety	Growth
Excess Returns	**0.25**	**0.25**	**0.23**	0.08	**0.36**	**0.39**	0.23	0.15
	(3.16)	(3.67)	(2.57)	(1.14)	(3.19)	(4.39)	(1.74)	(1.89)
CAPM alpha	**0.34**	**0.31**	**0.41**	0.04	**0.49**	**0.48**	**0.40**	0.15
	(4.69)	(4.70)	(5.59)	(0.59)	(5.53)	(6.94)	(4.50)	(1.87)
3-factor alpha	**0.46**	**0.40**	**0.53**	**0.16**	**0.58**	**0.51**	**0.51**	**0.22**
	(7.81)	(6.93)	(9.18)	(2.78)	(8.22)	(8.15)	(7.88)	(3.09)
4-factor alpha	**0.57**	**0.50**	**0.53**	**0.37**	**0.58**	**0.47**	**0.40**	**0.37**
	(9.22)	(8.32)	(8.69)	(6.32)	(7.61)	(6.97)	(5.82)	(5.04)
MKT	**−0.19**	**−0.12**	**−0.31**	0.02	**−0.26**	**−0.19**	**−0.35**	−0.01
	(−12.93)	(−8.21)	(−22.02)	(1.16)	(−15.24)	(−12.68)	(−22.40)	(−0.50)
SMB	**−0.25**	**−0.22**	**−0.29**	−0.03	**−0.32**	**−0.27**	**−0.22**	**−0.15**
	(−11.08)	(−9.99)	(−12.94)	(−1.27)	(−8.65)	(−8.28)	(−6.50)	(−4.25)
HML	**−0.38**	**−0.29**	**−0.29**	**−0.50**	**−0.29**	−0.06	**−0.26**	**−0.35**
	(−16.05)	(−12.67)	(−12.59)	(−22.27)	(−8.11)	(−1.92)	(−8.17)	(−10.31)
UMD	**−0.10**	**−0.10**	−0.01	**−0.19**	0.00	0.03	**0.10**	**−0.14**
	(−5.10)	(−4.95)	(−0.24)	(−10.20)	(−0.14)	(1.40)	(4.13)	(−5.32)
Sharpe Ratio	0.41	0.48	0.33	0.15	0.61	0.84	0.33	0.36
Information Ratio	1.29	1.17	1.22	0.89	1.60	1.47	1.23	1.06
Adjusted R^2	0.47	0.34	0.61	0.45	0.63	0.51	0.77	0.27

注：括号内数值为 t 统计量，粗体表示 5% 的显著性水平。

市值比因子(HML)和动量因子(UMD)的投资组合收益。Panel A 报告了美国股票样本的长期回归结果,样本期间为 1957 年 6 月至 2016 年 12 月;Panel B 报告了广泛的全球股票样本的回归结果,样本期间为 1989 年 6 月至 2016 年 12 月。收益不包括货币对冲,超额收益率指超过美国国债利率的部分。Imformation Ratio 等于四因子模型的 alpha 除以时间序列回归中估计残差的标准差,Sharpe Ratio 表示夏普比率。

17.3.3 投资笔记

投资逻辑

投资者愿意为高质量——盈利能力强、成长性好、安全性高(风险低)的股票支付更高的价格,但资本市场对高质量这一股票特性的定价并不充分。因此,高质量的股票在未来会获得更高的收益。投资者可以买入质量最高组的股票并卖空质量最低组的股票,或者买入小规模—高质量组与大规模—高质量组的股票,同时卖空小规模—低质量组与大规模—低质量组的股票,未来可从中获得超额收益。

核心指标

股票质量指标为盈利性指标、成长性指标和安全性指标的加总。其中,盈利性指标包括毛利/总资产(GPOA)、净资产收益率(ROE)、总资产收益率(ROA)、现金流量/总资产(CFOA)、毛利率(GMAR)、盈利现金流比(ACC),成长性指标包括除 ACC 外其他五个盈利性财务指标的 5 年增长率,安全性指标包括贝塔(Beta)、资产负债率(LEV)、破产风险(O 值与 Z 值)、净资产收益率波动性(EVOL)。各指标需进行标准化。

策略及表现

期间:1957 年 6 月至 2016 年 12 月和 1989 年 6 月至 2016 年 12 月
市场:美国股票市场和全球市场(24 个国家)

(1) 质量分类投资组合:每月末,将所有样本股票按质量指标从小到大排序并分为 10 组,买入质量最高组的股票并卖空质量最低组的股票,持有 1 个月后调仓。在美国市场,每月可获得 60~104 个基点的超额收益;在全球市场,每月可获得 66~94 个基点的超额收益。

(2) QMJ 投资组合:先将所有样本股票按市值大小排序并划分为 2 组(美国市场的划分点为纽交所股票市值中位数,其他市场为 80% 分位数),再将每组按股票质量排序并划分为 3 组,买入小规模—高质量组与大规模—高质量组的股票,同时卖空小规模—低质量组与大规模—低质量组的股票,持有 1 个月后调仓。在美国市场,每月可获得 34 个基点、46 个基点和 57 个基点的资本资产定价模型、三因子模型和四因子模型下的超额收益;在全球市场,每月可获得 49 个基点、58 个基点和 58 个基点的资本资产定价模型、三因子模型和四因子模型下的超额收益。

细节提示

(1) 质量对股价的解释能力很低,因此高质量公司表现出高收益。
(2) 优质股的 Beta 系数较低,在市场极度低迷时期其表现具有良好的趋势。
(3) 股票质量的定价随时间而变化,产生 QMJ 投资组合的时变预期收益。
(4) 错误定价假设和系统性分析师偏误表明股票质量因子的定价过低。

17.4　基于多重信号的投资策略:中国实践部分

本章以多重信号的投资策略为主线,分析了公司预期表现、Fama-French 五因子、股票质量因子与股票收益的关系。以上研究均基于美国股票市场或其他发达国家资本市场,而中国投资者更加关心的是:基于多重信号构建的因子能否应用于中国股票市场?多重信号因子策略在中国股票市场上能否获得超额收益?下面我们梳理有关多重信号因子效应在中国市场的研究及表现。

17.4.1　中国相关研究

公司预期表现与股票收益

资本市场中的各种迹象表明市场并未及时将历史财务信息完全反映在股价中,投资者可以利用历史财务信息分析公司的业绩表现,识别出价值成长性好的公司。Piotroski(2000)选取美国股市 1976—1996 年的数据,利用公司财务报表中的多项信息,构建 F-Score 评估高账面市值比公司财务状况的好坏,从高账面市值比公司投资组合中区分未来前景不佳的公司。买入预期表现好的公司组合,或者买入预期强势公司同时卖空预期弱势公司,可以从中获得超额收益。

黄惠平和彭博(2012)选取1998—2009年沪深A股所有上市公司,检验价值投资策略在中国资本市场的有效性。与Piotroski(2000)的方法类似,他们基于公司财务的三个方面——盈利性、杠杆水平/流动性和经营效率,选取9个财务指标构建F-Score来衡量公司财务基本面,提出一种简单并能获得较大收益的投资策略:先选择高F-Score公司,再在其中选择价值被低估的公司,形成投资组合并长期持有。黄惠平和彭博(2012)还提出,我国证券市场存在一些历史遗留问题,价值投资只是少数人的投资策略,如何引入价值投资理念是当前面临的重要议题。胡熠和顾明(2018)检验了巴菲特价值投资策略在中国股票市场上的适用性,从安全(Safety)、便宜(Cheapness)和质量(Quality)三个维度构造了一个综合性指标(B-Score)。基于B-Score投资策略的盈利性与信息扩散过程和投资者注意力有限有关,同时A股市场缺乏专业的套利者也使得该投资策略可以持续盈利。从政策层面而言,监管层应当加强相关规章制度的建设,减少公司的盈余操纵行为,使公司的业绩披露更透明、更可靠。我国应当大力培育和发展机构投资者,特别要加强对投资者投资理念的教育和投资知识的培训,建立一套适合我国上市公司的价值评估体系。

Fama-French五因子资产定价模型与股票超额收益

Fama and French(1993)在20世纪90年代提出的三因子模型在资产定价领域有着深远的影响,两位学者一直在资产定价这一主题上深入耕耘,不断完善定价模型,并在三因子的基础上增加盈利因子和投资因子,形成Fama and French(2015)五因子模型,新模型对超额收益具有更强的解释能力。

近年来,我国经济和投资环境变化较快,资本市场运行规律也在不断演变,早期基于三因子模型得出的研究结论亟待使用最新的数据、最新的模型进行更新与补充。李志冰等(2017)选取中国A股上市公司1994年7月至2015年8月的月度数据,按照Fama and French(2015)的方法,检验五因子模型在中国股市的适用性。他们发现,与国际市场检验结果一致,五因子模型具有非常强的解释能力,比资本资产定价模型、三因子模型等的表现更好。

股票质量与股票收益

Asness et al.(2019)基于美国和全球市场数据研究发现,质量显著影响股票的收益,投资者愿意为高质量——盈利性好、成长性好、安全性高(风险低)的股票支付更高的价格,但资本市场对于高质量这一特性的定价并不充分。因此,高质量股票在未来会获得更高的收益,基于质量因子构建投资策略,可以获取超额收益。

质量因子的构建与股票价格无关,是原有资产定价模型的重要发展。与发达国家股票市场相比,中国的经济制度、宏观经济环境、股票市场发展状况和企业运营模式存在明显差异,发达资本市场的规律在中国不一定适用。因此,质量因子是否适用于中国市场需要进一步的实证检验。李斌和冯佳捷(2019)以1999—2015年所有A股上市公司为研究对象,以盈利性、成长性、安全性、股利分配为特征指标,构建股票质量评分标准,发现质量评分对股票的相对价格具有显著的解释能力。他们以质量评分为标准将所有股票分为10组,以流通股市值为权重构建投资组合,发现质量评分较高组合的超额收益也较高,各组合的Beta值随质量评分的增大而减小。他们还参考构建账面市值比因子的方法,做多高质量评分的股票、做空低质量评分的股票,得到QMJ因子;又使用同样的方法构建其他四个特征因子组合,运用四因子模型对五个因子组合进行回归分析并发现:账面市值比因子、盈利性因子和成长性因子组合的超额收益显著为正;安全性因子组合的超额收益也为正,但不显著;股利分配因子组合的收益为负。以上实证结果对质量因子定价模型在我国的适用性提出质疑,证实质量评分高的股票 β 系数较低,利用质量评分构建的QMJ因子组合在市场下跌时可以获得更高的收益,但无法解释高质量评分组合高收益的来源。

17.4.2 "中国特色"研究

公司预期表现与股票收益

基于财务报表信息的证券投资策略的研究具有重要的理论和现实意义。姜国华(2005)关注会计信息如何得到有效利用,特别是机构投资者在选择证券投资组合时如何根据会计信息制定投资策略。这一问题的深入研究对提高我国证券市场效率、保护投资者利益具有重要意义。像中国这样的新兴资本市场,对套利行为的约束严重,套利成本更高,因而市场效率提升空间也更大,会计信息可以帮助投资者发现市场上的错误定价和低效率的情况,进而纠正偏离企业内在价值的现象,使市场向高效率靠拢和发展。

基本面分析旨在发现那些能够影响公司股票价值的关键财务因子,基于基本面分析所获得的财务信息预测公司未来的经济状况,而这些信息最终会被反映到股价中。也就是说,基本面财务信息具有预测能力,领先于股价的变化。基于这一理念,陆正飞和宋小华(2006)基于中国A股市场的财务报表数据,检验财务指标与股票未来超额收益的相关性,发现从中国 A 股市场整体而言,基于财务比率分析预测股票有无超额收益的可行性未得到强有力的支持,投资者无法有效运用财务比率分析获取超额收益。但是,他们提出了一个预测模型,投资者运用该模型选股能够很好地剔除那些无法获得超额收益的股票。从这个角度讲,财务指标对于选股还是有一定的参考价值。陆正飞和宋小华(2006)还提出,相比于短期性的财务指标,投资者利用长期性的财务指标进行投资决策更具可靠性,与成长性相关的财务指标能够提供有关未来超额收益的重要信息。

黄惠平和彭博(2010)选取 1999—2008 年沪深 A 股上市公司为样本,构造买入高净资产收益率且低市盈率的股票的价值投资策略,发现价值股的投资收益率高于市场收益率,而且持有的时间越长,超额收益率越高,这说明价值投资策略同样适用于新兴的证券市场;业绩对价格有着较强的解释能力,从 2003—2008 年的回归结果可以看出,每股收益、每股净资产对价值股的价格具有显著的影响,这说明价值投资理念已逐步形成;市盈率与股票收益率负相关。为了使度量结果更加稳健,胡熠和顾明(2018)构造的综合性指标 B-Score 在每个维度上均使用多个横截面变量,发现 B-Score 对股票未来收益具有很好的预测能力。即使在 2015—2016 年的极端市场环境下,B-Score 策略仍然可以获得正向收益,很好地验证了价值投资策略在中国股票市场的适用性。从以上实证结果可以看到,价值投资策略适用于中国市场并且能取得超额收益。

Fama-French 五因子资产定价模型与股票超额收益

2005 年之前,中国股市存在股权分置现象,流通股与非流通股的股东长期处于利益分割状态;同年 4 月发生了具有里程碑意义的制度性改革——股权分置改革,消除了流通股和非流通股的差异,中国资本市场的定价功能和资源配置功能得以恢复。截至 2006 年 12 月底,股权分置改革取得决定性胜利。股改前后 A 股市场数据结构发生了重大变化,因子模型的适用性在股改前后很可能有所不同。李志冰等(2017)以 2007 年 6 月为分界点,将数据样本分为两个子样本,分别探讨五因子模型在股改前后的适用性。研究表明:股改前,盈利能力因子、投资模式因子及动量因子"冗余",这可能与股改前市场风险占主导地位有关;股改后,盈利能力因子、投资模式因子及动量因子具有显著的风险溢价,经五因子模型调整仍然具有显著的反转效应,实际收益率与预期收益率的差异更加接近于 0,市场趋于"有效"。这篇文献进一步揭示了中国资本市场上资产定价的规律,在寻找适合中国市场的因子模型时应考虑中国股市早期存在的"股权分置"特殊性,在考察国外成熟市场适用模型在中国市场的适用性时,使用股改后样本进行检测会更加合理。

股票质量与股票收益

李斌和冯佳捷(2019)考虑了股权分置改革的影响,以 2007 年 6 月为分界点,将 1999—2015 年所有 A 股上市公司样本分为两个子样本,对质量因子进行稳健性检验。结果表明,在股改前后,质量评分具有显著的持续性,高质量股票的相对价格和收益均更高,QMJ 组合可以获得显著的超额收益。他们还发现股权分置改革之后,上市公司的治理水平提高,市场效率得到提升,市场更趋于"有效",股权分置改革对资本市场的健康发展起到积极的促进作用。

17.4.3　总结与展望

自资本资产定价模型提出以来,不断有新的定价因子和资产定价模型被提出,与发达国家股票市场相比,中国股票市场相对不成熟,基于发达国家市场提出的模型是否适用于我国市场还有待检验。同时,价值投资策略仍是少数人的选择,引入价值投资理念依然是一个值得深入研究和探索的问题。

在未来的学术研究和投资实践中,我们提出以下展望:

为了促进中国资本市场积极健康地发展,在探索适合中国市场的因子模型时,应从各方面对股票进行深入分析。考虑到中国市场体制的独特性,在考察国外成熟市场适用模型在中国市场的适用性时,采用股改后样本进行检测会更加合理。

已有证据表明市场并未及时将历史财务信息完全反映在股价中,投资者可以基于历史财务信息分析公司的业绩表现,构建投资组合以获取超额收益。在我国资本市场上,价值投资同样可以带来超额收益,然而价值投资策略依然只是少数人的选择。因此,加强对投资者的投资理念教育能够促进我国资本市场健康发展。

参考文献

[1] 胡熠,顾明. 2018. 巴菲特的阿尔法:来自中国股票市场的实证研究[J]. 管理世界,34(8):41—54+191.

[2] 黄惠平,彭博. 2012. 基于财务视角的价值投资策略实证研究[J]. 经济管理,34(9):129—139.

[3] 黄惠平,彭博. 2010. 市场估值与价值投资策略——基于中国证券市场的经验研究[J]. 会计研究, 10:40—46+96.

[4] 姜国华. 2005. 基于会计信息的证券投资策略研究:分析及展望[J]. 会计研究, 11:66—71+97.

[5] 李斌,冯佳捷. 2019. 中国股市的公司质量因子研究[J]. 管理评论, 31(3): 14—26.

[6] 李志冰,杨光艺,冯永昌,等. 2017. Fama-French 五因子模型在中国股票市场的实证检验[J]. 金融研究, 6:191—206.

[7] 陆正飞,宋小华. 2006. 财务指标在股票投资决策中的有用性:基于中国证券市场的实证研究[J]. 南开管理评论, 6:31—38.

[8] Asness, C. S., A. Frazzini, L. H. Pederson. 2019. Quality minus junk[J]. Review of Accounting Studies, 24(1): 34—112.

[9] Fama, E. F., K. R. French. 2015. A five-factor asset pricing model[J]. Journal of Financial Economics, 116(1): 1—22.

[10] Fama, E. F., K. R. French. 1993. Common risk factors in the returns on stocks and bonds[J]. Journal of Financial Economics, 33(1): 3—56.

[11] Piotroski, J. D. 2000. Value investing: the use of historical financial statement information to separate winners from losers[J]. Journal of Accounting Research, 38(Supplment): 1—41.

第 18 章
对基本面量化投资研究的思考

18.1 市场效率、长期收益和行为金融

标题：Market Efficiency, Long-term Returns, and Behavioral Finance
作者：Eugene Fama
来源：Journal of Financial Economics, 1998, Vol. 49, No. 3

有效市场假说与行为金融学

18.1.1 概述

Fama 的有效市场假说（EMH）提出后遭受到大量来自长期异常收益研究的挑战，各类异象引发了针对市场有效性的质疑。具体而言，Fama et al.（1969）引入事件研究法，关注短期收益窗口，为股票价格如何对信息做出反应提供有用的证据，其研究假设是"价格对某一事件的反应是滞后且短暂的"。行为金融学对这一假设提出质疑，认为股票价格会随着信息的变化而缓慢调整，必须从长远的角度审视收益。有学者发现，事件长窗口期内存在超额收益。针对长期超额收益现象的存在，学者们提出用行为金融理论替代有效市场假说。那么，这是否表明有效市场假说应该被放弃？行为金融理论真的可以替代有效市场假说吗？

本文认为行为金融理论并不能取代有效市场假说来解释资本市场，并就来自长期超额收益的挑战提出两个理由予以驳斥。第一，市场对信息过度反应的发生频率与市场对信息反应不足的发生频率大致相同，事前超额收益的事后漂移现象的出现频率与事前超额收益的事后反转现象的出现频率也大致

相同,这与有效市场假说(主张异象为偶然结果)的推论一致;第二,目前发现的超额收益可能是研究方法差异所引发的,多数长期超额收益会随着模型的合理调整而消失,这与有效市场假说的推论也一致。Fama 反驳了来自长期异象研究的部分挑战,捍卫了有效市场假说。

18.1.2 应用指南

过度反应与反应不足

DeBondt and Thaler(1985)首次提出长期超额收益并发现:若公司股票收益过去(3—5年)表现好,则其未来表现会变差;反之,若公司股票收益过去(3—5年)表现差,则其未来表现会变好。DeBondt and Thaler(1985)将这种长期收益逆转归因于投资者的过度反应。过度反应是指在对股票形成预期时,投资者对公司过去的业绩给予较大的权重而忽视业绩均值回归的事实。后来,更多的学者发现了由过度反应所导致的长期超额收益,比如 IPO 异象(Ritter,1991;Loughran and Ritter,1995)、SEO 异象(Loughran and Ritter,1995;Spiess and Affleck-Graves,1995)等。

如果过度反应是长期超额收益研究得出的一致结果,那么有效市场假说就不成立。但是,在研究长期超额收益的过程中,学者们也发现了相当多的反应不足现象,比如盈余漂移(Ball and Brown,1968;Bernard and Thomas,1990)、动量效应(Jegadeesh and Titman,1993)、公司分拆异象(Cusatis et al.,1993)等。

关于事件的长期超额收益存在过度反应和反应不足两种形式,Fama 认为有效市场假说可以对此进行解释。在有效市场假说框架下,超额收益是一种可能性结果,股价对信息的过度反应或反应不足是一系列的随机事件,因此股价对信息过度反应与反应不足的概率大致相当,事件前超额收益出现—事件后延续与事件前超额收益出现—事件后反转的频率也大致相当,行为金融理论提出的这两类异象发生频率若较为平均,则恰恰是有效市场假说成立的有效证明(见表 18.1)。

表 18.1 各项长期超额收益研究的事件前、公告期和事件后长期收益的符号

事件	事件前期超额收益	公告期超额收益	事件后长期超额收益
首次公开发行股票(IPO) (Ibbotson,1975;Loughran and Ritter,1995)	数据不可得	＋	＋
增发新股(SEO) (Loughran and Ritter,1995)	＋	－	－

(续表)

事件	事件前期超额收益	公告期超额收益	事件后长期超额收益
公司合并（收购公司） （Asquith,1983； Agrawal et al.,1992）	+	0	−
股利发放 （Michaely et al.,1995）	+	+	+
股利停发 （Michaely et al.,1995）	−	−	−
盈余公告 （Ball and Brown,1968；Bernard and Thomas,1990）	数据不可得	+	+
更换上市市场 （Dharan and Ikenberry,1995）	+	+	−
公开市场股票回购 （Ikenberry et al.,1995；Mitchell and Stafford,1997）	0	+	+
协议股票回购 （Lakonishok and Vermaelen,1990； Mitchell and Stafford,1997）	0	+	+
代理权争夺 （Ikenberry and Lakonishok,1993）	−	+	−（或 0）
股票分拆 （Dharan and Ikenberry,1995；Ikenberry et al.,1996）	+	+	+
拆分公司 （Miles and Rosenfeld,1983；Cusatis et al.,1993）	+	+	+（或 0）

长期超额收益的推断：坏模型问题

检验市场有效性需要确定股票预期收益，但所有用来计算预期收益的模型都不能完整地描述样本期间的平均收益模式。因此，市场有效性的检验总是存在坏模型（bad-model）问题且在长期收益的计量中更严重。

坏模型问题有两种类型。第一种，任何资产定价模型只是一个模型，并不能完整地描述股票预期收益。比如，Sharpe（1964）和 Lintner（1965）的资本资产定价模型并不能准确描述小规模公司股票的预期收益。因此，如果样本包含更多的小规模公司股票,那么经资本资产定价模型调整的风险溢价就容易产生显著的超额收益。第二种,即使模型是正确的,但是任何样本期间都可能产生系统性偏离模型预测的结果。这表明尽管资产定价模型是正确的,但由于样本期间不同,也会得到超额收益存在的实证结果。

针对坏模型问题,Fama 提出几种解决方法。第一种方法,用公司特征(firm-specific)模型替代规范的资产定价模型。比如,在事件发生前一段时间里,将每家公司的股票收益率分别回归至市场收益率,然后根据回归得到的参数估计公司在事件期间的预期收益。与规范的资产定价模型不同,市场模型是在不限制预期横截面收益的情况下对股票预期收益进行估计,可以用来研究股票价格对公司特定事件的反应,但无法识别横截面收益中的异象。第二种方法,用资产定价模型估计预期收益,将公司的股票收益率回归至资产定价模型(比如三因子模型),从而计算出预期收益。但是,上述方法都不能完美地解决坏模型问题;并且,一旦模型得到合理改进,之前发现的长期超额收益就消失了。因此,Fama 认为超额收益的存在不足以推翻有效市场假说。

长期超额收益的计量

超额收益计量问题也是影响市场有效性检验效度的重要因素。长期超额收益有三种计量方法:平均超额收益、累计超额收益和买入—持有超额收益。但是,这三种方法都存在缺陷。在理论方面,平均超额收益无法准确度量投资者持有一项证券资产的长期收益,买入—持有超额收益会扭曲股价对事件的调整速度;在计量方面,买入—持有超额收益存在严重的问题。

投资组合收益通常有两种计算方法:市值加权法和等权法。本文回顾过去发现长期超额收益的文献,发现当投资组合收益的计算方法由等权法变为市值加权法后,事件后长期超额收益迅速减少甚至消失。Fama 认为,这是由于资产定价模型对于小规模股票的解释存在系统性偏差,而相比于等权法,市值加权法给予小规模股票的权重更小。

18.1.3 投资笔记

投资逻辑

作为坚定的市场有效假说的捍卫者,Fama 认为大多数有超额收益的市场异象都可能存在研究方法问题,而利用有效市场假说的框架,同样能够解释过度反应和反应不足发生概率相同的现象。Fama 的观点对有关市场异象的研究提出了挑战,同时也鞭策了研究者和投资者在研究及投资中更注重方法论的严谨性与完善性。

细节提示

(1) 长期超额收益研究中反对市场效率的证据是脆弱的,超额收益计量方法的合理改进通常表明超额收益仅仅是方法选择的错觉。

(2) 异象容易发生在小市值股票上,且度量小规模公司股票收益的三因子模型本来就有问题,因此异象应该是坏模型问题造成的。

(3) 长期超额收益研究多使用买入一持有超额收益,得出的结论会有偏差。

(4) 除了盈余公告异象,大多数异象是不可复制的。

18.2 ……和横截面预期收益

标题:... and the Cross-Section of Expected Returns
作者:Campbell Harvey, Yan Liu, Heqing Zhu
来源:The Review of Financial Studies,2016,Vol.29,No.1

利用多重检验框架度量横截面预期收益

18.2.1 概述

许多研究和因子试图解释股票横截面预期收益的变化。在当今数据挖掘盛行的背景下,仍然采用拒绝单个假设检验的要求来检验显著性水平是不合理的。那么,当前研究应该使用什么样的标准?本文介绍一种新的多重检验框架[①],并提供1967年以来的实证研究度量显著性的标准。本文认为,一个新的因子应当满足更高的标准——t 统计量大于3,因此金融经济学领域的许多研究发现很可能是错误的。

18.2.2 应用指南

四十多年前,最早检验资本资产定价模型的研究发现,市场 Beta 系数是

---

① 多重检验方法的实证应用可参考 Green et al. (2017)。此文通过 Fama-MacBeth 回归同时检验 94 个因子,发现其中 12 个因子是显著的,这一结果对 A 股的因子投资实践具有很高的实证价值。

影响横截面预期收益的重要因素。自那时起,已有数百篇文献试图解释横截面预期收益。有关资产定价的实证研究通过传统的假设检验,考察一系列新因子在横截面上的预测能力,并以 t 值大于 2(对应 p 值约 0.05)作为常用的显著性标准。在 Fama and MacBeth(1973)的研究中,t 统计量为 2.57,明显超过这一标准。考虑到半个世纪以来已有许多经过检验的因子,在传统方法下呈显著性的因子,很可能是由于与其他因子混同而产生的"虚假"因子,实际上并不能预测股票收益,统计显著性的常用标准可能不够恰当。为此,本文提供了一种允许多重检验的新框架,并为当前的资产定价研究给出了推荐的统计显著性水平。

本文从因子检验方法论的角度,对长期以来资产定价实证研究的严谨性和科学性进行改进。基于此前文献中的因子检验,本文提出多重检验框架与更为严格的显著性水平认定标准,主张因子检验应当满足更高的显著性水平。如此一来,通过检验的因子才更有可能真正地预测横截面股票收益。本文基于 313 篇研究横截面收益模式的论文,总结自 1967 年首篇实证研究文献以来的测试阈值,并预测了在新因子发现速度与过去 10 年保持一致的情况下,到 2032 年因子检验所需的最小 t 统计量值。此外,本文还归纳了已有因子的分类及定义。

本文并未直接检验预测横截面股票收益的因子,而是改进因子检验方法。本文对因子检验提出了更为严格的要求,有助于在筛选文献中的因子时,优先选择更显著、更稳健的因子,并去除由数据挖掘发现但实际上并不能预测股票收益的因子。这一发现有利于在进行历史回测时更好地评估因子预测股票收益的能力。

多重检验框架下的因子表现

本文主要关注提出与检验新因子的论文。例如,Sharpe(1964)、Lintner(1965)和 Mossin(1966)在理论上提出了单因子资本资产定价模型。继 Fama and MacBeth(1973)之后,有数百篇论文对资本资产定价模型进行了测试。已有数百篇文献对资本资产定价模型进行了测试,本文的研究范围圈定为金融、经济与会计的顶级期刊。为了包含最新的研究,还搜索了 SSRN 工作论文。收集工作论文是一项挑战,它们数量众多且未经同行审查,因此仅选取部分可能正处于顶级期刊审稿过程中的、在顶级学术会议报告过的或即将在顶级学术会议报告的论文。这样,本文共包含 250 篇已发表在顶级期刊的论文以及 63 篇精选的 SSRN 工作论文,总计 313 篇文章和 316 种不同的因子。

本文主要采用统计学方法来证明当前使用的显著性水平是不足的。

首先,证明单个假设的独立检验与多重联合检验的显著性水平要求不同(见表18.2)。关于这一点,本文主要论述原有的针对单变量的假设检验的第一类错误可能会伴随其他因子的假设检验而不断放大,进而导致错误的统计推断,据此提出应当在多重检验框架下综合控制总体误差(family-wise error rate, FWER)和伪发现率(false discovery rate, FDR)。

表 18.2 多重检验示例

Test→	1	2	3	4	5	6	7	8	9	10	# of discoveries
Panel A:单一检验和"显著"因子											
t-statistic	1.99	2.63	2.21	3.43	2.17	2.64	4.56	5.34	2.75	2.49	10
p-value(%)	**4.66**	**0.85**	**2.71**	**0.05**	**3.00**	**0.84**	**0.00**	**0.00**	**0.60**	**1.28**	
Panel B:Bonferroni 调整过程下的"显著"因子											
t-statistic	1.99	2.63	2.21	3.43	2.17	2.64	4.56	5.34	2.75	2.49	3
p-value(%)	4.66	0.85	2.71	**0.05**	3.00	0.84	**0.00**	**0.00**	0.60	1.28	
Reordered test b	(1)	(2)	(3)	(4)	(5)	(6)	(7)	(8)	(9)	(10)	
Panel C:Holm 调整过程下的 p 值和"显著"因子											
Old order	8	7	4	9	6	2	10	3	5	1	4
p-value(%)	**0.00**	**0.00**	**0.05**	**0.60**	0.84	0.85	1.28	2.71	3.00	4.66	
$a_w/(M+1-b)$	0.50	0.56	0.63	0.71	0.83	1.00	1.25	1.67	2.50	5.00	
$a_w=5\%$											
Panel D:BHY 调整过程下的 p 值和"显著"因子											
Old order	8	7	4	9	6	2	10	3	5	1	6
p-value(%)	**0.00**	**0.00**	**0.05**	**0.60**	**0.84**	**0.85**	1.28	2.71	3.00	4.66	
$(b\times a_d)/(M\times c(M))$	0.17	0.34	0.51	0.68	0.85	1.02	1.19	1.37	1.54	1.71	
$a_d=5\%$											

表18.2展示了一个假设示例的10项 t 统计量及其相关的 p 值。Panel A 和 Panel B 分别突出了单一检验和 Bonferroni 调整过程下的"显著"因子,Panel C 和 Panel D 分别解释了 Holm 和 BHY 的调整过程。[①] 粗体字与对应 Panel 的具体调整过程下的"显著"因子相关联。M 表示测试总数($M=10$),$c(M)=\sum_{j=1}^{M}1/j$,b 是 p 值从低到高排序的序号。a_w 是 Bonferroni 和 Holm 过程的显著

[①] Bonferroni 调整和 Holm 调整是控制总体误差的多重检验调整过程,BHY 调整是控制伪发现率的多重检验调整过程。其中,Bonferroni 调整为单步调整,Holm 调整(Holm,1979)与 BHY 调整(Benjamini and Hochberg,1995)为序列多步调整。

性水平，α_d 是 BHY 过程的显著性水平，这两个数值都设定为 5%。Bonferroni 的截断 p 值为 0.5%，Holm 的截断 p 值为 0.60%，BHY 的截断 p 值为 0.85%。

其次，讨论多重检验下的总体误差与 Bonferroni 调整、Holm 调整和 BHY 调整的差异。考虑到多重假设检验的情况，在进行单因子检验时应赋予更高的 t 值。如图 18.1 所示，Bonferroni 和 Holm 是控制总体误差的多重检验调整过程，BHY 是控制伪发现率的多重检验调整过程。随着被发现因子数量的不断增长，经过多重检验调整的显著性水平要求也在不断提高。黑色实线显示了已发现因子的历史累计数(不包括工作论文中的因子)，预测(黑色点线)基于线性模型外推。黑色叉号标志所选取文献提出的因子，分别是 MRT(市场 β; Fama and MacBeth, 1973)、EP(市盈率; Basu, 1983)、SMB 和 HML(规模和账面市值比; Fama and French, 1992)、MOM(动量; Carhart, 1997)、LIQ(流动性; Pastor and Stambaugh, 2003)、DEF(违约可能性; Vassalou and Xing, 2004)、IVOL(特质波动率; Ang et al., 2006)、DCG(累计利润折现; Campbell and Yogo, 2006)、SRV 和 LRV(短期波动和长期波动; Adrian and Rosenberg, 2008)和 CVOL(消费波动率; Boguth and Kuehn, 2012)。

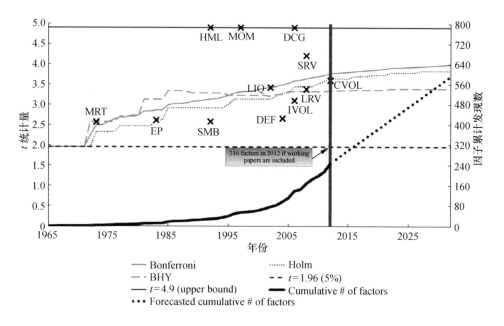

图 18.1　调整 t 统计量(1965—2032 年)

注：大于 4.9 的 t 统计量在 4.9 处截断。

最后,在多重检验框架下考虑因子之间的相关性。本文发现,在资产定价测试中使用通常的统计显著性截断值(如 $t>2.0$)是一个严重的错误,t 值应达到3.9才能将总体误差控制在5%以内,达到3.0才能将伪发现率控制在1%以内。

表18.3展示了利用相关性估计模型的结果。r 为 t 统计量在1.96和2.57之间缺失因子的假设比例。Panel A 显示了基准情况($r=1/2$)的结果,Panel B 显示了 $r=2/3$ 的结果。ρ 是同一时期两项策略收益之间的相关系数,p_0 是策略均值为0的概率,λ 是真实因子月平均值的指数分布的参数,M 是测试总次数。可以看出,在各类相关性的估计下,$t>2$ 都无法得出高置信度的统计推断。

表18.3 估计结果:考虑相关性的模型

ρ	p_0	$\lambda(\%)$	M	t-statistic			
				FWER(5%)	FWER(1%)	FDR(5%)	FDR(1%)
Panel A:$r=1/2$(基准)							
0	0.396	0.550	1.297	3.89	4.28	2.16	2.88
0.2	0.444	0.555	1.378	3.91	4.30	2.27	2.95
0.4	0.485	0.554	1.477	3.81	4.23	2.34	3.05
0.6	0.601	0.555	1.775	3.67	4.15	2.43	3.09
0.8	0.840	0.560	3.110	3.35	3.89	2.59	3.25
Panel B:$r=2/3$(更多的不可观测检验)							
0	0.683	0.550	2.458	4.17	4.55	2.69	3.30
0.2	0.722	0.551	2.696	4.15	4.54	2.76	3.38
0.4	0.773	0.552	3.031	4.06	4.45	2.80	3.40
0.6	0.885	0.562	4.339	3.86	4.29	2.91	3.55
0.8	0.922	0.532	5.392	3.44	4.00	2.75	3.39

18.2.3 投资笔记

投资逻辑

考虑到数量众多的因子以及不可避免的数据挖掘,许多文献提供的因子可能只是偶然地呈现显著性。对于因子研究来说,新因子的 t 值只有大于3.0才能提升因子置信度。

细节提示

（1）本文就因子检验提出的多重检验方法，不仅适用于股票收益的横截面研究，还适用于金融领域的许多方面。

（2）本文仅收集了316个因子，很可能低估了总体因子数量。因此，虽然3.0的 t 统计量似乎很高，但有充分理由认为该门槛其实较低。

（3）本文并未区分对待不同类型的因子，从逻辑上看，有经济理论基础的因子应当比由纯经验数据挖掘的因子的检验标准更低，因为前者的数据挖掘空间更小。

18.3 学术研究是否会损害因子对股票超额收益的预测能力

标题：Does Academic Research Destroy Stock Return Predictability?
作者：David McLean, Jeffrey Pontiff
来源：*The Journal of Finance*，2016，Vol.71，No.1

> 因子的预测效果在样本期外会下降，投资者可以将文献提出的因子应用于投资实践，同时促进市场效率的提升

18.3.1 概述

在金融学类、会计学类与经济学类期刊发表的成果中，研究者发现了许多对股票未来收益有预测能力的因子。但特定因子与股票收益率之间的关系不应仅仅存在于对历史数据的"回望"，更为重要的是其对未来股票收益率的预测能力。学者和投资者共同关心的问题是：在文献样本期后，已有文献发现的因子对超额收益还具有预测能力吗？对于这个问题的回答，不仅会影响到这些研究在投资实践中的应用价值，甚至关系到已有因子研究结果的可靠性与可信度。

本文从已有的79篇文献中，归纳整理出97个对股票收益率有预测能力的因子。本文利用1926—2013年的美国股市数据，针对97个因子分别构建的多空策略的研究结果表明，相比于原有文献中样本期内的投资组合收益率，样本期结束时点至文章正式发表之前，投资组合收益率下降了26%；文章发表之后至2013年，投资组合收益率下降了58%。对于文献中在样本期内收

益率更高的因子,文章发表之后投资组合收益率的降幅更大。本文的研究结果表明,已发表因子研究中的部分甚至全部因子的预测能力来自对股票的错误定价;同时,投资者会关注学术期刊发表的因子研究,将其应用于投资策略的构建,进而不断纠正股票错误定价的情况。

18.3.2 应用指南

关于资产收益率能否被预测,这在学术界一直是一个备受争议的话题。对于已有研究发现的因子及其对股票收益率的预测能力,不少学者一直持怀疑的态度。比如,Fama(1991)认为:"有效市场假说的支持者与反对者中均有大量的极为聪明的学者,大家绞尽脑汁地寻找有预测能力的变量,因而一定能找到一些表面上看对股票收益率有预测能力的变量,但实际上其是否有预测能力是令人怀疑的。"因而,有关因子在样本期后是否仍具有与在样本期内同样预测能力的研究就尤为重要。样本期之后,因子的预测能力会显著地降低吗?因子对股票收益率的预测能力是来自数据挖掘吗?因子的预测能力是风险补偿还是错误定价所致呢?投资者会将文献提出的各类因子用于构建交易策略吗?下面将逐一解答。

样本期后因子的预测能力

本文的研究有两个关键时点:(1) 原文献中样本期结束时点;(2) 文章正式发表时点。根据这两个时点,可以将研究期划分为三个阶段:(1) 和文献相同的阶段(即原样本期),据本文统计,各因子在这个阶段的平均时间跨度为323个月;(2) 样本期结束时点至文章正式发表时点,据本文统计,各因子在这个阶段的平均时间跨度为56个月;(3) 文章正式发表至2013年,据本文统计,各因子在这个阶段的平均时间跨度为156个月。所谓正式发表时点,是指文章出现在期刊上的年份和月份。

本文从金融学类、会计学类与经济学类期刊已刊发的79篇文献中,归纳整理出97个对股票收益率有预测能力的因子。对于连续型变量类因子,根据因子对样本进行五等分,再根据因子与股票收益率的不同变化方向,对排前20%和排后20%的股票分别构建"买入—卖空"或"卖空—买入"的投资组合。对于二值型的虚拟变量类因子,若因子与股票收益率呈正(负)向相关关系,则买入(卖空)变量取值为1的企业并卖空(买入)所有其他企业,据此构建投资组合。对于有三种离散取值变量类的因子,仿照原文献的方式构建投资组合。除非原文献采用市值加权投资组合作为主要结果,否则均采用等权方式计算投资组合收益率。计算各因子对应投资组合的月收益率并取平均值,作为回归方程的被解释变量。

基本回归方程为:

$$R_{i,t} = \alpha_i + \beta_1 \text{Post-Sample Dummy}_{i,t} + \beta_2 \text{Post-Publication Dummy}_{i,t} + e_{i,t}$$

从表18.4可以看出,Post-Sample(S)变量的系数估计值为－0.150％,Post-Publication(P)变量的系数估计值为－0.337％。样本期后至文章发表前,各因子投资组合收益率相较于原样本期下降了15.0个基点;文章正式发表后至2013年,各因子投资组合收益率相较于原样本期间下降了33.7个基点。据本文统计,97个因子在原样本期间构建的投资组合平均收益率为0.582％,故样本期后至文章正式发表前、文章正式发表后至2013年,投资组合平均收益率较原样本期间的平均收益率分别下降约26％和58％;对于样本期间具有更高超额收益的因子,样本期后投资组合收益率的降幅更大。

表18.4 样本期后因子的有效性检验

变量	(1)	(2)	(3)	(4)
Post-Sample(S)	－0.150***	－0.180**	0.157	0.067
	(0.077)	(0.085)	(0.103)	(0.112)
Post-Publication(P)	－0.337***	－0.387***	－0.002	－0.120
	(0.090)	(0.097)	(0.078)	(0.114)
S×Mean			－0.532***	
			(0.221)	
P×Mean			－0.548***	
			(0.178)	
S×t-statistic				－0.061***
				(0.023)
P×t-statistic				－0.063***
				(0.018)
Predict or FE?	是	是	是	是
Observations	51 851	45 465	51 851	51 944
Predictors(N)	97	85	97	97
Null:S=P	0.024	0.021		
Null:P=－1×(Mean)	0.000	0.000		
Null:S=－1×(Mean)	0.000	0.000		

注:括号内数值为标准差,其计算考虑了同一时期各因子残差间的相关关系;*、**、***分别表示在10％、5％和1％的统计水平上显著。

表 18.4 展示了样本期结束时点至文章正式发表前、文章正式发表后至 2013 年,根据各因子构建的投资组合平均收益率较原样本期间投资组合平均收益率的变化。Post-Sample (S) 为虚拟变量,当该月份在样本期后并在文章正式发表前时取值为 1,否则取值为 0。Post-Publication (P) 为虚拟变量,当该月份为文章正式发表后时取值为 1,否则取值为 0。Mean 是在原样本期间,根据因子构建的投资组合平均收益率。t-statistic 是在原样本期间,根据因子构建的投资组合 t 统计量。Null 报告了两个检验的 p 统计量,这两个检验分别为:(1) 样本期后至文章正式发表前、文章正式发表后至 2013 年,这两个时间段收益率的变化显著异于彼此;(2) 样本期后至文章正式发表前、文章正式发表后至 2013 年,这两个时间段中至少有一个阶段的收益率变化达到原样本期间收益率的平均值,即在样本期后,因子完全丧失预测能力。

结果解读

关于已有因子对股票收益率的预测能力在样本期后下降的解读,现有文献支持两种可能解释:

一种解释认为原样本期间的预测能力是数据挖掘的结果。换言之,这是数据处理偏误带来的。如果因子的预测能力完全来自数据处理偏误,那么在样本期后,我们观察到的结果应该是因子完全丧失预测能力。

另一种解释则关注股票是否被合理定价。如果因子对股票收益率的预测能力来自对额外风险的补偿,那么有关因子的研究成果不会使理性投资者的投资行为发生改变,因而除数据处理偏误带来的影响之外,因子发表前后的投资组合收益率应该是一致的。如果因子对股票收益率的预测能力来自对股票的错误定价,那么在因子发表之后,精明投资者会相应地调整交易策略,利用因子对股票的错误定价获利。此时,我们应该会观察到,在文章正式发表之后,根据相应因子构建的投资策略超额收益会消失或大幅下降。

根据表 18.4 的回归结果,可以对上述两种解释的合理性进行判断。由于因子并未完全丧失预测能力,因而可以排除因子的预测能力完全来自数据挖掘的假设。但鉴于因子的预测能力在样本期后确实有所下降,因而数据处理偏误的影响仍然存在,风险补偿说也可以排除。因此,因子对股票收益的预测能力,部分来自其对股票的错误定价。

在样本期后至文章正式发表前,虽然可能有部分投资者提前获知因子的相关信息,但由于文章尚未正式发表,该因子仍未被广泛知晓。因而从样本期结束时点至文章正式发表的期间,收益率的降幅(26%)可以作为数据处理偏误带来的影响的上限。之所以认为这是数据处理偏误的影响的上限,是因为确实有部分投资者提前获知并利用该因子进行交易,这同样会导致相应期间的投资组合收益率较原样本期间有所下降。

文章正式发表后至2013年的收益率的下降,是数据处理偏误和错误定价共同作用的结果。假设数据处理偏误的影响在两个阶段是相同的,我们可以认为文章正式发表后的收益率降幅减去样本期后至文章正式发表前的收益率降幅的差值就是股票错误定价带来的影响(32%)。

更深入的分析

在确认样本期后根据已有因子构建的投资组合平均收益率确实会下降这一结论之后,我们不禁还要问:样本期后预测能力的下降在不同因子中会有区别吗?除股票价格之外,其他与交易相关的特征在文章正式发表前后会有所区别吗?带着这些疑问,本文进行了更深入的分析。

本文将预测因子划分为四类:事件类、市场类、估值类、基本面。事件类预测因子基于企业内部或外部发生的会对企业造成影响的事件,企业业绩表现的变化也包括在内,比如股票发行、分析师推荐的变化以及研发支出的意外增加等都属于事件类预测因子。市场类预测因子是仅用金融数据(如交易量、价格、收益率和已发行股票股数)构建的预测因子,动量、长期反转和股票市值(规模)也包含在内。估值类预测因子采用比率型指标,分子项(分母项)的变量反映市场价值,分母项(分子项)的变量反映基本面信息,包括市销率、市账比等指标。基本面预测因子使用财务报表数据或分析师对于财务报告数据的预测值进行构造,比如杠杆、税盾和应计项等。实证结果显示,在文章正式发表之前,市场类预测因子的组合收益率最高,而基本面预测因子的组合收益率最低;在文章正式发表之后,市场类预测因子的组合收益率降幅最大,而估值类预测因子的组合收益率降幅最小但不显著。

其他与交易相关特征的实证结果显示,在样本期后至文章正式发表前、文章正式发表后至2013年这两个阶段,股票的交易量、交易额和做空比率均有所上升,月收益率方差会减小。这也表明,部分投资者会在文章正式发表前获知因子的信息,并利用错误定价从交易中获利;但在文章正式发表后,各因子市场反应的变化更剧烈,这表明文章的发表确实会让因子广为人知。

18.3.3 投资笔记

投资逻辑

由于数据处理偏误和文章正式发表后会纠正错误定价这两种机制的存在,在样本期后,因子的预测能力将有所下降。针对已有的 97 个因子构建的多空策略的研究结果表明,相比于原文献中样本期间的投资组合收益率,样本期结束时点至文章正式发表前的投资组合收益率下降约 26%,文章正式发表后至 2013 年的投资组合收益率下降约 58%。研究结果支持了错误定价说。本文也说明,投资者确实会关注学术期刊发表的因子研究,并将其应用于投资策略的构造,进而不断纠正股票错误定价的情况。

细节提示

(1) 样本期间超额收益更高的因子,样本期后的投资组合收益率降幅更大。

(2) 集中于套利成本高(异质性风险较高、流动性较差)股票的投资组合,收益率较高。

(3) 基于未发表因子构建的投资组合的收益率之间存在相关关系;基于刚发表因子构建的投资组合的收益率与基于未发表因子构建的投资组合的收益率的相关性显著减弱,而与基于其他已发表因子构建的投资组合的收益率的相关性显著增强。一个可能的解释是,这些因子的部分可预测收益来自错误定价,导致其出现错误定价的来源可能是相同的。

参考文献

[1] Agarwal, S., S. Gupta, R. D. Israelsen. 2016. Public and private information: firm disclosure, SEC letters, and the JOBS Act[Z]. Working Paper SSRN 2891089.

[2] Ball, R., P. Brown. 1968. An empirical evaluation of accounting income numbers[J]. Journal of Accounting Research, 6:159—178.

[3] Benjamini, Y., Y. Hochberg. 1995. Controlling the false discovery rate: a practical and powerful approach to multiple testing[J]. Journal of the Royal Statistical Society Series, 57: 289—300.

[4] Bernard, V., J. Thomas. 1990. Evidence that stock prices do not fully reflect the im-

plications of current earnings for future earnings[J]. Journal of Accounting and Economics, 1990, 13(4): 305—340.

[5] Campbell, J. Y., M. Yogo. 2006. Efficient tests of stock return predictability[J]. Journal of Financial Economics, 81(1): 27—60.

[6] Caskurlu, T. 2015. Effects of patent rights on industry structure and R&D[Z]. Working Paper.

[7] Cohen, L., A. Frazzini. 2008. Economic links and predictable returns[J]. The Journal of Finance, 63:1977—2011.

[8] Cohen, L., K. Diether, C. Malloy. 2013. Misvaluing innovation[J]. Review of Financial Studies, 26: 635—666.

[9] Cusatis, P., J. Miles, J. Woolridge. 1993. Restructuring through spinoffs[J]. Journal of Financial Economics, 33: 293—311.

[10] DeBondt, W., R. Thaler. 1985. Does the stock market overreact[J]. The Journal of Finance, 40: 793—805.

[11] Fama, E. F. 1991. Efficient capital markets[J]. The Journal of Finance, 46: 1575—1617.

[12] Fama, E. F. 1998. Market efficiency, long-term returns, and behavioral finance[J]. Journal of Financial Economics, 49(3): 283—306.

[13] Harvey, C. R., Y. Liu, H. Zhu. 2016. … and the cross-section of expected returns[J]. The Review of Financial Studies, 29(1):5—68.

[14] Holm, S. 1979. A simple sequentially rejective multiple test procedure[J]. Scandinavian Journal of Statistics, 6: 65—70.

[15] Jegadeesh, N., S. Titman. 1993. Returns to buying winners and selling losers: implications for stock market efficiency[J]. The Journal of Finance, 48: 65—91.

[16] McLean, D., J. Pontiff. 2016. Does academic research destroy stock return predictability[J]. The Journal of Finance, 71(1): 5—32.

[17] Ritter, J. 1991. The long-term performance of initial public offerings[J]. The Journal of Finance, 46: 3—27.

[18] Spiess, D., J. Affleck-Graves. 1995. Underperformance in long-run stock returns following seasoned equity offerings[J]. Journal of Financial Economics, 38: 243—267.